Nonprofit-Marketing von Entwicklungshilfe-Organisationen
(Verhaltenstheoretische Grundlagen, strategische Grundausrichtung und Maßnahmeneinsatz)

Inauguraldissertation
zur
Erlangung des Doktorgrades
der
Wirtschafts- und Sozialwissenschaftlichen Fakultät
der
Universität zu Köln

1992

vorgelegt
von

Diplom-Volkswirtin Katrin Cooper

aus

Köln

F 69-31

94/72

UNIVERSITÄT ZU KÖLN
Seminar für Allgemeine
Betriebswirtschaftslehre
Handel u. Distribution

Ausgeschieden

Zuwendung von
Prof. Dr. L. Müller-Hagedorn

Referent: Prof. Dr. R. Köhler
Koreferent: Prof. Dr. L. Müller-Hagedorn
Tag der Promotion: 15. Juli 1993

Cooper
Nonprofit-Marketing von Entwicklungshilfe-Organisationen

GABLER EDITION WISSENSCHAFT

Katrin Cooper

Nonprofit-Marketing von Entwicklungshilfe-Organisationen

Grundlagen – Strategie – Maßnahmen

DeutscherUniversitätsVerlag

Die Deutsche Bibliothek – CIP-Einheitsaufnahme

Cooper, Katrin:
Nonprofit-Marketing von Entwicklungshilfe-Organisationen : Grundlagen,
Strategie, Massnahmen / Katrin Cooper.
- Wiesbaden : Dt. Univ.-Vlg. ; Wiesbaden : Gabler, 1994
    (Gabler Edition Wissenschaft)
    Zugl.: Köln, Univ., Diss., 1992
    ISBN 3-8244-6007-6
NE: GT

Der Deutsche Universitäts-Verlag und der Gabler Verlag sind Unternehmen der
Verlagsgruppe Bertelsmann International.

Gabler Verlag, Deutscher Universitäts-Verlag, Wiesbaden
© Betriebswirtschaftlicher Verlag Dr. Th. Gabler GmbH, Wiesbaden 1994
Lektorat: Claudia Splittgerber

Das Werk einschließlich aller seiner Teile ist urheberrechtlich geschützt. Jede Verwertung außerhalb der engen Grenzen des Urheberrechtsgesetzes ist ohne Zustimmung des Verlages unzulässig und strafbar. Das gilt insbesondere für Vervielfältigungen, Übersetzungen, Mikroverfilmungen und die Einspeicherung und Verarbeitung in elektronischen Systemen.

Höchste inhaltliche und technische Qualität unserer Produkte ist unser Ziel. Bei der Produktion und Auslieferung unserer Bücher wollen wir die Umwelt schonen: Dieses Buch ist auf säurefreiem und chlorfrei gebleichtem Papier gedruckt.

Die Wiedergabe von Gebrauchsnamen, Handelsnamen, Warenbezeichnungen usw. in diesem Werk berechtigt auch ohne besondere Kennzeichnung nicht zu der Annahme, daß solche Namen im Sinne der Warenzeichen- und Markenschutz-Gesetzgebung als frei zu betrachten wären und daher von jedermann benutzt werden dürften.

Druck und Buchbinder: Strauss-Offset, Mörlenbach
Printed in Germany

ISBN 3-8244-6007-6

Geleitwort

Frau Dr. Cooper greift mit ihrem Buch "Nonprofit-Marketing von Entwicklungshilfe-Organisationen" eine bisher nur wenig bearbeitete Fragestellung auf. Sie untersucht, inwieweit sich die Grundgedanken einer Marketing-Konzeption auf diesen besonderen Bereich nicht erwerbswirtschaftlicher Tätigkeiten übertragen lassen. Private Entwicklungshilfe-Organisationen sehen ihre Aufgaben vor allem in der Betreuung und Finanzierung mittel- und langfristiger Projekte in Entwicklungsländern, um damit die Eigeninitiative und letztlich die Selbsthilfemöglichkeit der Betroffenen zu stärken. Um dieses Anliegen erfüllen zu können, sind sie auf die Beschaffung finanzieller Mittel über Spenden angewiesen. Hieraus ergibt sich das Erfordernis einer überzeugenden Informationsarbeit, um bei den potentiellen Spendern die Notwendigkeit von Hilfeleistungen bewußtzumachen.

Die Verfasserin plädiert dafür, den Austausch von Unterstützungsleistungen gegen Gratifikationsgewährung - wie dies bei uneigennützig tätigen Organisationen typisch ist - in den Gegenstandsbereich des Marketing einzubeziehen. Die den Spendern angebotenen Gratifikationen können immaterieller Art sein (z.B. Abbau von Schuldgefühlen), oder es handelt sich um quasi-materielle Gegenleistungen (z.B. steuerlich anerkannte Spendenbescheinigungen) bzw. um materielle Austauschgegenstände (etwa beim Kauf von Grußkarten mit Spendenanteil).

Hinsichtlich der Zielgruppen und ihrer Verhaltenseigenschaften, der Austauschobjekte, der Marktwahl- und Marktbearbeitungsstrategie sowie der Marketing-Mix-Maßnahmen im einzelnen ist eine Vielzahl von Besonderheiten zu beachten, die Frau Dr. Cooper kenntnisreich und mit erkennbarem Engagement für die Sache darstellt. Sie versteht es dabei deutlich zu machen, daß Entwicklungshilfe-Organisationen ihre altruistischen Ziele nachhaltiger verwirklichen können, wenn sie nach dem Denkansatz des Marketing eine systematische Auswahl, Überzeugung und Zufriedenstellung der Transaktionspartener erreichen.

Das Buch ist klar und sinnvoll aufgebaut. Die Autorin setzt sich eingangs mit den Erweiterungen des ursprünglich auf kommerzielle Anbieter zugeschnittenen Marketing-Begriffs sowie mit den Merkmalen von Nonprofit-Organisationen auseinander. Es folgt ein Kapitel, das sich mit Einflußfaktoren für den Entscheidungsprozeß von Spendern befaßt. Hierin besteht die verhaltenstheoretische Grundlegung der Arbeit, die zugleich Ansatzpunkte für eine "Marktforschung" spendensammelnder Institutionen bietet.

In einem dritten Hauptabschnitt orientiert sich die Verfasserin am Grundaufbau einer strategischen Marketing-Planung und zeigt in analoger Weise auf, welche Teilaufgaben sich für Entwicklungshilfe-Organisationen stellen, wenn sie die Erfüllung ihrer spezifischen Ziele langfristig sichern und verbessern wollen.

Breiter Raum wird anschließend dem Instrumentarium gewidmet, das in dem ausgewählten Nonprofit-Bereich zur Herbeiführung und Gestaltung von Austauschbeziehungen eingesetzt werden kann. Der vorrangigen Bedeutung der Kommunikationspolitik wird durch die Hervorhebung in einem eigenen Abschnitt Rechnung getragen, wobei Frau Dr. Cooper das Erfordernis einer glaubwürdigen Corporate-Identity-Konzeption betont.

Mit dieser Studie wird eine anerkennenswerte Transferleistung erbracht, nämlich die Übertragung einer zielgruppenbezogenen ("kundenorientierten") Sichtweise auf einen ausgewählten nicht erwerbswirtschaftlichen Bereich. Ich freue mich, daß diese praktisch anwendbaren Grundsatzüberlegungen durch die vorliegende Buchpubilkation den interessierten Leserkreisen zugänglich gemacht werden.

Prof. Dr. Richard Köhler

Vorwort

Die vorliegende Arbeit wurde unter dem Titel "Nonprofit Marketing von Entwicklungshilfe-Organisationen - verhaltenstheoretische Grundlagen, strategische Grundausrichtung und Maßnahmeneinsatz" als Dissertation von der Wirtschafts- und Sozialwissenschaftlichen Fakultät der Universität zu Köln angenommen. Mein herzlicher Dank gilt Herrn Prof. Dr. R. Köhler für die Betreuung und Unterstützung der Arbeit. Herrn Prof. Dr. L. Müller-Hagedorn danke ich für die Übernahme des Korreferates.

Aus heutiger Sicht ist eine Rückschau auf die Entstehung der Dissertation in erster Linie von Erstaunen gekennzeichnet. Erstaunen darüber, welch langer Zeitraum von den ersten gedanklichen Auseinandersetzung mit der Thematik bis zum Abschluß der Arbeit verstrichen ist. Erstaunen auch darüber, welche Hindernisse zu bewältigen waren; und vielleicht das größte Erstaunen über die Tatsache, daß sie tatsächlich überwunden worden sind. Nicht zuletzt mischt sich in den Blick zurück auch Freude über die vielfältige Unterstützung, die die Fertigstellung der Arbeit vorantrieb. Sei es die unmittelbare Hilfe durch Fachdiskussionen, Erstellung von Abbildungen, Korrekturlesen der Arbeit etc. oder auch die "moralische" Unterstützung, die die Motivation zur Arbeit immer wieder stärkte.

In diesem Sinne möchte ich allen, die mich auf dem langen Weg begleitet haben, herzlich für ihre Unterstützung danken. Insbesondere gilt mein Dank den Mitarbeitern des Marketingseminars, allen voran Walter Görgen, meinen Kollegen Cora Heimbeck, Nina Offizier und Gudrun Reußner, sowie auch Ulrich Schmidt. Schließlich möchte ich mich für die Hilfe unterschiedlichster Art auch bei Christoph und vor allem bei meiner Mutter bedanken.

Katrin Cooper

Inhaltsverzeichnis

Abbildungsverzeichnis XV
Tabellenverzeichnis XVII
Abkürzungsverzeichnis XVIII

I. Merkmale des erweiterten Marketing-Begriffs und der Nonprofit-Organisationen 1

1. Die Ausdehnung des Marketing-Begriffs 1
   1.1 Der erweiterte Marketing-Begriff und seine Bedeutung für Nonprofit-Organisationen 1
   1.2 Kritik an einer erweiterten Marketing-Konzeption 5
2. Die Nonprofit-Organisationen 11
   2.1 Die Merkmale von Nonprofit-Organisationen 14
   2.2 Typologisierungen von Nonprofit-Organisationen 19
3. Die Entwicklungshilfe-Organisation als spezielle Nonprofit-Organisation 29
   3.1 Die Zielsysteme von Entwicklungshilfe-Organisationen 29
   3.2 Die Besonderheiten von Entwicklungshilfe-Organisationen 38
      3.2.1 Die Distanz zwischen Leistungsgeber und Leistungsempfänger .. 38
      3.2.2 Sachzielerfüllung contra Gewinnmaximierung 39
      3.2.3 Die Finanzierung einer Entwicklungshilfe-Organisation 40
      3.2.4 Das duale Zielsystem 41
      3.2.5 Die öffentliche Meinung und ihr Einfluß 42

II. Verhaltenstheoretische Grundlagen zur Erklärung des Entscheidungsprozesses der Spender 46

1. Motive - Antriebskräfte des menschlichen Verhaltens 48
   1.1 Eine Definition des Motivbegriffs 48
   1.2 Die Entstehung von Motiven 49
   1.3 Einflußfaktoren der Motiventwicklung 50
   1.4 Das Hilfemotiv 52
2. Die Vermittlung der Notwendigkeit zum Handeln als eine wesentliche Voraussetzung für die Spenderaktivierung 54

2.1 Die Darstellung möglicher Risiken durch unterlassene Entwicklungshilfe zur Weckung des Handlungsbedarfs 55
2.2 Einstellungsänderung - das "soziale Bewußtsein" als Handlungsimpuls 63
3. Das Gratifikationsprinzip als motivationales Handlungsprinzip 67
   3.1 Immaterielle Gratifikationen als motivationale Faktoren der Spenderaktivität 70
      3.1.1 Die Spende als Mittel zur Reduktion kognitiver Dissonanzen 70
      3.1.2 Die Spende als Mittel zur Steigerung des Selbstwertgefühls durch Prestigegewinn 71
      3.1.3 Religiöses Handeln als motivationale Grundlage 73
      3.1.4 Motivation durch Bezugspersonen 74
   3.2 Materielle oder quasi-materielle Gratifikationen als motivationale Faktoren der Spenderaktivität 75
4. Selektive Wahrnehmung bei der Informationssammlung und Alternativenauswahl 80
   4.1 Der Informationssammlungsprozeß 80
      4.1.1 Die Informationsquellen der potentiellen Spender 81
      4.1.2 Die Intensität der Informationsbeschaffung 84
   4.2 Die Alternativenreduktion 85
   4.3 Die Bestimmung der Beurteilungskriterien 87
   4.4 Die Alternativenauswahl 89
5. Situative Faktoren - Erklärung der Divergenz zwischen Handlungsabsicht und tatsächlicher Handlung 93
6. Die Nachhandlungsbestätigung - Motivation zu erneuter Handlung 95

III. Strategische Aspekte im Rahmen der Marketing-Planung von Entwicklungshilfe-Organisationen 98

1. Die Aufgaben der strategischen Marketing-Planung 98
2. Die strategische Marketing-Planung: Entscheidungsgrundlage zukünftigen Handelns der Entwicklungshilfe-Organisationen 102
   2.1 Festlegung strategischer Ziele 105
   2.2 Situationsanalyse und Marktprognose 106
      2.2.1 Die potentiellen Spender 107
      2.2.2 Die Konkurrenz im Spendenmarkt 108
         2.2.2.1 Die Wettbewerbsanalyse 109
         2.2.2.2 Die Konkurrentenanalyse 113

2.2.2.2.1 Die Konkurrenten um finanzielle Ressourcen...................115
2.2.2.2.2 Die Konkurrenten um öffentliche Beachtung 117
2.2.3 Entwicklungsprognosen des Spendenmarktes.............................118
2.3 Defining the Business..122
2.4 Die Abgrenzung möglicher Marktsegmente.................................128
   2.4.1 Segmentierungsansätze bei privaten Haushalten............................130
   2.4.2 Segmentierungsansätze bei Unternehmen.....................................135
2.5 Die Auswahl grundsätzlicher Marktbearbeitungsstrategien.....................140
   2.5.1 Das Erfordernis einer kundenorientierten Marktbearbeitungsstrategie...140
   2.5.2 Die Möglichkeit einer wettbewerbsorientierten Marktbearbeitungsstrategie...142
   2.5.3 Die Möglichkeit einer Kooperationsstrategie...............................146
      2.5.3.1 Kooperation mit anderen nicht-kommerziellen Institutionen ...147
      2.5.3.2 Kooperation mit kommerziellen Institutionen 149
   2.5.4 Die Möglichkeit einer handelsorientierten Marktbearbeitungsstrategie 150

IV. Der Einsatz der Marketing-Mix Instrumente in Entwicklungshilfe-Organisationen...153

1. Das Marketing-Mix - eine allgemeine Darstellung.........................153
2. Der Einsatz des Marketing-Mix im Spenden-Bereich von Entwicklungshilfe-Organisationen 156
   2.1 Gratifikationspolitik...156
      2.1.1 Quasi-materielle Gratifikationen 157
         2.1.1.1 Chancen...157
         2.1.1.2 Steuerliche Vergünstigungen....................................158
      2.1.2 Immaterielle Gratifikationen 160
         2.1.2.1 Soziale Gratifikationen...161
         2.1.2.2 Psychische Gratifikationen.......................................162
   2.2 Entgeltpolitik..164
      2.2.1 Materielle Gegenleistungen 165
         2.2.1.1 Geldmittel..165
         2.2.1.2 Sachmittel...165
      2.2.2 Immaterielle Gegenleistungen 166
         2.2.2.1 Arbeitskraft und Persönlichkeit 166

2.2.2.2 Zeit 167
2.2.2.3 Zusatzkosten 168
2.3 Die besondere Rolle der Beschaffungspolitik 168
    2.3.1 Beschaffungslogistik 168
        2.3.1.1 Die Möglichkeit der direkten oder der indirekten
                 Spendenbeschaffung 169
        2.3.1.2 Die Bedeutung des Standortes für die Beschaffungslogistik 170
        2.3.1.3 Der Spendenmodus 171
    2.3.2 Motivation der ehrenamtlichen Mitarbeiter 172
    2.3.3 Rechtliche Rahmenbedingungen 174
3. Der Einsatz des Marketing-Mix im Sachprodukt-Bereich von Entwicklungshilfe-Organisationen 176
    3.1 Produktpolitik 178
        3.1.1 Die Produktpalette von Entwicklungshilfe-Organisationen 179
        3.1.2 Rechtliche Rahmenbedingungen der Produktpolitik 182
        3.1.3 Gestaltungsmöglichkeiten im Produktbereich 183
            3.1.3.1 Entscheidungen bezüglich der Dimensionen des Sortiments 184
            3.1.3.2 Entscheidungstatbestände der Sachproduktpolitik 185
                3.1.3.2.1 Produktinnovationen 186
                3.1.3.2.2 Produktvariationen 189
                3.1.3.2.3 Produkteliminierung 191
    3.2 Preispolitik 192
        3.2.1 Die Produkt-Preisstrukturen der im Bereich der Entwicklungs-
              zusammenarbeit agierenden Institutionen im Vergleich
              zu ähnlichen Produkten kommerzieller Anbieter 193
        3.2.2 Formen der Preisbildung 198
            3.2.2.1 Kostenorientierte Preisbildung 199
            3.2.2.2 Nachfrageorientierte Preisbildung 200
            3.2.2.3 Konkurrenzorientierte Preisbildung 202
    3.3 Distributionspolitik 204
        3.3.1 Die akquisitorische Komponente der Distributionspolitik 204
        3.3.2 Die physische Komponente der Distributionspolitik 210

V. Die besondere Berücksichtigung einer Corporate Identity-Konzeption im Rahmen der Kommunikationspolitik von Entwicklungshilfe-Organisationen 212

1. Kommunikationspolitik 212
   1.1 Die Aufgaben, Möglichkeiten und Grenzen der Kommunikationspolitik von Entwicklungshilfe-Organisationen 212
   1.2 Möglichkeiten der Botschaftsübermittlung 216
      1.2.1 Kommunikatorwahl 217
         1.2.1.1 Einstufige Kommunikation durch Organisationsmitglieder oder freiwillige Helfer 218
         1.2.1.2 Mehrstufige Kommunikation durch den Einsatz von Persönlichkeiten des öffentlichen Lebens als Meinungsführer 220
      1.2.2 Die Wahl des Übermittlungsweges 222
         1.2.2.1 Die Mediaplanung 223
         1.2.2.2 Direct-Mail-Aktionen 228
      1.2.3 Der zeitliche Einsatz der Botschaft 231
   1.3 Die Gestaltung der Botschaft 234
      1.3.1 Dissonanztheoretische Anforderungen 234
      1.3.2 Attributionstheoretische Anforderungen 237
      1.3.3 Die Berücksichtigung reaktanztheoretischer Überlegungen 239
      1.3.4 Die inhaltliche Gestaltung der Botschaft 241
2. Die besondere Bedeutung einer Corporate Identity-Konzeption für die Kommunikationspolitik von Entwicklungshilfe-Organisationen 247
   2.1 Corporate Identity als strategisches Orientierungskonzept 247
   2.2 Zur Notwendigkeit einer integrierten Corporate Identity-Konzeption 248
3. Die Ausgestaltung einer Corporate Identity-Konzeption 251
   3.1 Die Corporate Identity-Konzeption als Instrument der Identitätsfindung 251
   3.2 Die Identitätsvermittlung im Innen- und Außenverhältnis einer Entwicklungshilfe-Organisation durch den Einsatz des CI-Mix 253
      3.2.1 Die Darstellung des CI-Mix 253
         3.2.1.1 Corporate Design 254
         3.2.1.2 Corporate Behaviour 255
         3.2.1.3 Corporate Communication 256

3.2.2 Die Wirkung der Corporate Identity-Konzeption im Innenverhältnis
der Organisation 257
3.2.3 Die Wirkung der Corporate Identity-Konzeption im Außenverhältnis
der Organisation 260

VI. Ausblick 264

Anhang I: Fragebogen 268
Anhang II: Testimonials 276
Anhang III: Druckvorlagen 281

Literaturverzeichnis 294

Abbildungsverzeichnis

Abb. 1: Deepening und Broadening des Marketing.. 2
Abb. 2: Oberziel-Tauschrelation einer erwerbswirtschaftlichen Unternehmung 13
Abb. 3: Oberziel-Tauschrelation einer Nonprofit-Organisation 13
Abb. 4: Austauschprozesse und Steuerungsmechanismen bei NPO 18
Abb. 5: Typologisierung von Nonprofit-Organisationen mittels institutioneller Merkmale 21
Abb. 6: Systematisierung von Nonprofit-Organisationen durch die von ihnen zu erfüllenden Aufgaben 22
Abb. 7: Typologische Matrix von Nonprofit-Organisationen 24
Abb. 8a-d: Typologische Matrix 25
Abb. 9: Idealtypisches Spendenentscheidungsmodell 47
Abb. 10: Anteile der Weltbevölkerung nach Regionen 1950-2025 60
Abb. 11: Das klassische Lernmodell 64
Abb. 12: Zuständigkeit von Kirche und Staat für soziale Aufgaben nach Meinung der Bundesbürger 65
Abb. 13: Motivation als interaktionistisches Konstrukt 67
Abb. 14: Grundstruktur kognitiver Motivationsmodelle 68
Abb. 15: Die Ausprägung des Selbstkonzepts 73
Abb. 16: Aufeinanderfolgende "sets" der Spendenentscheidung 86
Abb. 17: Aufbau und Schichtung von Marketing-Konzeptionen 98
Abb. 18: Prozeß der Marketing-Planung 100
Abb. 19: Angebots-Kontinuum von Entwicklungshilfe-Organisationen 103
Abb. 20: Determinanten des Wettbewerbs im Bereich von Entwicklungshilfe-Organisationen 110
Abb. 21: Beispielhafte Darstellung des Stärken-Schwächen-Profils einer Entwicklungshilfe-Organisation 114
Abb. 22: Die verschiedenen Ebenen der Konkurrentenanalyse 116
Abb. 23: Beispiel einer Vier-Felder-Matrix einer Entwicklungshilfe-Organisation bezüglich der Suche nach Spendenakquisitionsmöglichkeiten 124
Abb. 24: Dreidimensionaler Bezugsrahmen 126
Abb. 25: Dreidimensionaler Bezugsrahmen zur Grobsystematisierung der Spendenakquisitionsmöglichkeiten von Entwicklungshilfe-Organisationen 127
Abb. 26: Segmentierungskriterien des Spendenverhaltens privater Haushalte 131
Abb. 27: Altersstruktur und Berufsgruppen der Spender 133
Abb. 28: Segmentierungskriterien des unternehmerischen Spendenverhaltens 137

Abb. 29: Unterteilung von Produktinnovationen nach Neuheitsgraden aus Hersteller- und Abnehmersicht 187
Abb. 30: System der Absatzwege 205
Abb. 31: Faktoren des Kommunikatoreinflusses 219
Abb. 32: Einteilung der Massenmedien 224
Abb. 33: Faktoren der Werbeträgergewichtung 227
Abb. 34: Die Struktur möglicher Botschaftsinhalte 245
Abb. 35: Das Spannungsfeld der Identitätsgestaltung 253

Tabellenverzeichnis

Tab. 1: Vielfalt der Nonprofit-Organisationen 28
Tab. 2: Ziele und Aufgaben ausgewählter Entwicklungshilfe-Organisationen 34
Tab. 3: Entwicklung der Weltbevölkerung 59
Tab. 4: Klassifikation der Informationsquellen 82
Tab. 5: Frühaufklärungsindikatoren der Spendenbereitstellung und des
        Spendenbedarfs 120
Tab. 6: Finanzielle Ressourcen 176
Tab. 7a-e: Preisvergleiche 193
Tab. 8: Kommunikationsformen 214
Tab. 9: Aktivitäten zur Spendenakquisition und Öffentlichkeitsarbeit 231

Abkürzungsverzeichnis

Abb.	Abbildung
Abs.	Absatz
AO	Abgabenordnung
asw	Absatzwirtschaft
Aufl.	Auflage
d.h.	das heißt
d.V.	die Verfasserin
DBW	Die Betriebswirtschaft
Diss.	Dissertation
EHO	Entwicklungshilfe-Organisation
Eph.	Brief an die Epheser
EStDV	Einkommensteuer-Durchführungsverordnung
EStG	Einkommensteuergesetz
EStR	Einkommensteuerrichtlinien
etc.	et cetera
evtl.	eventuell
f.	und folgende (Seite)
ff.	und folgende (Seiten)
H.	Heft
Hebr.	Brief an die Hebräer
Hrsg.	Herausgeber
i.S.	im Sinne
Jg.	Jahrgang
JoCR	Journal of Consumer Research
Joh.	Evangelium nach Johannes
JoM	Journal of Marketing
JoMR	Journal of Marketing Research
KStG	Körperschaftsteuergesetz
LLCD	
Luk.	Evangelium nach Lukas
Matth.	Evangelium nach Matthäus
Mio.	Millionen
Mrd.	Milliarden
NPO	Nonprofit Organisation
Nr.	Nummer
o.g.	oben genannte(n)

o.J.	ohne Jahresangabe
o.O	ohne Ortsangabe
o.V.	ohne Verfasserangabe
Römer	Brief an die Römer
S.	Seite
Sp.	Spalte
Tab.	Tabelle
u.a.	und andere, unter anderem
u.a.m.	und andere mehr
usw.	und so weiter
vgl.	vergleiche
WiSt	Wirtschaftswissenschaftliches Studium
z.B.	zum Beispiel
ZfB	Zeitschrift für Betriebswirtschaft
ZfbF	Zeitschrift für betriebswirtschaftliche Forschung

I. Merkmale des erweiterten Marketing-Begriffs und der Nonprofit-Organisationen

"As the society moves beyond the stage, where shortages of food, clothing, and shelter are the main problems, it begins to organize to meet other social needs that formerly had been put aside." [1]

1. Die Ausdehnung des Marketing-Begriffs

1.1 Der erweiterte Marketing-Begriff und seine Bedeutung für Nonprofit-Organisationen

Traditionell war der Einsatz des Marketing und seiner Instrumente den erwerbswirtschaftlich orientierten Unternehmen vorbehalten.

In seiner historisch ältesten Fassung wird der Begriff des Marketing mit dem des Absatzes gleichgesetzt. Im Mittelpunkt der Betrachtung steht "... jene merkantile Grundfunktion..., die mit der laufenden Veräußerung der geschaffenen Waren oder Leistungen befaßt ist." [2]
Alle betrieblichen Bemühungen sind auf die Vermarktung von Gütern, d.h. die zeitliche, räumliche, mengenmäßige und qualitative Überbrückung der Distanz zwischen Produktion und Konsumtion ausgerichtet. Da in dieser Situation eine ausreichende Nachfrage besteht, sind die absatzwirtschaftlichen Anstrengungen ausschließlich auf die Distribution der Güter beschränkt (Verkäufermarkt).

Mit dem Übergang der Knappheitswirtschaft zur "Überfluß-Gesellschaft" [3] und der damit einhergehenden zunehmenden Konkurrenz stellt nicht mehr die Produktion, sondern der Absatz den Engpaßfaktor in einem Unternehmen dar; nicht mehr die Produkte, sondern die Märkte werden in den Mittelpunkt der Marketing-Aktivitäten gestellt.

Ein effizientes Wirtschaften eines Unternehmens ist nur noch möglich, wenn die absatzpolitischen Maßnahmen an den Wünschen der Konsumenten orientiert werden (Käufermarkt). [4] Dies bedingt die systematische Erschließung und Pflege der Märkte

---

1 Kotler/Levy (1969), S. 32.
2 Arnold (1974), S. 369.
3 Vgl. Galbraith (1969), insbesondere S. 1 ff.
4 Kotler und Andreasen sprechen von einer "customer-orientated organization" und verstehen darunter: "A customer-orientated organization is one that makes every

sowie den kontinuierlichen Einsatz aller inner- und außerbetrieblichen Faktoren. Eine Umorientierung des Denkens findet statt. Marketing bedeutet fortan nicht mehr "Verkauf", sondern wird zu einer Handlungsmaxime [5], die "Ausdruck eines marktorientierten unternehmerischen Denkstils" [6] ist.

Im Zuge der industriellen Entwicklung wird das "konventionelle Marketing" in zunehmenden Maße mit sozialen und gesellschaftlichen Problemen konfrontiert, die ihren Niederschlag in zwei unterschiedlichen Denkrichtungen, dem "Broadening" und dem "Deepening" des Marketing finden.

Während im Mittelpunkt des "Deepening the Concept of Marketing" die Berücksichtigung sozialer und ökologischer Aspekte bei der Planung und Vermarktung kommerzieller Güter und Dienstleistungen steht, befaßt sich das im folgenden weiter zu vertiefende Konzept des "Broadening" mit der Möglichkeit der Übertragbarkeit des Marketing-Instrumentariums auf nicht-kommerzielle Organisationen. [7]

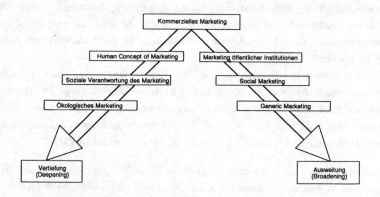

Abb. 1: Deepening und Broadening des Marketing
Quelle: Bruhn/Tilmes (1989), S. 15.

1969 veröffentlichen die Autoren Kotler und Levy einen Artikel zu "Broadening the Concept of Marketing" [8] Dieser "...signalisierte den Beginn einer provokanten

---

effort to sense, serve, and satisfy the needs and wants of its clients and publics within the constraints of its budget." Kotler/Andreasen (1987), S. 43.
5 Vgl. Röber (1987), S. 9.
6 Nieschlag/Dichtl/Hörschgen (1991), S. 8.
7 Siehe hierzu z.B. Bruhn (1989), S. 778.
8 Vgl. Kotler/Levy (1969), S. 31- 42.

Debatte über die Rolle der Marketingtheorie und -praxis im gemeinnützigen Sektor der Wirtschaft." [9] Hauptthese dieses Artikels ist, daß die bis zu diesem Zeitpunkt verwendete Definition des Marketing-Konzeptes zu eng gefaßt sei, da sie die Marketing-Aktivitäten in öffentlichen und privaten gemeinnützigen Organisationen nicht beinhalte. Die Autoren fordern daher eine Ausdehnung des Marketing-Konzeptes auch auf gemeinnützige Organisationen. [10]

Dieser Gedanke wird später auch von anderen Autoren aufgegriffen. So schreibt Hill: "Marketing sei nicht nur auf gewinnorientierte Unternehmen zu applizieren, sondern auf alle produktiven Systeme, die Leistungen für Dritte erbringen, also sowohl private, nicht-gewinnorientierte Organisationen (...) wie auch die staatliche Verwaltung, ferner aber auch auf die Verbreitung sozialer Ideen." [11]

Die Autoren Raffée und Wiedmann sind der Ansicht, daß eine Übertragung der Marketing-Konzeption von kommerziellen auf nicht-kommerzielle Unternehmen auf Grund der prinzipiellen Gleichartigkeit der Austauschbeziehungen auf Beschaffungs- und Absatzmärkten möglich sei. [12] Sie bezeichnen dies als die "Analogie-These". Es ist zu vermuten, daß durch die Übertragung des systematischen und koordinierten Einsatzes der Marketing-Techniken auch eine effizientere Verwirklichung der Ziele bei Nonprofit-Organisationen erreicht werden kann. Dies scheint aus zwei Gründen möglich:

* Eine auf einer systematischen Informationsbasis aufbauende Planung, Durchführung und Kontrolle des Marketing-Instrumentariums ermöglicht eine effizientere Nutzung der Ressourcen als ein unkoordinierter, zufälliger Einsatz. [13]

* Eine Orientierung der Marketing-Aktivitäten an ermittelten Kundenbedürfnissen kann eine höhere Bedürfnisbefriedigung bewirken [14] und dadurch den Zielerreichungsgrad - die Effektivität der Maßnahmen - nicht-kommerzieller Organisationen steigern.

Obwohl nicht unumstritten, setzt sich der Gedanke des erweiterten Marketing-Begriffs seit Anfang der 70er Jahre langsam durch. Neben dem "konventionellen Marketing" etabliert sich der Begriff des "Social Marketing", verstanden als: "Social

---

9 Gaedeke (1980), S. 169.
10 Hasitschka spricht in diesem Zusammenhang von einer "Erweiterung der Menge der Marketing-Träger". Vgl. Hasitschka (1980), S. 7.
11 Hill (1982), S. 252.
12 Vgl. Raffée/Wiedmann (1983b), S. 189.
13 Vgl. Kotler (1975), S. 9, Raffée (1976), S. 68 f., Shapiro (1973), S. 132.
14 Vgl. Merkle (1976), S. 31 ff.

Marketing is the design, implementation, and control of programs calculated to influence the acceptability of social ideas and involving consideration of product planning, pricing, communication, distribution, and marketing research." [15]

Diese Definition des Social Marketing scheint zu eng gefaßt zu sein. Die Akzeptanz sozialer Ideen bildet zwar eine notwendige, nicht jedoch hinreichende Bedingung für die Durchsetzung sozialer Ideen. Für eine Nonprofit-Organisation ist nicht nur die Akzeptanz sozialer Ideen von Bedeutung, darüber hinaus benötigt sie ein Instrumentarium, das ihr die Möglichkeit zur Verwirklichung und besseren Durchsetzung dieser Ideen bietet.

Ein Beispiel für eine zu weit gehende Anwendung des Marketing-Begriffs findet sich in einem von Kotler 1972 publizierten Artikel. Ausgehend von der Tatsache, daß Marketing für alle Organisationen von Relevanz ist, da sie durch ihr Produktangebot mit Kunden interagieren [16] und das Herzstück des Marketing somit Transaktionen sind, [17] fordert Kotler eine Erweiterung des Marketing-Begriffsinhalts auf alle Tauschprozesse von Organisationen mit definierten Zielgruppen. Gegenstand dieser Transaktionen können neben Gütern, Dienstleistungen und Geld auch knappe Ressourcen wie Zeit, Ideen und Gefühle sein. [18] Der so verstandene Marketing-Begriff würde somit jegliche Art von Transaktion, der als knapp erachtete Ressourcen zugrunde liegen, beinhalten. [19]

Es stellt sich die Frage, wie weit der Objektbereich des Social Marketing gesteckt sein sollte, um einerseits ein sinnvolles und anwendbares Instrumentarium für Nonprofit-Organisationen zur Verfügung zu stellen und andererseits dem Anspruch der Marketing-Wissenschaft gerecht zu werden [20].

---

15 Kotler/Zaltman (1971) S. 5.
16 Vgl. Kotler/Levy (1969), S. 34 f.
17 Vgl. Kotler (1982), S. 48.
18 "The things-of-value need not be limited to goods, services, and money; they include other resources such as time, energy, and feelings. Transactions occur not only between buyers and sellers and organizations and clients but also between any two partners." Kotler (1972), S. 48.
19 Würde der Marketing-Begriff so weit ausgedehnt, könnte auch das von Dichtl erwähnte Beispiel des "...nicht gerade seltenen Fall(s), daß ein junger Mann um eine Frau wirbt und bei ihr Gehör findet" als Marketing-Aktion verstanden werden. Dichtl (1983), S. 1066.
An diesem Beispiel wird deutlich, daß sinnvollerweise der Marketing-Begriff nicht auf jegliche Art der Transaktion ausgeweitet werden sollte.
20 Dichtl gibt zu bedenken, daß die Antwort auf die Frage nach dem Objektbereich keine Sachaussage, sondern ein Werturteil und eine Festlegung sei, zu deren Einhaltung niemand gezwungen werden könne. Folglich liege es im Ermessen jedes Einzelnen, die Grenzen für sich zu ziehen. Vgl. Dichtl (1983), S. 1067.

Es muß betont werden, daß die sich im sozialen Bereich vollziehenden Transaktionen komplexer sind als die im kommerziellen Bereich auf den Märkten für Sachgüter und Dienstleistungen stattfindenden und auf Geld als Tauschmittel basierenden Transaktionen. [21] Folglich muß auch der Objektbereich des Social Marketing weiter gesteckt sein als der des kommerziellen Marketing.

Social Marketing soll verstanden werden als die Anwendung einer Marketing-Konzeption, die die Verwirklichung sozialer Ideen ermöglicht.[22]

" Social Marketing ist das Marketing
für soziale Ideen bzw. Ziele." [23]

Betrachtungsgegenstand soll jedoch nicht die Verwirklichung beliebigen sozialen Ziels sein. Sozio-Marketing soll auf jene Ziele beschränkt werden, die sich auf Tatbestände beziehen, die als veränderungsbedürftig perzipiert in die Arena gesellschaftlicher Diskussion getreten sind, [24] so daß ein effizienter Einsatz des marketingpolitischen Instrumentariums im Hinblick auf eine bessere Zielerreichung wünschenswert erscheint.

1.2 Kritik an einer erweiterten Marketing-Konzeption

Die Erweiterung des Geltungsbereichs des traditionellen Marketing-Begriffs um den Bereich des Social Marketing als Marketing sozialer Ziele und Ideen hat in der Literatur nicht nur Zustimmung gefunden, sondern auch Kritik hervorgerufen.

---

21 "There is most definitly an exchange in social marketing relationships, but the exchange is not the simple quid pro quo notion characteristic of most economic exchanges. Rather social marketing relationships exhibit what may be called generalized or complex exchanges. They involve the symbolic transfer of both tangible and intangible entities,..." Bagozzi (1975), S. 38.
22 Vgl. Lazer (1973) S. 4
23 Raffée/Wiedmann/Abel (1983), S. 683. Holscher spricht von Social Marketing oder Sozio-Marketing als einer Sonderform des Nonprofit-Marketing, die allein den sozialwirtschaftlich tätigen Einzelwirtschaften zuzuschreiben ist. Vgl. Holscher (1977), S. 29. Auch die Autoren Fox und Kotler weisen in ihrem Artikel: "The Marketing of Social Causes: The first 10 Years" darauf hin, daß das Konzept des Social Marketing nicht mit dem des Nonprofit-Marketing identisch ist. "Our position is that social marketing should be distinguished from "sociatal marketing" on the one hand and "nonprofit marketing on the other." Fox/Kotler (1980), S. 25. Dieser Differenzierung folgt auch Thomas, der ferner darauf hinweist: "Sociatal marketing is concerned with marketing's social responsibilities and social impacts, a branch of (business) ethics but persumably applying to all areas where marketing techniques are applied." Thomas (1983), S. 1.
24 Vgl. Raffée/Wiedmann/Abel (1983), S. 684.

Es lassen sich zwei Ebenen der Kritik unterscheiden, von denen sich die eine mit der Frage beschäftigt, ob der erweiterte Marketing-Ansatz wirtschaftstheoretisch hinreichend begründet sei und ob es sich hierbei um eine sinnvolle Weiterentwicklung der Marketingwissenschaft handle, während die andere Kritikebene sich mit Problemen der Praktikabilität der Umsetzung von Marketing-Maßnahmen im Bereich des Social Marketing auseinandersetzt.

Ein Vertreter der ersten, wissenschaftstheoretischen Kritikebene ist Luck, der in seinem unmittelbar nach Kotler und Levy veröffentlichen Artikel "Broadening the Concept of Marketing - Too Far" [25] einen Identitätsverlust des Marketing beklagt. Dieser sei durch die Erweiterung des Objektbereichs des Marketing und die mangelnde Verankerung einer solchen Marketing-Wissenschaft in der Wirtschaftstheorie hervorgerufen worden. Daneben spricht Luck auch das Problem der Usurpation bisher selbständiger Disziplinen an, die durch den Zerfall der Grenzen - vor allem zu den verhaltenswissenschaftlichen Disziplinen - bedingt wird. [26]

Angesichts der Analogien zwischen kommerziellen und nicht-kommerziellen Transaktionen [27] scheint die Gefahr eines Identitätsverlustes des Marketing recht gering, eine Begrenzung auf lediglich im kommerziellen Bereich stattfindende Transaktionen überflüssig. Der Vorwurf der Usurpation traditionell selbständiger Disziplinen durch das Nonprofit-Marketing verkennt, daß die Befürworter einer erweiterten Marketing-Konzeption darin lediglich einen Beitrag zur Lösung einzelner Probleme von Nonprofit-Organisationen sehen, die Zuständigkeit anderer Disziplinen jedoch keineswegs in Frage stellen. [28]

Während Luck eine Ausweitung der Marketing-Konzeption auf andere als die traditionellen Bereiche aus Gründen der enormen Vielfalt, die dieses Konzept bereits beinhaltet, für überflüssig hält, sieht Trucker im Sinne der Weiterentwicklung der Marketing-Wissenschaft sehr wohl die Notwendigkeit zur Ausdehnung des Objektbereichs des Marketing. [29] Er untersucht in seinem Artikel den Ansatz von Kotler und Levy im Hinblick auf diese mögliche Weiterentwicklung.
Positiv sieht er die im Ansatz vorgesehene Einbeziehung zentraler gesellschaftlicher Probleme in das Marketing-Konzept. Gleichzeitig kritisiert er jedoch die Verengung des Diskussionsgegenstandes der Marketing-Wissenschaft, der durch die Aussparung beträchtlicher Bereiche des individuellen Verhaltens hervorgerufen würde. Letztlich

---

25 Vgl. Luck (1969), S. 53 ff.
26 Vgl. hierzu auch Schneider (1983), S. 197 ff.
27 Vgl. hierzu Raffée/Wiedmann (1983b), S. 189 und 191.
28 Vgl. Kandler (1980), S. 45.
29 Vgl. Trucker (1974), S. 61 ff.

werde das Konzept des "generic marketing" lediglich definiert "...als ein deutlicher Versuch, das Verhalten eines anderen zu ändern." [30]
Bedingt durch die Ziele und Aufgaben, die Nonprofit-Organisationen verfolgen, müßte sich eine Marketing-Konzeption für diese Organisationen mit anderen Problemen beschäftigen und andere Lösungen hervorbringen, als dies für gewinnorientierte Unternehmen der Fall ist. Dies, so Trucker, wäre jedoch für eine Weiterentwicklung der Marketing-Theorie nicht förderlich. [31] Vielmehr solle die Marketing-Wissenschaft andere Alternativen der Weiterentwicklung suchen.

Während die bisherigen, den Vorwurf der Usurpation selbständiger Disziplinen, den Verlust der Identität und die Verengung des Diskussionsgegenstandes der Marketing-Theorie betreffenden Kritikpunkte auf einer wissenschaftstheoretischen Ebene einzuordnen sind, sind die im folgenden aufgeführten kritischen Anmerkungen einer zweiten Kritikebene zuzuordnen, die sich mit den Fragen der praktischen Umsetzung einer Marketing-Konzeption im Bereich des nicht-kommerziellen Marketing auseinandersetzt.

Ein Vertreter jener Kritik, der die Diskussion um die Ausweitung des Geltungsbereichs einer Marketing-Konzeption weg von der wissenschaftstheoretischen, hin zur Ebene der praktischen Umsetzung einer solchen Konzeption führt, ist Enis. Seiner Meinung nach sollten Marketing-Konzepte grundsätzlich dort Anwendung finden, wo sie sinnvoll sind. Gleichzeitig weist er jedoch auf die Schwierigkeiten hin, die sich auf Grund der möglicherweise fehlenden Analogie der Problemstellung zwischen kommerziellen und nicht-kommerziellen Transaktionen bei der Implementierung des erweiterten Marketing-Konzepts ergeben können. Das erweiterte Marketing-Konzept sei nicht genügend spezifiziert, denn die Ausweitung könne mehrere Dimensionen berühren, die sich auf das Produkt, die möglichen Ziele der Organisation oder die durch sie angesprochenen Zielgruppen beziehen. In diesem Zusammenhang ergeben sich Fragen der Bewertung des Nutzens, den Produkte nicht-kommerzieller Organisationen stiften, Fragen der Messung des Grades der Zielerreichung dieser Organisationen oder auch nach der Gegenleistung und dem Grad der Bedürfnisbefriedigung der Zielgruppen. Auf Grund dieser Unklarheiten fordert Enis neben einer Ausweitung des Marketing-Konzepts vor allem dessen Vertiefung. [32]

---

30 Trucker (1974), S. 62.
31 "Es ist (...) unwahrscheinlich, daß das Konzept des Makro Marketing ein Sprungbrett abgeben könnte für eine lebendige und kraftvolle neue Marketingtheorie." Trucker (1975), S. 63.
32 Vgl. Enis (1973), S. 59 f.

Während Enis die Anwendung einer Marketing-Konzeption im Nonprofit-Bereich für sinnvoll und generell möglich hält, wird von anderen Autoren [33] auf Grund der mangelnden Identität der Problemstrukturen eine allgemeine Übertragbarkeit einer auf kommerzielle Belange zugeschnittenen Marketing-Konzeption für den Nonprofit-Bereich aus zwei Gründen angezweifelt:

* Im nicht-kommerziellen Bereich könne häufig nicht von einem Austauschprozeß gesprochen werden, da eine monetäre Gegenleistung ausbliebe.

* Auf Grund ihrer Ziele und Aufgaben sei es den Nonprofit-Organisationen oftmals nicht möglich, dem Grundprinzip des Marketing, nämlich der Ausrichtung der Aktivitäten an den Konsumentenwünschen, zu folgen. Ziel und Aufgabe vieler nicht-kommerzieller Organisationen sei es ja gerade, unpopuläre Maßnahmen durchzusetzen (z.B. weniger Alkoholkonsum, Anlegen von Sicherheitsgurten), die den Wünschen der Konsumenten zuwiderlaufen würden. [34]

Die Übertragbarkeit der Theorie-Ansätze vom kommerziellen Bereich in den Nonprofit-Bereich wird möglich, wenn der Austauschprozeß von Gütern nicht nur auf monetäre Gegenleistungen beschränkt wird, sondern auch der weiter gefaßte Begriff der Gratifikation herangezogen wird. [35]

Der Vorwurf, Nonprofit-Organisationen würden auf Grund ihrer gesamtgesellschaftlichen Aufgaben dem Grundprinzip des Marketing - einer Ausrichtung an den Wünschen und Bedürfnissen der Konsumenten - nicht entsprechen, da sie oftmals mit ihren Zielen den Konsumentenwünschen zuwiderlaufen würden, kann zurückgewiesen werden: Gerade die Techniken des Marketing-Managements können zu einer Veränderung von Bedürfnissen und verfestigten Einstellungen beitragen. [36]

Die Möglichkeit der Verfolgung einer Doppelstrategie erlaubt den Nonprofit-Organisationen, die langfristig im Interesse der Konsumenten liegenden Anliegen durchzusetzen, ohne die kurzfristig auftretenden Probleme außer acht zu lassen. [37]

Der Hinweis, daß eine imitative Anwendung einer für den Konsumgüterbereich entwickelten Marketing-Strategie negative Imagewirkungen hervorrufen würde sowie

---

33 Vgl. z.B. Arnold (1974), S. 373.
34 Vgl. Raffée/Wiedmann (1983b), S. 192.
35 Nähere Erläuterungen zum Begriff der Gratifikation finden sich in Kapitel II, Punkt 3. dieser Arbeit.
36 Vgl. Kandler (1980), S. 43.
37 "Diese Überlegung verdeutlicht die Parallelität zur Problemsituation des kommerziellen Marketing, welches ebenfalls nicht ausschließlich an den faktischen Abnehmerbedürfnissen anknüpft, sondern durchaus auch auf eine Veränderung von Bedürfnissen, Einstellungen und Werthaltungen der Abnehmer im Interesse der Erreichung der Unternehmensziele hinwirkt." Kandler (1980), S. 44.

das Argument, den Nonprofit-Organisationen fehle das nötige Know-how zur Entwicklung und Implementierung von Marketing-Strategien, zeigen weit eher die Notwendigkeit einer systematischen Berücksichtigung relevanter Rahmenbedingungen und der Entwicklung einer - auf die jeweilige Problemstellung abgestellten - Marketing-Konzeption, als daß sie als Argumente für eine restriktivere Auslegung des Marketing-Begriffs herangezogen werden könnten. 38)

Die Ablehnung einer Auseinandersetzung mit dem Problemfeld eines erweiterten Geltungsbereiches des traditionellen Marketing-Begriffs um den Bereich des Social Marketing läßt sich nicht hinreichend begründen. Dennoch wird das Marketing sozialer Ideen immer auf stärkere Widerstände treffen, als sie dem Marketing-Manager in erwerbswirtschaftlichen Unternehmen begegnen. Hierfür lassen sich zwei Gründe nennen, denen bei der Implementierung einer Marketing-Konzeption im nicht-kommerziellen Bereich besondere Beachtung zu schenken ist.

Ein Grund ist im wesentlichen in der Tatsache zu sehen, daß sich das Social Marketing mit den innersten Werten und Überzeugungen und nicht nur mit allgemeinen Präferenzen der Ansprechpartner auseinandersetzen muß. Daher werden die Nonprofit-Organisationen - mehr noch als gewinnorientierte Unternehmen - mit dem Vorwurf konfrontiert, sie würden mit Hilfe des Marketing-Instrumentariums die Konsumenten manipulieren. 39) Im nicht-kommerziellen Bereich kann Glaubwürdigkeit nur durch eine ständige Auseinandersetzung mit der Umwelt und Überwachung der Produkt-Akzeptanz erreicht werden.

Der zweite Grund für die in der Öffentlichkeit existierenden Widerstände gegen den Einsatz von Marketing-Konzepten in Nonprofit-Organisationen liegt in der Tatsache begründet, daß Marketing-Maßnahmen dieser Organisationen als Verschwendung öffentlicher Mittel bzw. Spendengelder, die ihrem eigentlichen Zweck nicht mehr zufließen können, betrachtet werden. 40) Dieser kritischen Haltung ist zu entgegnen, daß für die Mehrzahl der Spenden sammelnden Organisationen eine Notwendigkeit besteht, mittels einer geeigneten Marketing-Konzeption aus der Anonymität herauszutreten, um sich gegenüber den - in Deutschland zur Zeit über 20.000 - als gemeinnützig anerkannten Organisationen abgrenzen zu können. 41) Denn erst durch die Aufmerksamkeit und Unterstützung der Öffentlichkeit können die sozial tätigen Organisationen die Verwirklichung ihrer Ziele anstreben.

---

38 Vgl. Raffée/Wiedmann (1983b), S. 193 f.
39 "There will be charges that it (social marketing, d.V.) is "manipulative", and consequently contributes to bringing the society closer to Orwell's 1984." Kotler/Zaltman (1971), S. 11 f.
40 Vgl. Kotler (1975), S. 12 wie auch Bloom/Novelli (1981), S. 80.
41 Vgl. Koschik (1989), S. 9.

Diese Probleme sollten jedoch keinesfalls dazu führen, Abstand von der Ausdehnung des Marketing-Konzepts auf den Nonprofit-Bereich zu nehmen. Vielmehr sollten sie als Herausforderung an eine sich weiter entwickelnde Disziplin angesehen werden, die es anzunehmen gilt. Daher sollten die Instrumente eines Marketing-Konzeptes auch in Nonprofit-Organisationen Anwendung finden und hier, wie auch in kommerziell orientierten Unternehmen, zu einer effektiveren Erfüllung der Organisationsziele beitragen. Neben den Möglichkeiten, die die Verfolgung dieser Konzeption bieten, steht vor allem die Notwendigkeit, ein effektiveres Arbeiten in gesellschaftlichen Bereichen vorantreiben zu können, im Vordergrund. [42]

Zwar ist das Marketing sozialer Organisationen, auch wenn im wesentlichen Ähnlichkeit hinsichtlich der Denkkonzepte besteht, auf Grund einiger Besonderheiten, zu denen insbesondere die Zielsetzung, Produktdefinition, Nachfrageorientierung und die Organisationstypen zu zählen sind, nur bedingt mit dem Vorgehen im kommerziellen Bereich vergleichbar. [43] Sofern diese Besonderheiten jedoch Berücksichtigung finden, kann und sollte eine Führungsphilosophie, die durch ihre Erfolge im kommerziellen Bereich bestätigt wird, auf nicht-kommerzielle Organisationen übertragen werden. "Marketing überwindet damit immer stärker seinen vormals absatzwirtschaftlichen Charakter und wird mehr und mehr zu einer Stellengröße im Rahmen der Steuerung zwischenmenschlicher und gesellschaftlicher Prozesse." [44]

---

42 Vgl. Raffée/Wiedmann/Abel (1983), S. 682.
  Beispielhaft für den Erfolg, den Marketing-Konzepte im Nonprofit-Bereich erzielen können, sei hier die Untersuchung von Mindak und Bybee genannt. Sie beschreiben in ihrem Artikel "Marketing's Application to Fund Raising", wie der Bekanntheitsgrad der March of Dimes Foundation sowie deren angestrebten Ziele mittels eines koordinierten Einsatzes der Marktforschung und des Marketing-Instrumentariums beachtlich gesteigert werden konnten. Vgl. Mindak/Bybee (1971), S. 13 ff.
43 Vgl. Bruhn (1989), S. 781.
44 Dichtl (1981), S. 249.

2. Die Nonprofit-Organisationen

Das Spektrum der im Nonprofit-Bereich tätigen Institutionen reicht von staatlichen Institutionen über erwerbswirtschaftliche Unternehmen, die zur Erreichung ihrer Oberzielformulierung Social Marketing-Programme verfolgen, bis zu den Nonprofit-Organisationen, bei denen ebenso wie bei den staatlichen Institutionen keine Koinzidenz von Sozial- und Gewinnzielen besteht.

Diese Vielfalt realer Erscheinungsformen von Nonprofit-Organisationen und das weite Aktivitätenspektrum staatlicher, gesellschaftlicher und kultureller Institutionen erschwert die Formulierung einer eindeutigen Definition für Nonprofit-Organisationen. Um das weite Spektrum einschränken zu können, bietet es sich an, den Objektbereich des Social Marketing ausschließlich auf nicht-kommerzielle Organisationen zu beziehen. [45] Somit werden akzidentiell im sozialen Bereich tätige Einzelwirtschaften von der Betrachtung ausgegrenzt. [46] Auf Grund der Tatsache, daß die Formulierung einer eindeutigen Definition durch das weite Spektrum der Nonprofit-Organisationen erschwert wird, bereitet auch eine exakte Abgrenzung zu erwerbswirtschaftlich tätigen Unternehmen Probleme. [47]

Beispielsweise kann eine Abgrenzung dem funktionalen Ansatz folgen, d.h. einer Auflistung der typischerweise durch Nonprofit-Organisationen zu erfüllenden Aufgaben. Hierdurch werden jene Organisationen, deren Hauptaktivitäten sich in dieser Aufzählung finden, den Nonprofit-Organisationen zugeordnet. [48]

Da diese Art der Zuordnung allerdings nur eine recht ungenaue Grundlage bietet, ist es eher üblich, einem Ansatz zu folgen, der die Stellung des Gewinnziels innerhalb des Zielsystems einer Organisation als Unterscheidungsmerkmal heranzieht. Demnach sind Nonprofit-Organisationen wirtschaftliche Einheiten, deren Hauptaufgabe nicht in der Erzielung von Gewinnen liegt. [49]
Wie ist, dieser Einteilung folgend, jedoch die Situation zu beurteilen, wenn die erzielten Erträge einer Nonprofit-Organisation - etwa in Form von Rücklagen-

---

45 Siehe hierzu Bruhn/Tilmes (1989), S. 21, "Social Marketing ist die Planung, Organisation, Durchführung und Kontrolle von Marketingstrategien und -aktivitäten nichtkommerzieller Organisationen, die direkt oder indirekt auf die Lösung sozialer Aufgaben gerichtet sind."
46 Zum Begriff der akzidentiell sozial tätigen Einzelwirtschaften vgl. Holscher (1977), S. 22.
47 Siehe hierzu z.B. Hasitschka/Hruschka (1982), S. 6 f.
48 Vgl. Rados (1981), S. 7. Als typische Nonprofit-Aufgabengebiete listet er wohltätige, wissenschaftliche, erzieherische, soziale, kulturelle, politische und religiöse Dienste auf.
49 Vgl. Meffert/Bruhn (1976), S. 17.

Bildung - ihre Aufwendungen übersteigen? Ist sie durch diesen Tatbestand bereits als Erwerbswirtschaft zu charakterisieren?

Dieses Zuordnungsproblem kann vermieden werden, wenn statt der Gewinnerzielung die Gewinnverwendung als Unterscheidungskriterium herangezogen wird.

"... (1) certain rights or claims to benefits in (non-profit) organizations are not transferable by sale as they are in (for-profit) organizations, and (2) managers or workers in nonprofit organizations do not have the exclusive claim on residual products (the current flows of money and nonmoney benefits) that is characteristic of for-profit enterprises." [50]

Dieser Definition nach sind Nonprofit-Organisationen durch "das Fehlen eines Anspruchs von Individuen (Organisationsmitglieder, Kapitalgeber) auf den wertmäßigen Überschuß (z.B. Dividende) der Organisation ..." [51] gekennzeichnet.

Ein ähnlicher Abgrenzungsansatz findet sich bei Heinen:
"Nicht-erwerbswirtschaftliche Betriebswirtschaften sind Organisationen, die nicht das Ziel haben, das Einkommen der jeweiligen Eigenkapitalgeber zu erhöhen." [52]

Obgleich diese Definition einen Schritt zur Präzisierung des Objektbereichs darstellt, ist sie nach Meinung der Autoren Hasitschka und Hruschka wenig zufriedenstellend, da es sich um eine negativ abgrenzende Definition handelt ("... Organisationen, die nicht das Ziel haben...). Darüber hinaus wird die Bezeichnung "Eigenkapitalgeber", berücksichtigt man, daß bei manchen Organisationsformen (bestimmte Vereinstypen, öffentliche Haushalte) kein Eigenkapital benannt wird, als zu eng gefaßt angesehen. [53]

Der Abgrenzung von Hasitschka und Hruschka liegt das Kriterium "oberstes formales Organisationsziel" als das Ziel, dem beim Auftreten von Zielkonflikten oberste Priorität eingeräumt wird, zugrunde. Danach ergibt sich folgende Einteilung:

* Erwerbswirtschaften (Profit-Organisationen) sind Organisationen, deren dominantes Oberziel die Erreichung eines Nominalgüterüberschusses (ausgedrückt durch Umsatz oder eine Gewinngröße) auf Grund materieller Leistungsangebote und kommerzieller Dienstleistungen darstellt. [54] Bei ihnen dient das Leistungsprogramm bzw. die daraus resultierende Nutzenstiftung beim Abnehmer als Mittel zur Oberzielerreichung.

---

50 Clarkson (1973), S. 363. Zitiert nach Rados (1981), S. 7.
51 Hasitschka/Hruschka (1982), S. 8.
52 Heinen (1980), S. 116.
53 Vgl. Hasitschka/Hruschka (1982), S. 8.
54 Vgl. Hasitschka/Hruschka (1982), S. 8 und 17.

Abb. 2: Oberziel-Tauschrelation einer erwerbswirtschaftlichen Unternehmung
Quelle: Hasitschka/Hruschka (1982), S. 17

* Bedarfswirtschaften (Nonprofit-Organisationen) sind Organisationen, deren dominantes Oberziel in der Abgabe von Realgütern bzw. im Transfer von Nominalgütern zu sehen ist. Dem durch das Angebot entstehenden Nutzen kommt in diesen Organisationen dominante Bedeutung zu. Die Erzielung einer finanziellen Deckung bei der Leistungserstellung weist Mittelcharakter auf. 55)

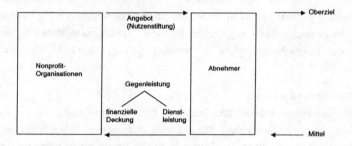

Abb. 3: Oberziel-Tauschrelation bei Nonprofit-Organisationen
Quelle: Hasitschka/Hruschka (1982), S. 17.

Dem Abgrenzungskriterium des obersten formalen Organisationsziels folgt auch Schwarz in seinem, zu einem späteren Zeitpunkt erschienen, Artikel "Nonprofit-Organisationen". Er bezeichnet als Nonprofit-Organisationen all jene Organisationen, "die sich in Zwecksetzung, Aufgaben und Struktur von Erwerbswirtschaften unterscheiden. Ihr markantestes Merkmal ist die Nicht-Gewinnorientierung, wodurch - positiv ausgedrückt - ihre Bedarfswirtschaftlichkeit (Erbringen spezifischer Leistungen) zum Hauptzweck wird." 56) Diese Sachziel-Dominanz bedingt eine Reihe - im folgenden näher zu erläuternder - besonderer Merkmale.

---

55 Vgl. Hasitschka/Hruschka (1982), S. 8 und 18.
56 Schwarz (1985), S. 91.

2.1 Die Merkmale von Nonprofit-Organisationen

Die Bedarfsdeckung mit Realgütern bzw. der Transfer von Nominalgütern kann als dominantes Oberziel der Nonprofit-Organisationen und damit als entscheidendes Abgrenzungskriterium zu Erwerbswirtschaften angesehen werden. Durch diese Abgrenzung wird die Gewinnerzielung von Nonprofit-Organisationen als untergeordnetes Ziel nicht ausgeschlossen. Die Gemeinwohlorientierung eines öffentlichen Unternehmens schließt die Gewinnerzielung nicht aus, sofern der alleinige Zweck der Gewinnerzielung die Befriedigung öffentlicher und nicht privater Bedürfnisse ist. [57] Dies bedeutet, daß eine Nonprofit-Organisation durchaus Gewinne erzielen kann, solange sie ihrem bedarfswirtschaftlichen Oberziel gerecht wird.

Obwohl man auf Grund der vielfältigen Ausprägungen und Aufgabengebiete dieser Organisationen von der Nonprofit-Organisation schlechthin nicht sprechen kann, sollen im folgenden die strukturellen Gemeinsamkeiten dieser Organisationen abgeleitet werden. Vor allem finden jene Merkmalsausprägungen Berücksichtigung, die im Zuge einer Marketing-Planung auf Grund der unterschiedlichen Struktur von Nonprofit-Organisationen und Erwerbswirtschaften besonders von Bedeutung sind. [58]

* Die Analyse der Märkte

Die Marktanalyse bildet die Grundlage für die Entwicklung eines geeigneten Marketing-Instrumentariums. Doch gerade auf diesem Gebiet sehen sich die Nonprofit-Organisationen im Gegensatz zu den Erwerbswirtschaften mit beträchtlichen Problemen konfrontiert [59] Da den Nonprofit-Organisationen für Marktforschungszwecke oftmals kein oder nur ein geringes Budget zur Verfügung steht, sind diese Organisationen selten in der Lage, auf qualitativ hochwertige Sekundärdaten zurückgreifen zu können.
Da die Themengebiete oft persönliche Lebensbereiche der Befragten betreffen, ergeben sich Schwierigkeiten bei der Erhebung valider Primärdaten.

---

57 Vgl. Bruhn/Tilmes (1989), S. 36.
58 Vgl. hierzu Hasitschka/Hruschka (1982), S. 13. Die Identifikation der in bezug auf die Merkmalsausprägungen bestehenden Gemeinsamkeiten der Nonprofit-Organisationen stützt sich im wesentlichen auf die zwischen kommerziellen Unternehmen und nicht-kommerziellen Organisationen hinsichtlich der Planung, Durchführung und Kontrolle der Marketing-Aktivitäten bestehenden Unterschiede. Zumeist äußern sich die Gemeinsamkeiten der Merkmalsausprägungen der Nonprofit-Organisationen in der Tatsache, daß sich die von ihnen im Rahmen ihrer Marketing-Aktivitäten berücksichtigten Maßnahmen problematischer zu gestalten scheinen, als dies in erwerbswirtschaftlich tätigen Unternehmen der Fall ist. Siehe hierzu Bloom/Novelli (1981), S. 80.
59 Vgl. hierzu Bloom/Novelli (1981), S. 80.

Soziales Verhalten stellt sich sehr komplex dar. Daher entstehen Probleme bei der Identifikation der das soziale Verhalten determinierenden Variablen.

* Die Segmentierung der Märkte
Während die Segmentierung der Märkte von Erwerbswirtschaften als für moderne Marketing-Methoden unerläßlich angesehen wird, stößt sie im Nonprofit-Bereich aus drei Gründen auf Widerstand [60]:
1. Eine Segmentierung im sozialen Bereich wird generell abgelehnt, wenn Segmente von der Marktbearbeitung ausgeschlossen werden. Diese Maßnahme steht im Widerspruch zu der, die Nonprofit-Organisationen tragenden, Philosophie der Gleichheit und Vermeidung von Diskriminierung.
2. Die Datenbasis, auf Grund derer eine Identifikation von Marktsegmenten möglich wäre, fehlt oftmals.
3. Die Zielsegmente umfassen in vielen Fällen gerade jene Personen, die dem Angebot mit größter Skepsis und Ablehnung gegenüber stehen. [61]

* Das Produkt
Der Bereich der marktfähigen Güter kann in drei große Gruppen eingeteilt werden:
- physische Güter,
- Dienstleistungen sowie
- soziale Ideen und soziales Verhalten. [62]

Während erwerbswirtschaftliche Unternehmen hauptsächlich Produktion und Absatz physischer Güter und Dienstleistungen betreiben, liegt die Hauptaufgabe von Nonprofit-Organisationen, je nach dem speziellen Aufgabengebiet, in der Bereitstellung von Dienstleistungen oder sozialen Ideen und der Verwirklichung sozialen Verhaltens. Kennzeichnend für die durch die Nonprofit-Organisationen bereitgestellte Güterkategorie ist ihr meist immaterieller Charakter. [63] Insbesondere hinsichtlich der immateriellen Güter soziale Ideen und soziales Verhalten ergibt sich die Schwierigkeit, diese Güter selbst und den aus ihnen resultierenden Nutzen darzustellen.
Eine genaue Analyse der Nutzenstruktur kommt in den meisten Fällen zu dem Ergebnis, daß es sich bei den von den Nonprofit-Organisationen bereitgestellten Gütern um Leistungen handelt, von deren Nutzen auch Dritte profitieren, die nicht

---

60 Vgl. Bloom/Novelli (1981), S. 81 f.
61 Als Beispiel sei hier auf suchtkranke Personengruppen hingewiesen, die mitunter wenig Interesse an einer Therapie zeigen.
62 Vgl. Lovelock/Weinberg (1984), S. 32.
63 Vgl. Maleri (1991), S. 2.

von dem Nutzen ausgeschlossen werden können (Kollektivgut). [64]
Ein erwerbswirtschaftlich orientiertes Unternehmen wird sich bei der Produktion seiner Güter an den Wünschen der Konsumenten orientieren. Bei Nonprofit-Organisationen ist der Spielraum für eine Anpassung der Produkte an Konsumentenwünsche auf Grund der geringen Möglichkeiten einer Produktdifferenzierung oft stark eingeschränkt. [65]
Nonprofit-Organisationen stehen vor dem Problem, Güter anzubieten, die zwar für einen Teil der Gesellschaft nützlich sind, von den anzusprechenden Individuen jedoch nicht immer gewünscht werden.

* Die Erfolgskontrolle

Da Nonprofit-Organisationen ihre primäre Aufgabe nicht in der Erzielung von Gewinnen sehen, sondern vielmehr nicht-monetären Zielen den Vorrang geben, ist die Erfolgsmessung der Marketing-Aktivitäten problematisch.

Die zu verändernden Systemzustände (z.B. Verbesserung der Lebensqualität) sind nicht unmittelbar meßbar. Daher müssen Indikatoren definiert werden, die eine Messung ermöglichen. Die Operationalisierung von Oberzielen bereitet bei Nonprofit-Organisationen größere Schwierigkeiten als bei erwerbswirtschaftlichen Unternehmen.

Während sich erwerbswirtschaftlich tätige Unternehmen (idealtypisch) überwiegend mit der Quantifizierung von Rentabilitätsgrößen (Gewinn/Kapital-Relationen) auseinandersetzen [66], können Nonprofit-Organisationen als Oberziel "die Bedarfsdeckung von Zielpersonen mit der gesamten Bandbreite materieller und/oder immaterieller Wirtschaftsgüter aufweisen. Kernproblem stellt dabei immer die Präzisierung (Indikatisierung) diffuser Handlungsmaximen (...) durch realisierte Leistungsprogramme dar." [67]

Doch auch durch eine Operationalisierung der Ziele kann nicht unbedingt ein Rückschluß auf die Erreichung des gewünschten Erfolgs gezogen werden, denn oft ist dieser auf Grund seiner besonderen Eigenschaften schwer feststellbar. Es stellt sich die Frage, wie beispielsweise ermittelt werden kann, ob sich Bildung und/oder Lebensqualität einer Person durch den Besuch von Museen oder Konzerten verbessern?

---

64 Rothschild schreibt: "In nonbusiness cases, the product often provides little direct measurable benefit to the purchaser ... . Since the purchaser may not immediately percive the personal benefit it must be pointed out more clearly." Rothschild (1979), S. 12.
65 Vgl. Merkle (1975), S. 55 und Bloom/Novelli (1981), S. 81 f.
66 Neben monetären Zielen verfolgen erwerbswirtschaftlich orientierte Unternehmen häufig auch nicht-mönetäre Ziele, doch kommt diesen meist eine unter- oder nebengeordnete Bedeutung zu.
67 Hasitschka/Hruschka (1982), S. 16 f.

Ein weiteres Problem bei der Erfolgsmessung von Marketing-Aktivitäten im Nonprofit-Bereich ist eine zu hohe Erwartungshaltung bezüglich der Erfolge. Ein Marktanteil, der von Erwerbswirtschaften als beachtlich angesehen würde, stellt Nonprofit-Organisationen in aller Regel nicht zufrieden. Wie Drucker bemerkt: "To obtain its budget (the nonprofit organisation) needs the approval, or at least the acquiescence, of practically everybody who remotely could be considered a `constitutent`. Where a market share of 22 percent might be perfectly satisfactory to a business, a rejection by 78 percent of its `constituents' ... would be fatal to a budget based institution." 68)

* Preise bzw. Gegenleistungen und Finanzierung

Die erwerbswirtschaftliche Preisstrategie ist primär darauf ausgerichtet, einen in monetären Größen ausgedrückten, angemessenen Preis für die angebotenen Güter und Dienstleistungen zu erzielen. Im Nonprofit-Bereich manifestieren sich Preise jedoch oft in nicht-monetären Größen, die unterschiedlichster Natur wie z.B. Zeit, Unannehmlichkeiten (z.B. Schmerzen bei der Blutspende) oder psychische Kosten sein können. 69) Aus diesem Grund wird anstelle des Terminus Preis eher der der Gegenleistung herangezogen. 70)

Eine Gegenleistungsstrategie im Nonprofit-Bereich ist primär darauf ausgerichtet, die nicht-monetären Gegenleistungen zu minimieren, um so die Barrieren für das erwünschte Verhalten nach Möglichkeit zu verringern.

Auf Grund der Tatsache, daß dem Nonprofit-Bereich Transaktionen zugrunde liegen, die nur sekundär monetäre Gegenleistungen beinhalten, ist eine vollständige Finanzierung der Nonprofit-Organisationen durch den Absatz ihrer "Güter" nicht möglich. Zur Aufrechterhaltung ihrer Tätigkeit sind sie auf staatliche Bezuschussung und/oder Spenden angewiesen. Nur in Ausnahmefällen werden Nonprofit-Organisationen mit schlüssigen Geld-/Individualgüter-Austauschbeziehungen mit Preisfinanzierung konfrontiert werden. 71) Vielmehr wird der Nonprofit-Bereich durch verschiedenste Arten der Austauschprozesse mit den dazugehörigen Steuerungsmechanismen determiniert.

---

68 Drucker (1973), S. 42 ff.. Zitiert nach Kotler/Andreasen (1987), S. 23.
69 Vgl. Rothschild (1979), S. 12 sowie Merkle (1975), S. 56.
70 Dieser Sachverhalt wird ausführlich in Kapitel IV, Punkt 2.2 dieser Arbeit erörtert.
71 Vgl. Puschert (1989), S. 410.

Austauschprozesse	Steuerungsmechanismus
Austauschprozesse im Markt (Individualgüter)	Marktpreise
Austauschprozesse im Markt (Dienstleistungen)	Marktpreise
Austauschprozesse auf Nichtmärkten	Verhandeln, abmachen
Austauschprozesse in politischen Systemen (politische Steuerung)	Plan/Wahl
Austauschprozesse in karitativen Systemen	Spenden/Zuteilungen

Abb. 4: Austauschprozesse und Steuerungsmechanismen in NPO
Quelle: Puschert (1989), S. 411.

Viele dieser Steuerungsmechanismen sind als nichtschlüssige Tauschsysteme zu bezeichnen, d.h. Leistungsgeber und Leistungsempfänger sind nicht identisch. Daraus resultiert die Konsequenz, daß die Nonprofit-Organisationen sowohl den Beschaffungs- als auch den Absatzmarkt kontinuierlich zu bearbeiten haben. Aus diesem Grund ist auch die Arbeitsweise der Nonprofit-Organisationen in der Regel als komplexer als die erwerbswirtschaftlicher Unternehmen zu bezeichnen. "Public and nonprofit marketers, then, are dealing with two interrelated marketing tasks, one involving programs to attract needed resources and the other concerned with programs to allocate these resources in persuit of the organisational mission." [72]

* Kommunikation

Die Möglichkeiten, die den Nonprofit-Organisationen im Rahmen der kommunikativen Mittel zur Verfügung stehen, unterliegen aus ethischen Gründen gegenüber denen der Erwerbswirtschaften oftmals stärkeren Einschränkungen. Z.B. ist der Einsatz humoristischer Werbespots oder gar von Angstappellen oft nicht angebracht. Zudem haben die Nonprofit-Organisationen die Aufgabe, sich mit Problemstellungen auseinanderzusetzen, die relativ vielschichtige Sachverhalte (z.B. Änderungen der Einstellung oder des Verhaltens) berühren. In diesem Zusammenhang wird die Übermittlung einer großen Informationsmenge notwendig. Einer Untersuchung von Rothschild zufolge [73] unterscheidet sich der Grad der

---

72 Lovelock/Weinberg (1984), S. 33.
73 Vgl. Rothschild (1979), S. 13 ff.

Betroffenheit [74] im Nonprofit-Bereich wesentlich von dem im erwerbswirtschaftlichen Bereich. "... nonbusiness will in many cases generate more extreme levels of involvement than typically found in private sector cases." [75] Diese Tatsache kann nicht ohne Auswirkung auf die Kommunikationsstrategie einer Nonprofit-Organisation bleiben. Denn sowohl im Fall des low involvement wie auch in dem des high involvement ist aus folgenden Gründen die Wahrscheinlichkeit einer Verhaltensänderung recht gering:

* Bei geringem persönlichen Engagement wird ein Individuum den für es erkennbaren, aus einer Handlung resultierenden Nutzen als so gering bewerten, daß jeder im Hinblick auf eine Verhaltensänderung zu zahlende Preis als zu hoch empfunden wird.

* Ist die Ich-Beteiligung des Individuums hoch, wird das momentane Verhalten des Individuums sehr wahrscheinlich in starkem Maße mit seinen inneren Einstellungen korrelieren. Bevor das Individuum sein Verhalten ändern würde, müßte zunächst eine Einstellungsänderung erfolgen. Die hierbei entstehenden "Kosten" würden meist den Nutzen übersteigen.

2.2 Typologisierungen von Nonprofit-Organisationen

Die Vielfalt realer Erscheinungsformen nicht-kommerzieller Organisationen und das weitgespannte Feld ihrer Aufgaben und Ziele wird deutlich, wenn man sich vergegenwärtigt, daß die Palette der Nonprofit-Organisationen "von öffentlichen Unternehmen, Kultur- und Sozialeinrichtungen, Verwaltungsbetrieben bis hin zu privaten Vereinigungen sowie Karitativ-Institutionen reicht." [76] Die beschriebene Kom-

---

74 Die Betroffenheit oder das Involvement gibt das innere Engagement an, mit dem sich ein Individuum einem Sachverhalt oder einer Aufgabe widmet. Es ist Ausdruck der generellen Disposition des Individuums, sich mit diesem Sachverhalt auseinanderzusetzen und aktiv zu werden oder nicht. Ein durch eine Nonprofit Organisations-spezifische Thematik angesprochenes, stark engagiertes Individuum wird sich in höherem Maße mit den Problemen, mit denen es konfrontiert wird, auseinandersetzen und versuchen, durch Informationssammlung Problemlösungen zu finden, als ein im Hinblick auf diese Thematik schwach engagiertes Individuum, das eher zu Impuls- oder Gewohnheitshandlungen neigt. Vgl. hierzu Kroeber-Riel (1992), S. 371 ff.
75 Rothschild (1979), S. 13
76 Raffée/Wiedmann (1983b), S. 196. Beispielhaft seien einige dem nichtkommerziellen Bereich zuzuordnende Organisationen und Institutionen aufgezählt: Museen, Theater, kirchliche und karitative Organisationen, Krankenhäuser, Stiftungen, Verbände, Fonds, politische Parteien, öffentliche Verwaltungen, Bundesbetriebe, Schulen, Universitäten, Freizeitvereine, öffentlich-rechtliche Rundfunkanstalten, Elektrizitätsversorgung, Gewerkschaften, Genossenschaften, Kammern.

plexität und Heterogenität der, dem nicht-kommerziellen Bereich zuzurechnenden, Organisationen und Institutionen macht eine gleichartige Implementierung von Marketing-Maßnahmen im Nonprofit-Bereich unmöglich. Erst eine Typologisierung kann einen strukturellen Überblick über die vielfältigen Erscheinungsformen der Nonprofit-Organisationen schaffen, auf dessen Grundlage eine Planung und Realisation von Marketing-Maßnahmen möglich wird.

Eine Klassifikation ist immer abhängig von den ihr zugrunde liegenden Kriterien. Daher gibt es auch eine Vielzahl verschiedenster Typologien für Nonprofit-Organisationen, von denen im folgenden einige exemplarisch herausgegriffen werden sollen.

Einen dieser Klassifikations-Versuche des Marketing nicht-kommerzieller Institutionen bietet Merkle mit folgender Einteilung [77]:

1. Marketing im Bereich öffentlicher Unternehmen
2. Marketing im Bereich öffentlicher Verwaltungsbetriebe
3. Marketing bei politischen Institutionen
4. Marketing bei öffentlichen Kulturinstitutionen
5. Marketing bei gesellschaftlichen Institutionen

Diese Klassifikation bietet den Vorteil einer Spezifizierung des öffentlichen Bereichs. Nachteilig wirkt sich jedoch die mangelnde Differenzierung und Definition gesellschaftlicher Institutionen aus. [78]

Eine andere Strukturierung der Nonprofit-Organisationen schlagen Raffée, Wiedmann und Abel vor. [79] Sie unterteilen die verschiedenen im Nonprofit-Bereich agierenden Organisationen nach folgenden institutionellen Merkmalen:

* Der rechtliche Status:
    Eine Unterscheidung erfolgt hier nach privater oder öffentlicher Trägerschaft der Institutionen.

* Die Bedeutung sozialer Aufgaben im Tätigkeitsbereich:
    Unterschieden werden dominant oder akzidentiell tätige Nonprofit-Organisationen. Als Unterscheidungskriterium dient die Frage, ob die Realisation sozialer Ziele Hauptaufgabe der Institution oder lediglich abgeleitetes Ziel ist. [80]

---

77 Vgl. Merkle (1975), S. 54.
78 Vgl. Raffée (1976), S. 65.
79 Vgl. Raffée/Wiedmann/Abel (1983), S. 685 ff.
80 Vgl. auch Holscher (1977), S. 22.

* Der Partizipationsgrad:
Ausschlaggebend bei der Betrachtung dieses Merkmals ist der Grad der Beteiligung der Betroffenen an den Entscheidungsprozessen der Institutionen. Das Spektrum reicht hier von Selbstorganisation über Mitgliedervertretung bis Fremdorganisation.

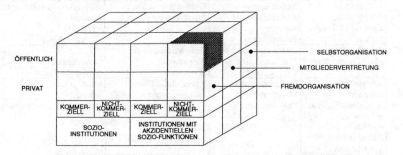

Abb. 5: Typologisierung von Nonprofit-Organisationen mittels institutioneller Merkmale
Quelle: Raffée/Wiedmann/Abel (1983), S. 691.

Durch Zusammenfügen der einzelnen Kriterien ergibt sich ein durch drei Dimensionen aufgespannter Würfel, innerhalb dessen sich die verschiedenen, teils sehr heterogenen Organisationen näher charakterisieren lassen.

Ein eindimensionaler Typologie-Ansatz wird von Bruhn vorgeschlagen. [81] Er unterteilt die Nonprofit-Organisationen nach den von ihnen erfüllten Aufgaben.

Diese Aufgaben beruhen auf von gesellschaftlichen Einheiten (Individuen, Gruppen, Staat) empfundenen Streitpunkten. Dies bedeutet, daß diese gesellschaftlichen Einheiten eine Diskrepanz zwischen erwartetem und tatsächlichem Verhalten anderer Einheiten wahrnehmen, die sie (aktiv oder passiv) ausräumen möchten. Mögliche Ursachen dieser Streitpunkte können sein: Fehlverhalten von Einzelpersonen oder Gruppen, Fehlplanungen, unlösbare Rollenkonflikte oder zu große Machtausübung. Die Intensität der Bemühung um eine Problemlösung ist abhängig von der Aufgabenstellung und Dringlichkeit der Problembereiche.

---

81 Vgl. Bruhn (1975), S. 39.

STREITPUNKTE	URSACHEN NICHT-KOMMERZIELLER AUFGABEN	BEREICHE NICHT-KOMMERZIELLER AUFGABEN	NICHT-KOMMERZIELLE INSTITUTIONEN
Städtesterben Verkehrsstauungen Infrastrukturmängel	Fehlplanungen Interessensgegensätze	Stadt-, Verkehrs- und Regionalplanung	Ministerien Verbände Behörden Polizei
Luftverpestung Lärmbelästigung Verschmutzung	Interessensgegensätze Fehlplanungen Fehlverhalten	Umweltschutz und Landespflege	Behörden Bürgerinitiativen Ministerien
Drogensucht Alkoholismus Zivilisationskrankheiten	Rollendissens Kommunikationsstörungen Fehlverhalten	Gesundheitsvorsorge und Rehabilitation	Wohlfahrtsorganisationen Kirchen Verbände Krankenhäuser
Arbeitsunfälle Motivationsmängel	Interessensgegensätze Machtausübung Gruppenkonflikte	"Humanisierung der Arbeitswelt"	Verbände Gewerkschaften Genossenschaften
Kriegerische Unruhen Nahrungsmittelmangel bzw. -überschüsse Armut in Dritt- bzw. Viertländern	Interessensgegensätze Machtausübung Fehlplanungen	Entwicklungshilfe Nahrungsmittelplanung	Ministerien Kirchen Internationale Behörden
Erziehungsprobleme "Lebensqualität"	Rollendissens Fehlplanungen	Freizeitgestaltung	Kindergärten Kirchen Wohlfahrtsorganisationen
Terrorismus Entführungen Spionage	Machtausübung Interessensgegensätze	Kriminalität	Ministerien Behörden Polizei
Numerus Clausus Subkulturen Strafvollzug	Fehlplanungen Rollendissens Gruppenkonflikte	Bildungswesen	Kirchen Schulen Universitäten Parteien Gefängnisse
Rassismus Gastarbeiterproblem Frauenemanzipation	Rollendissens Interessensgegensätze Machtausübung	Minderheitenschutz	Behörden Parteien Bürgerinitiativen
Theatersterben Museenleere	Interessensgegensätze Fehlverhalten	Kultur	Ministerien Museen Theater

Abb. 6: Systematisierung von Nonprofit-Organisationen durch die von ihnen zu erfüllenden Aufgaben
Quelle: in Anlehnung an Bruhn (1975), S. 39.

Diese Klassifikation bietet den Vorteil, daß nicht nur bereits bestehende Organisationen einbezogen werden, sondern auch neu entstehende Aufgabenbereiche in der Systematisierung Berücksichtigung finden können.

Die bisher dargestellten Klassifikations-Modelle zur Typologisierung der Organisationen im Nonprofit-Bereich hinsichtlich unterschiedlicher Institutionen und Aufgaben verdeutlichen die Schwierigkeiten, die mit einer klaren Strukturierung und Abgrenzung des Nonprofit-Bereichs verbunden sind.

Ein erweitertes mehrdimensionales Klassifikationskonzept geht auf die Autoren Hasitschka und Hruschka zurück. [82]
Sie bilden eine Typologie unter Zugrundelegung jener intensionalen Merkmale, "... die einerseits generelle Spezifika von Nonprofit Organisationen und andererseits dominante Bedeutung für die Marketing-Planung konstituieren." [83]
Die Autoren folgen einer zweistufigen Vorgehensweise, die sich zunächst auf zwei der insgesamt vier intensionalen [84] Merkmale stützt:

* Gutscharakter des Angebots (leistungsbezogenes Merkmal), das wiederum die folgenden beiden extensionalen Ausprägungen [85] aufweisen kann:
  - Individualgut (Festlegung von Eigentumsrechten für die Nutzung, d.h., das Ausschlußprinzip ist wirksam)
  - Kollektivgut (ein Eigentumsübergang findet nicht statt, d.h., das Ausschlußprinzip findet keine Gültigkeit)

und das intensionale Merkmal [86]

* Segment der Abnehmer (konsumorientiertes Merkmal) mit den extensionalen Merkmalsausprägungen:
  - eigenbedarfsdeckende Organisation (Identität zwischen Organisationsträger und Abnehmer)
  - fremdbedarfsdeckende Organisation (Angebot des Leistungsprogramms für bedürftige Dritte). [87]

Ein zweiter Schritt bezieht die beiden übrigen intensionalen Merkmale ein:

* Trägerschaft (organisationales Merkmal) mit den extensionalen Ausprägungen:
  - Zwangsmitgliedschaft (auf Grund öffentlich-rechtlicher Durchsetzbarkeit des Beitritts zu einer Organisation)
  - freiwillige Trägerschaft; [88]

* Verwendungssituation (situationales Merkmal) mit den extensionalen Ausprägungen:

---

82 Vgl. Hasitschka/Hruschka (1982), S. 26 ff.
83 Hasitschka/Hruschka (1982), S. 30.
84 Bei den intensionalen Merkmale handelt es sich um Merkmale zur Klassifikation von Nonprofit-Organisationen, die einerseits zweckmäßig und andererseits logisch ableitbar oder beobachtbar sind. Dem Verständnis der Autoren zufolge ist der Begriff des intensionalen Merkmals mit dem der Typologie-Dimension identisch. Vgl. Hasitschka/Hruschka (1982), S. 27 ff.
85 Auch der Begriff der extensionalen Ausprägung erfährt keine eingehendere Charakterisierung. Es handelt sich hierbei um die konkreten Merkmalsausprägungen, die das zur Typologisierung herangezogene intensionale Merkmal aufweisen kann. Vgl. Hasitschka/Hruschka (1982), S. 30.
86 Siehe hierzu Hasitschka/Hruschka (1982), S. 45.
87 Vgl. hierzu Hasitschka/Hruschka (1982), S. 39 und 45.
88 Vgl. auch hierzu Hasitschka/Hruschka (1982), S. 40 wie auch S. 46.

- Verwendung der Güter für die Arbeitssituation (d.h., die Nutzung erfolgt anläßlich der beruflichen Tätigkeit: entweder zu deren unmittelbaren Aufrechterhaltung oder zur Beeinflussung der, aus der Beschäftigung resultierenden, Einkünfte)
- Nutzenstiftung in der Freizeit.

Abnehmer-segment Guts-charakter	Eigenbedarf			Fremdbedarf		
Individualgut	I Verwendungs-situation Trägerschaft	Arbeit	Freizeit	III Verwendungs-situation Trägerschaft	Arbeit	Freizeit
	Freiwilligkeit	I/1	I/3	Freiwilligkeit	III/1	III/3
	Zwang	I/2	I/4	Zwang	III/2	III/4
Kollektivgut	II Verwendungs-situation Trägerschaft	Arbeit	Freizeit	IV Verwendungs-situation Trägerschaft	Arbeit	Freizeit
	Freiwilligkeit	II/1	II/3	Freiwilligkeit	IV/1	IV/3
	Zwang	II/2	II/4	Zwang	IV/2	IV/4

Abb. 7: Typologische Matrix von Nonprofit-Organisationen
Quelle: Hasitschka/Hruschka (1982), S. 46

Durch diesen erweiterten Typologie-Ansatz lassen sich Cluster von Problemstrukturen im Nonprofit-Bereich bilden, die, entsprechend den typologischen Merkmalen, den Klassen der Matrix zugeordnet werden können. Hierbei erfolgt die Einstufung in einem ersten Zuordnungsschritt nach den Merkmalen Gutscharakter und

Abnehmersegment (Typen I-IV) und innerhalb dieser Typen nach der Trägerschaft und der Verwendersituation (Typen 1-4). [89)]
Durch die Kombination von vier intensionalen Merkmalen, mit je zwei extensionalen Ausprägungen ergeben sich 16 Typen von Nonprofit-Organisationen, denen Hasitschka und Hruschka beispielhaft Organisationen zuordnen.

Typologische Matrix (Zuordnungsbeispiele I)

I		Eigenbedarf	
	Verwendungs-situation	Arbeit	Freizeit
	Trägerschaft		
Individualgut	Freiwilligkeit	1 Einkaufsvereinigung, Vertriebsgemeinschaft, Betriebsberatung für Mitgliedsbetriebe	3 Konsumgenossenschaft, öffentlich-rechtliche Rundfunkanstalt, Automobilklubs, Tennisklub, private Haushalte
	Zwang	2 Elektrizitätsversorgung, Bundesbahnen, Post, Wirtschaftsförderungsinstitut der Handelskammer, Ärztekammer	4 staatliche Museen, Theater, Krankenhäuser, Sozialversicherungsanstalten

---

89 Zur Erläuterung vgl. die Abb. 7 und 8 dieser Arbeit. Siehe auch Hasitschka/Hruschka (1982), S. 47.

Typologische Matrix (Zuordnungsbeispiele II)

II		Eigenbedarf	
	Verwendungs-situation Träger-schaft	Arbeit	Freizeit
Kollek-tivgut	Freiwilligkeit	**1** Gewerkschaftsbund, Verein zur Verhütung von Arbeitsunfällen	**3** Alpenverein, Mietervereinigung
	Zwang	**2** Arbeitskammer, Finanzamt, Arbeitsamt, staatliche Sondervermögen (z.B. Milchwirtschaftsfonds)	**4** Magistratische Bezirksämter, Schulen, Universitäten, Exekutive (Polizei, Bundesheer)

Typologische Matrix (Zuordnungsbeispiele III)

III		Fremdbedarf	
	Verwendungs-situation Träger-schaft	Arbeit	Freizeit
Indivi-dualgut	Freiwilligkeit	**1** Verein behinderter Arbeitnehmer, private Forschungsförderungs-stiftungen	**3** gemeinnützige Wohnbaugesellschaft, Krankenhausstiftung
	Zwang	**2** staatliche UNIDO-Kommission für Wirtschaftsberatung im Ausland, Forschungsförderungs-institut einer Sozialversicherungsanstalt	**4** Einwanderungsbehörde, staatlicher Fonds zur Unterstützung politische Verfolgter

Typologische Matrix (Zuordnungsbeispiele IV)

IV		Fremdbedarf	
	Verwendungs-situation		
Trägerschaft		Arbeit	Freizeit
Kollektivgut	Freiwilligkeit	**1** Gesellschaft zur Förderung mittelständischer Betriebe, Autorenvereinigung (Klub)	**3** Rotes Kreuz, Amnesty International, kirchliche Missionsstationen
	Zwang	**2** staatlicher Fonds zur Unterstützung ausländischer Gewerkschaften, Arbeitsamt für Ausländer	**4** Notarztzentrale der Ärztekammer, staatliche Hilfsorganisation für Hungerleidende in der Dritten Welt

Abb. 8a-d: Typologische Matrix
Quelle: Hasitschka/Hruschka (1982), S. 47 ff.

Vorrangiges Ziel dieser Matrix ist die Gliederung des Objektbereichs von Nonprofit-Organisationen in Situationsklassen, die sich durch spezifische Verhalten der Abnehmer und Organisationen und durch Charakteristika des Gutsangebotes voneinander unterscheiden.

Jedoch auch diese Problemstrukturierung ist letztlich nicht in der Lage, einen vollständigen Überblick über die vielfältigen Erscheinungsformen der Nonprofit-Organisationen zu vermitteln, auf dessen Grundlage sich stringente Arbeitshypothesen herausarbeiten ließen. Denn letztendlich greift auch sie auf die - in der Literatur oftmals anzutreffende - Methode der exemplarischen Aufzählung einzelner Nonprofit-Organisationen zurück. [90]

Auffällig ist, daß die auf der Grundlage exemplarischer Aufzählungen basierenden Problemstrukturierungen äußerst selten Organisationen beinhalten, die im Bereich der Entwicklungshilfe tätig sind. Die von Hasitschka und Hruschka vorgeschlagene Typologisierung greift zwar den Themenkomplex der Entwicklungshilfe auf, beschränkt die Betrachtung jedoch auf staatliche Organisationen und vernachlässigt das Spektrum der privaten Entwicklungshilfe-Organisationen. [91] Einer der wenigen

---

90 Auf die Problematik einer solchen Vorgehensweise weisen Raffée/Wiedmann (1983b), S. 195 hin.
91 Vgl. hierzu Feld 4 der Abbildung 8d dieser Arbeit.

Typologisierungsansätze, der expressis verbis Entwicklungshilfe-Organisationen berücksichtigt, ist die von Schwarz präsentierte "illustrierende Aufzählung von realexistierenden NPO, geordnet zunächst nach staatlicher und privater Trägerschaft, in zweiter Linie nach der Zwecksetzung." [92]

	Trägerschaft	Zweck, Aufgabe	Arten, Typen
Staatliche NPO	Gemeinwirtschaftliche NPO	Erfüllung demokratisch festgelegter *öffentlicher Aufgaben* (auf Bundes-, Kantons-, Gemeindeebene), Erbringen konkreter Leistungen für die Bürger (Mitglieder)	• Öffentliche Verwaltungen • Öffentliche Betriebe: - Verkehr, PTT, Energie - Spital, Heim, Anstalt - Schule, Universität - Museum, Theater, Bibliothek
Private NPO	Wirtschaftliche NPO	Förderung und Vertretung der *wirtschaftlichen* Interessen der Mitglieder	• Wirtschaftsverband • Arbeitnehmerorganisation • Berufsverband • Konsumentenorganisation • Genossenschaft
	Soziokulturelle NPO	Gemeinsame Aktivitäten im Rahmen *kultureller, gesellschaftlicher Interessen*, Bedürfnisse der Mitglieder	• Sportvereine • Freizeitvereine • Kirche, Sekte • Privatclub • Spiritistischer Zirkel
	Politische NPO	Gemeinsame Aktivitäten zur Bearbeitung und Durchsetzung *politischer (ideeller) Interessen* und Wertvorstellungen	• Politische Partei • Natur-, Heimat-, Umweltschutzorganisation • Politisch orientierter Verein • Organisierte Bürgerinitiative
	Karitative NPO	Erbringen *karitativer Unterstützungsleistungen* an bedürftige Bevölkerungskreise (Wohltätigkeit, Gemeinnützigkeit)	• Hilfsorganisationen für Betagte, Behinderte, Geschädigte, Süchtige, Arme, Benachteiligte • Entwicklungshilfe-Organisationen • Selbsthilfegruppen mit sozialen Zwecken

Tab. 1: Vielfalt der Nonprofit-Organisationen
Quelle: Schwarz (1992), S. 18.

Einer der Gründe dafür, daß den im Bereich der Entwicklungshilfe tätigen Organisationen innerhalb der - den Bereich der Nonprofit-Organisationen betreffenden - Typologisierungen nur selten Beachtung geschenkt wird, ist möglicherweise in der Tatsache zu sehen, daß sich diese Organisationen auf Grund der ihnen eigenen Besonderheiten nicht nur im Hinblick auf kommerzielle Unternehmen, sondern auch bezüglich anderer im nicht-kommerziellen Bereich tätiger Organisationen abgrenzen lassen. Diese Besonderheiten gilt es im folgenden herauszuarbeiten.

---

92 Schwarz (1992), S. 17.

3. Die Entwicklungshilfe-Organisation als spezielle Nonprofit-Organisation

Grundsätzlich lassen sich die im nicht-kommerziellen Bereich agierenden Institutionen in nicht-kommerzielle Institutionen und sozial tätige Organisationen unterteilen.

Zu den nicht-kommerziellen Institutionen zählen jene öffentlichen Einrichtungen, die prinzipiell nach erwerbswirtschaftlichen Grundsätzen gesteuert werden könnten. Hierzu gehören z.B. Betriebe der Versorgung (Energie, Wasser) und Entsorgung (Müllabfuhr), Verkehrsbetriebe, Bahn, Post, Rundfunk, Parteien, Theater, Museen, Glaubenseinrichtungen etc.

Die Ziele des Einsatzes einer Marketing-Konzeption in diesen Institutionen sind unterschiedlichster Natur:

* Deckung der anfallenden Kosten (bei Ver- und Entsorgungsbetrieben),
* Auslastung vorhandener Kapazitäten (bei Rundfunk und Fernsehen),
* Gewinnung von Anhängern für eine bestimmte Sache (bei Parteien, Gewerkschaften und Vereinen),
* Kontakt breiter Bevölkerungsschichten mit einem kulturellen Angebot (bei Theater und Museen). [93]

Die sozial tätigen Organisationen (Einzelwirtschaften mit dominant sozial-wirtschaftlicher Funktion) zeichnen sich durch eine Leistungserstellung, die ausschließlich oder überwiegend im Interesse Dritter erfolgt, und durch das Fehlen eines adäquaten Leistungsentgelts durch den Leistungsempfänger aus. Ziel ihrer Marketing--Konzeption ist die Verfolgung bestimmter Ideen oder Anliegen, die jeweils darauf ausgerichtet sind, für einen großen Teil der Gesellschaft nutzbringend zu sein. Durch die Etablierung gesellschaftlich verantwortungsbewußten Handelns verfolgen sie das Globalziel der Steigerung der Lebensqualität.

3.1 Die Zielsysteme von Entwicklungshilfe-Organisationen

Ihren Zielen zufolge sind die kirchlich, christlich und konfessionell unabhängigen Hilfswerke für die Dritte Welt [94], die Entwicklungshilfe-Organisationen, den sozial

---

93 Vgl. Nieschlag/Dichtl/Hörschgen (1991), S. 22.

tätigen Organisationen zuzuordnen. Durch die Ausrichtung ihrer Tätigkeit an den Interessen Dritter und den Verzicht auf ein adäquates Entgelt durch die Leistungsempfänger erfüllen sie jene Prämissen, die sie als sozial tätig qualifizieren.

Ihr Streben ist getragen von der Idee der Beseitigung von Hunger, Elend und Kriegen in den Entwicklungsländern. Darüber hinaus ist es ihr Ziel, durch Informationsarbeit die Bevölkerung in den entwickelten Ländern auf Mißstände in den Entwicklungsländern aufmerksam zu machen und dazu zu bewegen, zur Beseitigung von Not und Elend beizutragen. Hieraus resultiert für die Entwicklungshilfe-Organisationen die Notwendigkeit, gleichzeitig zwei verschiedene Märkte bearbeiten zu müssen. Zum einen bedarf es der Schaffung von Akzeptanz für die Notwendigkeit der Projekte in den Entwicklungsländern selbst sowie des Versuches, die Menschen zur Mitarbeit in den Projekten zu animieren. Zum anderen müssen die Entwicklungshilfe-Organisationen in den Industriländern die Mittel für diese Hilfe akquirieren, d.h. durch Schaffung eines sozialen Bewußtseins muß den potentiellen Spendern die Notwendigkeit ihres Handelns verdeutlicht werden.

Entwicklungshilfe wird verstanden als die ideelle und monetäre Unterstützung Dritter, die die, auf internationalem Konsens beruhende, Befriedigung der von den Betroffenen selbst geäußerten Bedürfnisse (basic needs) durch die Bereitstellung entsprechender Dienste (basic services) beinhaltet. Sie folgt hierbei dem Grunddienstansatz unter besonderer Berücksichtigung der ländlichen Regionen (rural development) und zunehmend auch der Frauen, die auf Grund ihrer sich wandelnden Bedeutung als Change Agent agieren. Sie sind es, die in zunehmenden Maße Träger der Entwicklungshilfe werden. [95])

Die Entwicklungshilfe-Organisationen sehen ihre Aufgaben heutzutage primär in der Betreuung und Finanzierung mittel- und langfristiger Projekte in den Entwicklungsländern, die dazu beitragen sollen, die Eigeninitiative und Selbstverantwortung der

---

94 Die Entwicklungshilfe-Organisationen benutzen den Begriff "Dritte Welt" nicht gerne, da mit ihm nach heutigem Verständnis eine Assoziation von Minderwertigkeit einhergeht. Die "Dritte" ist die an dritter Stelle einer nach wirtschaftlichen Gesichtspunkten erstellten Weltrangliste plazierte Welt, wobei Platz "Eins" natürlich der westlichen und Platz "Zwei" der kommunistischen Welt zukommt. Doch ursprünglich hatte Alfred Sauvy, als er diesen Terminus prägte, eine andere Gedankenassoziation. Für ihn war die Dritte Welt gleichbedeutend mit der Verheißung, die im Vorfeld der Französischen Revolution vom Dritten Stand ausgestrahlt wurde (Was war der Dritte Stand? -Nichts!; Was ist er heute? - Etwas!; Was will er werden? - Alles!). Doch dieser Sinn des Begriffs ist heute verlorengegangen. Vgl. Neudeck/Gerhardt (1987), S. 40 f.
95 Diese Definition des Entwicklungshilfe-Begriffs stützt sich auf die während eines Expertengesprächs mit einem vormaligen Geschäftsführer des Deutschen Komitees für UNICEF getroffenen Aussagen.

Betroffenen zu stärken und ihnen die Möglichkeit zur Selbsthilfe zu geben, die sie aus bestehenden Abhängigkeiten herausführen soll. Entwicklungshilfe ist nur dort sinnvoll, wo sie von den Betroffenen gewollt ist und durch sie mitgetragen wird. Daher wird die finanzielle und ideelle Mithilfe der Regierungen sowie der Einsatz der menschlichen Arbeitskraft von den Entwicklungshilfe-Organisationen als Beitrag der Länder, denen die Hilfe zukommt, erwartet. Aus diesem Grund, und um die Gleichheit der Geber- und Nehmernationen zum Ausdruck zu bringen, wird heute anstelle des Terminus Entwicklungshilfe der Begriff der Entwicklungszusammenarbeit verwendet. [96]

Die Entwicklungshilfe-Organisationen stützen ihre Arbeit auf ethische und karitative Grundsätze. Daher steht der Mensch mit seinen Bedürfnissen und Empfindungen im Mittelpunkt der Hilfe. "Zur menschlichen Würde gehört das Freisein von Hunger, das Recht auf Befriedigung der materiellen und nicht-materiellen Grundbedürfnisse und die eigenverantwortliche Teilnahme am politischen Geschehen. Würde und Almosenvergabe schließen einander aus." [97] Steht der Mensch im Mittelpunkt der entwicklungspolitischen Maßnahmen, kann Entwicklung nur in enger Nachbarschaft mit Selbsthilfe und Eigenverantwortung gedeihen. Der entwicklungspolitische Prozeß kann nur in kleinen Schritten vollzogen werden, die darauf abgestellt sein müssen, die notwendige ökonomisch-technische Entfaltung und den sozialen Anpassungsprozeß in der Balance zu halten. "Es kann nicht angehen, daß die sozialen Kosten des auch in Afrika notwendigen Strukturwandels auf die armen Bevölkerungsschichten abgewälzt werden." [98]

Eine Begründung der Entwicklungszusammenarbeit läßt sich auch aus Artikel 1 des Grundgesetzes ableiten, der sich zur Achtung der Menschenrechte, die mehr als lediglich politische Grundrechte sind, bekennt. Zu den Grundrechten gehört auch das Recht auf ausreichende Nahrung und Kleidung, sauberes Trinkwasser und eine menschenwürdige Wohnung, das Recht auf Gesundheit und Bildung und - damit verbunden - die Möglichkeit zu arbeiten. "Unser Bekenntnis zu den Menschenrechten verpflichtet uns also zur Entwicklungszusammenarbeit." [99]

---

96 Auf die bevorzugte Nutzung des Terminus Entwicklungszusammenarbeit im Gegensatz zu dem der Entwicklungshilfe wurde im Verlauf des Expertengesprächs mit dem vormaligen Geschäftsführer des Deutschen Komitees für UNICEF hingewiesen.
97 Misereor (1985), S. 1.
98 Misereor (1985), S. 1.
99 Arbeitskreis für entwicklungspolitische Bildungs- und Öffentlichkeitsarbeit (1987), S. 5.

Die Entwicklungshilfe wird in der Bundesrepublik von öffentlichen und privaten Organisationen und Institutionen getragen.

In den Grundlinien der Entwicklungspolitik der Bundesregierung heißt es: "Deutsche Entwicklungspolitik ist vorrangig auf die armen Bevölkerungsschichten ausgerichtet. Wo Menschen in Hunger und Armut leben, leistet die Bundesregierung unmittelbar wirkende Hilfe zur Befriedigung der Grundbedürfnisse und stärkt Willen und Fähigkeit der Armen zur Selbsthilfe ... " [100]

Zur Erreichung dieses Ziels bedient sich die Entwicklungspolitik unterschiedlichster Instrumentarien. Grundsätzlich läßt sich die öffentliche Entwicklungshilfe in multilaterale und bilaterale Zusammenarbeit unterteilen.

Im Rahmen der multilateralen Entwicklungszusammenarbeit, die etwa 1/3 der Haushaltsmittel betrifft, beteiligt sich die Bundesrepublik durch Kapitalzeichnungen, Barzuweisungen oder Hinterlegung von Schuldscheinen an den Entwicklungsmaßnahmen internationaler Organisationen. [101]

Im Falle der bilateralen Entwicklungszusammenarbeit - sie umfaßt etwa 2/3 der Hilfe - leistet die Bundesregierung ihre Beiträge unmittelbar an ein Partnerland, mit dem sie Verträge über diese Zusammenarbeit abschließt. Mit der Durchführung der einzelnen Maßnahmen beauftragt das Bundesministerium für wirtschaftliche Zusammenarbeit in der Regel Organisationen und Institutionen, die in bestimmten Bereichen spezialisiert sind. [102]

Die bilaterale Zusammenarbeit umfaßt:

---

100 Bundesministerium für wirtschaftliche Zusammenarbeit (1991b), S. 20.
  Die im weiteren Verlauf der Arbeit hinsichtlich der Entwicklungshilfe-Organisationen getroffenen Aussagen beziehen sich vorwiegend auf nicht-staatliche - private - Hilfsorganisationen. Mit einem Gesamtleistungsumfang von rund 21.918,9 Mio. DM leistete die Bundesregierung in 1990 einen enormen finanziellen Beitrag zur entwicklungspolitischen Zusammenarbeit. Vgl. hierzu Bundesministerium für wirtschaftliche Zusammenarbeit (1991a), S. 74. Aus diesem Grund wird an dieser Stelle - der Vollständigkeit halber - auf die staatliche Entwicklungszusammenarbeit eingegangen und das dem Bundesministerium für wirtschaftliche Zusammenarbeit zur Verfügung stehende Instrumentarium erläutert werden.
101 Vgl. Bundesministerium für wirtschaftliche Zusammenarbeit (1991a), S. 144 f. wie auch Arbeitskreis für entwicklungspolitische Bildungs- und Öffentlichkeitsarbeit (1987), S. 9.
102 Siehe hierzu Bundesministerium für wirtschaftliche Zusammenarbeit (1991a), S. 82 f. und Arbeitskreis für entwicklungspolitische Bildungs- und Öffentlichkeitsarbeit (1987), S. 8 f.

* finanzielle Zusammenarbeit: Bereitstellung günstiger Kredite (niedrige Zinssätze und lange Laufzeiten) für konkret vereinbarte Projekte, deren Durchführung vom Geld- bzw. Kreditgeber überwacht werden. Den Regierungen in der "Dritten Welt" wird also kein Geld überlassen, über das sie frei verfügen können.

* technische Zusammenarbeit: Vermittlung technischer, wirtschaftlicher und organisatorischer Fähigkeiten; zum einen durch die Entsendung von Fachkräften aus den Geberländern und zum anderen durch die Ausbildung einheimischer Fachkräfte vor Ort.

Ermutigt durch den Fortfall des ideologischen Gegensatzes zwischen Ost und West und den offeneren und ehrlicheren Dialog zwischen Industrie- und Entwicklungsländern sowie auf Grund der Erkenntnis, daß die großen entwicklungspolitischen Konzepte der 60er und 70er Jahre gescheitert sind, ist das Bundesministerium für wirtschaftliche Zusammenarbeit zu der Einsicht gekommen, neue, pragmatische Wege der Entwicklungszusammenarbeit zu beschreiten. [103] Konkret bedeutet dies, daß politische Defizite, die bisher auf Grund falsch verstandener politischer Rücksichtnahmen bei Erörterungen der Entwicklungspolitik häufig ignoriert wurden, heute offen ausgesprochen werden. "Die Mißachtung der Menschenrechte, Korruption, hohe Rüstungsausgaben und die Existenz von Militärregierungen und Einparteiensystemen stoßen zunehmend auf Kritik." [104] Künftig soll die Menschenrechtssituation in den jeweiligen Empfängerländern der zentrale Ansatzpunkt für die Festlegung der Länderquote sein, wobei grundsätzlich den Bemühungen um Menschenrechte und Demokratie durch Hilfe der Vorrang vor negativen Sanktionen eingeräumt werden soll. Es bleibt zu hoffen, daß durch diese Neuorientierung der staatlichen Entwicklungshilfe künftig auch deren Effizienz steigen wird.

Neben der Bundesregierung arbeiten auch zahlreiche private Organisationen mit Partnern in der "Dritten Welt" zusammen. Diese Hilfswerke führen ihre Projekte in eigener Verantwortung durch, erhalten jedoch - sofern sie über fachliche Qualifikationen und eigene Ressourcen verfügen und einen Eigenanteil von mindestens 25% an den Projekten leisten - einen staatlichen Zuschuß.

Die nichtstaatlichen Hilfsorganisationen arbeiten in den Entwicklungsländern direkt - also nicht unter dem Dach von Regierungsvereinbarungen - mit ihren ortsansässigen Partnern zusammen. Durch diese Form der Arbeit haben sie - im Gegensatz zu den staatlichen Gebern - meist direkteren Zugang zu den Menschen, wodurch sie die

---

103 Vgl. Repnik (1991), S. 4.
104 Repnik (1991), S. 8.

Notleidenden unmittelbarer erreichen und effektiver versorgen können. Ferner können sie, da sie weniger politische Rücksichten nehmen müssen, freier als staatliche Stellen Mißstände und deren Ursachen konkret ansprechen. [105]

Aus der Vielzahl der privaten Entwicklungshilfe-Organisationen werden in der nachfolgenden Tabelle einige herausgegriffen und näher charakterisiert. [106]

Name	Einsatzgebiet	Ziele und Arbeitsschwerpunkte
Adveniat katholisches Missionswerk für die Kirche in Lateinamerika	Zentral- und Südamerika	Schwerpunkt sind Bildungsprogramme, die nicht darauf ausgerichtet sind, eine westliche Theologie zu vermitteln, sondern die einheimischen Partner bei ihrem Streben nach Unabhängigkeit und Selbständigkeit zu unterstützen. Das wachsende Gewicht der Kirche in Lateinamerika in sozialpolitischen Fragen sowie die Parteilichkeit für die Armen gibt dem Konzept der Mission als Entwicklungshilfe recht. Im Inland soll Interesse an und Solidarität mit der Kirche Lateinamerikas in Wort und Tat zum Ausdruck kommen.
AMREF Gesellschaft für Medizin und Forschung in Afrika e.V.	Südsudan, Äthiopien, Somalia, Sambia	Die Beratung von Regierungen beim Aufbau der öffentlichen Gesundheitspflege sowie gemeindenahe Gesundheitsprojekte durch mobile Krankenstationen bilden den Schwerpunkt der Arbeit. Ferner führt Amref Ausbildungsprogramme für Gesundheitshelfer durch.
Andheri-Hilfe	Indien, Bangladesch	Die Mitarbeiter setzen sich für die Durchführung von Projekten der Sozialarbeit, des Bildungswesens, der ländlichen und dörflichen Entwicklung sowie des Gesundheitswesens ein. Denn: nicht nur die Symptome, sondern die Ursachen des Kinderelends müssen mittel- und langfristig bekämpft werden. Das kann nicht durch isolierte Kinderhilfsprogramme oder ausgesuchte Kindergruppen erreicht werden. Kinder sind Teil ihrer Familie, ihrer Sippe, ihrer Dörfer, ihrer Gesellschaft. Die Schwerpunkte der Arbeit bilden: Kinderhilfe, Familienhilfe, Dorf- und Blindenhilfe.

---

105 Vgl. hierzu Arbeitskreis für entwicklungspolitische Bildungs- und Öffentlichkeitsarbeit (1987), S. 10.
106 Die Profile stützen sich auf Angaben aus Informationsschriften der einzelnen Organisationen sowie auf Kurzportraits von: Müller-Werthmann (1985), S. 151-232, Mann/Bokatt (1985), S. 96-148 und Borgmann-Quade (1982), S. 162-213.

Brot für die Welt Einrichtung des diakonischen Werkes in der Evangelischen Kirche	Afrika: Kamerun, Sahel-Zone, Simbabwe Asien: Indien, Indonesien, Philippinen Lateinamerika: Andenländer	Im Mittelpunkt der Entwicklungsprojekte in den "Dritte-Welt"-Ländern steht die Förderung von Landwirtschaft und Handwerk, die medizinische Basisversorgung und die Einrichtung von Sozialstationen sowie Ausbildungsprogramme, die sich an den praktischen Bedürfnissen der Bevölkerung orientieren. Ziel der Entwicklungsarbeit ist die Förderung der Selbstverantwortlichkeit und Eigeninitiative der Partner. Dadurch soll ein Beitrag zur sozialen Gerechtigkeit geleistet werden. Darüber hinaus sollen ein qualitatives Wachstum angeregt und menschenunwürdige Lebensbedingungen beseitigt werden. Neben der langfristigen Arbeit wird auch Katastrophenhilfe geleistet.
Care Deutschland e.V.	Afrika: Uganda, Somalia, Kenia, Ghana, Sudan, Äthiopien, Ruanda	Die Durchführung von und Mitwirkung an Hilfs,- Entwicklungs und medizinischen Programmen zur Linderung von Hunger, Krankheit und Armut in Entwicklungsländern durch Verstärkung der wirtschaftlichen Entwicklung, Verbesserung der Lebensqualität, Befriedigung der elementaren menschlichen Bedürfnisse sowie Katastrophenhilfe, die vor allem den Menschen zugute kommt, die besonders benachteiligt sind und Hilfe bei der Entwicklung zur Selbsthilfe, d.h. aktive Beteiligung der betroffenen Bevölkerung, zählen zu den Aufgaben von Care Deutschland.
Deutsche Welthungerhilfe	Afrika, Indien, Südostasien, Fernost, Karibik, Lateinamerika	Einer der Schwerpunkte der Arbeit ist die Entwicklung der Bereiche Landwirtschaft, Viehzucht, Bewässerung und Lagerhaltung. Ziel dieser Maßnahmen ist es, mittels Ertragssteigerungen im Agrarbereich die Ernährungslage in Form von Selbsthilfeprogrammen zu unterstützen und zu sichern. Ein weiterer Arbeitsschwerpunkt liegt auf dem Gebiet der entwicklungspolitischen Bewußtseinsbildung in Deutschland, durch Erarbeitung und Verarbeitung von Informationen, die geeignet sind, Einblick in die sozialen und wirtschaftlichen Zusammenhänge der Entwicklungsprozesse in der "Dritten Welt" zu ermöglichen und die gesellschaftliche Mitverantwortung zu stärken.
Deutsches Komitee Notärzte e.V.	Somalia, Uganda, Libanon, Thailand, Vietnam	Aufgabe dieser Organisation ist, mittels medizinischer Versorgung hilfbedürftige Personen, zu denen vor allem Flüchtlinge zu zählen sind, zu unterstützen.
Korean Relief Hilfsorganisation für koreanische Waisenkinder e.V.	Süd-Korea, Philippinen	Ziel des Vereins ist die Hilfeleistung, insbesondere für obdach- und elternlose Kinder aus den Elendsvierteln überbevölkerter Großstädte. Der Verein stellt sich die Aufgabe, für diese Kinder die Funktion des Elternhauses zu übernehmen, Ausbildungshilfen zur Verfügung zu stellen und den Kindern wie auch den Notleidenden in den Slums jegliche Art medizinischer Hilfe zu gewähren.

Eirene Internationaler Christlicher Friedensdienst		Südprogramm: Afrika (Marokko, Niger, Tschad) Lateinamerika (Nicaragua, Ecuador, Peru) Nordprogramm: Europa	Ihre Aufgabe sehen die Mitarbeiter von Eirene in der Förderung des Friedens in der Welt und der Verständigung zwischen den Völkern. Durch Gewaltfreiheit soll dort, wo wirtschaftliche Fehlentwicklung oder Not, soziale Ungerechtigkeit, politische Spannungen und kulturelle Unterdrückung hervorgerufen werden, Elend überwunden werden. Schwerpunkte der Arbeit sind ländliche Entwicklung, Berufsausbildung und Reintegration benachteiligter Jugendlicher und Unterstützung von Rand- und Selbsthilfegruppen.
Kindernothilfe e.V.		Indien, ostasiatische Länder, Südamerika	Finanzielle Mittel für Betreuung und Ausbildung von Kindern werden durch Kinder-Patenschaften beschafft. In den letzten Jahren hat eine Lösung von dem allzu dogmatischen Konzept der Heimpatenschaften stattgefunden.
Medico International e.V.		Afrika: Kenia, Kapverdische Inseln, Westsahara, Namibia Nahost: Libanon Südamerika: Chile, Peru Mittelamerika: Nicaragua, El Salvador, Guatemala	Die private, überkonfessionelle und politisch unabhängige Vereinigung Medico International verfolgt den Zweck, im In- und Ausland, insbesondere in den Entwicklungsländern, öffentliche soziale Gesundheitsfürsorge in Katastrophenfällen sowie lang- und mittelfristige Projekte zu unterstützen oder aufzubauen, die mit Gesundheitsfürsorge verbundene Gemeindefürsorge zu fördern und im Sinne der Völkerverständigung Aufklärungsarbeit über die Ursachen der Probleme zu leisten.
Menschen für Menschen		Äthiopien	Auch für diese Organisation steht die Hilfe zur Selbsthilfe im Mittelpunkt der Arbeit. In Äthiopien werden Siedlungsprojekte für Menschen aus Hungergebieten organisiert, in denen Menschen nicht nur leben, sondern besser leben sollen. Diese Dörfer sollen von den in ihnen lebenden Menschen in Eigenverantwortung geleitet werden.
Misereor Bischöfliches Hilfswerk der Katholischen Kirche für die "Dritte Welt"		mehr als 100 Länder Afrikas, Asiens und Lateinamerikas	Zweck des Vereins ist es, im Dienste der Entwicklungshilfe der katholischen Kirche in der Bundesrepublik Deutschland Hilfsmaßnahmen zur Bekämpfung von Hunger, Krankheit und Armut in der Welt zu unterstützen sowie in sonst geeigneter Weise zur sozialen und wirtschaftlichen Entwicklung in der Welt beizutragen und für mehr Weltverantwortung, Gerechtigkeit und Frieden in der Welt einzutreten. Dazu gehört es, einerseits im Geberland mehr Wissen über die Probleme der "Dritten Welt" zu verbreiten und zu einem solidarischen Verhalten ihr gegenüber beizutragen. Andererseits müssen längerfristige Hilfsprogramme, die auf die Bekämpfung der Ursachen der Not zur dauerhaften Überwindung beitragen und Hilfe zur Selbsthilfe geben, durchgeführt werden.

Missio Internationales Katholisches Missionswerk	Afrika, Asien, Ozeanien	Im Zuge einer innerkirchlichen Arbeitsteilung übernimmt Missio für die Gebiete Afrika, Asien und Ozeanien dieselben Aufgaben wie Adveniat in Lateinamerika.
SOS-Kinderdörfer Hermann-Gmeiner-Fonds Deutschland	Afrika, Asien, Lateinamerika, Europa	Ziel der Arbeit ist es, elternlosen und verlassenen Kindern ein Heim zu geben und sie durch eine Ausbildung in die Gesellschaft einzugliedern. Bei der Entwicklung und Organisation der Dörfer werden kulturelle und religiöse Eigenständigkeit der Völker beachtet.
terre des hommes	Afrika, Asien, Südamerika	Ziel ist, notleidenden Kindern in ihrem sozialen Umfeld direkt und umfassend zu helfen und deren Überleben langfristig zu sichern. Dazu gehören auch Hilfsprogramme für verlassene Kinder. Arbeitsschwerpunkte sind: Basisgesundheitsdienste, Bildungs- und Ausbildungsprogramme wie auch Aufklärungsarbeit im Inland.
UNICEF	in 117 Ländern Afrikas, Asiens Lateinamerikas	Gemäß § 1 der Satzung hat das Deutsche Komitee für UNICEF sich zur Aufgabe gesetzt : "zur Aufrechterhaltung des Friedens, zur Lösung der humanitären Probleme und zur Entwicklung der Achtung aller Völker vor Recht und Gerechtigkeit beizutragen - ohne Unterscheidung nach Rasse, Geschlecht, Sprache, Religion, politischer Überzeugung, nationaler oder sozialer Herkunft, nach Eigentum Geburt oder sonstigen Umständen." Im Mittelpunkt der Arbeit stehen die Interessen der Kinder und ihrer Familien. Denn gerade die Kinder, als schwächste Mitglieder der Gesellschaft, sind schutzbedürftig. Die Projekte sind in erster Linie zur Erfüllung der Grundbedürfnisse bestimmt und umfassen: medizinische Versorgung, Bereitstellung von Trinkwasser, Bau sanitärer Anlagen, Sicherung ausreichender und richtiger Ernährung, Vermittlung elementarer Bildung. Neben der Arbeit im Entwicklungsland sieht UNICEF seine Aufgabe auch in der Information der Öffentlichkeit über die Probleme der "Dritten Welt."

Tab. 2: Ziele und Aufgaben einiger anhand des Bekanntheitsgrades ausgewählter Entwicklungshilfe-Organisationen

Diese Zusammenstellung einiger kirchlicher und nicht-konfessionell arbeitender Entwicklungshilfe-Organisationen (daneben existiert noch eine Vielzahl seriöser wie auch unseriöser Organisationen) verdeutlicht, daß neben der Katastrophenhilfe die mittel- und langfristige Hilfe für Menschen in den "Dritte-Welt"-Ländern - wie auch die Aufklärung der Öffentlichkeit in den Geberländern über Zusammenhänge und Notwendigkeit der Entwicklungshilfe - zu den Zielen der in diesem Bereich agierenden Organisationen zählt. Unterschiedlich sind jedoch die Wege, die zu diesem Ziel führen.

3.2 Die Besonderheiten von Entwicklungshilfe-Organisationen

3.2.1 Die Distanz zwischen Leistungsgeber und Leistungsempfänger

Zu den Merkmalen, die Entwicklungshilfe-Organisationen von anderen sozial tätigen Organisationen unterscheiden, gehört vor allem die räumliche und geistige Distanz zwischen Leistungsgeber und Leistungsempfänger.

Während bei allen Transaktionen zwischen Konsumenten und kommerziellen Unternehmen oder auch nicht-kommerziellen Institutionen der Nutzen, der aus der Transaktion erwächst, klar zu definieren und für die Transaktionspartner ersichtlich ist, fällt es schwer, diesen Prozeß auf Entwicklungshilfe-Organisationen zu übertragen.
Wer ist Nutznießer einer Spende an eine solche Organisation?

Der primäre Nutzen fließt einem an der Transaktion unbeteiligten Dritten zu. Dadurch grenzen sich die Entwicklungshilfe-Organisationen nicht nur von den nicht-kommerziellen Institutionen ab(z.B. Ver- und Entsorgungsbetrieben, Rundfunk, Fernsehen und Theater etc.), sondern auch von anderen sozial tätigen Organisationen, deren Hilfe, wenn sie auch nicht unbedingt dem Spender direkt zukommt, dennoch im Inland verwandt wird. [107]

Auf Grund der räumlichen Distanz zwischen Industrienationen und Entwicklungsländern werden die Spender in den seltensten Fällen direkt mit der Situation in den Entwicklungsländern konfrontiert. Sie können und wollen sich nur schwer konkrete Vorstellungen hinsichtlich der tatsächlichen Zustände in diesen Ländern machen. [108]

Zu dieser räumlichen Distanz (die ein Handeln erschwert) kommt auch eine geistige Distanz. Hartnäckig halten sich in den Industrienationen Vorurteile, denen zufolge der Einsatz von Entwicklungshilfe nicht sinnvoll ist:

* Gelder für die Entwicklungshilfe würden nicht für die vorgesehenen Projekte verwandt, sondern für Rüstung in den Entwicklungsländern eingesetzt.

---

107 Als Beispiel sei eine Spende an eine Umweltschutz-Organisation genannt, deren Einsatz auch dem Spender zugute kommt. Ähnliches gilt für eine an das Deutsche Rote Kreuz getätigte Spende, denn hier kann der Spender erwarten, daß ihm im Notfall geholfen wird.
108 Den Eindruck der in der Öffentlichkeit in gewisser Weise bestehenden "Ignoranz" hinsichtlich des tatsächlichen Ausmaßes der Probleme in einzelnen Entwicklungsländern haben Mitarbeiter verschiedener Hilfsorganisationen in Gesprächen bestätigt.

* Die Ernährungslage in den Ländern Afrikas sei auf Grund der hohen Geburtenraten so schlecht.

* Projekte, die darauf abzielen, die Selbstverantwortung der Menschen zu erreichen, seien nicht durchführbar, da es sich bei der Bevölkerung um primitive und faule Menschen handele, die niemals westlichen Standard erreichen könnten. [109]

Die Entwicklungshilfe-Organisationen stehen vor der Aufgabe, die Situation der Menschen in den Entwicklungsländern und die sich daraus für die Spender ergebende Notwendigkeit des Handelns durch Information vermitteln zu müssen. Doch die Übermittlung der Informationen allein genügt nicht, denn der Spender ist nicht unmittelbar von den Geschehnissen betroffen und wird sehr wahrscheinlich nie in eine vergleichbare Situation kommen. Er sieht somit keine Notwendigkeit zum Handeln, da die Kosten der Handlung auf den ersten Blick den Nutzen übersteigen würden.

3.2.2 Sachzielerfüllung contra Gewinnmaximierung

Der Einteilung Kosiols folgend können die Ziele einer Unternehmung in Sachziele und Formalziele unterschieden werden. [110] Während in kommerziell ausgerichteten Unternehmen das Formalziel dominiert [111], gehört es zu den besonderen Merkmalen der sozial tätigen Organisationen (und somit auch der Entwicklungshilfe-Organisationen), daß innerhalb des Zielsystems das Sachziel dominiert, wohingegen das Formalziel dienenden Charakter aufweist. [112]

Die Bereitstellung von im Rahmen der entwicklungspolitischen Arbeit notwendigen Hilfsmaßnahmen wird von der Mehrzahl der Entwicklungshilfe-Organisationen - gemäß ihren Satzungen - als Sachziel der Organisationen verstanden. Da zur Aufrechterhaltung ihrer Arbeit die Beschaffung finanzieller Mittel unerläßlich ist, können Rentabilitätsüberlegungen nicht ganz außer acht gelassen werden. Ihnen kommt jedoch nur in dem Maße Bedeutung zu, als sie zur Erfüllung des Oberziels notwendig sind.

---

109 Vgl. Müller-Blattau (o.J), ohne Seitenangaben. Diesem Vorurteil entspricht auch der von Voltaire - wohlgemerkt einem Vertreter der Aufklärung - geäußerte Satz: "Der Neger ist ein schwarzes Tier mit Wollhaar auf dem Kopf."zitiert nach Michler (1991), S. 3.
110 Vgl. Kosiol (1972), S. 223 f. und 54.
111 Siehe auch hierzu Kosiol (1972), S. 224.
112 Kosiol spricht in diesem Fall von einer Zielkonzeption mit Sachziel-Dominanz. Vgl. Kosiol (1972), S. 223.

3.2.3 Die Finanzierung einer Entwicklungshilfe-Organisation

Gerade im Bereich der entwicklungspolitischen Zusammenarbeit ist oftmals schnelles Handeln vonnöten. Wo der Staatsapparat zu langsam und zu schwerfällig arbeitet oder die Mittel des Staates begrenzt sind, müssen die privaten Hilfsorganisationen tätig werden. [113] Um ihre Aufgabe erfüllen zu können, sind sie auf die Verfügbarkeit finanzieller Ressourcen angewiesen. Doch anders als Erwerbswirtschaften können Entwicklungshilfe-Organisationen, da sie ihre Leistungen verschenken, sich nicht durch das von ihren Nachfragern erhobene Leistungsentgelt (re)finanzieren. Die Leistungsabgabe kann nicht als Grundlage zukünftiger Beschaffung dienen. Zur Aufrechterhaltung des Betriebsgeschehens sind sie ihrerseits auf Schenkungen der Leistungserstellungsfaktoren angewiesen. Damit haben Entwicklungshilfe-Organisationen zwei Grundlagen: Abnehmer, die sie mit Gütern versorgen und Spender, durch die sie sich finanzieren. [114]

Gemäß § 10b EStG sind Spenden freiwillige Leistungen, die ohne Erwartung von Gegenleistung hingegeben werden und für einen in § 10b EStG angegebenen Zweck, also zur Förderung

- mildtätiger
- wissenschaftlicher oder staatspolitischer und
- der als besonders förderungswürdig anerkannten gemeinnützigen Zwecke

geleistet werden. [115]

Nach § 52 Abs. 1, S. 1 AO verfolgt eine Körperschaft gemeinnützige Zwecke, wenn ihre Tätigkeit darauf gerichtet ist, die Allgemeinheit auf materiellem, geistigem oder sittlichem Gebiet selbstlos zu fördern. [116] Gemeinnützige Zwecke dieser Art müssen durch Anordnung der Bundesregierung mit Zustimmung des Bundesrates allgemein als besonders förderungswürdig anerkannt sein. Entsprechend der Anlage 7 zu den EStR ist die Förderung der Entwicklungshilfe als besonders förderungswürdig anerkannt, sofern der Empfänger der Zuwendung eine Körperschaft des öffentlichen

---

113 Vgl. Kammerer (1981), S. 929 f.
114 Auf Grund dieses Merkmals bezeichnet Shapiro die Arbeitsweise sozial tätiger Organisationen als komplexer als jene der Erwerbswirtschaften. "The typical private nonprofit organization, however, operates in a more complex manner. It has two constituencies: clients to whom it provides goods and/or services, and donors from whom it receives resources." Shapiro (1973), S. 124.
115 Vgl. Reuber (1989), S. 112/17.
116 Vgl. Reuber (1989), S. 52/1.

Rechts oder eine öffentliche Dienststelle ist. [117] § 48 Abs. 3 Nr. 2 EStDV bestimmt neben diesen Spendenempfängern auch private Körperschaften, Personenvereinigungen und Vermögensmassen i.S. des § 1 Abs. 1 KStG, denen auch nichtrechtsfähige Vereine zuzuordnen sind, als Spendenempfänger. [118]

Als Spenden sind nicht ausschließlich monetäre Leistungen zu verstehen. Auch Objekte, die erst nach einer Umwandlung in Geld für das weitere Vorgehen der Organisation geeignet sind, sind den Spenden zuzurechnen. Hierzu gehören i.S. des § 10b Abs. 1 EStG auch alle Wertabgaben, die aus dem geldwerten Vermögen des Spenders zur Förderung der in § 10b EStG steuerbegünstigten Zwecke abfließen (sogenannte Sachspenden). [119] Zu den Sachspenden zählen der Verzicht auf Erstattung entstandener Kosten, der Verzicht auf Erstattung der Kosten für Arbeitszeit, sofern ein "Anspruch auf Erstattung der Kosten besteht und von seiten der Person auf die Erstattung zugunsten des Vereins verzichtet wird" [120] sowie die Sammlung von Altmaterialien zur Veräußerung (z.B. bei Bazaren oder Flohmärkten sowie als Preise bei Lotterien).

Neben der Finanzierung über Spenden beschaffen sich einige Organisationen finanzielle Ressourcen über den Absatz von Produkten. [121] Der Absatz dieser Produkte steht jedoch nicht in direktem Zusammenhang mit der Sachzielerfüllung der Organisation, sondern dient lediglich der Beschaffung finanzieller Mittel.

3.2.4 Das duale Zielsystem [122]

Die Mehrzahl der Entwicklungshilfe-Organisationen verfolgt zwei nebeneinander gleichberechtigte Sachziele: Die Beschaffung finanzieller Ressourcen für die Entwicklungshilfe und die Information der Bevölkerung in den Industriestaaten hinsichtlich der Zusammenhänge und Ursachen der Situation in den Entwicklungsländern und über die Möglichkeiten der Situationsveränderung. Beide Ziele scheinen eng miteinander verknüpft. Denn nur durch die Information der Öffentlichkeit wird

---

117 Vgl. Anlage 7 EStR wie auch Reichert/Dannecke/Kühr (1977), S. 811, Tz 1846, Nr. 22.
118 Vgl. Reuber (1989), S. 116a.
119 Vgl. Reuber (1989), S. 106/16.
120 Reuber (1989), S. 106/18.
121 Siehe hierzu Kapitel IV, Punkt 3. dieser Arbeit.
122 Bereits in Kapitel I, Punkt 3.1 wurde die Komplexität und Dualität der diesen Organisationen eigenen Zielsysteme angesprochen. Doch da die dualen Zielsysteme allem Anschein nach ein Charakteristikum der Entwicklungshilfe-Organisationen sind, wird die Thematik an dieser Stelle erneut aufgegriffen und anhand einiger Beispiele eingehender verdeutlicht.

Betroffenheit erzeugt und die Übernahme von Verantwortung herbeigeführt, wodurch eine langfristig angelegte Hilfe, die unabhängig von den in Katastrophenfällen eingehenden Spenden ist, ermöglicht wird.

Einige der Hilfsorganisationen sprechen die Dualität der Ziele in ihren Satzungen konkret an. Beispielhaft seien hier die niedergelegten Ziele von Misereor, Missio und UNICEF erwähnt. Misereor nennt als Ziele die "Bekämpfung von Hunger, Krankheit und Armut in der Welt zu unterstützen sowie in sonst geeigneter Weise zur sozialen und wirtschaftlichen Entwicklung in der Welt beizutragen und für mehr Weltverantwortung, Gerechtigkeit und Frieden in der Welt einzutreten" [123]. Missio nutzt die ihm anvertrauten Gelder dazu, "mit ihnen die katholische Missionsarbeit im In- und Ausland zu unterstützen sowie Bildung, Information und Aufklärung über Ziele, Aufgaben und Tätigkeiten auf dem Gebiet der katholischen Mission zu vermitteln." [124] Das Deutsche Komitee für UNICEF sieht seine besonderen Aufgaben darin "- im Zusammenwirken mit UNICEF, dem Kinderhilfswerk der Vereinten Nationen, bedürftigen Kindern helfen und - die Ziele von UNICEF in der Bundesrepublik fördern und in der Öffentlichkeit bekanntmachen" [125] zu wollen. [126]

3.2.5 Die öffentliche Meinung und ihr Einfluß

Die Entwicklungshilfe-Organisationen als Spenden sammelnde Institutionen stehen in starkem Maße im Licht der Öffentlichkeit. [127] Auch wenn festzustellen ist, daß die Spendenfreudigkeit in unserer Wohlstandsgesellschaft recht hoch ist (die Deutschen gehören zu den spendenfreudigsten Völkern der Welt), muß doch darauf hingewiesen

---

123 Paragraph 2 Abs. 1 der Satzung des Bischöflichen Hilfswerks Misereor e.V..
124 Paragraph 1 Abs. 2 der Satzung des Missionswerkes.
125 Paragraph 1 Abs. 2 der Satzung des Deutschen Komitees für UNICEF.
126 An dieser Stelle sei auch auf die in Tabelle 2 dargestellten Ziele und Aufgabenbereiche anderer Hilfsorganisationen wie etwa Adveniat, Deutsche Welthungerhilfe, Medico International oder terre des hommes hingewiesen.
127 "Immer wieder wird die Glaubwürdigkeit von Spendenorganisationen in Zweifel gezogen, gibt es Berichte über Skandale und Betrüger." So Müller-Werthmann (1985), S. 20, der diese These mit einer Auswahl auf diesen Tatbestand hinweisender Schlagzeilen verdeutlicht. Vgl. Müller-Werthmann (1985), S. 20. "Die Beeinflußbarkeit des Willensbildungsprozesses durch externe Willenszentren wie Öffentlichkeitssegmente (Medien, Bürgerinitiativen) und politische Gruppen erscheint bei vielen Nonprofit-Organisationen deutlich stärker als bei erwerbswirtschaftlichen Unternehmen. Bedingt durch das hohe Ausmaß der Abgabe kollektiver Güter (...) können sich Nonprofit-Organisationen weniger der kollektiven (öffentlichen) Kritik und Kontrolle entziehen. Hasitschka/Hruschka (1982), S. 25.

werden, daß den Spenden sammelnden Organisationen oftmals auch Mißtrauen entgegengebracht wird. Dennoch beläuft sich das jährliche Spendenvolumen in der Bundesrepublik Deutschland auf einen Wert zwischen zwei und vier Milliarden DM. [128] Der überwiegende Teil des Spendenaufkommens setzt sich aus größeren und kleineren Privatspenden zusammen. [129] Unabhängig von der Höhe des Spendenbetrages möchte der Spender sicher gehen, daß seine Zuwendung ihr Ziel erreicht und nicht unterwegs "versandet".

Die Entwicklungshilfe-Organisationen - wie alle anderen Spenden sammelnden Institutionen - sind per Gesetz dazu verpflichtet, die Gelder für die in der Satzung verankerten Zwecke zu verwenden. Doch die Gründung eines gemeinnützigen Vereins mit entsprechender Satzung ist nicht schwierig. Die Zahl der "schwarzen Schafe" in der Spenden-Szene ist groß. In manchen Fällen ist fraglich, ob die Gelder tatsächlich dem bestimmten Zweck zukommen. Skandale, verursacht durch lediglich eine unseriöse Organisation, haben Konsequenzen für alle Organisationen. [130] "Selbst die seriösen Hilfswerke haben kein Interesse daran, daß über diese schwarzen Schafe berichtet wird, weil sie befürchten, daß damit auch ihre Spender verunsichert werden." [131] Einer Verunsicherung der Spender sowie einem zunehmenden Vertrauensverlust in die Gesamtheit der Entwicklungshilfe-Organisationen muß daher entgegengewirkt werden. "Das schwindende Vertrauen ist nicht durch eine noch so perfekt organisierte Kontrolle zu ersetzen. Da helfen keine neuen Gesetze, sondern nur das kritische Bewußtsein der Spender, die sich von unsauberen Machenschaften nicht länger hereinlegen lassen, und da hilft nur die Bereitschaft der seriösen Vereine, ihre Bilanzen und Abrechnungen offenzulegen, sich einer Überprüfung zu stellen, die strenger ist als bisher nötig bzw. vorgeschrieben ist." [132] Die allgemeinen

---

128 Vgl. o.V. (1992b), S. 9 Da eine Spendenstatistik nicht existiert (siehe Reichard (1980), S. 47), lassen sich keine genaue Angaben über den jährlich auf dem bundesdeutschen Spendenmarkt erzielte Umsatz treffen. "Das Spendenaufkommen in der Bundesrepublik Deutschland ist statistisch nur lückenhaft belegt. Informationen liefern lediglich die im Drei-Jahres-Rhythmus erhobenen Körperschaft- und Einkommensteuerstatistiken. Diese geben Auskunft über die Zahl der Spendenfälle und das steuerlich geltend gemachte Spendenaufkommen." Deutsches Institut für Wirtschaftsforschung (1982): Wochenbericht 46/82 vom 18. November 1982, zitiert nach Mann/Bokatt (1985), S. 14. Dies bedeutet, daß lediglich hinsichtlich der steuerlich geltend gemachten Spenden Aussagen getroffen werden können. Unberücksichtigt bleibt jedoch die Vielzahl der nicht dem Finanzamt zur Kenntnis gebrachten Spenden.
129 Vgl. Mann/Bokatt (1985), S. 14.
130 Vgl. hierzu Lemmer (1989), S. 80.
131 Müller-Werthmann (1985), S. 42. "Es ist im ureigensten Interesse aller um Spenden werbenden Organisationen, alles zu unterlassen, was in der Öffentlichkeit Zweifel an der Seriosität ihres Geschäftsgebarens hervorrufen könnte. Spenden sind keine Zwangsabgaben, sondern freiwillige Zuwendungen." Löbel (1982), S. 46.
132 Müller-Werthmann (1985), S. 9.

Auftragsbedingungen für Wirtschaftsprüfer und Wirtschaftsprüfungsgesellschaften fordern den Vergleich der Einnahme- und Ausgabebelege und die Bestätigung der formalen Ordnungsmäßigkeit der Rechnungsbelege und Buchhaltung. In diesem Zusammenhang sollte erwähnt werden, daß die Prüfung der Bilanzen von Entwicklungshilfe-Organisationen durch diese unabhängigen Instanzen künftig noch weiter gefaßt werden sollte. Es müssen Wege gefunden werden, um die ordnungsgemäße Verwendung der Gelder zu überprüfen.

Zu den vertrauensbildenden Maßnahmen gehört auch die Information darüber, in welche Projekte die Spenden geflossen sind und welche Schritte dort konkret realisiert werden konnten. Das Aufzeigen von Erfolgen kann in manchen Fällen motivierender auf das Spenderverhalten wirken als die ständige Konfrontation mit Not und Elend.

Organisationen, deren Ziele im Bewußtsein der Bevölkerung verankert sind und deren Motive, da ihre Arbeit in der Öffentlichkeit als wertvoll und sinnvoll anerkannt ist, nicht angezweifelt werden, begegnen geringeren Widerständen. Doch auch sie müssen an ihrem positiven Image arbeiten; dies bedeutet, daß die Organisation mit all ihren Mitarbeitern - auch den freiwilligen - der Öffentlichkeit gegenüber ein geschlossenes, widerspruchsfreies Auftreten an den Tag legen muß. Hier kann eine Corporate Identity-Konzeption hilfreich sein.

Gleichermaßen im Interesse der Spender wie auch der Organisationen hat das Deutsche Zentralinstitut für Soziale Fragen in Berlin (DZI) ein Gütesiegel für die Vertrauenswürdigkeit seriöser Vereine eingeführt. Es soll den Nachweis darüber erbringen, daß sich eine Organisation verpflichtet, bestimmte Standards einzuhalten. [133] Insbesondere muß sie die Verwendung der Gelder, also für Verwaltung, Werbung und eigentlichen Spendenzweck, offenlegen. Darüber hinaus müssen die mit dem Gütesiegel ausgezeichneten Institutionen bestimmte Grundsätze bei der Werbung berücksichtigen (keine aggressive Werbung oder Werbung mit Mitleid).
Da in vielen Entwicklungshilfe-Organisationen die für das Gütesiegel geforderten Grundsätze bereits Gültigkeit besitzen, kann ihnen diese Maßnahme nur zum Vorteil gereichen, um sich von den unseriösen Organisationen abzugrenzen. [134] Neben den Spenden empfangenden Organisationen wird auch der Spender von dieser Einrichtung

---

133 Vgl. Weis (1991), S. 44.
134 Viele der Spenden sammelnden Organisationen haben den Vorteil dieses Spendensiegels bereits für sich erkannt. Daher haben sich nach Aussage des Deutschen Zentralinstituts für Soziale Fragen in Berlin in den ersten Wochen des Jahres 1992 bereits 219 Hilfsorganisationen um das Siegel beworben. Das Institut war ursprünglich von einer Vergaben von 60 bis 80 Siegeln im ersten Jahr ausgegangen. Vgl. o.V. (1992b), S. 9

profitieren, da er sich nicht mehr über die Integrität der Organisation Sorgen machen muß. Er kann ein "besseres Gefühl" haben, wenn er in Zukunft spendet.

Neben dem seriösen Auftreten einer Entwicklungshilfe-Organisation ist die Kenntnis der dem Spendenentscheidungsprozeß zugrunde liegenden verhaltenstheoretischen Zusammenhänge als eine weitere wesentliche Voraussetzung einer erfolgreichen Spendenakquisition zu bezeichnen. Diese Zusammenhänge werden im folgenden Kapitel ausführlicher erörtert.

II. Verhaltenstheoretische Grundlagen zur Erklärung des Entscheidungsprozesses der Spender

Die Spendenbeschaffung ist für die Entwicklungshilfe-Organisationen von zentraler Bedeutung. Da sie aus dem Absatz ihrer Leistungen keine Einnahmen erzielen, sind sie auf die Finanzierung durch Quellen, die sich von ihrer Abnehmerschaft unterscheiden - also auf Spender - als Hauptfinanzierungsquelle angewiesen [1].

Wollen Entwicklungshilfe-Organisationen bei der Beschaffung ihrer finanziellen Ressourcen erfolgreich sein, müssen sie den Spender in den Mittelpunkt ihrer Spendenbeschaffungsmaßnahmen stellen. Erst wenn bekannt ist, auf welche Weise, mit welcher Intensität und wo der potentielle Spender sich Informationen über die verschiedenen Entwicklungshilfe-Organisationen beschafft, welche Kriterien er bei der Auswahl der spendenempfangenden Organisation(en) zugrundelegt und welche Motive ihn zu einer Spende veranlassen, ist ein erster Schritt in Richtung einer erfolgversprechenden Marketing-Konzeption getan.

Bereits im Jahre 1910 spezifizierte John Dewey die verschiedenen Stufen eines Problemlösungsprozesses, die ein Individuum im Rahmen eines Entscheidungsprozesses durchläuft:

1. Problemerkenntnis
2. Informationssuche
3. Alternativenauswahl
4. Entscheidung
5. Nachhandlungsbestätigung. [2]

Dieser Problemlösungsprozeß wird idealtypischerweise auch von einem potentiellen Spender durchlaufen, bevor es zu einer tatsächlichen Spende kommt.

Es ist jedoch davon auszugehen, daß ein derartig intensiver Entscheidungsprozeß nicht jeder Spendenentscheidung zugrunde liegen wird. Wird die Spendenentscheidung beispielsweise in bezug auf eine Straßensammlung getroffen, bei der es meist um kleinere Geldbeträge geht, ist davon auszugehen, daß einzelne Schritte innerhalb des Entscheidungsprozesses keine Berücksichtigung finden werden. Stehen jedoch grundsätzlichere Überlegungen wie z.B. die Fragen, ob man spenden sollte und welche Organisation(en) man unterstützen will, oder die Vergabe größerer

---

1 Vgl. Holscher (1978), S. 1554.
2 Vgl. Dewey (1910), S. 188.

Spendenbeträge im Mittelpunkt des Entscheidungsprozesses, wird der Spender aller Wahrscheinlichkeit nach ein intensiveres Problemlösungsverhalten zeigen.

Bei dem in Abbildung 9 dargestellten und im folgenden näher zu charakterisierenden idealtypischen Spendenentscheidungsprozeß wird unterstellt, daß es sich um einen high-involvement Prozeß handelt [3], bei dem der Spender ein intensives Problemlösungsverhalten zeigt. [4]

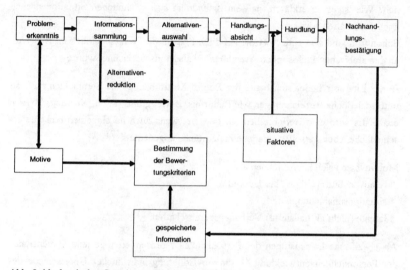

Abb. 9: idealtypisches Spendenentscheidungsmodell
Quelle: in Anlehnung an Kotler/Andreasen (1987), S. 86.

---

[3] Zum Begriff des high bzw. low involvement vgl. beispielsweise Trommsdorff (1989), S. 40 ff. wie auch Kroeber-Riel (1992), S. 89 ff. und S. 374 ff.
[4] Es wird davon ausgegangen, daß durch die Darstellung eines, in bezug auf die Spendenentscheidung erfolgenden, intensiven Problemlösungsverhaltens implizit der Fall einer weniger intensiven Auseinandersetzung mit einer hinsichtlich der Spendenvergabe zu treffenden Entscheidung abgedeckt ist.

1. Motive - Antriebskräfte des menschlichen Verhaltens

1.1 Eine Definition des Motivbegriffs

Bereits in der Antike beschäftigte sich der Mensch mit der Frage nach den Beweggründen des menschlichen Handelns. [5]
Warum verhalten sich verschiedene Menschen in ähnlichen Situationen unterschiedlich? Wie ist es zu erklären, daß ein Individuum sich in ähnlichen Situationen auch ähnlich verhalten wird?
Schon früh fand sich eine Antwort auf diese Fragen, die "wahrscheinlich im Anschluß an den arabischen Philosophen Averrhöes" [6] als Motiv bezeichnet wurde.

In der Literatur findet sich heute der Begriff Motiv häufig "als Sammelname für so unterschiedliche Bezeichnungen wie Bedürfnis, Beweggrund, Trieb, Neigung, Streben etc. ... Es wird eine Gerichtetheit auf gewisse, wenn auch im einzelnen recht unterschiedliche, aber stets wertgeladene Zielzustände angedeutet." [7]

Motive lassen sich kennzeichnen als:
* relativ stabile (zeitlich überdauernde),
* situationsunabhängige und
* latente (nicht aktualisierte) Verhaltensbereitschaften. [8]

Als spezifische Dimensionen der Persönlichkeit repräsentieren sie jene Dimensionen der Persönlichkeitsentwicklung [9], die zur Erklärung individueller Unterschiede des Handelns bei gleichen situativen Umständen herangezogen werden können.
"Solche individuellen Unterschiede, die man nicht mehr für alle Personen auf Situationsfaktoren zurückführen kann, werden als überdauernde Motive zu fassen gesucht, in denen sich Personen unterscheiden. Die individuellen Unterschiede solcher Motive haben ihre entwicklungspsychologische Genese, vor allem in den ersten Lebensjahren." [10]

---

5 Ein geschichtlicher Überblick über die Entwicklung der Motivforschung findet sich z.B. bei Thomae (1965), S. 3 ff. sowie Thomae (1980), S. 294.
6 Thomae (1965), S. 5.
7 Heckhausen (1980), S. 24.
8 Vgl. Heckhausen (1980), S. 24, Thomae (1980), S. 296.
9 Vgl. Trommsdorff (1989), S. 98, Trautner/Lohaus (1985), S. 388.
10 Heckhausen (1974a), S. 141.

1.2 Die Entstehung von Motiven

Die Literatur unterscheidet eine Vielzahl verschiedenster das menschliche Verhalten beeinflussender Motive. [11]

Im Rahmen des Spendenentscheidungsprozesses stellt sich für die Entwicklungshilfe-Organisationen die Frage: Existiert ein spezielles Motiv zur Entwicklungshilfe, woraus sich die Bereitschaft eines Individuums oder einer Gruppe zur Unterstützung der Entwicklungshilfe ableiten ließe? Diese Frage läßt sich verneinen, da nicht für jede Situation ein explizites Motiv existiert. "Motive sind vielmehr hochgeneralisierte Wertungsdispositionen für einzelne Grundsituationen, die letztlich in der menschlichen Existenzweise, in der Notwendigkeit der Daseinsfristung und Daseinsvorsorge unter den gegebenen Lebensbedingungen begründet sind." [12]

Heckhausen verweist auf fünf Grundsituationen, mit denen jeder Mensch im Laufe seiner Entwicklung konfrontiert wird [13] – mit denen er seine persönlichen Erfahrungen macht, die sich in Motiven verdichten.
Daraus folgt: [14]

* Motive sind nicht angeborene, sondern im Laufe des Lebens erlernte Konstrukte, deren Komplexität mit fortschreitender Entwicklung des Individuums zunimmt; [15]

* in den Motiven schlagen sich über einen längeren Zeitraum gemachte Erfahrungen nieder, die aus den Handlungserwartungen und stark generalisierten Zielvorstellungen bestehen;

---

11 Einer Zählung von Bernard im Jahre 1924 zufolge unterscheiden 400 Autoren 5648 angebliche Grundtriebe des menschlichen Verhaltens. Zitiert nach Wiswede (1973), S. 70.
12 Heckhausen (1974a), S. 142.
13 Heckhausen nennt folgende Arten von Grundsituationen: Anschluß, Aggression, Macht, Hilfe, Leistung. Vgl. Heckhausen (1974a), S. 146 f. sowie Heckhausen (1977), S. 297.
14 Vgl. die folgenden Punkte bei Heckhausen (1974a), S. 147 sowie auch Wiswede (1973), S. 66 f.
15 Im Gegensatz zu dieser Aussage stehen die Klassifikationen, die Motive in primäre (angeborene) und sekundäre (erlernte) Motive unterteilen und damit sehr wohl von der Existenz angeborener Motive ausgehen. Vgl. z.B. Trommsdorff (1989), S. 103. Dieser Konflikt läßt sich abschwächen, wenn man der Ansicht von Howard und Sheth folgt, daß die "learned motives are probably much more important" Howard/Sheth (1969), S. 102 und dann weiter "we belive along with others that most of the motivational characteristics of the adult human are learned or acquired." Howard/Sheth (1969), S. 104.

* Motive werden bereits in der frühkindlichen Entwicklung herausgebildet, verfestigen sich zunehmend im Laufe der Zeit und werden so zu relativ überdauernden Systemen, die das Verhalten des einzelnen determinieren;

* Entsprechend den wiederkehrenden Anliegen der jeweiligen Grundsituationen verfügt jeder Mensch über ein Motivsystem. Die Ausprägung und Gerichtetheit der einzelnen Motive hängt von den Besonderheiten der individuellen Motiventwicklung ab.

1.3 Einflußfaktoren der Motiventwicklung

Da Motive nicht angeborene, sondern erlernte Dispositionen sind [16], können sie im Laufe der Zeit - als Replik auf eine sich wandelnde Umwelt - Änderungen unterworfen sein, wobei dennoch eine gewisse Konstanz der Motive erhalten bleibt.

Im folgenden sollen die genetisch ererbten Motive aus der Betrachtung ausgeklammert bleiben, da es sich bei ihnen um nicht-beeinflußbare Größen handelt. Vielmehr interessieren die durch Sozialisation erworbenen Motive, die einer Beeinflussung mittels einer geeigneten Kommunikationspolitik zugänglich sind.

Wenn es sich bei der Mehrzahl der Motive nicht um angeborene, sondern erlernte Konstrukte handelt, stellt sich die Frage, welche Faktoren die Entwicklung der Motivsysteme von Individuen beeinflussen. Eine eindeutige Antwort auf diese Frage läßt sich nicht geben. [17]

Aus lerntheoretischer Sicht sind Motive "sozial-kulturell vorgeprägte und durch Sozialisationsprozesse vermittelte Syndrome oder Muster, die bereichsspezifisch ein bestimmtes Verhalten prägen." [18]

Das Verhalten eines Individuums ist das Ergebnis des Lernprozesses, der die im Individuum auftretenden Spannungen mit bestimmten Zielen verknüpft. Durch dieses Lernen werden "die diffusen und richtungslosen Antriebsenergien zu Motiven." [19] Gelernt werden jedoch nur solche Aktivitäten, die gemäß dem Verstärkungsprinzip geeignet sind, Spannungszustände zu reduzieren. "Was für den einzelnen verstärkend

---

16 Vgl. Heckhausen (1974a), S. 143.
17 Daß ein Individuum seine Motive im Laufe des Lebens erst erwirbt, darüber besteht weitestgehend Einigkeit, doch "Wie dies im einzelnen geschieht, darüber streiten sich nicht nur die einzelnen Lerntheorien." Wiswede (1973), S. 67.
18 Wiswede (1980), S. 422.
19 Wiswede (1973), S. 67.

wirkt und was nicht, darüber entscheidet ... die soziale Umwelt, also das System der Werte und Normen." [20])

Als ein wesentlicher die Entwicklung des Motivsystems beeinflussender Faktor läßt sich somit die Umwelt in ihrer Vielschichtigkeit identifizieren. Durch den Prozeß der Sozialisation wird das Individuum mit den das Verhalten beeinflussenden Werten und Normen des jeweiligen Lebensraumes konfrontiert. Innerhalb dieses Prozesses finden sowohl die Wertvorstellungen der Bezugsgruppen - vor allem der Primärgruppe Familie - als auch anderer sozialisierender Institutionen wie Schulen und religiöser Institutionen Eingang in die Wertvorstellungen des Individuums. [21]) Innerhalb dieser Interaktionen werden dem Individuum auch die über Generationen vererbten kulturellen, lebensraum-spezifischen Wertgehalte vermittelt. [22]) Neben diesen Komponenten wird die Entwicklung des individuellen Motivsystems auch durch den Einfluß der geschichtlichen Periode, in der das Individuum lebt, geprägt. [23])

Im Rahmen der Frage nach möglichen Einflußfaktoren auf die Motivgenese oder die Änderung des Motivsystems des erwachsenen Individuums sollte auch nicht der Einfluß der Unternehmenskultur vergessen werden. Sie ist zu definieren als die Gesamtheit der gemeinsamen Wert- und Normvorstellungen sowie bestimmter Denk- und Verhaltensmuster, die Entscheidungen, Handlungen und Aktivitäten aller Mitarbeiter eines Unternehmens beeinflussen. [24]) Vor dem Hintergrund einer stärker werdenden Tendenz der Identifizierung des Individuums mit den Normen "seines Unternehmens", die auf den wachsenden Einfluß des Berufslebens zurückzuführen ist - der einerseits durch zunehmende Berufstätigkeit auch der Frauen und andererseits durch Ausweitung der realen Arbeitszeit (in manchen Arbeitsbereichen) bedingt wird -

---

20 Wiswede (1973), S. 68.
21 Vgl. Engel/Blackwell/Miniard (1986), S. 267 ff., Part 3 Social and Cultural Influences. Bei diesen Überlegungen handelt es sich um eine Fortentwicklung der bereits 1968 von Engel/Kollat/Blackwell bezüglich des Konsumentenverhaltens geäußerten Überlegungen. Auch Howard und Sheth führen die Unterschiede in der Motiventwicklung der Individuen auf die Zugehörigkeit zu einer bestimmten sozialen Schicht und Kultur sowie auf individuelle Persönlichkeitsmerkmale und den Einfluß durch Referenz- und Bezugsgruppen zurück. Vgl. Howard/Sheth (1969), S. 104 sowie das Schaubild "Effects of exogenous variables" S. 92. Heckhausen weist darauf hin: "Durch die Eltern, aber auch durch die im Elternhaus zugänglichen Kulturgüter (wie Geschichten, Spiele, Spielzeug, Bücher) und nicht zuletzt durch den Einfluß von Massenmedien (insbesondere durch das Fernsehen), macht sich ein kaum absehbarer Hintergrund von Überzeugungen, Ansichten und Werten geltend." Heckhausen (1974b), S. 175.
22 Vgl. hierzu Heckhausen (1974b), S. 175.
23 Vgl. Engel/Blackwell/Miniard (1986), S. 385 ff. sowie Heckhausen (1974b), S. 175.
24 Zur Definition der Unternehmenskultur vgl. Heinen/Dill (1986), S. 207, Pümpin/Kobi/Wütherich (1985), S. 8.

gewinnt der Einfluß der Unternehmenskultur im Hinblick auf die Motivgenese zunehmend an Bedeutung.

Zusammenfassend läßt sich als Haupteinflußfaktor der Motivgenese die jeweilige nähere und weitere Umwelt des Individuums identifizieren. Durch die Zugehörigkeit zu einem bestimmten kulturell geprägten Lebensraum, die in diesem Umfeld gültigen Wertvorstellungen und Normen sowie "das Lernen durch Vorbild-Nachahmung" [25] wird die Motiventwicklung in entscheidendem Maße geprägt.

1.4 Das Hilfemotiv

Heckhausen identifiziert unterschiedliche Inhaltsklassen von Handlungszielen, unter denen sich auch das dem Engagement für Entwicklungshilfe übergeordnete Motiv "Hilfe" findet. [26]
Der Definition Heckhausens entsprechend liegt Hilfehandeln dann vor, "wenn zu erkennen ist, daß der Handelnde einem anderen aus Schwierigkeiten heraushilft und in Notlagen beisteht, ohne damit rechnen zu können, daß er für die aufgewandten Kosten entschädigt oder belohnt wird." [27] Im Gegensatz zu dieser Sichtweise steht die Auffassung Dichters, der feststellt, daß die sich in Form einer Spende manifestierende Hilfe nicht ausschließlich ein Akt des Mitleids mit dem Empfänger ist, sondern durchaus auch egoistische Motive haben kann. [28] Während die Auffassung Dichters sich eher an die bereits von den "französischen Moralisten" gcäußerte Auffassung, "die Selbstsucht sei die einzige und letzte Triebfeder menschlichen Handelns" [29] anlehnt, folgt die Definition Heckhausens der Ansicht Humes, "daß ein gewisses, gleichviel wie geringes Maß von Wohlwollen, ein Fünklein von Menschenliebe unserem Herzen eingepflanzt ist,..." [30] Die Antriebskräfte, die die Individuen zur Unterstützung der Entwicklungshilfe bewegen, können einerseits aus dem Motiv der Menschenliebe abgeleitet werden, andererseits kann Entwicklungshilfe auch recht egoistische Beweggründe haben.

Eine Spenden sammelnde Institution kann sich jedoch nicht auf den Standpunkt zurückziehen: "Hauptsache, es wird gespendet, egal aus welchen Beweggründen heraus", denn "Ausgangspunkt eines jeden Entscheidungsprozesses ist Problem-

---

25 Heckhausen (1974b), S. 189.
26 Vgl. Heckhausen (1977), S. 297.
27 Heckhausen (1977), S. 298.
28 Vgl. Dichter (1964), S. 31.
29 Thomae (1965), S. 7
30 Zitiert nach Thomae (1965), S. 8.

erkenntnis (problem recognition). Sie tritt ein, wenn eine Person eine Differenz zwischen einem Idealzustand und einem Istzustand feststellt." [31]

Konfrontiert eine Entwicklungshilfe-Organisation die Öffentlichkeit mit der Situation in der "Dritten Welt", kann sie mit hoher Wahrscheinlichkeit davon ausgehen, daß der aus Nächsten- oder Menschenliebe handelnde Spender die Probleme dieser Länder erkennt und - sofern er sie als gravierend empfindet - handeln wird. Mit ebenso großer Wahrscheinlichkeit muß sie jedoch auch davon ausgehen, daß ein in der Regel durch egoistische Beweggründe motiviertes Individuum nicht selbstverständlich die Zusammenhänge zwischen Entwicklungshilfe und persönlichem Nutzen sieht. In diesem Fall muß die Entwicklungshilfe-Organisation umfangreichere Informationsarbeit leisten, um auf die Notwendigkeit des Tätigwerdens in den Entwicklungsländern - auch im Interesse der Menschen in den entwickelten Ländern - hinzuweisen. Sie muß zunächst durch geeignete Informationspolitik bei potentiellen Spendern ein Problembewußtsein schaffen und Interesse für die Probleme und Zusammenhänge wecken, um darauf aufbauend zu versuchen, sie - auch unter Erwähnung der zur Verfügung stehenden Gratifikationen - zum Tätigwerden zu motivieren.

---

31 Bänsch (1989), S. 128.

2. Die Vermittlung der Notwendigkeit zum Handeln als eine wesentliche Voraussetzung für die Spenderaktivierung

Das in bezug auf Transaktionen beobachtbare menschliche Entscheidungsverhalten wird im wesentlichen durch Kosten-Nutzen-Überlegungen geprägt. So wird der Mehrzahl der Entscheidungen bewußt oder unbewußt eine Analyse des zu erwartenden Nutzens und der möglichen Kosten vorangehen. Eine Transaktion wird nur dann in Erwägung gezogen werden, wenn der antizipierte Nutzen die erwarteten Kosten übersteigt. Diese Nutzen-Kosten-Überlegungen müssen durch interne oder externe Reize initialisiert werden, die dem Individuum verdeutlichen, daß es sich in einem suboptimalen Zustand befindet, der möglicherweise durch einen Transaktionsprozeß beseitigt werden kann. Die Fähigkeit und Bereitschaft zur Reizaufnahme erfolgt durch Emotionen,[32] die, als Antriebskräfte fungierend, eine Aktivierung des Individuums bewirken.

Die Emotionalisierung schafft somit die Voraussetzung zur Aufnahmebereitschaft des Organismus für Botschaften. Ob neben der Informationsaufnahme auch eine Informationsverarbeitung erfolgt, hängt von dem Grad der beim Individuum erreichten Aktivierung ab. Zunächst steigt die Leistungs- und Aufnahmebereitschaft mit zunehmender Emotionalisierung. Wird jedoch eine bestimmte Intensitätsstärke überschritten, sinkt die Aufnahmebereitschaft wieder ab (sog. umgekehrte u-Hypothese).[33]

Der Zustand der Überreizung kann sowohl bei positiv als auch bei negativ gerichteter emotionaler Aktivierung, die sich in Furcht- und Angstgefühlen äußert, auftreten. Eine zu stark negative Emotionalisierung wird als unangenehm empfunden und führt dazu, daß das Individuum sich nicht mit dem Problem auseinandersetzt, sondern es verdrängt (sogenanntes Reaktanzverhalten).[34] Konsequenterweise sollte der Sender einer Botschaft sich bei deren Gestaltung auf die Fundamentalemotionen Interesse, Erregung, Freude und Vergnügen beschränken.[35]

---

32 Der Begriff Emotion (Synonym: Gefühl) wird definiert als Erregtheitszustand, der durch Richtung (positiv oder negativ) und Art (Gefühlstyp) bestimmt wird. Je nach Richtung des Gefühls wird das Aktivitätsniveau des Organismus angeregt (Freude, Interesse) oder reduziert (Trauer, Zufriedenheit). Vgl. Trommsdorff (1989), S. 52 f. sowie Bänsch (1989), S. 11 f.
33 Vgl. Bänsch (1989), S. 13.
34 Vgl. Trommsdorff (1989), S. 36.
35 Vgl. Izard (1981), S. 106 ff. Izard konstatiert zehn fundamentale Emotionen mit spezifischen Mimik- und Gestikeigenschaften. Diese Fundamentalemotionen sind nicht nur durch Sozialisation anerzogen, sondern auch biologisch bedingt.

Während sich der Kommunikator einer Kaufbotschaft das gesamte Spektrum der positiv gerichteten Emotionen bei der Aktivierung des Empfängers zunutze machen kann, ist der Sender eines die Entwicklungshilfe unterstützenden Spendenaufrufs, auf Grund der angesprochenen Thematik, auf die Fundamentalemotion "Interesse" zur Aktivierung des potentiellen Spenders beschränkt.

Mittels des Spendenaufrufes müssen die Entwicklungshilfe-Organisationen sowohl in der Bevölkerung Interesse an der Entwicklungshilfe schaffen als auch - trotz der räumlichen und psychologischen Distanz, die zwischen den Spendern als Leistungsgebern und den Leistungsempfängern in den Entwicklungsländern besteht - die potentiellen Spender davon überzeugen, daß Handlungsbedarf besteht (und dies nicht nur bei Katastrophenfällen; auch die stillen Krisen [36] erfordern Handlung). [37]

Hierzu können sie zwei unterschiedliche Wege einschlagen: Zum einen kann die Notwendigkeit des Handelns durch die Darstellung weltpolitischer Zusammenhänge, die die Verflechtung zwischen Entwicklungsländern und Industrieländern aufzeigt, verdeutlicht werden. Zum anderen können die Entwicklungshilfe-Organisationen zusammen mit sozialisierenden Institutionen über die Schaffung eines sozialen Bewußtseins den Handlungsbedarf aufzeigen.

2.1 Die Darstellung möglicher Risiken durch unterlassene Entwicklungshilfe zur Weckung des Handlungsbedarfs

"By believing that this Earth was made for our
dominion ... we now find ourselves confronted
by such complex and disturbing environmental
problems that they threaten the very survival of

---

36 UNICEF spricht dann von stillen Krisen, wenn Unterernährung und Krankheit Folge wirtschaftlicher Probleme sind, die oftmals für ein Land genausowenig kontrollierbar sind wie z.B. das Wetter. Vgl. Grant (1986), S. 87.
37 In diesem Punkt zeigt der Spendenaufruf einen gravierenden Unterschied zur Kaufbotschaft. Kann mittels der Kaufbotschaft dem Konsumenten das Gefühl eines Mangelzustandes vermittelt werden, wird ihm gleichzeitig die Lösung seines Problems durch eine mögliche Transaktion angeboten. Nutzen-Kosten-Überlegungen sind evident. Da der in einem Spendenaufruf der Entwicklungshilfe-Organisationen angesprochene Mangelzustand nicht den potentiellen Spender direkt betrifft, fehlt ihm unter Umständen das Bewußtsein des Handelnmüssens. Ferner sieht er klar die Kosten, die auf ihn zukommen, während der Nutzen nicht unbedingt deutlich auf der Hand liegt.

this planet and all its living inhabitants"
HRH The Prince of Wales [38]

Im Mai 1990 fand eine europaweite Informations- und Medienkampagne unter dem Thema "Eine Welt für alle" statt. Ziel dieser Kampagne war es, eine Stärkung des Bewußtseins der Menschen gegenüber der einen Welt, in der sie leben, zu erreichen. Neben den Umweltproblemen Luftverschmutzung, Treibhauseffekt, Abholzung der Wälder, Leerfischung der Ozeane, bildete die Situation der "Dritte Welt-Länder" einen Themenschwerpunkt.

Im Zusammenhang mit dem Thema Entwicklungshilfe stand nicht der Aspekt der Spendensammlung im Mittelpunkt der Aktivitäten, sondern es ging vielmehr darum, "Einsicht, Aufklärung und Bewußtsein für die Zukunft der EINEN WELT" [39] zu schaffen. Durch die Darstellung der weltweiten Verflechtungen, sowohl im ökonomischen als auch im ökologischen Bereich, läßt sich die Notwendigkeit der Entwicklungshilfe im Interesse der gesamten Weltbevölkerung aufzeigen: [40]

* Entwicklungshilfe - Friedenssicherung:

Der wahrscheinlich weit überwiegende Teil der Menschheit sehnt sich nach Frieden. Doch während in Europa nach 40-jähriger Friedensphase nun auch das Ende der Konfrontationspolitik zwischen Ost und West erreicht ist, wird das Leben vor allem in der "Dritten Welt" oftmals von kriegerischen Auseinandersetzungen geprägt. [41]

---

38 Vorwort zum Film "Vision of the Earth", ein Film von Prinz Charles, Sendetermin: 24. Mai 1990, 18.15 Uhr im ARD
39 Osterwinter (1990), S. 3.
40 "Ebenso wie die Not von fernen Ländern auf uns überzugreifen und uns in einen globalen Strudel von Elend und Krieg zu ziehen vermag, so ist die Zerstörung der Natur eine zeit- und grenzüberschreitende Erscheinung. Sie erfaßt Menschen, die weit vom Verursacher entfernt sind. Sie trifft mit ihren Folgen unsere eigenen Nachkommen. Keine Nation kann sich mehr isolieren, es gibt keinen Schutzgürtel, den man sich umlegen kann, um den Konsequenzen zu entgehen." Weizsäcker (1990), S. 4.
41 "Die Tragödie der Verelendung treibt ... selber Krieg und Gewalt hervor. Die sich anbahnende ökologische Katastrophe, die unter anderem zum Meeresspiegel-Anstieg an den Küsten und zur Wasserverknappung im Landesinneren führen wird, muß Afrika zudem besonders hart treffen. Hunger-Unruhen, Flüchtlingstrecks und Kriege sind die unvermeidbare Konsequenz, wenn der Kontinent seinem Elend überlassen bleibt; denn es gibt nur eins, worüber die verarmten Länder reichlich verfügen: Waffen, die ihnen im Übermaß geliefert werden." Bastian (1990), S. 4

In den "Nachkriegsjahren" [42] starben in 160 Kriegen mehr als 25 Millionen Menschen. Zu etwa 80% waren innerstaatliche Konflikte Anlaß dieser kriegerischen Auseinandersetzungen.

Neben dieser direkten, durch militärisches Eingreifen bedingten Gewalt existiert auch eine "strukturelle Gewalt". Sie wird definiert als die Ungerechtigkeit, die rund 800 Millionen Menschen auf der Südhälfte des Globus erfahren. Sie leben in absoluter Armut und dem Bewußtsein, daß die materiellen Voraussetzungen der Erde eine Grundversorgung aller Menschen gewährleisten könnten. [43]

Solange diesen Menschen die ihnen zustehenden Güter und Rechte verweigert werden, besteht eine Situation der Gewalt. Friede kann jedoch nur auf der Grundlage weltweiter Gerechtigkeit verwirklicht werden. Denn: wo keine Gerechtigkeit herrscht, ist der Friede im Inneren und in der Welt bedroht. Entwicklungshilfe kann zur weltweiten Friedenssicherung beitragen. [44]

* Entwicklungshilfe - Umweltschutz:

Europa ist nicht die Insel der Glückseligen, vor deren Grenzen die Probleme der Umweltzerstörung halt machen. Das Bild der schicksalhaften Weltgemeinschaft, deren Probleme an keinem Grenzzaun mehr haltmachen, entspricht eher der heutigen Wirklichkeit. [45]

Die Umweltzerstörung auf der südlichen Halbkugel zeigt ihre Auswirkungen auch auf der Nordhalbkugel. Besonders deutlich wird diese Tatsache an dem Beispiel des für die gesamte Erdbevölkerung überlebenswichtigen Sauerstofflieferanten: dem tropischen Regenwald.

---

42 Einer Untersuchung Neudecks zufolge gab es in der Zeit seit 1945 lediglich 26 Tage ohne Krieg, und zwar im September 1945, wobei die Zahl der jährlich geführten Kriege andauernd zunimmt. 1945 waren es 3, 1955 = 15, 1965 = 25, 1975 = 21, 1988 = 33. Vgl. Neudeck/Gerhardt (1987), S. 296 f.
43 Dieses Problem hat Robert McNamara vor bereits mehr als 20 Jahren bei einem Seminar in Jackson/USA angesprochen: "Wenn die reichen Nationen in der Welt sich nicht in einer gemeinsamen Anstrengung dazu aufraffen, den Graben zwischen den beiden Hälften unseres Planeten aufzufüllen, so wird niemand mehr die Sicherheit seines Landes angesichts unvermeidlicher Katastrophen und Wogen der Gewalt, die unsere Verteidigung hinwegschwemmen würden, gewährleisten können." Zitiert nach Neudeck/Gerhardt (1987), S. 107 f.
44 Für die Entwicklungspolitik der Bundesregierung stellt die Friedenssicherung einen wesentlichen Aspekt der Entwicklungszusammenarbeit dar: " Die Entwicklungspolitik unterliegt ebenso wie die anderen Politikbereiche dem grundsätzlichen Auftrag, dem deutschen Volk zu nutzen und Schaden von ihm abzuwenden. Das heißt: Entwicklungspolitik ist eingeordnet unter das Oberziel aller deutschen Politik, den Frieden in Freiheit zu erhalten." Bundesministerium für wirtschaftliche Zusammenarbeit (1991a), S. 7.
45 Vgl. Osterwinter (1990), S. 3.

Von den 1,6 Milliarden Hektar tropischen Regenwaldes, die den Erdball einst bedeckten, existiert heute nur noch rund die Hälfte. Die Zerstörung des Waldes schreitet kontinuierlich - mit einer Geschwindigkeit von 11 Millionen Hektar jährlich - fort.

Im Interesse der Weltbevölkerung muß ein wirksamer Umweltschutz an den Ursachen der Schädigung ansetzen. Die Umweltzerstörung in den Entwicklungsländern ist in den seltensten Fällen auf einen leichtfertigen Umgang der Bevölkerung mit den Ressourcen zurückzuführen. Als Grund für das umweltschädliche Verhalten, das sich beispielsweise in der Rodung des Tropenwaldes und dem den Boden schädigenden monokulturellen Anbau von für den Export bestimmten Früchten zeigt, läßt sich vielmehr die Notwendigkeit, die für den Schuldendienst erforderlichen Devisen beschaffen zu müssen, identifizieren. [46]

Die in den Kreditaufnahmen der 70er Jahre bedingte Verschuldung der Entwicklungsländer sowie die im Zuge der weltweiten Rezession der 80er Jahre bedingte Verschlechterung der terms of trade führten nicht nur dazu, daß sich die Lebensbedingungen in den Entwicklungsländern verschlechtert haben [47], sondern sind auch als Ursache der fortschreitenden Umweltzerstörung anzusehen. [48] "Maßnahmen, um diesen Teufelskreis der Armut von Nationen aber auch von Familien und Gemeinden zu durchbrechen, stellen deshalb eine äußerst wichtige Voraussetzung dar, um eine weitere Zerstörung der Umwelt zu verhindern." [49]

---

46 Seit 1984 weist der Netto-Ressourcentransfer in die Entwicklungsländer einen negativen Saldo auf, d.h. die Entwicklungsländer zahlen für Importe und Schuldendienst mehr, als sie an Entwicklungshilfe aus den Industrieländern erhalten. 1988 beliefen sich die Schulden der Entwicklungsländer auf 1.240 Milliarden Dollar. Dem stehen Entwicklungshilfe-Zahlungen gegenüber, die in den wenigsten Fällen die - in der Resolution 2626 der Generalversammlung der Vereinten Nationen vom 24. Oktober 1970 - festgelegte Höhe von 0,7% des Bruttosozialproduktes des jeweiligen Landes ausmachen. Vgl. Schmidt (1989), S. 14 und 23.
47 Zu den Ursachen und Auswirkungen der Schuldenkrise siehe Raj (1986), S. 7 ff.
48 "Die Wechselwirkungen zwischen Armut und Umwelt führen zu einer Spirale des ökologischen Niedergangs. ... Eine der wichtigsten Ursachen für die gegenwärtige Zerstörung der Umwelt liegt in der Armuts- und Schuldenfalle, in die viele Entwicklungsländer geraten sind." Jolly (1990), S. 8.
49 Jolly (1990), S. 8. Zu diesen Maßnahmen gehören neben einem partiellen Schuldenerlaß (vgl. Debt Relief for Child Survival) auch eine Strategie der Anpassung mit menschlichem Gesicht, die die dringend notwendige Förderung wirtschaftlichen Wachstums mit dem Schutz der Gefährdeten verbindet. Vgl. Cornia/Jolly/Steward (1987), sowie Jolly/Hoeven (1988). Empfehlungen für eine Reform der Weltwirtschaftsordnung finden sich auch in dem Bericht "Angesichts der einen Welt" Schmidt (1989), S. 26 ff.

Das Thema Umweltschutz kann nicht mehr losgelöst von der Entwicklungshilfe betrachtet werden, wie auch die Entwicklung des Nordens und des Südens nicht länger isoliert voneinander betrachtet werden kann. 50)

* Entwicklungshilfe - Überbevölkerung:

"Jahrtausende benötigte die Menschheit, um ungefähr im Jahr 1800 schließlich die Ein-Milliarden-Grenze zu überschreiten; gut hundert Jahre später erreichte sie bereits zwei Milliarden. Seitdem haben sich die Verdopplungszeiten immer mehr verkürzt." 51)

Jahr:	1	500	1000	1700	1750	1800	1820	1840	1860	1880	1890
Menschen in Millionen:	300	400	500	600	700	900	1.000	1.100	1.200	1.400	1.500

Jahr:	1900	1910	1915	1925	1930	1935	1940	1945	1950	1955	1960
Menschen in Millionen:	1.600	1.700	1.800	1.900	2.000	2.100	2.200	2.400	2.500	2.700	3.000

Jahr:	1963	1966	1969	1972	1975	1978	1981	1984	1987	1990
Menschen in Millionen:	3.200	3.400	3.600	3.800	4.000	4.200	4.400	4.700	5.000	5.300

Tab. 3: Entwicklung der Weltbevölkerung
Quelle: o. V. (1990), S. 10 ff.

Die Weltbevölkerung von heute 5,3 Milliarden Menschen wird bis zum Jahr 2025 auf schätzungsweise 8,5 Milliarden Menschen angewachsen sein; dies sind 260 Millionen Menschen mehr als noch vor 5 Jahren prognostiziert wurden. 52) Mit der Jahrtausendwende wird die Bevölkerung jährlich um 100 Millionen Menschen anwachsen, wobei 90% dieses Wachstums auf die "Dritte Welt" entfallen. Die höchsten Wachstumsraten werden in den ärmsten Ländern zu verzeichnen sein – in

---

50 Diese Verknüpfung von Entwicklungshilfe und Umweltschutz realisiert UNICEF im Rahmen seiner Projekte. Der Verwaltungsrat billigte die Paragraphen 34 und 87-93 des Dokuments E/ICEF/1989/L.6, die Empfehlungen als einen allgemeinen Strategierahmen für UNICEF-Handlungen zur Unterstützung von Umwelt und dauerhafter Entwicklung, wie sie von der Generalversammlung in Resolution 42/186 gefordert werden, enthalten. Die Paragraphen 34 und 87-93 des Dokuments E/ICEF/1989/L.6 sind abgedruckt in: Deutsches Komitee für UNICEF (Hrsg.) (1989), S. 22 f.
51 Michler (1991), S. 351.
52 Vgl. Sadik (1990), S. 8.

denjenigen, die schon per definitionem am wenigsten in der Lage sind, die
Bedürfnisse der neu Hinzugekommenen befriedigen zu können.

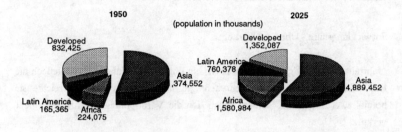

Abb. 10: Anteile der Weltbevölkerung nach Regionen 1950-2025
Quelle: Sadik (1990), S. 9

Dieser Bevölkerungszuwachs stellt die Weltbevölkerung vor gravierende Probleme:

* bis zum Jahr 2000 steigt die Pro-Kopf-Nahrungsmittelproduktion um weniger als 15%; das bedeutet, daß im Jahr 2000 1,3 Milliarden Menschen unterernährt sein werden;

* ein Viertel der Menschheit ist zur Deckung seines Energiebedarfs auf Brennholz angewiesen; doch schon in nächster Zukunft wird der Bedarf an Brennholz die verfügbaren Ressourcen um 25% übersteigen;

* regionale Wasserknappheit wird dazu führen, daß der Lebensstandard, gemessen am Jahr 1970, nicht gehalten werden kann; hierzu würde eine Verdopplung der verfügbaren Wassermenge notwendig sein;

* eine größere Weltbevölkerung produziert auch eine gesteigerte Menge Abfall; hierdurch erhöht sich, besonders in Gebieten mit hoher Bevölkerungsdichte, das Krankheitsrisiko. Ferner wird die Umwelt in zunehmenden Maße belastet;

* als Folge der durch die Überbevölkerung verursachten zunehmenden Konkurrenz um knappe Ressourcen kann es vermehrt zu kriegerischen Auseinandersetzungen kommen.

Die Bevölkerungsexplosion wird als Ursache vieler Umweltprobleme gesehen. Die Zerstörung der physischen Umwelt durch Armut, Umweltverschmutzung, Naturkatastrophen und untragbare Lebensumstände ist jedoch sowohl Ursache als auch Konsequenz der, durch hohe Sterberaten, Erkrankungs- und Geburtenziffern charakterisierten, Zerstörung der menschlichen Lebenszusammenhänge.

Im Mittelpunkt einer auf die Änderung der bevölkerungspolitischen Situation stehenden Strategie muß die Bekämpfung der Massenarmut stehen. "Die Maxime der Entwicklungspolitik kann nicht heißen: weniger Armut durch Reduzierung des Bevölkerungszuwachses, sondern Reduzierung des Bevölkerungszuwachses durch Beseitigung der Massenarmut." 53)

Als Grund für die hohe Geburtenrate in den Entwicklungsländern läßt sich zwar nicht ausschließlich, doch in erster Linie die Armut identifizieren. In einer Gesellschaft, die einer Sozialfürsorge (etwa in Form einer Kranken- oder Rentenversicherung oder einer Absicherung gegen Invalidität oder Arbeitslosigkeit) entbehrt, sind Kinder die einzige Sicherung für die Zukunft. 54) Kinder tragen bereits in jungen Jahren zum Familieneinkommen bei, entweder direkt durch Lohnarbeit bzw. Mithilfe in der eigenen Landwirtschaft oder indirekt durch Entlastung der Eltern. Die immaterielle Dimension des Armutsbegriffs, das Gefühl der Wertlosigkeit und Hilflosigkeit, manifestiert sich oftmals in dem Wunsch nach vielen Nachkommen, da sie für arme Gesellschaftsmitglieder der einzige Besitz sind.

Auch die Situation der Frauen muß in der Diskussion um das zunehmende Bevölkerungswachstum Berücksichtigung finden. Ihre oft geringe Ausbildung läßt ihnen außerhalb von Ehe und Kindern wenig Alternativen. Sie befinden sich daher in einer wirtschaftlichen Abhängigkeit. Dem Ausfall des traditionellen Ernährers müssen sie durch viele Nachkommen vorbeugen.

Eine Senkung der Geburtenraten wird nur möglich sein, wenn neben der Armutsreduzierung die Überlebenschancen der Säuglinge und Kleinkinder, etwa durch verbesserte Gesundheitsdienste und Schulung der Mütter im Umgang mit Kinderkrankheiten, erhöht werden. 55) Darüber hinaus wird der Wunsch nach vielen Kindern in dem Maße zurückgehen, in dem ein funktionsfähiges staatliches Altersversorgungsnetz in den Entwicklungsländern errichtet wird.

---

53 Böckle/Hemmer/Kötter, (o.J.), S. 23.
54 Empirische Analysen belegen den Zusammenhang zwischen niedrigem Pro-Kopf-Einkommen und hoher Fruchtbarkeit. Vgl. etwa Weltbank (1984), S. 79 ff.
55 In einer Informationsschrift des Deutschen Komitees von UNICEF zum Weltgipfel für Kinder am 29. und 30. September 1990 in New York heißt es: "Es mag viele überraschen - aber es ist erwiesen, daß die Rettung von Kinderleben zu einem Rückgang des Bevölkerungswachstums führt. Die Erfahrung hat gezeigt, daß die Geburtenrate sinkt, sobald die Eltern darauf vertrauen, daß ihre ersten Kinder überleben werden. Es ist bisher keinem Land gelungen, das Bevölkerungswachstum zu bremsen, ohne gleichzeitig die Säuglingssterblichkeit zu senken."

Das System der Familienplanung und -politik muß, um von der Bevölkerung akzeptiert werden zu können, in die religiösen und ethischen Wertvorstellungen der jeweiligen Gesellschaft eingebunden sein. [56] Gelingt es, auf dieser Grundlage die Geburtenziffern zu senken, leistet Entwicklungshilfe nicht nur einen Beitrag gegen die drohende Überbevölkerung, sondern schafft auch die nötigen Voraussetzungen für den Schutz der Umwelt.

* Entwicklungshilfe - Drogenbekämpfung:

Die Zahl der Drogentoten in der westlichen Welt steigt jährlich an. [57] Die Verantwortung für das Drogenproblem kann nicht ausschließlich den Entwicklungsländern zugeschrieben werden, die an der Produktion landwirtschaftlicher Grunderzeugnisse, aus denen Drogen hergestellt werden, beteiligt sind. Vielmehr sollten, da das Drogenproblem ein Problem der gesamten Menschheit ist, auch alle zu seiner Lösung beitragen. Im Kampf um den Drogenmißbrauch kommt den Verbraucherländern nicht nur die Aufgabe zu, die Nachfrage nach Rauschgiften zu reduzieren, sondern auch die Aufgabe, die mit der Bekämpfung des Drogenkonsums und dem internationalen Rauschgifthandel verbundenen finanziellen, sozialen und politischen Lasten zu tragen.

Eine Möglichkeit der Drogenbekämpfung wäre beispielsweise die Unterstützung des alternativen Anbaus in den Herstellerländern. [58] "Die Geberländer sollten eine langfristige Finanzierung bereitstellen zur Unterstützung betroffener Regierungen bei ihren Anstrengungen, die jetzige Produktion durch Lebensmittel oder agro-industrielle Erzeugnisse zu ersetzen und die grundlegenden sozialen Bedürfnisse derer zu befriedigen, die von diesem Übergangsprozeß betroffen sind." [59]

---

56 Vgl. Sadik (1990), S. 20 ff. und Bundesministerium für wirtschaftliche Zusammenarbeit (1991a), S. 12.
57 "Das Drogenproblem in der Bundesrepublik hat sich verschärft. Bis Ende Oktober (1992, d.V.) starben 1.706 Menschen an ihrem Rauschgiftkonsum, im selben Vorjahreszeitraum waren noch 1.594 Drogentote zu beklagen. Gleichzeitig stieg die Zahl der polizeilich erfaßten Erstkonsumenten von 9.377 auf 10.357." o.V. (1992c), S. 47.
58 Der Vorschlag der Unterstützung des alternativen Anbaus wurde von Minister Warnke in einem Interview mit dem Dritten Programm des Südwestfunks am 5. April 1990 erörtert.
59 Schmidt (1989), S. 31 f.

2.2 Einstellungsänderung - das "soziale Bewußtsein" als Handlungsimpuls

" Die Welt hat genug,
um die Bedürfnisse jedes einzelnen zu befriedigen,
aber nicht genug,
um die Gefräßigkeit von allen zu stillen."

Gandhi

Alternativ zu dem Weg des Aufzeigens möglicher Konsequenzen, die die Ignorierung der Probleme in der "Dritten Welt" haben könnten, können Entwicklungshilfe-Organisationen in Zusammenarbeit mit sozialisierenden Institutionen versuchen, die Notwendigkeit der Entwicklungshilfe durch die Schaffung eines sozialen Bewußtseins in der Bevölkerung zu verdeutlichen.

Ein soziales Bewußtsein, das Entwicklungshilfe als eine selbstverständliche Maßnahme ansieht, setzt eine Änderung der Einstellungen [60] gegenüber den Entwicklungsländern und ihren Bewohnern in weiten Teilen der Bevölkerung voraus. Das egoistische, auf den persönlichen Nutzen ausgerichtete Denken des Individuums müßte durch ein Konstrukt des auf die Weltgemeinschaft ausgerichteten Denkens substituiert werden, wobei die Handlungen des einzelnen nicht mehr primär durch Kosten-Nutzen-Überlegungen geprägt würden.

Da es sich bei Einstellungen um erlernte und nicht um ererbte Konstrukte handelt, ist eine Änderung grundsätzlich möglich. Doch wird die Änderung einer Einstellung, da sie in einem System untereinander konsistenter Beziehungen steht, unter Umständen auch Konsequenzen auf andere Einstellungen haben. [61] Der Einstellungsbegriff repräsentiert eine Verbindung aus drei Komponenten: der kognitiven, der affektiven und der konativen, die in einem interdependenten Zusammenhang stehen. Das bedeutet: Die Änderung einer der Komponenten zieht die Veränderung der anderen Komponenten nach sich.

Das klassische Lernmodell unterstellt, daß kognitive Prozesse zur Festigung affektiver Prozesse führen, die das Verhalten determinieren.

---

60 Einstellungen werden definiert als "Zustand einer gelernten und relativ dauerhaften Bereitschaft, in einer entsprechenden Situation gegenüber dem betreffenden Objekt regelmäßig mehr oder weniger stark positiv bzw. negativ zu reagieren."
Trommsdorff (1989), S. 122.
61 Vgl. Hoepfner (1976), S. 38.

| kognitive ⟶ | affektive ⟶ | konative |
| Prozesse | Prozesse | Prozesse |

Abb. 11: Das klassische Lernmodell
Quelle: Bruhn (1978a), S. 60.

Demnach sind das Wissen um entwicklungspolitische Zusammenhänge und die Notwendigkeit der Entwicklungshilfe sowie das Sammeln eigener Erfahrungen die Grundvoraussetzungen für ein soziales Bewußtsein. Auf Grund der bereits angesprochenen, geringen Wahrscheinlichkeit der persönlichen Konfrontation mit der Situation in den Entwicklungsländern kommt den Entwicklungshilfe-Organisationen die wichtige Aufgabe der Information der Bevölkerung zu. Daneben können sozialisierende Institutionen (z.B. Schulen) auf diesem Gebiet wertvolle unterstützende Arbeit leisten.

Da die Veränderbarkeit sozialer Einstellungen vom Grad der Stärke der Einstellungen determiniert wird und beide in einer inversen Beziehung zueinander stehen, wird der Erfolg der Penetration der Ideen der Entwicklungshilfe-Organisationen in der Bevölkerung um so höher sein, je weniger sie auf fundiertes Wissen oder Vorurteile treffen. Die Änderung von Einstellungen wird nur in dem Maße möglich sein, in dem sie nicht auf Grund konkurrierender Einstellungen das Auftreten von Dissonanzen bei den Individuen bedingt. [62]

Fraglich bleibt die Verhaltensrelevanz sozialer Einstellungen. [63] Bedingt eine positive Einstellung gegenüber der Arbeit von Entwicklungshilfe-Organisationen auch das Tätigwerden, z.B. in Form einer Spende? Oftmals ist eine Divergenz zwischen Affektion und Konation festzustellen, deren Ursache situative Faktoren sein können. Daneben existieren weitere Ursachen, die zur Erklärung der Divergenz herangezogen werden können. Durch soziales Verhalten verursachte Kosten können eine dieser Ursachen sein. Sie werden vor allem dann als überflüssig und ungerecht bewertet, wenn das soziale Umfeld diese Kosten nicht trägt. Im unmittelbaren Zusammenhang mit diesem Aspekt steht der Gedanke der Zuständigkeit des Staates für soziale

---

62 Vgl. Bruhn (1978a), S. 61 f.
63 Bruhn weist darauf hin, daß sich um die Frage der Verhaltensrelevanz sozialer Einstellungen eine Kontroverse in der Marketingliteratur entwickelt hat. Vgl. Bruhn (1978a), S. 63. Trommsdorff führt die Diskrepanz zwischen Einstellung und Verhalten zu einem großen Teil auf Meßfehlertendenzen und Abweichungen im Untersuchungsdesign zurück, vgl. Trommsdorff (1989), S. 129, während Bänsch als mögliche Ursache auf eine zu geringe Spezifizierung der gemessenen Einstellungen hinweist, vgl. Bänsch (1989), S. 33. Neben diesen eher theoretischen Erklärungsansätzen lassen sich auch - die im folgenden näher zu erläuternden - situativen Einflüsse und durch soziales Verhalten verursachten Kosten zur Klärung der Verhaltensrelevanz sozialer Einstellungen heranziehen.

Aufgaben. Über den Weg der Steuerzahlung findet eine Delegation sozialer Aufgaben an den Staat statt, wodurch sich individuelles Tätigwerdennach dieser Auffassung erübrigt.

Aufgabenbereiche	Zuständigkeit			
	Nur/vor allem Staat	Staat und Kirche gleichermaßen	Nur/vor allem Kirche	Weder Staat noch Kirche
Betreuung von geistig und körperlich behinderten	19 %	63 %	18 %	0 %
Freizeitangebote für Jugendliche	22 %	60 %	16 %	2 %
Hilfsaktionen für Katastrophenfälle	34 %	59 %	7 %	0 %
Kindergartenerziehung	23 %	55 %	21 %	1 %
Betreuung von Suchtkranken, Nicht-Seßhaften, Straffälligen und Entlassenen	27 %	54 %	17 %	2 %
Entwicklungshilfe	36 %	51 %	12 %	1 %
Unterhaltung/Trägerschaft von Krankenhäusern	45 %	49 %	6 %	0 %
Betreuung von jugendlichen Arbeitslosen	50 %	44 %	6 %	1 %
Betreuung von Gastarbeitern	51 %	40 %	5 %	4 %
Ehe- und Erziehungsberatung	25 %	38 %	30 %	7 %
Erwachsenenbildung	53 %	36 %	5 %	7 %
Gestaltung von Arbeitsalltag und Berufsleben	59 %	26 %	5 %	11 %
Verantwortung für Rundfunk und Fernsehen	63 %	18 %	1 %	18 %

Abb. 12: Zuständigkeit von Kirche und Staat für soziale Aufgaben nach Meinung der Bundesbürger
Quelle: in Anlehnung an Bruhn/Tilmes (1989), S. 97

Eine Diskrepanz zwischen sozialer Einstellung und dementsprechendem Verhalten kann ihre Ursache auch in sozialem Druck des Umfeldes des Individuums haben. [64] So wird dem Individuum das soziale Verhalten erleichtert, wenn ein hoher sozialer

---

[64] Pomazal und Jaccard verweisen in ihrem Aufsatz: "An Informational Approach to Altruistic Behavior" auf eine Untersuchung von Fishbein, der die Einschätzung des Individuums bezüglich des Verhaltens, das Dritte von ihm erwarten, als wichtige Determinante für altruistisches Verhalten identifiziert. Vgl. Pomazal/ Jaccard (1976), S. 318. Auch Triandis weist in diesem Zusammenhang auf die Bedeutung von Normen hin. Verhalten sei eine Funktion der Einstellungen, Normen, Gewohnheiten und Verstärkererwartungen. Erst wenn alle vier Komponenten übereinstimmen, stimmen auch Einstellung und Verhalten überein. Vgl. Triandis (1975), S. 22.

Druck bei sozial akzeptierten Zielen besteht. [65] Dieser darf allerdings nicht so stark sein, daß sich beim Individuum Reaktanz-Reaktionen einstellen. [66]

Eine Schlüsselrolle zur Minimierung der Divergenz zwischen Einstellung und Handlung nimmt die Fähigkeit der Assoziation der Probleme der Entwicklungsländer mit dem eigenen Verhalten – und in diesem Zusammenhang auch die Einschätzung der Effektivität des eigenen Handelns - ein. Daher muß es neben der Vermittlung von Informationen über Entwicklungshilfe auch Aufgabe der Entwicklungshilfe-Organisationen sein, die Zusammenhänge zwischen Problemen der Menschen in der "Dritten Welt" und beispielsweise den Verbrauchergewohnheiten in den Industrienationen aufzuzeigen und praktikable Handlungsmöglichkeiten (z.B. Kauf von Importgütern in Dritte-Welt-Läden) anzubieten. Gelänge es beispielsweise den Entwicklungshilfe-Organisationen, ein soziales Bewußtsein für die Probleme der Entwicklungsländer zu schaffen, würden sie dadurch auch ein neues Spendenbewußtsein schaffen: ein Spendenbewußtsein, dessen Handlungsgrundlage nicht ausschließlich auf Mitleid beruht, das die Handlungsnotwendigkeit nicht von bestimmten Jahreszeiten oder Katastrophen abhängig macht, sondern ein Handeln ermöglicht, bevor es zur Katastrophe gekommen ist. [67]

Daß der Versuch der Bewußtseinsänderung durch Entwicklungshilfe-Organisationen Realität ist, zeigt folgendes Zitat:
"Der entscheidende Schritt ist der des Handelns, der Veränderung bedeutet. ... Konstruktive Lösungsvorschläge, Strategien und Planungen für die Praxis sind erforderlich, die die Verantwortlichen und Betroffenen mit einbeziehen, ihnen Richtungen des Handelns aufzeigen, Hilfe und partnerschaftliche Kooperation anbieten. Eine solche Strategie zielt auf die Veränderbarkeit des Bewußtseins - auf allen Ebenen... in Entwicklungsländern, Industrieländern, internationalen und nationalen Organisationen." [68]

---

65 Siehe hierzu Bruhn (1978a), S. 64.
66 Zum Begriff der Reaktanz vgl. Kapitel V, Punkt 1.3.3 dieser Arbeit.
67 "Nicht Mildtätigkeit ist gefragt, wenn es um Spenden geht, sondern Verantwortungsbewußtsein, nicht Emotionen, sondern nüchterne Überlegungen."
   Mann/Bokatt (1985), S. 8.
68 Schmid (1990), S. 24.

3. Das Gratifikationsprinzip als motivationales Handlungsprinzip

"Für Spenden erfolgreich werben - wie schwer das ist, wird klar ersichtlich, wenn man das Problem unter dem Aspekt der Motivation sieht. Es handelt sich schließlich um die Motivierung, sich von seinem Geld zu trennen ohne realen Gegenwert dafür zu erhalten. Bei jedem normalen Kauf ist das Motiv klar: Für das weggegebene Geld bekommt man die damit erworbenen Kaufgüter oder Dienstleistungen. Aber für Spenden bekommt man nichts. Hier ist also eine ganz andere Qualität von Motivation gefragt. - Gefühl?" [69])

Zusammen mit den Emotionen zählen auch Motivationen - als aktivierende Größen - zu den Beweggründen menschlichen Handelns.

In einer gegebenen Handlungssituation ist die Motivation nur zum Teil von Motiven abhängig. Erst durch Situationsfaktoren angeregt, die wertgeladene Folgen möglicher Handlungsergebnisse verheißen, wird aus latenten Motiven aktuelle Motivation. [70])

```
    personenspezifische
    Gegebenheiten (Motive)
                              ----> Motivation
    situationsspezifische
    Gegebenheiten
```

Abb. 13: Motivation als interaktionistisches Konstrukt
Quelle: Conrady (1990), S. 36.

Motivation läßt sich somit als Interaktion aktualisierter, aktivierter Verhaltens-bereitschaften (Motive) und spezifischer Anregungsbedingungen der jeweiligen Situation beschreiben. [71])

Diese zum Handeln motivierenden Anregungsbedingungen können charakterisiert werden als "Anreizwerte der vorweggenommenen Folgen des voraussichtlichen Ergebnisses eigener Handlungen". [72]) Mit anderen Worten wird Handeln motiviert durch das Streben des Individuums nach Belohnung oder Vermeidung von Bestrafung - allgemein durch Gratifikationen.

Schanz bezeichnet die Idee der Gratifikation als ein übergeordnetes theoretisches Leitprinzip, das als maßgebliche Kräfte individuellen Verhaltens und Handelns erwartete oder auch vorweggenommene Belohnungen bzw. Bestrafungen

---

69 Dietrich (1990), S. 242.
70 Vgl. Heckhausen (1977), S. 299. Eine Abgrenzung der Begriffe Motiv und Motivation findet sich beispielsweise bei Bänsch (1989), S. 17 f.
71 Graumann definiert Motivation als "Interaktion von Motiv und Situation.", Graumann (1977), S. 113.
72 Heckhausen (1977), S. 297.

identifiziert. [73] Diese Formulierung trägt gleichermaßen den motivationalen, kognitiven und lerntheoretischen Aspekten individuellen Verhaltens Rechnung. "Verhalten und Handeln wird ... als das Ergebnis des Zusammenspiels von Motivation, Kognition und Verhaltenserfahrung betrachtet." [74]

Der Gedanke der Gratifikationen als die das Handeln motivierenden Anreizwerte findet vor allem in den, während der letzten beiden Jahrzehnte immer bedeutender werdenden, kognitiven Motivationsmodellen [75], deren Grundstruktur die folgende Abbildung verdeutlicht, Anwendung.

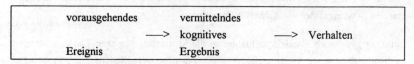

Abb. 14: Grundstruktur kognitiver Motivationsmodelle
Quelle: Weiner (1976), S. 128

"Unter dem Einfluß kognitiver Theorien hat in der neueren Motivationsforschung eine Verlagerung der Perspektive von vorwiegend energetischen auf vermehrt zielgerichtete Aspekte motivierten Verhaltens stattgefunden." [76] Diese perspektivische Verlagerung findet ihren Ausdruck vor allem in der expliziten Berücksichtigung des zwischen Reiz und Reaktion (Verhaltensweise) vermittelnden Einflusses kognitiver

---

73 Vgl. Schanz (1977), S. 99.
74 Schanz (1977), S. 99.
75 Allgemein lassen sich die in der Vergangenheit entwickelten Motivationsmodelle in die Kategorien behavioristisch orientierte und kognitiv orientierte Ansätze unterteilen. Vgl. Conrady (1990), S. 45. Im Verlauf der Motivationsforschungs-Geschichte fand eine Abkehr von den behavioristischen und eine Hinwendung zu den kognitiv orientierten Ansätzen statt. Als Initiatoren dieser "kognitiven Wende" werden Lewin und Tolman benannt. Siehe hierzu Conrady (1990), S. 45. Thomae als Kritiker der "kognitiven Wende" weist auf die Gefahr einer Überschätzung der Bedeutung kognitiver Prozesse hin, die ihren Ausdruck in der Reduktion des menschlichen Verhaltens auf ausschließlich kognitive Prozesse findet. Hierbei würde es sich um eine ebenso verhängnisvolle Vereinfachung wie die Reduktion menschlichen Verhaltens auf Triebdynamik handeln. Vgl. Thomae (1980), S. 297. Während Sirgy schreibt: "Tolman introduced the notion that behavior is a function of the demands of the organism, the values or goals available in the enviroment, and the expectancy of goal attainment." Sirgy (1983), S. 3. Bei Sirgy findet sich auch eine Übersicht der Entwicklung der kognitiven Theorien, vgl. Sirgy (1983), S. 5.
76 Wiswede (1980), S. 420. Diese Schwerpunktverlagerung wurde bereits 1973 von Wiswede angesprochen, vgl. Wiswede (1973), S. 66.

Prozesse. [77] Als derartige kognitive Prozesse sind im wesentlichen die Erwartungen der Individuen anzusehen. [78]

Die Grundstruktur der kognitiven Motivationsmodelle besteht im allgemeinen aus zwei wesentlichen Komponenten. Diese sind:

a) die für jedes Individuum durch unterschiedliche Wertigkeit charakterisierten Ziele (der subjektiv gesehene Ziel-Mittel-Zusammenhang [79]). Mit steigender individueller Wertigkeit des Ziels steigt zunächst die Motivation zu einer der zur Zielerreichung dienlichen Verhaltensweise.

b) die subjektiven Erwartungen der Verhaltenskonsequenzen, d.h. die subjektive Beurteilung der Verhaltensweise im Hinblick auf die Erreichung der angestrebten Ziele. [80]

Grundlegend für die kognitive Motivationstheorie ist die Feststellung, daß die Austauschprozesse sich im allgemeinen im Kontext des Strebens nach Belohnung und der Vermeidung von Bestrafung vollziehen und daher nur dann stattfinden, wenn ein Austausch für die involvierten Parteien von Vorteil ist. [81] Demzufolge bilden die Gratifikationen die maßgeblichen Antriebskräfte des menschlichen Verhaltens. Gratifikationen, auf die die Erwartungen der in einem Austauschprozeß involvierten Parteien gerichtet sind, können neben tangiblen auch intangible Güter umfassen. Kennzeichnend für jene Güter ist einerseits ihr Wert für die Individuen, der ihre Gewinnung als Belohnung und ihren Entzug als Bestrafung charakterisiert, und andererseits die Knappheit der Güter.

Durch diese weite Auslegung des Gratifikationsbegriffs kann das Gratifikationsprinzip als allgemeines, motivationales Prinzip auch im Spendenbereich Anwendung finden.

---

77 Vgl. Weiner (1976), S. 128.
78 Vgl. Wiswede (1980), S. 128.
79 Vgl. Kroeber-Riel (1992), S. 139
80 Vgl. z.B. Conrady (1990), S. 48.
81 Vgl. hierzu Raffée/Wiedmann/Abel (1983), S. 698.

3.1 Immaterielle Gratifikationen als motivationale Faktoren der Spenderaktivität

3.1.1 Die Spende als Mittel zur Reduktion kognitiver Dissonanzen

Der Mensch strebt nach Konsistenz, d.h. er versucht, innerhalb seiner Meinungen und Einstellungen Übereinstimmung herzustellen sowie die Konstellation zwischen Wissen und Handeln zu harmonisieren. Gelingt ihm dies nicht, treten Dissonanzen auf, die ein psychologisches Unbehagen verursachen, das wiederum zur Reduktion der Dissonanzen motiviert. [82)]
Die Entstehung von Dissonanzen kann durch das Auftreten neuer, bisher nicht bekannter Ereignisse oder durch Konfrontation mit neuen Informationen bedingt sein. Die Ursache für das Auftreten von Dissonanzen kann beispielsweise in der verbalen und/oder bildhaften Darstellung der Probleme der Bevölkerung in den Entwicklungsländern oder in Nachrichten über die Auswirkungen von Naturkatastrophen auf Umwelt und Mensch gesehen werden. [83)] Vergleicht der Betrachter seine eigene Situation mit der der betroffenen Menschen, können bei ihm, je nach persönlicher Einstellung zu dem Problem und der Einschätzung der Eigenverantwortlichkeit der Betroffenen für ihre Situation, Schuldgefühle entstehen. [84)]
Diese Schuldgefühle - synonym den kognitiven Dissonanzen - können als eine "Attendenzbedingung betrachtet werden, die zu Aktivitäten führt, welche auf eine Reduktion der Dissonanz abzielen." [85)]

Zur Reduktion dieser Dissonanz stehen dem Betrachter zwei Wege zur Verfügung: Eine Möglichkeit besteht darin, sein Wissen um die Problematik zu modifizieren, indem er versuchen wird, solche Informationen zu sammeln, welche die Situation in den Entwicklungsländern als nicht so katastrophal beschreiben oder auch solche Informationen, die die Effektivität der Entwicklungshilfe als gering einschätzen. Durch Hinzufügen dieser neuen kognitiven Elemente wird er sein eigenes, bisher passives Verhalten zu rechtfertigen suchen. Er unternimmt den Versuch, durch zusätzliche Information die Wichtigkeit dieser spezifischen Problematik zu reduzieren, indem er bevorzugt solche Informationen beachtet, die alternative Probleme wie z.B.

---

82 Vgl. Festinger (1978), S. 15 ff.
83 Vgl. Holscher (1977), S. 78.
84 Schuldgefühle oder die Tendenz zum Handeln werden gering sein, wenn nach Einschätzung des potentiellen Spenders die Situation der Betroffenen selbst verschuldet ist. Vgl. Holscher (1977), S. 79. Holscher ist weiterhin der Meinung, daß die Motivation zur Handlung um so größer sein wird, je stärker dem Rezipienten seine eigene, vergleichsweise günstige Situation bewußt gemacht wird. Vgl. Holscher (1978), S. 1556.
85 Festinger (1978), S. 17.

ansteigende Arbeitslosenquoten im eigenen Land, Aussiedler-Probleme, die Situation in Osteuropa etc. aufgreift. [86]
Die andere Möglichkeit zur Reduktion der Dissonanz wäre eine Änderung des Verhaltens. Aus dem bisher passiven Betrachter könnte ein aktiver Spender werden. Die Spende gibt ihm das Gefühl, etwas zur Verbesserung der Situation beigetragen zu haben, und dient dem partiellen oder totalen Abbau der anfänglichen Schuldgefühle. [87]

In diesem Fall handelt es sich um eine Spende, die dem Menschen dazu verhelfen würde, die Konsistenz seiner Gefühle, Einstellungen und Handlungen wiederherzustellen. Das Motiv für die Spende ist die Erlangung einer immateriellen Gratifikation – der Reduktion der Dissonanz.

3.1.2 Die Spende als Mittel zur Steigerung des Selbstwertgefühls durch Prestigegewinn

Neben anderen Bedürfnissen hat der Mensch auch das Bedürfnis nach Prestige und Status. "Um seinen Status zu demonstrieren und die Wertschätzung anderer Menschen zu erringen, ist er auf der Suche nach äußeren Merkmalen und Verhaltensweisen, die auf seinen Status hinweisen." [88]
Im Rahmen der immateriellen Gratifikationen kann der durch eine Spende erwachsende Prestigegewinn als ein weiteres mögliches Spendenmotiv identifiziert werden. Im Vordergrund der Überlegungen einer solchermaßen motivierten Zuwendung steht entweder der Gedanke, sich die Spende finanziell leisten zu können und dies nach Möglichkeit auch der Umwelt mitteilen zu wollen, oder das Bedürfnis, von anderen auf Grund seines sozialen Engagements bewundert und geachtet zu werden.

---

86 Vgl. Festinger (1978), S. 18 und 28.
87 Voegele schreibt zu dem Thema Dissonanz-Reduktion durch Spenden: "Mit moralischer Entrüstung ist dem Problem nicht beizukommen. Wie hätte ich auch ein Recht dazu? - Ich bin Nutznießer eines Weltmarkt-Systems, das es wenigen reichen Ländern möglich macht, die menschliche Arbeitskraft und die natürlichen Lebensquellen der restlichen Welt für die Erhaltung und Vermehrung des Wohlstands ihrer Bürger auszubeuten. Wie vielen anderen fällt es mir schwer, dieser Tatsache direkt ins Auge zu sehen. Ich leide unter dem Bewußtsein, daß mein Leben sich auf dieser Ungerechtigkeit aufbaut, und ich suche nach Möglichkeiten des Ausgleichs. Die einzige echte Möglichkeit für einen solchen Ausgleich - die Herstellung wirklich gleicher und gerechter Weltverhältnisse - steht nicht in meiner Macht. ... So begnüge ich mich mit Ersatzhandlungen,..." Voegele (1982), S. 81.
88 Kroeber-Riel/Meyer-Hentschel (1982), S. 126.

Eine theoretische Erklärung der Zusammenhänge zwischen Spende und deren Auswirkungen auf das Selbstwertgefühl bietet das Selbstkonzept. [89]

Ähnlich dem Einstellungskonzept läßt sich das Selbstkonzept in mehrere Komponenten gliedern. In Anlehnung an Conrady sind diese:

* das **Selbstimage** als die Gesamtheit der die eigene Person betreffenden Kognitionen;
* die **Selbstbewertung** dieser Kognitionen, wobei die Idealvorstellungen als Bewertungsmaßstäbe fungieren;
* die **Gewichtung** der Kognitionen hinsichtlich ihrer Bedeutung für das Individuum;
* die **Selbstwertschätzung**, die sich aus der Summe der gewichteten Selbstbewertungen ergibt. [90]

Der Inhalt des Selbstimages beschränkt sich nicht nur auf die dem Individuum bewußten eigenen Persönlichkeitszüge, sondern umfaßt neben den physischen und psychischen Merkmalen des Individuums auch soziodemographische Merkmale. [91]

Sirgy entwickelte einen Ansatz, der die verschiedenen Ausprägungen des Selbstkonzepts berücksichtigt. [92]

(1) **das tatsächliche Selbst** als Spiegelbild der eigenen Einschätzung des Selbst;
(2) **das ideale Selbst** zeigt, wie das Individuum sich gerne selbst sehen würde;
(3) **das soziale Selbst** betrifft die Erwartung des Individuums, wie es von seiner Umwelt eingeschätzt wird;
(4) **das ideale soziale Selbst** bezieht sich auf die Idealvorstellung, die das Individuum in den Augen der Umwelt verkörpern möchte.

Diese Ausprägungen lassen sich anhand der Kriterien "Öffentlichkeit", die das private Selbstkonzept vom öffentlichen abgrenzt, und "Realitätsausmaß", das das Idealselbst von dem Realselbst trennt, in folgender Matrix darstellen.

---

89 Rosenberg definiert das Selbstkonzept als: "the totality of the individual's thoughts and feelings having reference to himself as an object." Rosenberg (1979), S. 7.
90 Vgl. Conrady (1990), S. 63 f.
91 Grundsätzlich können alle mit der eigenen Person in Verbindung stehenden kognitiven Elemente Bestandteil des Selbstimages sein. Vgl. Bruhn (1979), S. 165 ff.
92 Vgl. Sirgy (1982), S. 288.

Öffentlichkeit	Realitätsausmaß	
	Realselbst	Idealselbst
privates Selbstkonzept (=Selbstimage)	"Wie man sich wirklich sieht"	"Wie man gerne sein würde"
wahrgenommenes Fremdimage	"Wie man meint, von anderen gesehen zu werden"	"Wie man gerne von anderen gesehen werden möchte"

Abb. 15: Die Ausprägungen des Selbstkonzepts
Quelle: Conrady (1990), S. 70.

Epstein [93] identifiziert zwei voneinander unabhängige Motive, die die Verhaltensrelevanz des Selbstkonzeptes erklären: zum einen die Selbstachtung (self-esteem), zum anderen die Konsistenz der inneren Werte (self-consistency). Aus dem Motiv der Selbstachtung heraus wird das Individuum solche Aktivitäten anstreben, die ihm eine Steigerung des Selbstwertgefühls vermitteln. Das Motiv der Konsistenz der inneren Werte trägt zu dem Bemühen des Individuums bei, fortwährend eine Konsistenz zwischen Selbstkonzept und Verhalten herzustellen oder zu bewahren.

Sieht ein Individuum sich nun selbst als sozial eingestellt oder fühlt es sich einer Gruppe zugehörig, die es sich finanziell erlauben kann, wohltätig zu sein oder möchte es sich selbst so sehen oder von anderen so gesehen werden, wird es - motiviert durch die Möglichkeit der Steigerung der Selbstachtung und der inneren Konsistenz - eine Spende tätigen. Dabei wird vor allem die Diskrepanz zwischen Ideal- und Realbild motivierend auf die Handlung wirken.

Kann eine Spenden sammelnde Organisation Sichtbarkeit und Variationsmöglichkeit sowie Personifizierung durch eine Spende gewährleisten, wird es ihr möglich sein, dem Spender durch Entgegennahme seiner Zuwendung Prestigegewinn und höheres Selbstwertgefühl zu vermitteln. Die Organisation kann im Fall einer prestigemotivierten Spende als potentieller Empfänger bedacht werden.

3.1.3 Religiöses Handeln als motivationale Grundlage

Die Motive, vom eigenen Überfluß abgeben zu wollen, um anderen dadurch helfen zu können, sind so zahlreich wie die Spender selbst. Dennoch ist festzustellen, daß die

---

93 Vgl. Epstein (1980), S. 106 ff. und zusammenfassend S. 128.

ethisch-moralischen und insbesondere religiösen Motive im Rahmen der Spendenentscheidung überwiegen. [94]
Die Schriften der Bibel zeigen eine Reihe von Gründen für christlich motiviertes Spenden, so etwa:

* aus Mitleid und Erbarmen,
* aus Dankbarkeit für empfangene Wohltaten,
* um Freude zu geben oder zu erhalten,
* als Form der Buße,
* als ausgleichende Gerechtigkeit. [95]

Im Falle des religiös motivierten Spenderverhaltens handelt es sich um eine "austauschlose Gratifikationsvariante" [96], bei der sich Belohnung oder Bestrafung im Innensystem des Handelnden vollziehen. Da die Hilfeleistung an sich als sinnvoll und als belohnend empfunden wird, wird das zweckhafte Handeln der quid pro quo-Situation durch werthaftes Handeln ersetzt. [97]
Fraglich ist, ob es sich im Falle des religiös motivierten Verhaltens tatsächlich um eine austauschlose Gratifikationsvariante handelt oder ob dieses Motiv nicht auch im Rahmen der immateriellen Gratifikationen seinen Platz findet, wenn man als Motiv "ein Geschäft mit dem lieben Gott" und die damit verbundenen Hoffnungen unterstellt. [98]

3.1.4. Motivation durch Bezugspersonen

Um eine ganz andere Art der Motivierung handelt es sich in dem Fall, in dem der Spender aus Gründen der personalen Motivation tätig wird. Der Grund für sein Handeln kann darin liegen, daß die Spenden sammelnde Person für ihn in irgendeiner Weise von Bedeutung ist. Durch seine Spende wird er versuchen, mit ihr in Kontakt zu treten, um eventuell informelle Gegengeschäfte in Gang zu setzen.

Denkbar wäre auch der Fall, daß der Spender Sympathie für die Spenden sammelnde Person empfindet. Er wird hoffen, auf Grund seiner Spende ebenfalls von dem Sammler mit Sympathie bedacht zu werden.

---

94 Vgl. Worch (1982), S. 27.
95 Vgl. Hedrich (1981) S. 20.
96 Raffée/Wiedmann/Abel (1983), S. 702.
97 Vgl. Raffée/Wiedmann/Abel (1983), S. 702.
98 Vgl. Carlberg (1981), S. 2.

Die Funktion des Spendensammlers als Sympathieträger sollte sich nicht ausschließlich auf den Schirmherrn einer Aktion oder den Leiter einer Organisation erstrecken, sondern jeden einzelnen Sammler mitberücksichtigen. Analog dem aus der Marktforschung bekannten Interviewer-Effekt [99] muß bei der Auswahl der Sammler darauf geachtet werden, daß in der Öffentlichkeit keine Vorurteile bezüglich des Aussehens oder Auftretens der Sammler bestehen. Allerdings sollten sich Spenden sammelnde Organisationen im Rahmen ihrer Tätigkeit die positiven Auswirkungen des "Sammler-Bias" [100] zunutze machen.

3.2 Materielle oder quasi-materielle Gratifikationen als motivationale Faktoren der Spenderaktivität

Neben den immateriellen Gratifikationen wirken möglicherweise auch - oder ausschließlich - materielle oder quasi-materielle Gratifikationen motivierend auf das Spenderverhalten.

Im Falle einer durch materielle Gratifikationen motivierten Spende ist die Spende mit dem Kauf oder der entgeltlichen Nutzung eines Gutes unlöslich verknüpft. Der Spender erwirbt eine Ware oder Dienstleistung, die einen Spendenanteil enthält - wobei in einigen Fällen der sonst übliche Marktpreis überschritten wird. [101] Neben der materiellen Gratifikation in Form des erworbenen Gutes oder der Dienstleistung erhält der Spender zusätzlich als immaterielle Gratifikation das Gefühl, etwas "Gutes" getan zu haben.

Der Begriff der quasi-materiellen Gratifikationen umfaßt ein großes Spektrum möglicher Gratifikationen, deren Nutzen für den Spender sich auch in monetären Einheiten ausdrücken läßt. Zu den quasi-materiellen Gratifikationen - die im folgenden eingehender charakterisiert werden - zählen neben Dienstleistungen, einer Minderung des zu versteuernden Einkommens, der Imagepflege und -verbesserung auch sogenannte Chancen.

---

99 Vgl. hierzu z.B. Böhler (1992) S. 86 f.
100 Vgl. Holscher (1977), S. 81.
101 Diese Situation tritt vor allem beim Kauf von Produkten in "Dritte-Welt"-Läden oder "Eine Welt"-Läden auf, die es sich zur Aufgabe gemacht haben, den Produzenten in den Entwicklungsländern einen fairen Preis für ihre Produkte zu zahlen, die Entwicklung ökologischen Anbaus und die Verbesserung der Arbeitsbedingungen zu fördern. Vgl. hierzu Kapitel IV, Punkt 3. dieser Arbeit.

* Dienstleistungen:
Im Rahmen der quasi-materiellen Gratifikationen erstreckt sich der Begriff der Dienstleistungen in der Regel auf Formen der Unterhaltung, wie beispielsweise Konzerte, Bälle oder Fußballspiele [102]. Die Besonderheit dieser Veranstaltungen liegt darin, daß es sich um Benefizveranstaltungen handelt, d. h., daß die Künstler zum großen Teil oder völlig auf ihre Gage verzichten, wodurch den als Initiator auftretenden Spenden sammelnden Organisationen der gesamte Erlös der Veranstaltung zufließt. Die Besucher der Veranstaltung werden primär durch das angebotene Unterhaltungsprogramm motiviert sein, eine als Spende fungierende Eintrittskarte zu kaufen. Der eigentliche Sinn der Veranstaltung, die finanzielle Unterstützung der Entwicklungshilfe-Organisation, wird möglicherweise zur Nebensache.

* Minderung des zu versteuernden Einkommens:
In der Anlage 7 der Einkommensteuerrichtlinien wird die Entwicklungshilfe als besonders förderungswürdig anerkannt. Daher sind gem. § 10b EStG Spenden an eine Entwicklungshilfe-Organisation bis zu einer Höhe von 10% des Gesamtbetrages der Einkünfte als Sonderausgaben steuerlich absetzbar. [103]
Es kann davon ausgegangen werden, daß die Tatsache der steuerlichen Absetzbarkeit von Spenden an gemeinnützige Organisationen weiten Teilen der Öffentlichkeit bekannt ist.
Viele Organisationen sind in letzter Zeit auch dazu übergegangen, in ihren Direct-Mail-Aktionen auf die steuerliche Abzugsfähigkeit der Spenden hinzuweisen und ihre in Banken und Sparkassen ausliegenden Überweisungsträger mit einem entsprechenden Vermerk zu versehen [104].
Durch den ausdrücklichen Hinweis der Organisation auf die steuerliche Absetzbarkeit kann das Vorurteil, die in Verbindung mit einer Spende seitens des Spenders geltend gemachten steuerlichen Ansprüche seien moralisch bedenklich, da die Zuwendung nicht selbstlos - ohne Verzicht auf eine Gegenleistung - erbracht werde, abgebaut werden. Einige Organisationen machen ihren Spendern sogar den Vorschlag, den eingesparten Steuerbetrag erneut als Spende einzusetzen.
Die steuerliche Absetzbarkeit der Spende hat jedoch neben anderen Nutzenversprechungen lediglich eine zusätzliche motivierende Wirkung, da nach den gültigen Steuergesetzen die Steuerersparnis geringer sein wird als die Spende.

---

102 Vgl. Holscher (1978), S. 1555.
103 Vgl. Neufang/Geckle (o.J.), Gruppe 7/25, S. 1.
104 So heißt es etwa: "Bis DM 100,- gilt der abgestempelte Beleg für den Auftraggeber/Einzahler-Quittung als Spendenbescheinigung."

* Imagepflege und -verbesserung:
Ist die Spende einer Privatperson durch die damit verbundene Steigerung des Selbstwertgefühls motiviert, stellen geldwerte Gratifikationen in Form der Minderung des zu versteuernden Einkommens für den Spender eventuell einen zusätzlichen, keinesfalls jedoch den primären Anreiz für seine Spendentätigkeit dar. Auch das unternehmerische Spendenverhalten kann von altruistischen und selbstlosen Zielen geprägt sein. [105] Diese Form des unternehmerischen Spendenverhaltens - das Mäzenatentum - findet seine Weiterentwicklung im unternehmerischen Spendenwesen. Hierbei handelt es sich um unternehmerische Aktivitäten, "die im Bewußtsein ihrer gesellschaftspolitischen Verantwortung geleistet werden." [106]

In jüngster Zeit gewinnt eine andere Form unternehmerischer Spendenaktivitäten - das Soziosponsoring - zunehmend an Bedeutung. [107] Soziosponsoring kann definiert werden als "die Verbesserung der Aufgabenerfüllung im sozialen (...) Bereich durch die Bereitstellung von Geld- / Sachmitteln oder Dienstleistungen durch Unternehmen, die damit auch (direkt oder indirekt) Wirkungen für ihre Unternehmenskultur und -kommunikation anstreben." [108]

Im Gegensatz zum Mäzenatentum und Spendenwesen basiert das Sponsoring auf dem Prinzip der Leistung und Gegenleistung. [109] Der Sponsor stellt Finanz- oder Sachmittel oder auch Dienstleistungen zur Verfügung [110] und erhält vom Gesponserten eine Gegenleistung - entweder in Form einer aktiven Gegenleistung

---

105 Vgl. Bruhn (1987), S. 14 und Bruhn (1990), S. 3.
106 Bruhn (1987), S. 15.
107 Vgl. Bruhn (1990), S. 3. Bereits seit den siebziger Jahren nutzen Unternehmen das Sponsoring als eigenständiges Kommunikationsinstrument, das neue Möglichkeiten der kommunikativen Ansprache von Zielgruppen ermöglicht. Jedoch lagen und liegen die Hauptaktivitäten deutscher Unternehmen in Sachen Sponsoring eindeutig im Sport (etwa 80% der Aufwendungen werden für Sportsponsoring ausgegeben, siehe hierzu Bruhn (1990), S. V.). Daneben hat in den letzten Jahren auch das Kultursponsoring an Bedeutung gewonnen. In neuerer Zeit haben nun verstärkt Unternehmen mit dem Sponsoring sozialer und ökologischer Bereiche Neuland betreten. "Es zeigt sich aber bereits deutlich, daß es sich dabei um ein gänzlich neues Thema für die Kommunikation handelt, das mit Sport- und Kultursponsoring nur wenige Gemeinsamkeiten aufweist." Bruhn (1990), S. V. Dies bedeutet, daß die mit Sport- und Kultursponsoring gemachten Erfahrungen nicht pauschal auf das Soziosponsoring übertragbar sind. Auf die Unterschiede des Soziosponsoring gegenüber dem klassischen Sponsoring soll an dieser Stelle nicht näher eingegangen werden. Siehe hierzu ausführliche Erläuterungen bei Bruhn (1990), S. 6 f.
108 Bruhn (1990), S. 6.
109 Vgl. Bruhn (1987), S. 16. Zur Abgrenzung der Begriffe siehe auch Bruhn (1990), S. 3.
110 Vgl. Bruhn (1990), S. 13.

oder passiver Duldung. [111]

Im Rahmen der Soziosponsoring-Aktivitäten der Unternehmen haben ökonomische Sponsoringziele (z.B. Umsatzsteigerung) vermutlich lediglich eine untergeordnete Bedeutung. In diesem Zusammenhang wesentlich bedeutsamer sind die psychographischen Ziele. Zu diesen sind beispielsweise die Stabilisierung und Steigerung des Bekanntheitsgrades des Sponsors oder eine Imageverbesserung zu zählen. [112] Eine Imageverbesserung kann sich positiv auf die Verkaufserfolge eines Unternehmens auswirken und bietet somit neben der steuerlichen Abzugsfähigkeit einen zusätzlichen Nutzen. [113] Ziel des Sponsoring kann auch ein Imagetransfer von der Spenden sammelnden Organisation auf das spendende Unternehmen sein.

Bei dieser Art der Unterstützung handelt es sich, wie bei der steuerlichen Abzugsfähigkeit der Spenden, um eine stellvertretende Gratifikation, d.h., das Unternehmen erbringt seine Leistung in Form einer Spende. Entlohnt wird es jedoch nicht durch die Spenden sammelnde Organisation, sondern stellvertretend durch seine Kunden.

* Chancen [114]:
Gewinnspiele aller Art dienten schon seit jeher den Spenden sammelnden Organisationen als Mittel der Beschaffung von Zuwendungen für soziale Zwecke. Motiviert durch die Möglichkeit des Gewinns eines den Lospreis wertmäßig übersteigenden Versorgungsobjektes werden Lose erstanden, deren Verkaufserlös den Organisationen zugute kommt. [115]

Im Rahmen der Mittelbeschaffung von Entwicklungshilfe-Organisationen bieten Gewinnspiele - wie die Beispiele der ARD-Fernsehlotterie "Ein Platz an der Sonne" oder die zugunsten der Aktion Sorgenkind durchgeführte Verlosung "Der große Preis" - auf Grund der regen Beteiligung der Bevölkerung an diesen

---

111 Zu den Begriffen der aktiven Gegenleistung und passiven Duldung siehe Bruhn (1990), S. 17.
112 Vgl. etwa Bruhn (1987), S. 86.
113 Da es sich bei dem hier angesprochenen Nutzen um einen direkten geldwerten Nutzen handelt, sind die Grenzen zwischen materiellem und quasimateriellem Nutzen an dieser Stelle fließend.
114 Chancen werden als Versorgungsobjekte, die einen Anspruch, der auf Realisierung einer zumindest zweiseitigen Vereinbarung zwischen Einzelwirtschaften gerichtet ist, garantieren, definiert. Siehe hierzu Meyer (1986), S. 16. Auf den Begriff der Chance wird an dieser Stelle nur kurz eingegangen. Eine umfassendere Erläuterung dieser Thematik findet sich in Kapitel IV, Punkt 2.1.1.1 dieser Arbeit.
115 Siehe hierzu etwa Schweizer (1990), S. 144.

Aktivitäten eine ergiebige Finanzierungsquelle. Doch sollten die Organisationen berücksichtigen, daß die Gewinnchance der primäre Anlaß zu dieser Spende ist und die von der Organisation verfolgten Ziele für den Spender meist sekundär sind. [116)

Sicherlich wird das Spendenverhalten nicht ausschließlich durch eines der aufgeführten Motive determiniert. Die Aktivierung potentieller Spender dürfte auf eine Verknüpfung mehrerer Motive zurückzuführen sein. [117) Für die Entwicklungshilfe-Organisationen ist die Identifizierung der überwiegenden motivationalen Faktoren für das Spenderverhalten von fundamentaler Bedeutung. Auf Grund dieser Erkenntnisse wird es ihnen möglich sein, eigene Grundlagen für ein erfolgversprechendes Marketing-Instrumentarium zu schaffen.

---

116 "Die Nutzenerwartung des Spenders dürfte sich dementsprechend in aller Regel auf das möglicherweise zu gewinnende Objekt, und erst in zweiter Linie auf die mit der Hilfe der Spende in Angriff zu nehmende Problemlösung konzentrieren." Holscher (1977), S. 77.
117 Katona bemerkt hierzu:" Es ist unwahrscheinlich, daß jemand bei einer bestimmten Handlung nur von einem einzigen Motiv beherrscht wird. Gewiß mag es auch solche Fälle geben, aber sie sind keineswegs die Regel. Vorherrschend ist eine *Vielfalt der Motive*, die sich zum Teil gegenseitig verstärken, und die sich zum Teil auch gegenseitig widersprechen können." Katona (1960), S. 83.

4. Selektive Wahrnehmung bei der Informationssammlung und Alternativenauswahl

4.1 Der Informationssammlungsprozeß

Konnten die Entwicklungshilfe-Organisationen dem potentiellen Spender sowohl die Notwendigkeit seines Handelns als auch den möglicherweise aus der Handlung erwachsenden Nutzen vor Augen führen, wird er sich mehr oder weniger intensiv um Informationen bezüglich der durch die verschiedenen Organisationen bereitgestellten Problemlösungsmöglichkeiten bemühen.

Die Entwicklungshilfe-Organisationen übermitteln sprachliche oder bildliche Informationen (Reize), die vom Empfänger über die Sinnesorgane aufgenommen werden und zunächst in einen sensorischen Informationsspeicher (Ultrakurzzeitspeicher) gelangen, wo eine erste fundamentale Entschlüsselung stattfindet. [118]

Da das Reizangebot größer ist als der Bedarf an Informationen bzw. die zur Verfügung stehende Verarbeitungskapazität übersteigt, ist das Individuum gezwungen, aus der Vielfalt der zur Verfügung stehenden Informationen die wichtigsten herauszufiltern, um dem Phänomen der Informationsüberlastung [119] entgegenzuwirken. Die Selektion der vom sensorischen Speicher zur Weiterverarbeitung in den Kurzzeitspeicher gelangenden Informationen wird zum Teil durch Rückkopplungseffekte bedingt, die zwischen den im Gedächtnis bereits vorhandenen Wissensstrukturen und den für das Individuum neuen Informationen bestehen. Die für die Selektion der Reize notwendige gerichtete Aufmerksamkeit auf bestimmte Reizquellen ist abhängig vom Aktivierungspotential der Reize, das wiederum durch bestimmte Motive ausgelöst werden kann. [120]

Die Aktiviertheits-Selektion [121] kann durch personenspezifische Faktoren (hier ist vor allem das Involvement als Determinante der Informationsselektion anzusehen) sowie durch Art und Stärke des Reizes selbst bedingt sein. [122]

---

118 Vgl. Kroeber-Riel (1992), S. 237 ff.
119 "Informationsüberlastungen entstehen dann, wenn Informationsmengen, die dem Empfänger zur Aufnahme und Verarbeitung angeboten werden, die Belastungsgrenze seines Informationsaufnahme- und -verarbeitungssystems überschreiten." Raffée/Fritz (1980), S. 83.
120 Zu den möglicherweise das Aktivierungspotential bestimmenden Motiven siehe Kapitel II, Punkt 1. dieser Arbeit.
121 Vgl. hierzu beispielsweise Trommsdorff (1989), S. 219.
122 Durch die Art des Reizes kann ein inhaltliches Interesse an der Information geweckt werden, z.B. durch eine emotionale Reizwirkung, wie beispielsweise die Weckung von Schuldgefühlen. Auch die Stärke des Reizes, d.h. seine physische Erscheinung, kann eine selektive Wirkung haben. Vgl. Trommsdorff (1989), S. 219 f.

Die Entwicklungshilfe-Organisationen müssen bei der Gestaltung der Botschaft dem Problem der Informationsüberlastung Rechnung tragen. Dies bedeutet, daß die verschiedenen Möglichkeiten der Umgehung dieses Problems sowie die Anforderungen der aktiviertheitsbedingten Informationsselektion im Rahmen der Botschaftsgestaltung Berücksichtigung finden müssen. [123)]

4.1.1 Die Informationsquellen der potentiellen Spender

Im Rahmen der Meinungsbildung bezüglich der Entwicklungshilfe-Organisationen und ihrer Problemlösungsangebote für Betroffene und Spender stehen einem potentiellen Spender die unterschiedlichsten Informationsträger zur Verfügung.
Einer Systematisierung dieser Informationsträger können die verschiedensten Kriterien zugrunde liegen. Meffert [124)] bezieht in seine Klassifikation der Informationsträger die folgenden Kriterien ein:

* Art der Beziehung zwischen Sender und Empfänger sowie
* Abhängigkeit des Senders.

Dementsprechend lassen sich persönliche/unpersönliche und abhängige/unabhängige bzw. unternehmensgesteuerte/neutrale Informationsquellen, wie in der folgenden Tabelle dargestellt, unterscheiden.

---

123 Eine Vertiefung der inhaltlichen Gestaltung der Botschaft erfolgt in Kapitel V, Punkt 1.3.4 dieser Arbeit.
124 Vgl. Meffert (1976), S. 14.

		Art der Informationsquelle	
		unternehmensgesteuerte Informationsquellen	neutrale Informationsquellen
Art der Kommunikation	persönlich	* Information durch den Spendensammler (z.B. an Informationsständen)	* persönliches Gespräch mit Bekannten (die nicht für die Organisation tätig sind)
	unpersönlich	* Anzeigen in Printmedien * Informationsmaterial der Organisationen * Werbespots in Funk und Fernsehen	* Auskunft beim DZI, Berlin * Testimonials * Kommentare und Berichte in unabhängigen Funk- oder Fernsehsendungen (z.B. Report, Monitor)

Tab. 4: Klassifikation der Informationsquellen
Quelle: in Anlehnung an Meffert (1976) S. 14 f.

Die Bevorzugung einer Informationsquelle gegenüber einer anderen kann verschiedene Gründe haben. Die Wahl der Informationsquelle wird sicherlich davon abhängig sein, an welcher Art der Information der Informationssuchende interessiert ist:

* Informationen bezüglich der verschiedenen Tätigkeitsbereiche der jeweiligen Organisation, d.h. über Gestaltung und Inhalte einzelner Projekte oder bezüglich verschiedener Projektländer,
* Fragen hinsichtlich der Seriosität einzelner Organisationen - somit danach, ob der vom Spender gegebene Betrag auch tatsächlich am Bestimmungsort ankommt, wie hoch der Verwaltungskostenanteil einer Organisation ist etc. oder
* Informationen darüber, ob die Organisation politisch oder religiös gebunden arbeitet.

Zur Beantwortung der Fragen bezüglich der Projekte der einzelnen Entwicklungshilfe-Organisationen wird der Informationsbedarf sicherlich am umfangreichsten durch unternehmensgesteuerte Informationsquellen gedeckt werden können. Mitarbeiter der Organisationen als persönliche und Informationsschriften als nicht-persönliche Informationsquellen können zwecks ausführlicher Auskunft über die geplanten Projekte, den Finanzierungsbedarf und Möglichkeiten der Mithilfe herangezogen werden.

Steht die Frage der Seriosität einer Organisation im Mittelpunkt des Interesses, kann der Informationssuchende sich zum einen durch unternehmensgesteuerte Informationsquellen informieren; so veröffentlichen z.B. einige Entwicklungshilfe-Organisationen in ihren jährlich erscheinenden Geschäftsberichten Statistiken, aus denen Einnahmen und Ausgaben ersichtlich werden oder Bilanzen des vorhergegangenen Geschäftsjahres, die Aufschluß über Mittelherkunft und -verwendung geben.

Zum anderen stehen dem potentiellen Spender aber auch neutrale, überwiegend unpersönliche Informationsquellen bei der Suche nach der geeigneten Organisation zur Verfügung. Eine Möglichkeit bietet eine Anfrage beim Deutschen Zentralinstitut für Soziale Fragen in Berlin (DZI). Diese unabhängige Einrichtung beobachtet seit Jahren den deutschen Spendenmarkt und kann Auskunft darüber erteilen, ob Bedenken bezüglich der Ernsthaftigkeit einer Organisation bestehen. [125] Geht es um die Frage des korrekten Umgangs der Entwicklungshilfe-Organisation mit Spendengeldern, können auch die Berichte und Kommentare in den Medien vom Spender als neutrale Informations-quellen herangezogen werden. [126]

Die Wahl der Informationsquelle wird wesentlich von dem mit der Spende verbundenen, subjektiv empfundenen Risiko abhängen. [127] Wird das mit einer Spende verbundene soziale Risiko als hoch empfunden, wird der potentielle Spender eher auf neutrale Informationsquellen, wie Gespräche mit Bekannten oder Testimonials, zurückgreifen.
Wird hingegen das Risiko als nicht so hoch eingeschätzt, etwa da es sich um geringe Spendenbeträge handelt, ist zu vermuten, daß der Spender auf die durch die Organisationen gesteuerten Informationen zurückgreifen wird, da der gespendete Betrag den für eine umfassendere Information notwendigen Zeitaufwand nicht rechtfertigen würde.

---

125 Vgl. Lemmer (1989), S. 80.
126 Auf die Bedeutung, die die öffentliche Meinung und insbesondere die Medien für die Arbeit der Entwicklungshilfe-Organisationen haben, wurde bereits in Kapitel I, Punkt 3.2.5 dieser Arbeit hingewiesen.
127 Vgl. Meffert (1976), S. 16.

4.1.2 Die Intensität der Informationsbeschaffung

Bei der Aufnahme von Informationen kann das Individuum entweder aktiv nach Informationen suchen oder es nimmt unbeabsichtigt ohne Bemühung Informationen auf. "Der unterschiedliche Ablauf einer Informationsaufnahme hängt davon ab, welche aktivierenden Kräfte bei der Informationsaufnahme wirksam werden und nach welchen kognitiven Programmen die Informationsaufnahme gesteuert wird." [128] Die Stärke der hinter der Informationsaufnahme stehenden Antriebskräfte, des Involvements, bestimmen Umfang und Intensität der Informationssuche und -aufnahme. [129]

Das mit den Problemen der "Dritten Welt" verbundene Involvement ist nicht bei allen Individuen gleich stark ausgeprägt.

Das persönliche Involvement und die damit verbundene Intensität der Informationsbeschaffung wird durch verschiedene Faktoren bestimmt: [130]

* Die Bedeutung, die die Entwicklungshilfe-Problematik für den einzelnen auf Grund seiner sozialen Einstellung hat, oder anders gesprochen: Inwieweit fühlt der einzelne sich für die Veränderung der Situation verantwortlich oder empfindet persönliche Betroffenheit.

* Die Höhe der Spende: Handelt es sich um ein persönliches oder wirtschaftliches Opfer für den einzelnen oder ist der gespendete Betrag für ihn kaum von Bedeutung?

* Das Risiko persönlicher oder sozialer Kosten bei einer falschen Entscheidung: Wesentlich ist die Tatsache, ob durch die Spende fundamentale Persönlichkeitsstrukturen berührt werden oder Normen der Bezugsgruppe verletzt werden. [131]

* Die Häufigkeit der Entscheidungssituation: Die Informationsbeschaffung wird bei der erstmaligen Konfrontation mit einer Spendensituation extensiver sein als in der Folgezeit, in der die Handlung routinemäßig abläuft.

---

128 Kroeber-Riel (1992), S. 238.
129 Vgl. Kotler/Andreasen (1987), S. 80.
130 Die die Intensität der Informationsbeschaffung beeinflussenden Faktoren wurden zum Teil in Anlehnung an Kotler/Andreasen (1987), S. 80 formuliert.
131 Sieht ein Individuum sich gezwungen, wider seine persönliche Überzeugung zu spenden, um den Gepflogenheiten seiner Bezugsgruppe genüge zu tun (dieser Fall kann besonders bei Haussammlungen mit Spenderliste auftreten), werden Persönlichkeitsstrukturen verletzt. Wird im umgekehrten Fall aus innerer Überzeugung gespendet und steht dies den Normen der Bezugsgruppe entgegen, können diese Normen verletzt werden.

Eine Entwicklungshilfe-Organisation muß sich der Tatsache bewußt sein, daß die von ihr vertretene Problematik nicht in allen Teilen der Bevölkerung der Industriestaaten ein hohes Involvement hervorrufen wird. 132) Damit verbunden wird die Intensität der Informationssuche bzw. die Auseinandersetzung mit dem - dem potentiellen Spender zur Verfügung stehenden - Informationsmaterial nicht immer groß sein. Daraus entsteht die Notwendigkeit, daß die Entwicklungshilfe-Organisationen differenziertes Informationsmaterial bereitstellen müssen. Für den wenig involvierten Spender müssen die Informationsinhalte möglichst kurz und prägnant kommunizierbar sein, so daß die Möglichkeit der schnellen Aufnahme und Verarbeitung besteht. Der stärker involvierte Spender wird hingegen eher detaillierteres, umfangreicheres Informationsmaterial bevorzugen.

4.2 Die Alternativenreduktion

Das Spektrum der Spendenorganisationen reicht vom Sportverein über den Bürgerverein, der ein Altenheim unterstützt, bis hin zu den Spitzenverbänden der Wohlfahrtspflege. Sie alle werben um die Gunst der Spender. Ständig drängen neue Organisationen in den Spendenmarkt und tragen zur Unübersichtlichkeit des Marktes bei. Die Folge ist ein "Ermüdungseffekt" seitens der Spender. So stagniert das Spendenvolumen der Bundesbürger für wohltätige Zwecke seit einigen Jahren bei etwa 3,8 Milliarden DM jährlich. 133) Von dieser Summe fließen mehr als 50% in die Entwicklungshilfe (Patenschaften eingerechnet). 134)

Im Gegensatz zu dem verfügbaren Spendenvolumen stagnieren die Probleme der "Dritten Welt" nicht, daraus folgt, daß eine erfolgsorientierte Entwicklungshilfe-Organisation mittels einer geeigneten Informationspolitik aus der Anonymität der Masse heraustreten muß; denn das Wissen um die Existenz und Aufgaben einer Organisation ist eine notwendige Bedingung, um möglicherweise mit einer Spende bedacht zu werden. Dies bedeutet, die Entwicklungshilfe-Organisation muß im "awareness set" eines Spendenwilligen Berücksichtigung finden. 135)

---

132 Engel und Blackwell geben zu bedenken, daß nur in den seltensten Fällen einem Entscheidungsprozeß ein intensives Problemlösungsverhalten zugrunde liegen wird. "Most items, quite frankly, are not sufficiently important to justify this kind of activity." Engel/Blackwell (1982), S. 24 f.
133 Vgl. hierzu Lemmer (1989), S. 80.
134 Siehe hierzu etwa Müller-Werthmann (1985), S. 29.
135 Zum Begriff des "awareness set" siehe Kotler/Andreasen (1987), S. 86 wie auch Abbildung 16 dieser Arbeit.

In einem der ersten Schritte der Alternativenreduktion wählen die potentiellen Spender aus der Gruppe der bekannten Organisationen jene aus, die - aus welchen Gründen auch immer - überhaupt für eine Spende in Betracht kommen könnten. Diese Organisationen sind im "consideration set" zusammengefaßt. [136)]
Über diese vom Spender in Erwägung gezogenen Alternativen wird er sich näher informieren und auf der Grundlage der gewonnenen Erkenntnisse eine weitere Reduzierung der Alternativen vornehmen ("choice set").
Erst in einem weiteren Schritt erfolgt aus den nun verbliebenen Möglichkeiten die Wahl einer bestimmten Organisation.

Dieser Prozeß der Alternativenreduktion läßt sich anhand der nachfolgenden Abbildung beispielhaft darstellen: [137)]

Total Set	Awareness Set	Consideration Set	Choice Set	Decision
Brot für die Welt	Brot für die Welt	Brot für die Welt	Brot für die Welt	...
Welthungerhilfe	Welthungerhilfe	Welthungerhilfe	UNICEF	
Misereor	Misereor	UNICEF	Menschen für	
UNICEF	UNICEF	terre des hommes	Menschen	
terre des hommes	terre des hommes	Menschen für Menschen		
Menschen für Menschen	Menschen für Menschen			
Adveniat	Adveniat			
AMREF	AMREF			
Andheri-Hilfe	Missio			
Care	SOS-Kinderdorf			
Eirene				
Kindernothilfe				
Medico	**Unawareness Set**	**Infeasible Set**	**Nonchoice Set**	
Missio				
Hungerprojekt				
Resultate	Andheri-Hilfe	Misereor	Welthungerhilfe	
Korean Relief	Care	Adveniat	terre des hommes	
SOS-Kinderdorf	Eirene	AMREF		
Rotes Kreuz	Kindernothilfe	Missio		
	Medico	SOS-Kinderdorf		
...	...	...		

Abb. 16: Aufeinanderfolgende "sets" der Spendenentscheidung
Quelle: in Anlehnung an Kotler/Andreasen (1987), S. 87.

---

136 Vgl. Kotler/Andreasen (1987), S. 86.
137 Aus Vereinfachungsgründen wurden nur die Entwicklungshilfe-Organisationen als Spenden sammelnde Institutionen berücksichtigt. Die Abbildung soll lediglich beispielhaften Charakter haben und keinesfalls als Wertung der einzelnen Entwicklungshilfe-Organisationen verstanden werden.

Im Rahmen der Spendenbeschaffung müssen die einzelnen Entwicklungshilfe-Organisationen ermitteln, ob sich ihr Name in den "awareness, consideration und choice sets" der Spender befindet. Daneben ist die Frage der Konkurrenz, sowohl der "brancheneigenen" (in bezug auf andere Entwicklungshilfe-Organisationen) als auch der "branchenfremden", im Hinblick auf das weitere - im Zusammenhang mit der Spendenbeschaffung stehende - Vorgehen der Organisationen von Bedeutung. [138]

4.3 Die Bestimmung der Beurteilungskriterien

Ob eine Spenden sammelnde Organisation in die nähere Auswahl der möglicherweise für eine Zuwendung in Frage kommenden Organisationen gelangt, hängt in starkem Maße von den bei der Alternativenwahl Berücksichtigung findenden Kriterien und ihrer Bedeutung für den einzelnen Spender ab. Die als Maßstab der Bewertung zugrunde gelegten Kriterien orientieren sich hauptsächlich an den Bedürfnissen des Spenders. [139]

Ist die Spende hauptsächlich durch den mit ihr verbundenen Prestigegewinn motiviert, kann das "choice set" beispielsweise den lokalen Sportverein beinhalten, da dem Spender auch oder vor allem durch eine Spende an eine solche Institution (nicht zuletzt auf Grund der lokalen Bekanntheit) Anerkennung zukommen wird.
Stellt für den Spender das Motiv der Steuerersparnis einen wesentlichen Anreiz im Rahmen des Spendengeschehens dar, kommen alle Organisationen, die Spendenbescheinigungen ausstellen, also möglicherweise auch der Tierschutzverein, in Betracht.

Das "total set" wird nur dann ausschließlich Entwicklungshilfe-Organisationen beinhalten, wenn der Hauptgrund der Spende tatsächlich die Hilfe für die Bevölkerung in den Entwicklungsländern ist. Doch auch in diesem Fall muß der Spender aus der Fülle der Entwicklungshilfe-Organisationen diejenigen heraussuchen, die seinen Erwartungen entsprechen.
Ein wichtiges Kriterium bei der Suche nach der "idealen" Entwicklungshilfe-Organisation ist, wie die Organisation mit dem Spender und seinem Geld umgeht, demnach in erster Linie:

* wird das Geld tatsächlich zur Unterstützung der angegebenen Projekten verwandt,

---

138 Siehe hierzu Kotler/Andreasen (1987), S. 87.
139 Vgl. beispielsweise Kotler/Andreasen (1987), S. 88.

* welche Projekte und Projektländer unterstützt die Organisation,
* kommt die Spende am Bestimmungsort an, oder versickert sie z.B. in Regierungskanälen,
* wie hoch ist der Anteil der für Verwaltungszwecke und Informationsmaterial benötigten Mittel,
* wird der Spender über Erfolge und auch Mißerfolge und Schwierigkeiten in den einzelnen Projekten informiert?

Für manche Spender ist auch die Tatsache, wie die Organisationen mit dem Spendenempfänger umgehen, von Bedeutung – hat der Spendenempfangende nicht das Gefühl, ein Almosen erhalten zu haben, sondern wird die Hilfe in einer menschenwürdigen und die Gefühle des Empfangenden achtenden Form dargeboten? [140]

Während die Entwicklungshilfe-Organisationen die Möglichkeit haben, mittels ihres Geschäftsgebarens und ihrer Informationspolitik diese vom Spender als Beurteilungsmaßstäbe herangezogenen Kriterien zu beeinflussen, liegt der Einfluß, den Referenz- und Bezugsgruppen auf die Bestimmung der Beurteilungskriterien des einzelnen ausüben, weitestgehend außerhalb ihres Einflußbereichs.

Die nähere Umwelt des Spenders, allen voran die sozialisierende Primärgruppe Familie, hat prägende Wirkung auf Persönlichkeit, Motiventwicklung und Einstellungen des Individuums und nimmt bei der Formulierung von Beurteilungskriterien Einfluß. [141]
Der Einwirkung der Bezugsgruppe, der Umwelt außerhalb der Familie, gewinnt zunehmend an Bedeutung für den individuellen Entscheidungsprozeß. Die Bezugsgruppe liefert in ihrer komparativen Funktion Maßstäbe, an denen das Individuum seine persönliche Wahrnehmung, Einstellung und Meinung messen kann. Der Bezugsrahmen für seine kognitiven Prozesse wird durch Äußerungen der Bezugsgruppenmitglieder gebildet, die zu Ansatzpunkten der eigenen Ansichten werden. [142]
In ihrer normativen Funktion liefert die Bezugsgruppe dem Individuum Normen und sorgt durch Sanktionen für deren Einhaltung. Der auf diese Weise von der Bezugsgruppe ausgeübte Anpassungsdruck ist im wesentlichen für das gruppenkonforme Verhalten des Individuums verantwortlich. Dieses Verhalten wird die Identifizierung einer als geeignet anzusehenden Entwicklungshilfe-Organisation entscheidend beein-

---

140 Vgl. Voegele (1982), S. 81 ff.
141 Vgl. Engel/Blackwell (1982), S. 155 und 172.
142 Siehe hierzu Kroeber-Riel (1992), S. 489 ff.

flussen [143] oder die Unterstützung einer solchen Organisation, sofern Entwicklungshilfe von der Bezugsgruppe generell abgelehnt wird, verhindern.

Hier zeigt sich erneut, wie wesentlich entwicklungspolitische Bewußtseinsbildung für die Arbeit der Entwicklungshilfe-Organisationen ist. Zusammen mit dem "guten Ruf" der Organisation bildet sie die Grundlage für die Berücksichtigung als Alternative im Spendenentscheidungsprozeß.

4.4 Die Alternativenauswahl

Der im Rahmen der Spendenentscheidung vom Individuum durchgeführte Informationssammlungsprozeß findet seinen Abschluß in der Entscheidung für eine der vorhandenen Alternativen.

Nach vorangegangener Alternativenreduktion wird unter Zugrundelegung der Beurteilungskriterien und deren Gewichtung eine Alternative aus dem "choice set" ausgewählt.

Der potentielle Spender verknüpft mit jeder der im "choice set" befindlichen Alternativen Erwartungen, inwieweit seine Beurteilungskriterien erfüllt werden.

Dies wird im folgenden beispielhaft demonstriert [144]:

1. Wie wahrscheinlich ist es, daß das gespendete Geld tatsächlich zur Unterstützung der angegebenen Projekte verwandt wird?

	sehr unwahrscheinlich							sehr wahrscheinlich
Brot für die Welt	1	2	3	4	5	6	7	8	9
UNICEF	1	2	3	4	5	6	7	8	9
Menschen für Menschen	1	2	3	4	5	6	7	8	9

---

143 Es wäre z.B. denkbar, daß der Spender sich in einem Umfeld befindet, in dem Kirche und jegliche kirchliche Aktivität abgelehnt werden. Aus diesem Grund werden kirchlich getragene Entwicklungshilfe-Organisationen, wie z.B. Misereor oder Brot für die Welt nicht unterstützt werden, da dieses Verhalten nicht den Normen der Gruppe entsprechen würde und eine negative Sanktion zur Folge hätte.

144 Die Darstellungsform folgt im wesentlichen der von Kotler/Andreasen gewählten. Vgl. Kotler/Andreasen (1987), S. 93.

2. Wie wahrscheinlich ist es, daß die Organisation auch über ihre Mißerfolge unterrichtet?

	sehr unwahrscheinlich					sehr wahrscheinlich		
Brot für die Welt	1	2	3	4	5	6	7	8	9
UNICEF	1	2	3	4	5	6	7	8	9
Menschen für Menschen	1	2	3	4	5	6	7	8	9

3. Mit welcher Wahrscheinlichkeit wird die Entwicklungshilfe-Organisation die Spendenempfänger in angemessener, menschenwürdiger Weise behandeln?

	sehr unwahrscheinlich					sehr wahrscheinlich		
Brot für die Welt	1	2	3	4	5	6	7	8	9
UNICEF	1	2	3	4	5	6	7	8	9
Menschen für Menschen	1	2	3	4	5	6	7	8	9

Jedem hinsichtlich der Alternativenauswahl zugrunde liegenden Beurteilungskriterium kann der Spender eine Gewichtung zuordnen. Diese gibt an, welche Priorität die einzelnen Kriterien in bezug auf die Entscheidungsfindung des Spenders einnehmen:

	sehr wichtig					eher unwichtig		
Unterstützung der Projekte	1	2	3	4	5	6	7	8	9
Umfangreiche Information	1	2	3	4	5	6	7	8	9
Behandlung der Spendenempfänger	1	2	3	4	5	6	7	8	9

Eine Möglichkeit der Verknüpfung der Beurteilungskriterien und ihrer Gewichtung bietet das Modell von Fishbein, das durch eine Erweiterung auch den Einfluß der Referenz- und Bezugsgruppen auf die Entscheidung des Individuums sowie die moralische Verpflichtung des einzelnen berücksichtigt: [145]

---

145 Vgl. hierzu Fishbein (1967), S. 487 ff., Kroeber-Riel (1992), S. 193 ff., Pomazel/Jaccard (1976), S. 318 ff.

$$VI_{ij} = (\sum_{i=1}^{n} B_{ijk} \cdot a_{ijk}) \cdot G1 + (\sum_{p=1}^{m} EV_{pj} \cdot MK_{pj}) \cdot G2 + MV_i$$

mit

VI_{ij} = Verhaltensintention der Person i, an die Organisation j zu spenden
B_{ijk} = Erwartung der Person i, inwieweit die Organisation j das Beurteilungskriterium k erfüllt
a_{ijk} = Gewichtung des Beurteilungskriteriums k der Organisation j durch die Person i
EV_{pj} = Verhalten, das die Person p von dem Spender, seiner eigenen Einschätzung nach, bezüglich der Organisation j erwartet
MK_{pj} = die Motivation des Spenders, sich den Erwartungen der Person p entsprechend konform zu verhalten; dieser Faktor dient als Gewichtungsfaktor des erwarteten Verhaltens
G1/G2 = Gewichtungsfaktoren, die die relative Bedeutung der individuellen und Gruppeneinflüsse für das Verhalten widerspiegeln. Sie werden mittels der multiplen Regression ermittelt
MV_i = die subjektiv empfundene moralische Verpflichtung, helfen zu müssen.

Gestützt auf die theoretischen und empirischen Untersuchungen von Fishbein (1967) und Dulany (1968) kann davon ausgegangen werden, daß das Spendenverhalten eines Individuums zum größten Teil durch seine Spendeabsicht determiniert wird.
Die Handlungsabsicht wiederum ist eine Funktion der Faktoren:

* vom Individuum antizipierte - sich in den erwarteten Gratifikationen manifestierende - Konsequenzen seiner Handlung (oder des Unterlassens der Handlung), gewichtet mit der Bedeutung, die diese Konsequenzen für es haben wird;
* die Einschätzung des durch Bezugspersonen erwarteten Verhaltens des Individuums, gewichtet mit der Bereitschaft, diesen Forderungen nachzukommen;
* die - bestimmt durch die Motive des Individuums - empfundene moralische Verpflichtung, zu helfen.[146]

Übertragen auf den Spendenentscheidungsprozeß ist demnach davon auszugehen, daß, sofern ein Spender die Konsequenzen seiner Spende überblicken kann, er bei überwiegend positiven Konsequenzen der Handlung die Absicht hegen wird, einer bestimmten Organisation eine Spende zukommen zu lassen. In den meisten Fällen

---

146 Schwartz und Tessler schlugen 1972 vor, das Modell von Fishbein um diese Komponente zu erweitern. Vgl. Schwartz/Tessler (1972), S. 235.

wird diese Absicht auch in die Tat umgesetzt werden; doch besteht die Möglichkeit, daß situative Faktoren verhindern, daß die Absicht sich im Verhalten manifestiert.

5. Situative Faktoren - Erklärung der Divergenz zwischen Handlungsabsicht und tatsächlicher Handlung

Untersuchungen von Fishbein/Jaccard (1973) und Dulany (1968) haben ergeben, daß eine Handlungsabsicht nicht in jedem Fall auch zur Handlung führen muß. Ihre Untersuchungen zeigten, daß die Handlungsabsicht zwar notwendige, nicht jedoch hinreichende Bedingung für das Ausführen der Handlung sei. Die Beziehung zwischen Handlungsabsicht und tatsächlicher Handlung kann durch situative Faktoren gestört werden. [147)]

Neben der Absicht zu spenden ist die finanzielle Möglichkeit, dies realisieren zu können, eine weitere wesentliche Voraussetzung der Spendenvergabe. [148)]

Die Untersuchung von Pomazal/Jaccard (1976) identifiziert als weitere situative Faktoren: [149)]

* die eventuelle Abhängigkeit des Spenders von der Hilfe anderer Personen (z.B. bei Personen, die selbst nicht in der Lage sind, die Spende in die Wege zu leiten);
* das Auftreten plötzlicher Verpflichtungen, die von der Spende abhalten;
* das Vergessen des Spendenaufrufs und der Absicht, spenden zu wollen (z.B. dann, wenn der Spendenaufruf zu einer Zeit erfolgt, in der die Kreditinstitute geschlossen haben).

Die Tendenz eines Individuums, seine zuvor getroffene Entscheidung zu modifizieren, zu verschieben oder gar zu revidieren, wird auch durch das antizipierte Risiko seiner Handlung beeinflußt. Da das Resultat einer Entscheidung sich erst in der Zukunft zeigen wird, handelt das Individuum unter Unsicherheit bezüglich des Ergebnisses der Handlung und seiner Konsequenzen. [150)]

Das Individuum wird diese Unsicherheiten als unangenehm empfinden und aus diesem Grund Strategien zur Risikominderung entwickeln. [151)] Zu diesen Strategien ist das Sammeln von das Handlungsergebnis betreffenden Informationen zu rechnen. [152)]

---

147 Vgl. hierzu auch Pomazal/Jaccard (1976), S. 318.
148 So kann eine Person generell Entwicklungshilfe befürworten und ist auch bereit, an eine entsprechende Organisation zu spenden; es fehlen ihr jedoch die finanziellen Mittel, dies in die Tat umsetzen zu können.
149 Vgl. Pomazal/Jaccard (1976), S. 321.
150 Vgl. Taylor (1974), S. 54. Taylor bemerkt, daß der Grad der Unsicherheit oder des empfundenen Risikos in starkem Maße von dem Selbstwertgefühl und der Selbstsicherheit des Einzelnen abhängt.
151 Vgl. Taylor (1974), S. 57.
152 Diese Informationen können sowohl Fragen der Seriosität der Spenden sammelnden Organisation beinhalten als auch Fragen, die das mit der Spende verbundene persönliche Gefühl des Spenders betreffen (Prestigegewinn, "besseres Gefühl", etc.).

Darüber hinaus können möglicherweise auf die Reduktion der (mit den Konsequenzen verbundenen) Risiken gerichtete Strategien verfolgt werden. Hierzu zählt z.B. die Verminderung der ursprünglich vorgesehenen Spendensumme.

Es ist möglich, daß die mit der Spende eventuell verbundenen sozialen [153] und wirtschaftlichen Risiken dem Spender erst nach der Entscheidung für eine Spende an eine bestimmte Organisation bewußt werden - etwa durch Berichte in den Medien, die die Seriosität einer oder mehrerer Entwicklungshilfe-Organisation(en) in Frage stellen oder die generelle Notwendigkeit und Effektivität der Entwicklungshilfe bezweifeln. [154] Auch die Beeinflussung des Spenders durch Personen der Bezugsgruppe oder Persönlichkeiten des öffentlichen Lebens kann an dieser Stelle des Spendenentscheidungsprozesses als unvorhergesehener Faktor auftreten und dazu führen, daß die Handlungsabsicht nicht in die tatsächliche Handlung mündet.

---

153 Zu den sozialen Risiken einer Entscheidung zählt Fromm-Reichman: "the anticipated loss of love and approval, or separation, social isolation, or disruption of one's interpersonal relationships..." Fromm-Reichman (1955), S. 113.
154 Beispielhaft für eine Kritik an der Entwicklungshilfe sei hier ein im Spiegel erschienener Artikel von Hoimar von Ditfurth erwähnt, der die Entwicklungshilfe zwar nicht ablehnt, aber zu bedenken gibt, sie würde "jener moralischen Drückebergerei Vorschub leisten, in der befangen wir uns nur allzu bereitwillig einreden lassen, daß eine kleine Spende dann und wann uns von der Schuld befreien könnte, die wir angesichts des Massensterbens außerhalb unserer Wohlstandsgrenzen zu tragen haben." Ditfurth (1984), S. 86.

6. Die Nachhandlungsbestätigung - Motivation zu erneuter Handlung

Das vom Spender als zufriedenstellend oder nicht zufriedenstellend empfundene Ergebnis der Spendenhandlung wird in entscheidendem Maße die zukünftige Spendenbereitschaft dieses Individuums beeinflussen. Es ist davon auszugehen, daß unzufriedene Spender nicht mehr spenden werden oder zumindest die Organisation, mit der sie unzufrieden waren, aus ihrem "choice set" entfernen werden, während zufriedene Spender eher zu einer Wiederholung ihrer Handlung tendieren werden. Aus diesem Grund gehört es zu den wichtigsten Aufgaben einer auf Spenden angewiesenen Entwicklungshilfe-Organisation, dafür Sorge zu tragen, den Spender zufrieden zu stellen, um so die Spendenbereitschaft zu erhalten und den Spender emotional an die Organisation zu binden.

Ausgangsbasis der Zufriedenstellung der Spender ist die Identifikation potentieller Störfaktoren, die ein Unbehagen bei ihm induzieren können.

Der Grad der Spenderzufriedenheit wird zum einen davon abhängen, inwieweit die mit der Spende verknüpften Erwartungen erfüllt wurden. Je größer die Diskrepanz zwischen Erwartung und Realität ist, desto höher wird der Grad der Unzufriedenheit sein. [155)]

Als weitere mögliche, im Anschluß an die Spende auftretende, gefühlsmäßige Störfaktoren sind kognitive Dissonanzen zu nennen. Sie können auftreten, wenn: [156)]

* es sich bei der Spende um einen größeren Betrag gehandelt hat,
* die Handlung nicht mehr rückgängig zu machen ist,
* mehrere ebenso gute Verwendungsmöglichkeiten der Spende alternativ zur Verfügung stehen,
* auch die nicht gewählten Alternativen ihre Vorzüge haben oder
* die Spende in hohem Maße prestigeorientiert motiviert war.

Hat eine Entwicklungshilfe-Organisation diese generellen Störfaktoren identifiziert, kann sie geeignete Maßnahmen ergreifen, um der aus diesen Faktoren resultierenden potentiellen Spenderunzufriedenheit entgegenzuwirken.

Die Spender entwickeln auf Grund der durch die Entwicklungshilfe-Organisationen bereitgestellten Informationen bezüglich der Ziele und Möglichkeiten der Hilfe eine

---

155 Kotler/Andreasen sprechen hier von der "expectations-performance-theory". Vgl. Kotler/Andreasen (1987), S. 100.
156 Vgl. die folgenden Ausführungen in Anlehnung an Engel/Blackwell (1982), S. 505.

die Effizienz der Entwicklungshilfe betreffende Erwartungshaltung. Aus diesem Grund müssen sich die Organisationen bei der Darstellung ihrer Ziele an der Realität orientieren und durchaus auch die Schwierigkeiten, die sich ihnen bei der Erfüllung ihrer Aufgaben in den Weg stellen, erwähnen.

Die Spender werden sich in der Regel zur Unterstützung einer bestimmten Entwicklungshilfe-Organisation entscheiden, weil sie konkrete Erwartungen bezüglich der Bereitstellung immaterieller und/oder quasimaterieller Gratifikationen seitens dieser Organisation haben.

Zu den von den Spendern erwarteten quasi-materiellen Gratifikationen zählen vor allem die Spendenbescheinigungen. Diese sollten den Spendern nach Möglichkeit umgehend nach Erhalt der Spende durch die als gemeinnützig anerkannten Organisationen zugehen. Ist das unmittelbare Ausstellen einer Spendenbescheinigung etwa aus rechtlichen Gründen nicht möglich, sollte der Spender hierüber informiert werden. Beispielhaft findet sich hier der Text der Handzettel, die die UNICEF-Verkaufsstellen im Winter 1990 bereithielten, um ihre Spender/Käufer über die Änderung des Spendenbescheinigungsmodus zu informieren:

"Lieber UNICEF-Freund,
bisher waren Sie es gewohnt, daß Ihnen gleich beim Erwerb der UNICEF-Grußkarten von unserer Verkaufsstelle eine Rechnung bzw. eine Spendenbescheinigung zur Vorlage beim Finanzamt ausgestellt wurde. Leider ist dies aufgrund strenger Richtlinien nicht mehr möglich. Das bedeutet jedoch nicht, daß Sie diese Bescheinigung gar nicht mehr erhalten. Sie wird Ihnen auf Wunsch nachträglich zugesandt." [157)]

Die immateriellen Gratifikationen des mit der Spende verbundenen Prestigegewinns, des Abbaus von Dissonanzen oder des Gefühls, etwas "Gutes" getan zu haben, kann der Spender nur erzielen, wenn es sich bei der durch ihn begünstigten um eine seriöse Organisation handelt, bei der er die Gewißheit hat, daß die Spende auch in der durch ihn vorgesehenen Weise Verwendung findet. Dieses Gefühl sollte die Entwicklungshilfe-Organisation dem Spender mittels einer geeigneten Kommunikationspolitik vermitteln. Dies würde auch zu einer Reduzierung der möglicherweise im Anschluß an die Spende auftretenden kognitiven Dissonanzen beitragen. Treten diese Dissonanzen bei einem Spender auf, wird er versuchen, diese abzubauen: etwa auf dem Wege der Beschaffung zusätzlicher, die Aktivitäten der Organisation betreffender Informationen. Ein mit vergleichsweise geringem Aufwand einsetzbares Instrument zur Beseitigung oder Vermeidung der im Nachfeld der Spende auftretenden

---

157 Deutsches Komitee für UNICEF (1990).

Dissonanzen ist die Information über die konkrete Verwendung der Spendengelder. Wenn Entwicklungshilfe-Organisationen für ein bestimmtes Projekt Gelder sammeln, bietet sich eine gute Gelegenheit, anhand dieses Projektes die erzielten Erfolge wie auch die Realisationsschwierigkeiten darzustellen.

Der Spender hat ein Recht, zu erfahren, was mit seinem Geld geschehen ist. Er dürfte nachträglich unzufrieden werden und damit weniger oder überhaupt nicht mehr spenden, wenn derartige Informationen ausblieben. [158]

Wird dem Spender vor Augen geführt, was mit "seiner" Spende erreicht werden konnte, wird er motivierter sein, auch in der Zukunft an der Lösung der Entwicklungsprobleme mitzuarbeiten.

---

158 Vgl. Holscher (1978), S. 1557.

III. Strategische Aspekte im Rahmen der Marketing-Planung von Entwicklungshilfe-Organisationen

1. Die Aufgaben der strategischen Marketing-Planung

"Aufgabe der Planung ist es, auf der Basis globaler Ausgangsziele und systematisch gewonnener Informationen zukunftsorientierte Ziele operational zu formulieren und damit einhergehende Strategien und konkrete Maßnahmenprogramme zu ihrer Realisierung zu entwickeln." [1])
Diese der Planung im allgemeinen zuzuschreibenden Aufgaben lassen sich auch auf den Bereich der Marketing-Planung im speziellen anwenden. Die nachstehende Abbildung verdeutlicht die im Marketing bestehenden Beziehungen zwischen Zielen, Strategien und Maßnahmen anhand einer hierarchisch gegliederten dreistufigen Pyramide.

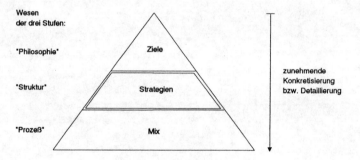

Abb. 17: Aufbau und Schichtung von Marketing-Konzeptionen
Quelle: Becker (1992), S. 120.

Die strategische Zielplanung definiert durch die Formulierung des allgemeinen Geschäftszwecks sowie der grundlegenden Geschäftsbereiche die globale strategische Generallinie des Unternehmens. [2]) Durch die Formulierung der Ziele wird der Rahmen, in dem sich die weiteren Marketing-Planungsaktivitäten vollziehen, abgesteckt. [3])

---

1 Wiedmann/Kreutzer (1985), S. 62.
2 Vgl. Raffée (1985), S. 11.
3 Kotler/Andreasen bemerken hierzu: "A marketing program is not developed in a vacuum. It must adjust to both internal and external realities. The principle internal reality is, where the organization as a whole wishes to go." Kotler/Andreasen (1987), S. 160.

Aufbauend auf diese strategische Zielkonzeption legt die Marketing-Strategie den langfristig einzuschlagenden Weg der Zielerreichung fest. Schließlich wird im Rahmen der Maßnahmenplanung das operativ einzusetzende Instrumentarium, mit dem das Unternehmen die Ziele zu erreichen beabsichtigt, konkretisiert. [4]

Zu den Hauptaufgaben der strategischen Marketing-Planung gehören die Erschließung und langfristige Sicherung von Erfolgspotentialen [5] bzw. die geplante Handhabung von Chancen und Risiken. [6] Konkret bedeutet dies die systematische Prüfung jener Märkte, die durch das Angebot von, auf geeigneten Technologien basierenden, Problemlösungen zukünftige Absatzerfolge versprechen. Ausgangspunkt strategischer Planungsaktivitäten bildet demnach immer die vorausschauende Beschreibung möglicher Marktfelder, die unter Berücksichtigung der unternehmenseigenen Fähigkeiten interessant erscheinen. [7]

Wesentlicher Bestandteil einer strategischen Marketing-Planung ist neben der Situationsanalyse auch eine Analyse der Konkurrenzaktivitäten. Diese ermöglicht dem Unternehmen das Auffinden von "Nischen der Bedarfsdeckungsmöglichkeiten" [8], die noch nicht durch die Angebote der Konkurrenz belegt sind oder in denen zumindest noch keine dauerhaft verfestigten Kundenbindungen bestehen. Durch das Besetzen von Nischen hat das Unternehmen die Möglichkeit der glaubhaften Verdeutlichung eines besonderen Problemlösungsvorteils, der Erreichung einer Unique Selling Proposition (USP). [9]

Auf den Schritt der ersten Evaluierung möglicher Betätigungsfelder des Unternehmens folgen der Prozeß der näheren Bewertung möglicher Alternativen und die Auswahl der Zielmärkte. Zu den weiteren Bestandteilen der strategischen Marketing-Planung sind auch die Prinzipien der Marktbearbeitung zu zählen, mit deren Hilfe längerfristige Marketing-Ziele im Ablauf mehrerer Perioden angestrebt werden. "Hierauf aufbauend hat die operative Marketing-Planung den Zweck, für den nächsten

---

4 Mittels einer Unterteilung in strategische und operative Planung läßt sich eine hierarchische Aufspaltung betrieblicher Entscheidungen einerseits in umfassende, abstrakte und längerfristige Globalentscheidungen und andererseits in Detailentscheidungen, die begrenzter, konkreter und kurzfristiger sind, vornehmen. Die Detailentscheidungen sind den Globalentscheidungen zeitlich nachgelagert. Vgl. Becker (1992), S. 119.
5 Vgl. Köhler (1991a), S. 21.
6 Vgl. Trux/Kirsch (1979), S. 228.
7 Vgl. Köhler (1991a), S. 7.
8 Köhler (1991a), S. 38.
9 Vgl. Köhler (1991a), S. 38.

Planungszeitraum alle Maßnahmen festzulegen, die im einzelnen zur Verwirklichung der grundlegenden strategischen Vorgaben einzusetzen sind." [10]

Die nachfolgende, von Köhler/Krautter konzipierte Abbildung verdeutlicht die einzelnen Aufgaben der strategischen und operativen Marketing-Planung in Form eines Übersichtsschemas. [11]

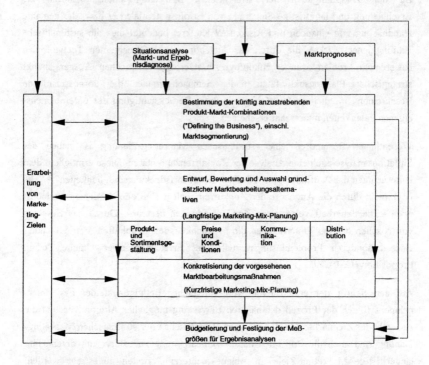

Abb. 18: Prozeß der Marketingplanung
       Quelle: Köhler/Krautter (1989), Sp. 1010.

"Klare zukunftsorientierte Strategien auf der Basis entsprechender Potentialanalysen und Prognosen erlauben, in einem frühen Stadium sich abzeichnender Markt- und Umweltveränderungen die Weichen für ein effektives Marketing- und

---

10 Köhler (1991a), S. 7.
11 Zur gedanklichen Strukturierung des strategischen Marketing-Planungsprozesses bedient sich die Literatur auch zahlreicher Phasenkonzepte. Diese seien im folgenden nicht näher erläutert. Vielmehr wird an dieser Stelle auf die entsprechende Literatur verwiesen. Vgl. beispielsweise Köhler (1991a), S. 67 sowie auch S. 5 und S. 21 f.

Unternehmensmanagement zu stellen." [12]) Sie tragen somit zum dauerhaften Erfolg eines Unternehmens bei, der in entscheidendem Maße von seiner Bewährung auf den Absatzmärkten abhängig ist. Aus diesem Grund kommt der Marketing-Planung eine Schlüsselfunktion zu.

Die im Rahmen der strategischen Marketing-Planung zu treffenden Globalentscheidungen bilden den Schwerpunkt dieses III. Kapitels. Die sich in der operativen Marketing-Planung konkretisierenden, mit der strategischen Grundausrichtung vereinbaren Kurzfristziele und Aktivitäten der Marktbearbeitungsstrategien der Entwicklungshilfe-Organisationen werden eingehender in den Kapiteln IV und V dieser Arbeit behandelt.

---

12 Becker (1992), S. 119.

2. Die strategische Marketing-Planung: Entscheidungsgrundlage zukünftigen Handelns der Entwicklungshilfe-Organisationen

Eine strategisch ausgerichtete Marketing-Konzeption bildet eine der wesentlichen Voraussetzungen für das erfolgreiche Agieren eines Unternehmens. Während den Marketing-Aktivitäten kommerzieller Unternehmen häufig ein strategischer Plan zugrunde liegt, tun sich nicht-kommerzielle Unternehmen heute noch recht schwer mit der Konzeption längerfristiger Planungen. [13]

Im Rahmen der strategischen Marketing-Planung, auf deren Grundlage sich die Planung und Ausgestaltung der operativen Maßnahmen vollziehen, werden die Entwicklungshilfe-Organisationen mit einigen Besonderheiten konfrontiert, die bei der Entwicklung einer erfolgreichen Marketing-Konzeption Berücksichtigung finden müssen: [14]

* Das bezüglich der Problematik der Entwicklungshilfe bestehende Involvement der Bevölkerung der Industriestaaten weist extreme Unterschiede auf: es reicht von sehr gering bis sehr hoch.

* Die Realisation der entwicklungspolitischen Ziele ist von der Zustimmung und Kooperationsbereitschaft einer breiten, meist jedoch heterogen strukturierten Bevölkerung abhängig.

* Die von den Entwicklungshilfe-Organisationen erhobenen Gegenleistungen können sowohl monetären als auch nicht-monetären Charakter haben. [15]

* Das Angebot der Entwicklungshilfe-Organisationen beinhaltet neben zum Teil materiellen Produkten auch - oder vorwiegend - immaterielle Gratifikationen. Die Reichweite der Gratifikationspalette läßt sich anhand eines Kontinuums darstellen, dessen Pole auf der einen Seite die materiellen Produkte von hoher Tangibilität und geringem Spendenanteil und auf der anderen Seite die immateriellen Gratifikationen mit hoher Intangibilität und hohem Spendenanteil bilden.

---

13 "Organisationen des Nonprofit-Bereichs weisen im allgemeinen ein Defizit beim Einsatz fortgeschrittener Diagnose- und Planungsmethoden auf." Hruschka (1985), S. 4. Oftmals ist das strategische Marketing in Nonprofit-Organisationen unterentwickelt und wird durch ein kurzfristiges "Sich-Durchwursteln" ersetzt. Vgl. Raffée/Wiedmann/Abel (1983), S. 707.
14 Vgl. im folgenden Rothschild (1979), S. 11.
15 Nähere Ausführungen zum Thema der seitens der Entwicklungshilfe-Organisationen erhobenen Gegenleistungen finden sich in Kapitel IV, Punkt 2.2 dieser Arbeit.

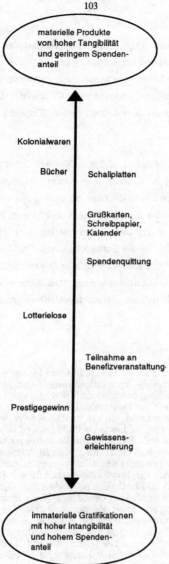

Abb. 19: Angebots-Kontinuum von Entwicklungshilfe-Organisationen

Der Wert eines Gutes erwächst aus dessen Fähigkeit, dem Verwender Nutzen stiften und seine individuellen Bedürfnisse befriedigen zu können. Zu den Aufgaben eines erfolgreichen Anbieters gehört es, die Bedürfnisse seiner aktuellen und potentiellen Kunden zu analysieren und auf der Grundlage dieses Wissens Nutzen zu kreieren. Mit zunehmendem immateriellen Charakter und steigendem

Spendenanteil der Güter steigt der Schwierigkeitsgrad dieser Aufgabe. 16) Da die Angebote der Entwicklungshilfe-Organisationen sich - wie die Ergebnisse einer Befragung gezeigt haben - vorwiegend auf quasi-materielle und immaterielle Gratifikationen konzentrieren, müssen die Organisationen im Rahmen ihrer strategischen und operativen Planung dieser Tatsache verstärkt Rechnung tragen. 17)

Dem Kontinuums-Gedanken folgend scheint im Rahmen der strategischen Marketing-Planung eine Unterteilung in Spender und Käufer der durch Entwicklungshilfe-Organisationen angebotenen Produkte nicht notwendig zu sein. Beide Formen der Unterstützung sind als Extreme des Kontinuums aufzufassen, die lediglich durch den Grad ihres Spendenanteils divergieren. Für die strategische Planung steht in erster Linie das generelle Interesse für die Entwicklungshilfe im Vordergrund. Wie dieses Interesse im einzelnen von den Entwicklungshilfe-Organisationen kanalisiert werden kann, wird an anderer Stelle untersucht werden. Aus diesem Grund wird im Verlauf des Kapitels der "Kundenkreis" der Entwicklungshilfe-Organisationen grundsätzlich als Spender bezeichnet.

---

16 Vgl. Whyte (1985), S. 27.
17 Hinsichtlich des Einsatzes des marketingpolitischen Instrumentariums im Produkt-Bereich der Entwicklungshilfe-Organisationen wurde von der Verfasserin eine Primärerhebung durchgeführt, der folgende Vorgehensweise zugrunde lag: Aus der Vielzahl der etwa 20.000 in Deutschland existierenden Hilfsorganisationen wurden zunächst jene identifiziert, die sich im Rahmen der entwicklungspolitischen Zusammenarbeit engagieren. Zu diesen Institutionen sind neben den in kirchlicher und privater Trägerschaft befindlichen Organisationen auch politische Stiftungen (wie beispielsweise Friedrich-Ebert-Stiftung, Konrad-Adenauer-Stiftung etc.) und nichtstaatliche Einrichtungen zu zählen. (Zur näheren Abgrenzung der verschiedenen Institutionen vgl. Bundesministerium für wirtschaftliche Zusammenarbeit (1991a), S. 226 ff.) Die politischen Stiftungn und nicht staatlichen Einrichtungen wurden auf Grund ihrer Finanzierungsstruktur aus der näheren Betrachtung ausgeklammert. Bei den nichtstaatlichen Einrichtungen handelt es sich um Institutionen, die von der Bundesregierung für bestimmte entwicklungspolitische Zwecke eigens geschaffen wurden, deren Arbeit somit zum großen Teil durch staatliche Zuschüsse finanziert wird (wie beispielsweise Deutsche Stiftung für Internationale Entwicklung [DSE] oder Deutscher Entwicklungsdienst [DED]), oder um nichtstaatliche Einrichtungen, die für die Bundesregierung die Fortführung entwicklungspolitischer Maßnahmen übernehmen (wie beispielsweise die Carl-Duisberg-Gesellschaft [CDG] oder das Deutsche Institut für Entwicklungspolitik [DIE]). Aus der Vielzahl der verbleibenden privaten und kirchlichen, als gemeinnützig anerkannten Entwicklungshilfe-Organisationen wurde unter Berücksichtigung des Auswahlkriteriums: "Einnahmen in 1990" eine Stichprobe von 20 Organisationen gebildet, die sowohl "große" als auch "kleinere" Organisationen beinhaltete. Der Rücklauf des im Anhang I enthaltenen Fragebogens betrug 50%. Auf Grund der Stichprobengröße kann diese Erhebung nicht als repräsentativ angesehen werden. Dennoch liefert sie recht interessante Einblicke, die für eine Vielzahl von Entwicklungshilfe-Organisationen relevant sein können.

2.1 Festlegung strategischer Ziele [18]

"Unternehmerisches Handeln ist dem Wesen nach zweck- oder zielgerichtetes Handeln, d.h. das unternehmerische Verhalten ist auf die Erreichung von Zielen gerichtet." [19] Diesen Tatbestand berücksichtigend, bildet die Festlegung allgemeiner, strategischer und operativer Unternehmensziele einen unerläßlichen, die marktbezogene Aufgabenstellung der Organisation definierenden Bestandteil der Planungsaktivitäten.

Während eine Entwicklungshilfe-Organisation sich der Analyse der Marktgegebenheiten widmet, sollte sie sich der generell von ihr angestrebten Ziele bewußt sein. [20] Diese gilt es operational zu formulieren, d.h. nach Inhalt, Ausmaß, Zeit- und Segmentbezug genau zu bestimmen. [21] Da die Planung der Ziele nicht in einem spezifischen Schritt des Marketing-Planungsprozesses verankert ist, sondern vielmehr mit den einzelnen Teilaufgaben dieses Prozesses verbunden ist, ergibt sich eine Zielhierarchie, die durch einen stufenweise zunehmenden Konkretisierungsgrad zu charakterisieren ist. [22]

Eine typische Differenzierung unterschiedlicher Zielinhalte kann durch die Trennung in ökonomische und psychographische Ziele vorgenommen werden. [23] In der Regel werden Entwicklungshilfe-Organisationen, ihrem dualen Zielsystem folgend, die Erfüllung beider Zielkategorien anstreben. Im Sinne der Unterstützung der Bevölkerung in den Entwicklungsländern werden sie die typischerweise als ökonomisches Ziel zu charakterisierende Maximierung des Spendenaufkommens zu realisieren suchen. Darüber hinaus zählt die Verfolgung psychographischer Ziele, die auf eine Veränderung des Wissens und der Einstellung einer Zielgruppe - in diesem Fall der Spender - abzielen, zu den wesentlichen Aufgaben einer sich im Rahmen der entwicklungspolitischen Zusammenarbeit engagierenden Organisation.

---

18 Die Planung der Ziele läßt sich nicht in einem spezifischen Schritt des Marketing-Planungsprozesses verankern. Da die Festlegung der globalen Ausgangsziele jedoch die Basis zukunftsorientierten Handelns bildet, soll - in Anlehnung an die von Becker vorgeschlagene hierarchische Gliederung der zwischen Zielen, Strategien und Maßnahmen bestehenden Beziehungen - vgl. Becker (1992), S. 120. - zuerst die Festlegung der Ziele thematisch erörtert werden.
19 Becker (1992), S. 112.
20 Vgl. hierzu z.B. Medley (1988), S. 47.
21 Vgl. Bruhn (1989), S. 787 wie auch Nieschlag/Dichtl/Hörschgen (1991), S. 829.
22 Vgl. Köhler/Krautter (1988), Sp. 1014.
23 Vgl. Meffert (1986), S. 82 f.

Prägend für die Arbeit der Entwicklungshilfe-Organisationen ist die Dominanz des Sachziels. Sie impliziert eine grundsätzlich andere Vorgehensweise als beispielsweise im kommerziellen Marketing üblich. Theoretisch betrachtet beinhaltet die dominante Stellung des Sachziels den Vorrang der Bedürfnisbefriedigung der Marktpartner vor der Verwirklichung der Organisationsziele. [24] Im Falle der Entwicklungshilfe-Organisationen kann jedoch angenommen werden, daß die Organisationsziele weitestgehend mit den Bedürfnissen der primären Marktpartner - der Bevölkerung in den Entwicklungs- und Schwellenländern - übereinstimmen. Dennoch wird die Realisierung der Ziele wesentlich von deren Akzeptanz seitens der sekundären Marktpartner - der Spender - abhängen. Durch die Einbeziehung der sekundären Marktpartner bleibt die Sachziel-Dominanz im Hinblick auf die primären Marktpartner der Entwicklungshilfe-Organisation grundsätzlich gewahrt. Möglicherweise entstehen jedoch auf Grund konfliktärer Ziele [25] finanzielle Engpässe, die dazu beitragen, daß die primären Organisationsziele nicht in vollem Umfang verwirklicht werden können.

2.2 Situationsanalyse und Marktprognose

"Die Situationsanalyse bildet den Ansatzpunkt für eine zukunftsorientierte Einschätzung der Marketingerfordernisse und -möglichkeiten." [26] Den Mittelpunkt der Situationsanalyse bildet die Identifikation strategischer Herausforderungen. Diese vollzieht sich auf der Grundlage einer systematischen Gewinnung und Verarbeitung von Informationen über mögliche Chancen und Risiken in den verschiedenen unternehmensexternen Feldern sowie über Stärken und Schwächen des eigenen Unternehmens. [27] Ihre Aufgabe ist zum einen die Diagnose der Positionierung des eigenen Unternehmens in den relevanten Märkten in bezug auf andere Marktteilnehmer, zum anderen die Identifikation von sich im Zeitablauf ergebenden Veränderungen und der dadurch - im Sinne einer optimalen Zielerreichung - notwendigen Handlungskonsequenzen.

---

24 Vgl. Bruhn/Tilmes (1989), S. 65.
25 Konfliktäre Ziele treten beispielsweise dann zu Tage, wenn die Spender von der Notwendigkeit der Unterstützung eines bestimmten Projektes nicht zu überzeugen sind, die Entwicklungshilfe-Organisationen wie auch die Verantwortlichen in den Projektländern diese Maßnahme jedoch für dringend erforderlich halten.
26 Köhler/Krautter (1988), Sp. 1010.
27 Vgl. Raffée (1985), S. 13.

Die Situationsanalyse sollte die Entwicklungshilfe-Organisationen in die Lage versetzen, Aussagen hinsichtlich der Marktsituation, der Verfügbarkeit von Ressourcen sowie ihres Auftrages treffen zu können. [28]

2.2.1 Die potentiellen Spender

Zu den wesentlichen Voraussetzungen eines erfolgreichen Operierens einer Entwicklungshilfe-Organisation gehört die Definition eines organisationsspezifischen Spenderprofils, dessen Charakteristika sich durch eine Zielgruppenanalyse ermitteln lassen.

Im Rahmen der Spenderanalyse bedarf es dazu zunächst der prinzipiellen Identifikation potentieller Spendergruppen. Darüber hinaus gehört es zu den Aufgaben der Spenderanalyse, die Determinanten des Spenderverhaltens zu bestimmen. Im Hinblick auf eine adäquate, den Bedürfnissen der Spender entgegenkommende Gestaltung der operativen Maßnahmen ist die Analyse der Motive und Bedürfnisse, Einstellungen, Präferenzen, des Zufriedenheits- und Beschwerdeverhaltens sowie auch der Form der Spende von wesentlicher Bedeutung. [29]

Grundsätzlich lassen sich die potentiell an Entwicklungshilfe-Organisationen spendenden Gruppen in einer ersten, recht groben Unterteilung in private Haushalte, Unternehmen und staatliche Institutionen gliedern.

Da die Entwicklungshilfe-Organisationen zur Finanzierung ihrer Projekte zum Teil staatliche Unterstützung erhalten, scheint es angebracht, die Institution Staat im Zusammenhang mit den potentiellen Finanziers aufzuführen. Die Unterstützung der privaten, entwicklungspolitisch tätigen Organisationen seitens des Staates vollzieht sich im Rahmen der staatlichen Entwicklungszusammenarbeit. Die Vergabe der Zuschüsse ist nicht durch Marketing-Aktivitäten der Organisationen zu beeinflussen, sondern orientiert sich ausschließlich an der Erfüllung festgelegter Auflagen seitens der Organisationen. [30]

Auch Unternehmen kommen als Spender für entwicklungspolitische Zwecke in Frage. Die Möglichkeiten der unternehmerischen Unterstützung können von Geld- und Sachspenden über die Bereitschaft, Know-how kostenlos zur Verfügen zu stellen, bis

---

28 Einen umfangreichen Fragebogen, mittels dessen sich diese Themenkomplexe erörtern ließen, findet sich beispielsweise bei Kotler (1979b), S. 39.
29 Vgl. Bruhn/Tilmes (1989), S. 76 sowie Jung (1975), S. 39.
30 Nähere Erläuterungen bezüglich der zu erfüllenden Auflagen finden sich in Kapitel I, Punkt 3.1 dieser Arbeit.

hin zu Spenden durch den Kauf der von den Entwicklungshilfe-Organisationen angebotenen Produkte reichen. In aller Regel werden sich die Beweggründe unternehmerischer Hilfe für die Entwicklungsländer sowie die aufgebrachten Spendensummen wesentlich von denen der privaten Haushalte unterscheiden.

Bei einer Aufzählung der Spender für entwicklungspolitische Zwecke dürfen die privaten Haushalte natürlich nicht fehlen. Denn es sind vor allem die privaten Haushalte, die hierzulande durch den Einsatz materieller und immaterieller Güter die Arbeit der Entwicklungshilfe-Organisationen wesentlich unterstützen. Prinzipiell kommen alle Haushalte, die über ein gewisses Mindesteinkommen verfügen, als potentielle Spender in Frage.

Im allgemeinen läßt sich feststellen: "Den Spender als kalkulierbaren Typus Mensch gibt es nicht." [31] Dennoch lassen sich mit Hilfe geeigneter Segmentierungskriterien die potentiellen Spender von den Nicht-Spendern abgrenzen. [32]

2.2.2 Die Konkurrenz im Spendenmarkt

Charakteristisch für das marktwirtschaftliche System ist ein rivalisierendes Agieren mehrerer Unternehmen in einem Markt.
Vor allem in den letzten Jahren sind die Märkte durch einen zunehmend steigenden Wettbewerbsdruck gekennzeichnet. Ähnliche Tendenzen werden sich aller Voraussicht nach auch auf dem Spendenmarkt einstellen. Daher wird es für die Entwicklungshilfe-Organisationen ebenfalls wichtiger werden, "...die Konkurrenz im Auge zu behalten, ihre Maßnahmen zu prognostizieren und zu konterkarieren." [33]

Das Marktverhalten der einzelnen Konkurrenten determiniert in hohem Maße sowohl Potentiale als auch Restriktionen der eigenen Marktmöglichkeiten. Aus dieser Tatsache läßt sich der hohe Stellenwert, der der Konkurrenzanalyse im Rahmen der Beurteilung der Marktsituation zukommt, ableiten. Entscheidungen bezüglich der strategischen Marketing-Planung dürfen nicht ausschließlich auf der Grundlage der Bedürfnisse der relevanten Spender getroffen werden. Darüber hinaus sind vielmehr Informationen, die die relevante Konkurrenz betreffen, genauso wesentlich.

---

31 Worch (1982), S. 27. An dieser Stelle sei auch auf die in Kapitel II. dieser Arbeit getroffenen Aussagen verwiesen.
32 Siehe hierzu Kapitel III, Punkt 2.4 dieser Arbeit.
33 Kaas (1988), S. 45.

Die Handlungsweisen der Konkurrenten werden zum Teil durch die Ziele und Ambitionen der jeweiligen Entscheidungsträger geprägt - maßgeblicher ist jedoch deren Prägung durch die Gegebenheiten und Mechanismen der jeweiligen Märkte, die Folge des Wirkens allgemeiner Wettbewerbskräfte sind. Aus diesem Grund ist die Kenntnis des Ablaufs von Marktprozessen und der dabei wirkenden Einflüsse und Gesetzmäßigkeiten für die Analyse und Einschätzung der Konkurrenten sowie insbesondere für die Prognose möglicher Absichten und Verhaltensweisen bedeutsam. "Konkurrenzanalyse bedeutet daher Wettbewerbs- und Konkurrentenanalyse." [34]

2.2.2.1 Die Wettbewerbsanalyse

Das Ziel strategischen Handelns ist die Schaffung dauerhafter Wettbewerbsvorteile. Voraussetzung hierzu ist eine Plazierung der eigenen Organisation im Markt, die es erlaubt, den Wert der organisationseigenen Fähigkeiten zu maximieren. Dazu bedarf es zunächst einer eingehenden Analyse der Wettbewerbssituation.

Aufgabe der Wettbewerbsanalyse ist die Bestimmung der Determinanten des Wettbewerbs und der ihn treibenden Kräfte. Im Mittelpunkt der Analyse steht die Identifizierung der kritischen oder zentralen strategischen Faktoren, die für den Erfolg in einem bestimmten Markt oder Marktsegment wesentlich sind. [35] Zu diesen Faktoren sind - neben dem Verhalten der Konkurrenten, mit denen eine Entwicklungshilfe-Organisation zwar nicht in jedem Fall unmittelbar interagiert, deren Entscheidungen die eigenen Handlungen jedoch in hohem Maße beeinflussen können - auch die Aktivitäten anderer Interessengruppen (wie beispielsweise Spender und ehrenamtliche Mitarbeiter) zu zählen. Sie können, der Definition Porters [36] folgend, als Wettbewerbskräfte bezeichnet werden.

Der Stand des Wettbewerbs innerhalb einer Branche [37] hängt von fünf grundlegenden Wettbewerbskräften ab. Bezogen auf Entwicklungshilfe-Organisationen lassen sich diese (in Anlehnung an Porter) definieren als: Wettbewerber in der Branche, potentielle neue Konkurrenten, Substitutionsprodukte, Spender, ehrenamtliche Helfer. Diese Kräfte üben einen Einfluß auf das Handeln einer

---
34 Rieser (1989), S. 294.
35 Vgl. Kreilkamp (1987), S. 232, Rieser (1989), S. 296.
36 Vgl. Porter (1985). S. 25 f.
37 Porter definiert Branche als: "... eine Gruppe von Unternehmen, die Produkte herstellen, die sich gegenseitig nahezu ersetzen können." Porter (1985), S. 27. Bezogen auf die Entwicklungshilfe-Organisationen läßt sich der Begriff der Branche anwenden, wenn anstelle der Herstellung von Produkten der Terminus Angebot von Gratifikationen verwendet wird.

Entwicklungshilfe-Organisation aus, der je nach den Umständen mehr oder weniger wichtig sein kann.

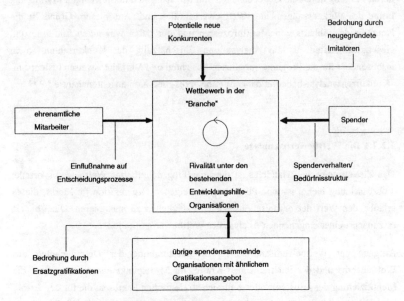

Abb. 20: Determinanten des Wettbewerbs im Bereich der Entwicklungshilfe-Organisationen
Quelle: in Anlehnung an Porter (1985), S. 26.

Neben den drei sich auf die Konkurrenten im engeren und weiteren Sinne beziehenden Determinanten - den direkten Konkurrenten (übrige Entwicklungshilfe-Organisationen), potentiellen neuen Konkurrenten und anderen Spenden sammelnden Institutionen - wird die Wettbewerbssituation zudem wesentlich durch die Verhandlungsmacht der ehrenamtlichen Mitarbeiter und der Spender geprägt.

Für die meisten Entwicklungshilfe-Organisationen stellen die freiwilligen Mitarbeiter ein erhebliches Potential - sowohl im Hinblick auf ihre Arbeitskraft als auch in bezug auf ihr Wissen und ihre Kontakte - dar, ohne deren Hilfe die entwicklungspolitischen Aufgaben lediglich in einem eingeschränkteren Maß erfüllt werden könnten. Diese Abhängigkeit macht es den ehrenamtlichen Mitarbeitern möglich, das Agieren der Entwicklungshilfe-Organisationen zumindest teilweise zu beeinflussen. [38]

---

[38] Beispielsweise sei hier das vom Deutschen Komitee für UNICEF verfolgte Beirats-Konzept erwähnt. Im Verlauf eines Expertengesprächs wurde darauf hingewiesen, daß dieses von den Arbeitsgruppen gewählte Gremium ein weitreichendes Mitspracherecht bei den Entscheidungsprozessen der Organisation hat.

Darüber hinaus wird die Handlungsweise der Entwicklungshilfe-Organisationen in entscheidendem Maße vom Verhalten und der Bedürfnisstruktur der Spender beeinflußt. Erst eine genaue Analyse dieser Gegebenheiten legt die Basis zu einem bewußten Verständnis der Spenderentscheidung und ist damit ein wichtiger Schritt im Prozeß der Entwicklung erfolgreicher Strategien. [39)]

Im Hinblick auf die Analyse und Prognose einer Wettbewerbssituation bildet die Kenntnis der für die Stabilität bestimmter Umstände verantwortlichen Determinanten einen wesentlichen Einflußfaktor. Diese Determinanten beeinflussen die Wettbewerbsintensität im Zeitablauf. Zu diesen Faktoren sind zu zählen: [40)]

* Marktfaktoren: als wesentliche Marktfaktoren sind das Volumen des Spendenmarktes und das Marktwachstumspotential zu betrachten.

  Die Vielzahl der in der Bundesrepublik existierenden, Spenden sammelnden Organisationen ist Beweis dafür, daß die Gründung einer solchen Institution keineswegs mit großen Schwierigkeiten verbunden ist und die Eintrittsbarrieren in den Spendenmarkt als niedrig anzusehen sind. Es ist davon auszugehen, daß die Zahl der Spendensammler (vor allem auch der nicht-seriösen) um so höher sein wird, je größer das Volumen des Spendenmarktes eingeschätzt wird oder je höher die Spendenfreudigkeit der Bürger tatsächlich ist. Je mehr Organisationen um die begrenzten Spendenressourcen konkurrieren, desto intensiver wird der Wettbewerb um die Gunst der Spender werden. Erfolgreich - im Sinne der Spendenmaximierung - werden die Organisationen sein, denen es gelingt, das Potential des Spendenaufkommens durch die Erschließung neuer Spendersegmente oder eine effektivere Bearbeitung bereits erschlossener Segmente auszunutzen.

* Kostenfaktoren: hierunter sind jene Aufwendungen zu verstehen, die notwendig sind, um Wettbewerbsvorteile zu schaffen und zu erhalten oder Wettbewerbsnachteile zu egalisieren. Im wesentlichen handelt es sich bei diesen Faktoren um Eintrittsbarrieren, deren Höhe darüber entscheidet, wieviele Spenden sammelnde Organisationen miteinander konkurrieren werden. Als typische Kostenfaktoren der Entwicklungshilfe-Organisationen lassen sich beispielsweise nennen: Steigerung des Bekanntheitsgrades, Penetration der Ziele, Aufbau und Pflege eines

---

39 Vgl. Kapitel III, Punkt 2.2.1 dieser Arbeit.
40 Vgl. Rieser (1989), S. 296 ff.

Spenderstammes, Suche und Integration freiwilliger Helfer sowie Vermittlung eines seriösen Gesamteindrucks der Organisation.[41]

* Institutionelle Faktoren: die Veränderung und Entwicklung der Marktstrukturen und des Wettbewerbsverhaltens werden nicht nur durch ökonomische Ursachen, sondern darüber hinaus auch durch rechtliche oder politische Determinanten beeinflußt. Im Rahmen der Sammlungsaktivitäten der Entwicklungshilfe-Organisationen bilden die "Sammlungsgesetze der Bundesländer", wie auch diverse Paragraphen des Einkommensteuer- und Körperschaftsteuergesetzes, der Abgabenordnung und Einkommensteuerrichtlinien die den Wettbewerb determinierende rechtlichen Faktoren.

Doch auch politische Entwicklungen beeinflussen - wie die jüngste Vergangenheit gezeigt hat - den Wettbewerb der Spendenakquisiteure entscheidend. Beispielhaft seinen hier die Geschehnisse im Osten Europas genannt, die zu einer Verlagerung der Spendenaktivitäten von den Entwicklungsländern hin zu den osteuropäischen Ländern geführt haben. [42]

Seiner Natur nach ist der Wettbewerb ein dynamischer Prozeß. Die aktuelle Situation ist das Ergebnis eines komplexen Zusammenspiels sowohl gegenwärtiger als auch vergangenheitsbezogener Einflüsse. Für die Beurteilung künftiger Entwicklungen der Wettbewerbssituation ist die Kenntnis der verschiedenen Einflüsse, ihrer Wirkungsstärke und -richtung wie auch deren Bedeutung für die eigenen Entscheidungen eine notwendige Voraussetzung.

---

41 Im Zusammenhang der Möglichkeit einer Unternehmensdifferenzierung über Kostenvorteile greift Porter den Begriff der Kostenführerschaft auf. Vgl. Porter (1989), S. 102 ff. Dieser Begriff scheint jedoch in seiner ursprünglichen Bedeutung auf den Bereich der Entwicklungshilfe-Organisationen nicht anwendbar. Mit dem Ziel der Kostenführerschaft im Sinne Porters strebt ein erwerbswirtschaftlich orientiertes Unternehmen die Position des kostengünstigsten Herstellers innerhalb einer Branche an. (Vgl. Porter (1989), S. 32f.) Auch Entwicklungshilfe-Organisationen können eine Strategie der Kostenführerschaft verfolgen. Auf diese Organisationen bezogen, beinhaltet der Begriff jedoch eine - unter Ausnutzung von Kostenvorteilen - kostengünstige Produktion, sondern den Versuch, die für die Bereitstellung von - in den Projektländern zur Verfügung stehenden - Spendengeldern notwendigen Verwaltungskosten nach Möglichkeit zu minimieren. Zu der in diesem Zusammenhang entstehenden Problematik siehe Kapitel III, Punkt 2.5.2 dieser Arbeit.
42 Vgl. hierzu Michler (1991), S. 34.

2.2.2.2 Die Konkurrentenanalyse

Ziel der Konkurrentenanalyse ist "... die Charakterisierung und Beurteilung der wichtigsten Wettbewerber im Hinblick auf Gemeinsamkeiten und Unterschiede in Marktposition und Verhalten sowie in den Zielen, Voraussetzungen und Fähigkeiten." [43]

Erkenntnisse über mögliche Aktionen und Reaktionen der Konkurrenten lassen sich nicht ausschließlich auf der Grundlage informeller Eindrücke, Vermutungen und Intuitionen erlangen. Vielmehr muß der eigenen Strategieformulierung eine genaue, sich auf systematische Informationserhebung stützende Konkurrentenanalyse zugrunde liegen. Eine systematische Erhebung der Schlüsselinformationen bezüglich der relevanten Konkurrenten läßt sich unter Verwendung der vier diagnostizierenden Elemente - zukünftige Ziele, gegenwärtige Strategien, Annahmen und Fähigkeiten - durchführen. [44] Durch das Verständnis dieser Elemente wird eine Vorhersage des Reaktionsprofils der Konkurrenten möglich.

Auf der Grundlage dieser, die Konkurrenten betreffenden Informationen kann ein Stärken-Schwächen-Profil erstellt werden, mit dessen Hilfe sich die eigene Position momentan und zukünftig in Relation zu einem Konkurrenten ermitteln läßt. [45]

---

43 Rieser (1989), S. 303.
44 Vgl. Porter (1985), S. 79 ff.
45 Da es sich bei den Stärken und Schwächen einer Organisation um relative Größen handelt, "...kann ein Stärken/Schwächen-Profil nur mit Bezug auf die kritischen Erfolgsfaktoren der Umweltanalyse und auf das Verhalten der stärksten Konkurrenten erstellt werden." Hinterhuber (1980), S. 46.

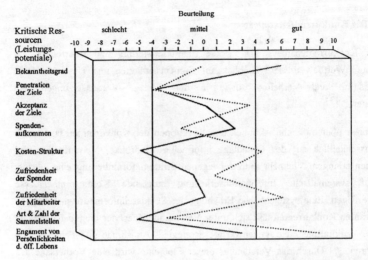

Abb. 21: Beispielhafte Darstellung des Stärken-Schwächen-Profils einer Entwicklungshilfe-Organisation

Doch bevor diese Analyseschritte vorgenommen werden können, muß zunächst die Frage nach den relevanten Konkurrenten der Entwicklungshilfe-Organisationen beantwortet werden. Grundsätzlich sind als relevante Wettbewerber alle Konkurrenzunternehmen oder -organisationen zu bezeichnen, deren Handlungen die im Rahmen der eigenen strategischen Unternehmensplanung zu treffenden Entscheidungen beeinflussen.

Diese recht grobe Definition der relevanten Konkurrenten bedarf aus Praktikabilitätsgründen einer näheren Spezifizierung. Dabei scheint es jedoch nicht sinnvoll, dem von Hax und Majluf vorgegebenen Rahmen zur Bestimmung der relevanten Konkurrenten zu folgen.[46] Dieser legt der Abgrenzung der relevanten Konkurrenten bestimmte Bedingungen hinsichtlich des Marktes und der Funktionen zugrunde. Im einzelnen wird in bezug auf den Markt die Erfüllung einer oder mehrerer der Bedingungen wie hoher Marktanteil, fundiertes Marktwachstum, hohe Gewinnspanne oder aggressives Wettbewerbsverhalten identifiziert. Im Hinblick auf die Funktions-Bedingungen greifen die Autoren beispielsweise auf eine günstige Kostenstruktur, eine starke technische Basis, die höchste Produktqualität etc. zurück. Hinsichtlich der Zielsetzungen der Entwicklungshilfe-Organisationen scheint die Erfüllung solcher Bedingungen jedoch von untergeordneter Bedeutung. Im Zuge der von den Entwicklungshilfe-Organisationen durchzuführenden Identifikation der relevanten

---

46 Vgl. Hax/Majluf (1988), S. 338 f.

Wettbewerber scheint es sinnvoller, die ihren Handlungen zugrunde liegenden Zielsysteme als Ansatzpunkt der Analyse zu wählen.

2.2.2.2.1 Die Konkurrenten um finanzielle Ressourcen

Eines der wesentlichen Ziele einer Entwicklungshilfe-Organisation ist sicherlich die Beschaffung von Spendenmitteln, mit deren Hilfe die Bevölkerung in den Entwicklungsländern unterstützt werden kann. Doch neben den Entwicklungshilfe-Organisationen wird sich ebenfalls eine Vielzahl von Organisationen und Institutionen, die andere Ziele verfolgen, um einen Anteil am "Spendenkuchen" bemühen.

Zu den Konkurrenten einer Entwicklungshilfe-Organisation im engeren Sinne sind jene Organisationen zu zählen, die sich in den Entwicklungsländern engagieren, sich mit ihren Anliegen an die Öffentlichkeit wenden und diese um finanzielle Unterstützung bitten.

Neben der Analyse der unmittelbaren Wettbewerber sollten auch die mittelbaren Konkurrenten Berücksichtigung finden. Zum Kreis dieser Konkurrenten sind neben karitativen Einrichtungen auch der sich für die Umwelt engagierende Verein bis hin zum örtlichen Sportverein, kurz alle Spenden sammelnden Organisationen zu zählen. Inwieweit andere Spenden sammelnde Institutionen tatsächlich als Wettbewerber der Entwicklungshilfe-Organisationen anzusehen sind, hängt von dem marketingpolitischen Instrumentarium der übrigen Spenden akquirierenden Institutionen sowie auch in starkem Maße von den Motiven der potentiellen und tatsächlichen Spender ab. Geht es dem Spender konkret um Unterstützung der Bevölkerung in den Entwicklungsländern, finden Spenden sammelnde Organisationen, die andere Ziele verfolgen, bei der Auswahl des Spendenempfängers keine Berücksichtigung. Ist das Spendenverhalten jedoch durch andere Beweggründe geprägt, können durchaus Institutionen, die völlig andere Ziele verfolgen - sofern sie über ein entsprechendes Anreizsystem verfügen - von dem Spender in Betracht gezogen werden.

Der Kreis der Konkurrenten läßt sich noch weiter ziehen. So können zu den Konkurrenten im weitesten Sinn, den universalen Wettbewerbern, letztlich auch alle dem Spender zugänglichen Alternativen der Mittelverwendung - etwa der Kauf von Gütern oder Dienstleistungen - gezählt werden. Auf dieser Ebene der Konkurrentenanalyse steht die Frage, ob für das jeweilige Individuum eine Spende generell eine denkbare Alternative zu anderen Verwendungsmöglichkeiten seiner finanziellen Ressourcen darstellt, im Mittelpunkt. Da die individuelle Beantwortung dieser Frage eher grundsätzlichen Erwägungen folgt und insofern durch das Agieren der Entwicklungshilfe-Organisationen nur marginal zu beeinflussen ist, sei diese Ebene der Wettbewerberanalyse hier nur der Vollständigkeit halber erwähnt. Für die seitens der Entwicklungshilfe-Organisationen durchzuführende Identifikation der relevanten Konkurrenten scheint sie jedoch zu abstrakt, um praktische Relevanz zu erlangen.

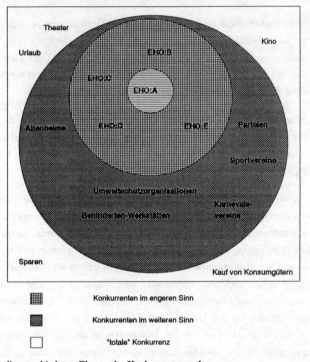

Abb. 22: die verschiedenen Ebenen der Konkurrentenanalyse

Unter Berücksichtigung der Tatsache, daß eine Entwicklungshilfe-Organisation mit Konkurrenten auf unterschiedlichen Ebenen konfrontiert werden kann, scheint die Identifikation aller relevanten Konkurrenten sowie deren spezifischer Aktivitäten eine der wesentlichen Voraussetzungen im Hinblick auf die erfolgreiche Beschaffung von Spendenmitteln darzustellen.

2.2.2.2.2 Die Konkurrenten um öffentliche Beachtung

Neben der materiellen Unterstützung der Menschen in den Entwicklungs- und Schwellenländern mit den in den Industriestaaten beschafften Mitteln verfolgen die meisten Entwicklungshilfe-Organisationen auch das Ziel, die Bevölkerung der "Ersten Welt" für die Thematik der Entwicklungspolitik zu sensibilisieren und deren soziales Bewußtsein im Hinblick auf diese Problematik durch gezielte Information zu schärfen.

Diese von den Entwicklungshilfe-Organisationen beabsichtigte Information der Öffentlichkeit konkurriert mit einer Fülle anderer Informationen. Zu diesen sind, neben den werblichen Ansprachen anderer Nonprofit-Organisationen und der Konsumgüterhersteller, auch Nachrichten bezüglich innen- oder außenpolitischer Ereignisse zu zählen.

Gerade in den letzten Jahren, in denen sich die erste Welt zunehmend auf sich selbst zu konzentrieren scheint, wurden die Nachrichtensendungen vorwiegend etwa durch die Geschehnisse am Golf oder in Osteuropa geprägt. [47] Die entwicklungspolitische Thematik wurde durch diese Ereignisse aus den Medien verdrängt. Für viele Entwicklungshilfe-Organisationen hatte der Wegfall dieser Informationsmöglichkeit die Einbuße eines Teils der Spenden, mit denen sie bereits gerechnet hatten, zur Folge. [48]

Eine empirische Untersuchung der Haupt-Nachrichtensendungen des ARD-Fernsehens ergab, daß sich innerhalb eines Monats nur 3,7% der Berichterstattungen mit der "Dritten Welt" auseinandersetzten, [49] wobei die Berichte über gewaltsame Auseinandersetzungen, Unglücks- und Katastrophenfällen dominierten. "Über die zentralen Probleme Weltwirtschaftssystem, Verschuldung, Rohstoffpreisverfall und Nord-Süd-Konflikt wurde überhaupt nicht berichtet." [50]
Es kann davon ausgegangen werden, "...daß die Dritte Welt für weitere 5-10 Jahre in den Schatten der Medien und der Politik gedrängt wird und der entwicklungspolitischen Publizistik eine lange Durststrecke bevorsteht." [51]

---

47 Vgl. hierzu Neudeck/Gerhardt (1987), S. 7.
48 Auf eine teilweise Verlagerung der Spendenaktivitäten von den Entwicklungsländern hin zu den osteuropäischen Ländern wies beispielsweise Hans-Otto Hahn, Deutsches Diakonisches Hilfswerk, in einem Interview am 6. März 1990 in der Sendung Studio 1 im Zweiten Deutschen Fernsehen hin.
49 Vgl. Reinstädtler/Michler (1990), S. 1 ff.
50 Michler (1991), S. 35.
51 Michler (1991), S. 34.

Im Rahmen der Analyse der Konkurrenten um öffentliche Beachtung stellen die weltpolitischen Geschehnisse einen Faktor dar, der durch die Entwicklungshilfe-Organisationen schwer zu kalkulieren ist und sich ihrer Beeinflussung entzieht. Dennoch darf dieser "Konkurrent" bei strategischen und operativen Entscheidungen [52] nicht unberücksichtigt bleiben.

2.2.3 Entwicklungsprognosen des Spendenmarktes

Ein Kennzeichen der Planung ist ihre Zukunftsorientierung. Im Hinblick darauf bedarf die Analyse der gegenwärtigen Situation der Ergänzung durch eine Prognose. "Prognosen sind Zukunftsaussagen mit einem gewissen Objektivitätsgrad. Sie beinhalten Vorhersagen wahrscheinlicher oder möglicher Ereignisse bzw. Entwicklungen." [53] Die strategischen Erfordernisse werden erst dann in vollem Umfang sichtbar, wenn Informationen bezüglich der gegenwärtigen Situation sowie zukünftiger Möglichkeiten und Risiken gleichermaßen erfaßt werden.

Die vergangenen Jahrzehnte waren durch die zunehmende Dynamik tiefgreifender Umweltveränderungen und einer sich in gewandelten Werten und Lebensstilen niederschlagenden gesellschaftlichen Veränderung geprägt. Folge dieser Diskontinuitäten war das Entstehen erheblicher Unsicherheiten bezüglich der Entwicklung der relevanten Unternehmensumwelten. [54] Zu den wesentlichen Aufgaben, aber auch zu den besonderen Problemen der Planung gehört es, diese Unsicherheiten zu berücksichtigen und ihnen entgegenzuwirken.

Die Entwicklung geeigneter Frühwarn- bzw. Frühaufklärungssysteme [55] bieten den Unternehmen eine Möglichkeit, relevante Umweltveränderungen möglichst frühzeitig identifizieren und berücksichtigen zu können. "Diese Informationssysteme haben die Aufgabe, Änderungen relevanter Faktoren oder Faktorenkombinationen in einem bestimmten Bereich - die darüber hinaus häufig diskontinuierlich erfolgen - so frühzeitig anzuzeigen, daß der Entscheidungsträger die Möglichkeit hat, rechtzeitig

---

52 Im Rahmen der operativen Entscheidungen ist hier vor allem an die Kommunikationspolitik betreffende Maßnahmen zu denken, im besonderen an die Terminierung beabsichtigter Informationssendungen und an die Wahl der Informationsträger. Vgl. hierzu Kapitel V, Punkt 1.2.2 und 1.2.3 dieser Arbeit.
53 Meffert (1986), S. 216.
54 Vgl. Meffert (1989), Sp. 1028 f., Kreilkamp (1987), S. 254.
55 Der Begriff der Frühaufklärung soll verdeutlichen, "daß nicht nur vor Gefahren gewarnt, sondern daß auch Gelegenheiten möglichst frühzeitig erkannt werden sollen." Kreilkamp (1987), S. 256.

wahrgenommen werden, um die Unternehmen in die Lage zu versetzen, frühzeitig mit der Vorbereitung geeigneter Anpassungsmaßnahmen zu beginnen. Vor allem "schwache Signale", die strukturelle Veränderungen bzw. Diskontinuitäten in ihrem Frühstadium ankündigen, sind im Rahmen der Frühaufklärungssysteme zu erfassen. [57)]

Die systematische Beobachtung der globalen Umweltbedingungen scheint auf Grund der Vielzahl der als relevant anzusehenden schwachen Signale dann nicht möglich und vor allem nicht sinnvoll, wenn dabei der Blick für das Wesentliche verlorenginge. [58)] Viel wichtiger scheint es, aus der Menge der verschiedensten Entwicklungen jene "Key Issues" auszuwählen, die für die einzelnen Unternehmen signifikante Wirkung haben. Erfahrungsgemäß sind meist nur einige wenige Schlüsselvariablen relevant. [59)] Diese gilt es sorgfältig zu beobachten und zu interpretieren.

Auch im Rahmen einer von Entwicklungshilfe-Organisationen durchgeführten Prognose des Spendenmarktes lassen sich relevante Schlüsselvariablen identifizieren, deren Veränderung auf eine Änderung des Spendenaufkommens hindeuten mag. Auf Grund der Bearbeitung zweier isolierter Märkte - des der Spender und des der Spendenempfänger - müssen die Frühaufklärungsindikatoren, die auf eine Veränderung des Spendenmarktes hinweisen können, sich ebenfalls auf die Entwicklung dieser beiden Märkte beziehen. Zum einen müssen die Veränderungen des Spendenbedarfs der Empfänger berücksichtigt werden, zum anderen müssen die Möglichkeiten und die Bereitschaft der Spender, die benötigten Mittel aufzubringen, im Rahmen der Prognose in Betracht gezogen werden.

Zu den wesentlichen Frühaufklärungsindikatoren, die es in bezug auf die sich bietenden Möglichkeiten oder potentiellen Risiken innerhalb des von den Entwicklungshilfe-Organisationen zu bearbeitenden Spendenmarktes zu beobachten gilt, sind zu zählen: [60)]

---

57 Vgl. Ansoff (1976), S. 143.
58 Vgl. Zahn (1981), S. 181 ff.
59 Vgl. Haedrich (1983), S. 176.
60 Vgl. beispielsweise Pümpin (1980), S. 26-27, Hinterhuber (1980), S. 44, Abell/Hammond (1979), S. 54 f.

Frühaufklärungs-indikatoren der Spendenbereitstellung	

Politik	* Globalpolitische Entwicklungstendenzen
	  - Ost-West - Verhältnis
	  - Nord-Süd - Verhältnis
	  - allgemeine Gefahr lokaler oder internationaler Konflikte
	* Umweltpolitische Entscheidungen
	* Entwicklungen der internationalen Wirtschafts- und Währungspolitik
	* Parteipolitische Entwicklungen in Geber- und Nehmerländern

Wirtschaft	* Entwicklungstendenzen des Volkseinkommens
	* erwartete Inflation
	* Entwicklung der Beschäftigung
	* Entwicklung der Kapitalmärkte
	* Entwicklung der Spar- und Investitionsneigung
	* erwartete Konjunkturschwankungen
	  - Häufigkeit
	  - Ausprägung

Gesellschaft	* Wert- und Normgefüge
	* soziale Bedürfnisse
	* Einstellung gegenüber
	  - der Notwendigkeit der Entwicklungshilfe
	  - der Effizienz der Entwicklungshilfe
	  - der Bevölkerung in den Entwicklungsländern

Frühaufklärungs-indikatoren des Spendenbedarfes	

Politik	* Globalpolitische Entwicklungstendenzen
	  - Ost-West - Verhältnis
	  - Nord-Süd - Verhältnis
	  - lokale oder internationale Konflikte
	* Umweltpolitische Entwicklungen
	* Entwicklungen der internationalen Wirtschafts- und Währungspolitik und Kreditmodalitäten

Wirtschaft	* Niveau der Arbeitslosigkeit * Inflationsniveau * Zinsniveau * Entwicklungstand der Wirtschaft * Weltmarktpreise für Rohstoffe
Gesellschaft	* Bevölkerungsentwicklung * Versorgung mit Nahrungsmitteln * Medizinische Versorgung und hygienische Verhältnisse * Bildungsstand der Bevölkerung
Umwelt	* Klimatische Veränderungen * Umweltkatastrophen (Trockenzeiten, Überschwemmungen, Erdbeben, Vulkanausbrüche) * Umweltschädigung (Zerstörung des Regenwaldes)

Tab. 5: Frühaufklärungsindikatoren der Spendenbereitstellung und des Spendenbedarfes

Eine Beurteilung der zukünftigen Entwicklung des Spendenmarktes gestaltet sich recht problematisch. Wie die Vergangenheit gezeigt hat, treten immer wieder plötzliche und zum Teil unerwartete Ereignisse auf, die dazu beitragen, daß sowohl die hinsichtlich des Spendenbedarfs als auch in bezug auf die Spendenbereitstellung getroffenen Prognosen revidiert werden müssen.

Ausgehend von der momentanen Situation in vielen Entwicklungs- und Schwellenländern wie auch in weiten Teilen Osteuropas ist zu vermuten, daß der Spendenbedarf in näherer Zukunft nicht zurückgehen wird. Im Gegenteil: Im Hinblick auf den enormen Bevölkerungszuwachs (vorwiegend in den unterentwickelten Ländern [61]),

---

[61] Das Thema des Bevölkerungswachstums, wie auch die daraus möglicherweise resultierenden Konsequenzen, wurde bereits in Kapitel II, Punkt 2.1 dieser Arbeit erörtert.

die immer wieder auftretenden Naturkatastrophen wie auch kriegerische Auseinandersetzungen, von denen in zunehmenden Maße die Zivilbevölkerung in Mitleidenschaft gezogen wird, [62] ist weit eher davon auszugehen, daß der Bedarf an Spendenmitteln noch steigen wird.

Fraglich ist allerdings, ob die Spendenbereitstellung in gleichem Maße wie der Spendenbedarf zunehmen wird. Allem Anschein nach wird die Gebefreudigkeit der Bevölkerung von der wirtschaftlichen, politischen und gesellschaftlichen Entwicklung beeinflußt. So finden sich in der Literatur - je nach dem Zeitpunkt der Veröffentlichung - unterschiedliche Aussagen hinsichtlich der Spendenbereitschaft der Bevölkerung. [63] Doch so unterschiedlich die Aussagen angesichts der Entwicklung des Spendenmarktes auch sein mögen, besteht Einigkeit darüber, daß geeignete Marketing-Maßnahmen dazu beitragen können, daß das Spendenaufkommen nicht stagnieren wird. [64]

2.3 Defining the Business

Ausgangspunkt strategischer Marketing-Planung ist die Bestimmung grundsätzlicher Problemlösungsbereiche der Unternehmenstätigkeit. [65] Die Definition der allgemeinen Unternehmensziele sowie der Vorstellungen bezüglich der prinzipiellen

---

62 "Im ersten Weltkrieg waren "nur" fünf Prozent der Opfer Zivilisten. Während des Zweiten Weltkrieges waren es bereits 50 Prozent. Heute liegt der Anteil der zivilen Opfer bei 80 Prozent: Die meisten sind Frauen und Kinder." Oberascher (1992), S. 13.
63 "Die Spendenfreudigkeit ist zurückgegangen." schreibt beispielsweise Hohmann in einem 1972 erschienenen Artikel. Hohmann (1972), S. 22. In einem 1982 von Worch veröffentlichten Artikel wird das Volumen des bundesdeutschen Spendenmarktes mit einem Minimum von zwei Milliarden DM angegeben. "Daß die 60 Millionen Bürger dieses Staates zu dieser finanziellen Umverteilung weiterhin fähig sind, kann aufgrund des herrschenden relativ hohen Wohlstandes angenommen werden." Worch (1982), S. 26. Doch bereits in einer 1985 erschienenen Monographie wird auf die Auswirkungen einer steigenden Zahl von Firmenkonkursen und geringer Lohnerhöhungen hingewiesen: der "... kleine Mann von der Straße achtet wieder auf den Pfennig, und gespart wird zuerst immer da, wo es nicht weh tut." Mann/Bokatt (1985), S. 82. Anfang 1992 berichtet die Frankfurter Allgemeine Zeitung von einem Spendenvolumen von vier Milliarden DM. Vgl. o.V. (1992b), S. 9 Die hier getroffene Auswahl der Aussagen hinsichtlich des Volumens des Spendenmarktes belegt, welche Schwierigkeiten die genaue Bestimmung des Spendenpotentials bereitet. Ausgehend von dieser Problematik stellt sich die Frage, wieviel schwieriger eine Prognose der Spendenbereitstellung sein wird.
64 Vgl. beispielsweise Hohmann (1972), S. 24 und Worch (1982), S. 26.
65 Vgl. Abell/Hammond (1979), S. 389.

Aufgaben der Unternehmenstätigkeit charakterisieren den Markt, den das Unternehmen zu bearbeiten beabsichtigt - den relevanten Markt. [66]

In erster Linie haben es sich die Entwicklungshilfe-Organisationen zur Aufgabe gemacht, aktiv zu einer Verbesserung der Lebensbedingungen der Bevölkerung in den Entwicklungs- und Schwellenländern beizutragen. Wie bereits erwähnt, impliziert diese Zielsetzung, daß Leistungsempfänger und Leistungsgeber nicht identisch sind und damit die Notwendigkeit der Bearbeitung zweier, durch unterschiedlichste Bedürfnisstrukturen geprägter Märkte gegeben ist.

Unter der Prämisse, daß die Entwicklungshilfe-Organisationen ihre Ziele nur verwirklichen können, wenn ihnen die dafür notwendigen finanziellen Ressourcen zur Verfügung stehen, bilden im Gegensatz zu kommerziellen Unternehmen die grundsätzlichen Problemlösungsbereiche dieser Organisationen nur bedingt den Ausgangspunkt strategischer Marketing-Planung. Vielmehr wird der relevante Markt einer Entwicklungshilfe-Organisation durch deren sekundäre Ziele, die Beschaffung der notwendigen finanziellen Ressourcen, zu charakterisieren sein.

Die Abgrenzung des relevanten Marktes einer Entwicklungshilfe-Organisation gestaltet sich problematisch. Zum einen gibt es keinen eindeutigen Weg der Marktdefinition: "Es gibt vielmehr verschiedene Wege entlang verschiedener Dimensionen, die Ansatzpunkte zur Definition des Marktes geben können." [67] Zum anderen sollte die Definition der Tätigkeitsgebiete der Organisation sich nicht ausschließlich auf bereits bestehende Produkt(Gratifikations)-Markt(Spender)-Kombinationen beschränken, sondern unter strategischen Gesichtspunkten auch grundsätzliche - hinsichtlich des zukünftigen Handelns ausgerichtete - Problemlösungsmöglichkeiten in die Betrachtung einbeziehen.

Die Einbeziehung von Untersuchungsrastern oder Denkhilfen kann die in hohem Maße kreative, oft von spontanen Eingebungen geprägte Suche nach künftigen Möglichkeiten der Spendenbeschaffung entscheidend unterstützen. [68]

Die von Ansoff konzipierte Produkt-Markt-Matrix stellt einen möglichen Orientierungsrahmen dar, der eine umrißhafte Auseinandersetzung mit den in bezug

---

66 Der relevante Markt bezeichnet jenen Teil des Gesamtmarktes, auf dem ein Produkt im Wettbewerb steht und auf den die Marketing-Instrumente fixiert sind. Während der Gesamtmarkt durch zeitliche, räumliche und sachliche Kriterien charakterisiert wird, wird der relevante Markt durch eine Vielzahl einschränkender Kriterien bestimmt und ist somit durch unternehmerische Entscheidungen. weitgehend frei wählbar. Vgl. Grimm (1983), S. 24.
67 Kreilkamp (1987), S. 91.
68 Vgl. Köhler (1991a), S. 24.

auf die Möglichkeiten der Spendenbeschaffung bestehenden strategischen Handlungsalternativen erlaubt. [69]) Ausgehend vom Ziel der Ausweitung der Spendenakquisitions-Möglichkeiten, unterscheidet die Matrix vier mögliche Kombinationen von Spender-Zielgruppen und Gratifikationen:

* Angebot bekannter Gratifikationen an bisherige Spender (Marktdurchdringung);
* Gewinnung neuer Spender durch Angebot bereits vorhandener Gratifikationen (Marktentwicklung);
* Angebot neuer Gratifikationen an bisherige Spender (Produktentwicklung);
* Gewinnung neuer Spender durch Konzeption neuer Gratifikationen (Diversifikation).

Die durch die beiden Dimensionen Gratifikationen und Spender abgegrenzte Matrix kann den Entwicklungshilfe-Organisationen möglicherweise eine Anregung liefern, die entstehenden Felder mit organisationsspezifischen Beispielen zu füllen und so die systematische Beschreibung und Auswahl künftiger Spendenbeschaffungsmöglichkeiten unterstützen. [70])

		Produkt	
		alt	neu
M a r k t	alt	Situation: Straßensammlung, Bereithalten von Spendendosen Spender: routinierter Spender, der aus dem Gefühl sozialer (christlicher) Verantwortung, "Gutes tun" zu müssen, spendet psychische Gratifikation	Situation: Direct-Mail-Aktion; innerhalb des Briefes erfolgt Hinweis auf steuerliche Abzugsfähigkeit der Spende Spender: routinierter Spender zahlt Spendenbetrag auf ein Sammelkonto ein quasi-materielle Gratifikation
	neu	Situation: Straßensammlung, Bereithalten von Spendendosen Spender: Person, die zuvor noch nie gespendet hat, gibt eine Spende, weil der Spendenaufruf bei ihr Betroffenheit erzeugt hat, sie Verantwortung empfindet oder die Bedrohung erkennt psychische Gratifikation	Situation: Direct-Mail-Aktion; innerhalb des Briefes wird vor allem die Verknüpfung zwischen Entwicklungshilfe und Umweltschutz betont. Spender: umweltpolitisch interessierte Person, die vorher nicht für Entwicklungshilfe gespendet hat, spendet, da sie auf diese Weise auch eine Möglichkeit sieht, Umweltschutz zu betreiben Kombination von psychischer und quasi-materieller Gratifikation

Abb. 23: Beispiel einer Vier-Felder-Matrix einer Entwicklungshilfe-Organisation bezüglich der Suche nach Spendenakquisitionsmöglichkeiten

---

69 Vgl. Ansoff (1965), S. 109.
70 Vgl. allgemein Köhler (1991a), S. 24.

Sicherlich mag die Gratifikations-Spender-Matrix erste Denkanstöße hinsichtlich der Beschreibung möglicher, im Hinblick auf die Spendensammlung bestehender Betätigungsfelder einer Entwicklungshilfe-Organisation liefern. Sie bildet jedoch keinen Bezugsrahmen, der hinreichend zu einer Ableitung von Erfolgspotentialen aus der Beschreibung von Problemlösungsmöglichkeiten auffordern würde.

Eine andere Möglichkeit zur Strukturierung des Problemlösungsraumes wurde von Abell vorgeschlagen. [71] Ausgehend von der Tatsache, daß eine zukunftsorientierte Kennzeichnung des Organisationsgegenstandes - und damit verbunden die Festlegung der Märkte der Organisation - sich nicht lediglich auf bereits vorhandene Gratifikationen konzentrieren, sondern grundsätzliche Problemlösungsmöglichkeiten berücksichtigen sollte, stellt Abell der etwas verkürzten Sicht der Produkt-Markt-Kombination eine erweiterte Konzeption zur Abgrenzung von Problemlösungsmöglichkeiten entgegen.

Der Abell'sche Ansatz steckt potentielle Problemfelder der Organisationstätigkeit nach drei Betrachtungsdimensionen ab. Dabei werden die "Märkte näher nach Nachfragesektoren und Merkmalen der bedarfskonstituierenden Probleme beschrieben, während an die Stelle von Produkten die Angabe des Problembezugs (Functions) und der dafür in Frage kommenden Technologien tritt." [72] Da die beiden Blickwinkel Produkt und Markt gleichermaßen einen Problem- und einen Funktionsaspekt beinhalten, lassen sich die angesprochenen Merkmale auf drei Dimensionen reduzieren. Anhand dieser läßt sich ein dreidimensionaler Bezugsrahmen mit den Koordinaten:
- potentielle Nachfragesektoren,
- Funktionserfüllung und
- verwendete Technologie aufspannen. [73]

---

71 Vgl. Abell (1980), 16 ff.

72 Köhler (1991a), S. 25.

73 Abell bezeichnet die Dimensionen als customer groups, customer functions und alternative technologies. Vgl. Abell (1980), S. 17 ff.

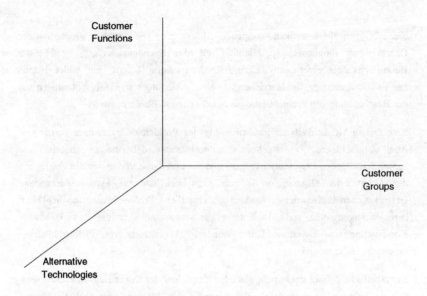

Abb. 24: Dreidimensionaler Bezugsrahmen
Quelle: Abell (1980), S. 30.

Dieser Bezugsrahmen spannt den Raum auf, innerhalb dessen die Entwicklungshilfe-Organisationen Basisentscheidungen bezüglich der langfristig zu bearbeitenden Problemlösungsbereiche treffen können. Er bietet ihnen somit eine Möglichkeit der grundsätzlichen Marktdefinition. Diese ist gekennzeichnet durch:

* die organisationsspezifischen Rahmenvorstellungen bezüglich des grundsätzlichen, ihrer Arbeit zugrunde liegenden normativen Wertesystems,
* die künftigen Fähigkeiten und finanziellen Möglichkeiten der Entwicklungshilfe-Organisation sowie
* das Wissen hinsichtlich des Spenderverhaltens und des Spendenvolumens.

Einen ersten Schritt der Definition des relevanten Marktes einer Entwicklungshilfe-Organisation stellt die Bestimmung der Gratifikationsfunktion dar. Die Funktionen lassen sich anhand der Art, ihrer Erfüllung und des Nutzens, den sie einem potentiellen Spender stiften, charakterisieren. Da die Funktionserfüllung stets spenderbezogen ist, erfolgt die Bestimmung der Funktion immer unter enger Beachtung der Bedürfnisse der Spender. [74]

Die Technologie repräsentiert die zweite wesentliche Dimension der Marktdefinition. Hinter dem Begriff der Technologie verbergen sich jene Methoden, deren Einsatz

---

74 Vgl. Abell (1980), S. 170.

geeignet scheint, die Spender-Erwartungen zu erfüllen. Mitunter kann die Bedürfnisbefriedigung eines Spenders durch den Einsatz unterschiedlicher Technologien (wie beispielsweise die Bereitstellung von Spendendosen oder Überweisungsträgern oder die Durchführung von Direct-Mail-Aktionen) erfolgen.

Schließlich bildet die Bestimmung der Spendergruppen die dritte Dimension des Bezugsrahmens. Die Spender einer Entwicklungshilfe-Organisation werden sich in der Regel hinsichtlich ihrer Bedürfnisstruktur und ihres Spendenverhaltens - oftmals erheblich - voneinander unterscheiden. Mittels geeigneter Segmentierungskriterien lassen sich bezüglich der internen Struktur weitgehend homogene Spendergruppen identifizieren. Auf Grund der unterschiedlichen Erwartungen verschiedener Spendergruppen im Hinblick auf die Funktionserfüllung ist der Aspekt der Funktionserfüllung eng mit der Bestimmung der Spendergruppen verknüpft. [75]

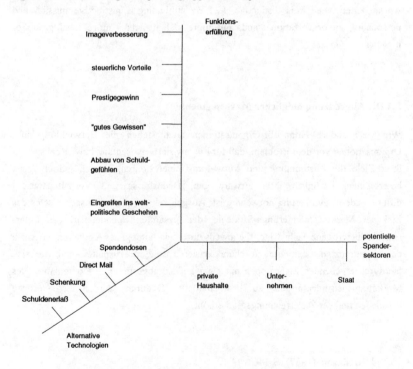

Abb. 25: Dreidimensionaler Bezugsrahmen zur Grobsystematisierung der Spendenakquisitions-Möglichkeiten von Entwicklungshilfe-Organisationen

---

[75] Nähere Erläuterungen zu dem Thema der Abgrenzung möglicher Marktsegmente finden sich in Kapitel III, Punkt 2.4 dieser Arbeit.

Zusammenfassend läßt sich der relevante Markt einer Entwicklungshilfe-Organisation als Funktionserfüllung mittels einer speziellen Technologie bei bestimmten Spendergruppen definieren. [76]

Obwohl die Abgrenzung des relevanten Spendermarktes zumindest zum Teil durch das Verhalten der Ressourcengeber (Spender) und der Konkurrenten bestimmt wird, wird diese Entscheidung im wesentlichen durch die Strategie der Spenden sammelnden Organisation geprägt sein. Unter dieser Prämisse scheint es unerläßlich, daß eine Organisation "should strive for a mission that is feasible, motivating and distinctive. In terms of being feasible, the organization should avoid a "mission impossible". (...) The mission should also be motivating. Those working for the organization should feel they are worthwhile members of a worthwhile organization. (...) The mission should be something that enriches peoples lives. (..). A mission works better when it is distinctive. (...) By cultivating a distinctive mission and personality, an organization stands out more and attracts a more loyal group of members." [77]

2.4 Die Abgrenzung möglicher Marktsegmente

Wie viele andere Nonprofit-Organisationen auch stehen die Entwicklungshilfe-Organisationen vor dem Problem, daß für die anvisierte Akzeptanz bzw. Realisierung ihrer Ziele die Zustimmung und Mitwirkung einer breiten, in sich jedoch meist heterogenen, bezüglich ihrer Erwartungen, Bedürfnisse und Verhaltensweisen differierenden Bevölkerung notwendig ist. Ausgehend von dieser Tatsache ist es das Ziel der Marktsegmentierungs-Strategie, den gesamten Spendenmarkt in untereinander heterogene Teilmärkte, die jeweils durch ein homogenes Verhalten innerhalb der abgegrenzten Segmente zu charakterisieren sind, aufzuspalten und die sich hierdurch ergebenden Zielgruppen mit einer auf sie abgestimmten Kombination des Marketing-Instrumentariums zu bearbeiten. [78] Dadurch werden Streuverluste vermieden und der Zielerreichungsgrad erhöht.

---

76 Vgl. Kreilkamp (1987), S. 99.
77 Kotler/Andreasen (1987), S. 164.
78 Vgl. beispielsweise Bauer, (1976), S. 88, Köhler (1991a), S. 28 sowie auch die Definition von Böhler: "Marktsegmentierung ist eine Marketing-Strategie, bei der eine Einteilung von potentiellen bzw. tatsächlichen Abnehmern einer Güterart in Marktsegmente erfolgt, um durch konzentriertes oder differenziertes Marketing zu einem höheren Zielerreichungsgrad als bei undifferenziertem Marketing zu gelangen." Böhler (1977), S. 12.

Im einzelnen können dem Konzept der Marktsegmentierung von Entwicklungshilfe-Organisationen folgende Aufgaben zugeschrieben werden:

* die Identifikation und Charakterisierung von Spendern und deren Abgrenzung von Nicht-Spendern;
* das Aufspüren von Spender-Segmenten, die für alternative Gratifikationsideen offen sind;
* Erarbeitung von neuen Spenden-Akquisitions-Konzeption. [79]

Obwohl das Konzept der Marktsegmentierung im erwerbswirtschaftlich orientierten Bereich konsequent praktiziert wird, wird seiner Anwendung im sozialen Bereich nicht völlig zugestimmt. [80]
Das Problem der bewußten Diskriminierung einzelner Segmente einerseits und der konzentrierten Bearbeitung bestimmter Segmente andererseits wie auch das Problem einer eventuell negativen Einstellung der Zielgruppe - in diesem Fall der Bevölkerung in den Entwicklungsländern - dem Leistungsangebot gegenüber sind für die Marktsegmentierungs-Strategie der Entwicklungshilfe-Organisationen irrelevant. [81]
Der Kritik, daß die Segmentierungsansätze sich auf eine unzureichenden Datenbasis stützen und damit den Annahmen bezüglich der Bedürfnisse und Produkterwartungen subjektive Vorstellungen zugrunde liegen, sollte jedoch durch entsprechende, den Entwicklungshilfe-Organisationen im Rahmen ihrer finanziellen Möglichkeiten zur Verfügung stehende Marktforschungsaktivitäten Rechnung getragen werden.
Oftmals stößt die Realisation einer Segmentierungsstrategie im Sozio-Marketing an Grenzen. Entweder fehlen die finanziellen Ressourcen, um eine extensive Analyse der Spendentätigkeit durchzuführen, oder die Erhebung der notwendigen Daten gestaltet sich auf Grund der außerordentlich hohen Problemkomplexibilität äußerst schwierig. [82] Dennoch sollte die Realisation eines differenzierten Marketing nicht an Kostengrenzen scheitern. Auch mit bescheidenen Segmentierungsansätzen, denen einige zentrale, leicht zu erfassende Segmentierungsvariablen zugrunde liegen, läßt sich die Effizienz der Marktbearbeitung steigern.

Voraussetzung für eine dauerhafte Marktbearbeitungsstrategie auf Basis ausgewählter Segmente ist die Kenntnis solcher Kriterien, die eine segmentspezifische Ansprache der Spender ermöglichen.

---

79 Vgl. Berekoven/Eckert/Ellenrieder (1993), S. 259 ff.
80 Vgl. etwa Bloom/Novelli (1981), S. 81, Lovelock/Weinberg (1984), S. 246.
81 Es ist davon auszugehen, daß die auf Hilfe angewiesenen Menschen in den Entwicklungsländern die ihnen zukommende Hilfe nicht ablehnen werden, sondern sie weit eher begrüßen werden.
82 Vgl. Marsh (1983), S. 26 sowie auch Hruschka (1985), S. 4.

Zweckmäßigerweise sollten die Segmentierungskriterien folgenden Anforderungen genügen: [83]

* Da das Spendenverhalten eines der entscheidenden Kriterien für die Einteilung der Marktteilnehmer in homogene Segmente darstellt, sollte durch diese ein Bezug zum Verhalten der potentiellen Spender herstellbar sein.
* Ziel der Marktsegmentierung ist es, Effizienz und Effektivität der Marktbearbeitungsmaßnahmen zu erhöhen. Aus diesem Grund ist es wünschenswert, daß die Segmentierungskriterien eine Bearbeitung der Segmente insofern gewährleisten, als durch sie das Verhalten potentieller Spender vorhersagbar wird.
* Im Sinne einer Kosten-Nutzenanalyse sollten die Kriterien eine wirtschaftliche Segmentbildung ermöglichen.
* Die Zugänglichkeit der Segmente ist die Grundvoraussetzung für eine selektive und differenzierte Ansprache der Marktpartner.
* Bei der Auswahl der Segmentierungskriterien ist darauf zu achten, daß sie operational meßbar sind.
* Da Entscheidungen bezüglich des Segmentierungsvorhabens nur sinnvoll erscheinen, wenn die bei der Marktanalyse angenommenen Verhaltensbeziehungen auch noch zum Zeitpunkt der Marktbearbeitung Gültigkeit haben, ist darauf zu achten, daß die Kriterien im Zeitablauf stabil sind.

2.4.1 Segmentierungsansätze bei privaten Haushalten

Der weitaus größte Teil der den in Deutschland existierenden Hilfsorganisationen zur Finanzierung ihrer Projekte zur Verfügung stehenden Spenden wird durch Zuwendungen privater Haushalte bereitgestellt. [84] Aus diesem Grund scheint die Herausarbeitung von Segmentierungskriterien, mittels derer sich nicht nur Spender von Nicht-Spendern abgrenzen lassen, sondern die darüber hinaus spendenrelevante Unterschiede zwischen den einzelnen Spendergruppen transparent machen, wesentlich zu sein. Erst die Kenntnis der Faktoren, die das Entscheidungsverhalten der Spender bestimmen, erlaubt eine Abgrenzung von Segmenten.

---

83 Vgl. das Anforderungsprofil der Segmentierungskriterien für den Konsum- und Investitionsgüterbereich bei Freter (1983), S. 47 ff.
84 Vgl. beispielsweise Mann/Bokatt (1985), S. 14. "Mehrere voneinander unabhängig durchgeführte Umfragen haben ergeben, daß zwischen 70 und 75 Prozent der Bevölkerung regelmäßig oder gelegentlich spenden. Im Durchschnitt war jedem Geldgeber die Hilfe für andere mindestens 60 bis 70 Mark wert." Müller-Werthmann (1985), S. 21.

Die möglicherweise in bezug auf das Spenderverhalten relevanten Segmentierungskriterien können in "allgemeine Spendermerkmale" und "spenderbezogene Einstellungen und Verhaltensmerkmale" unterschieden werden. [85]

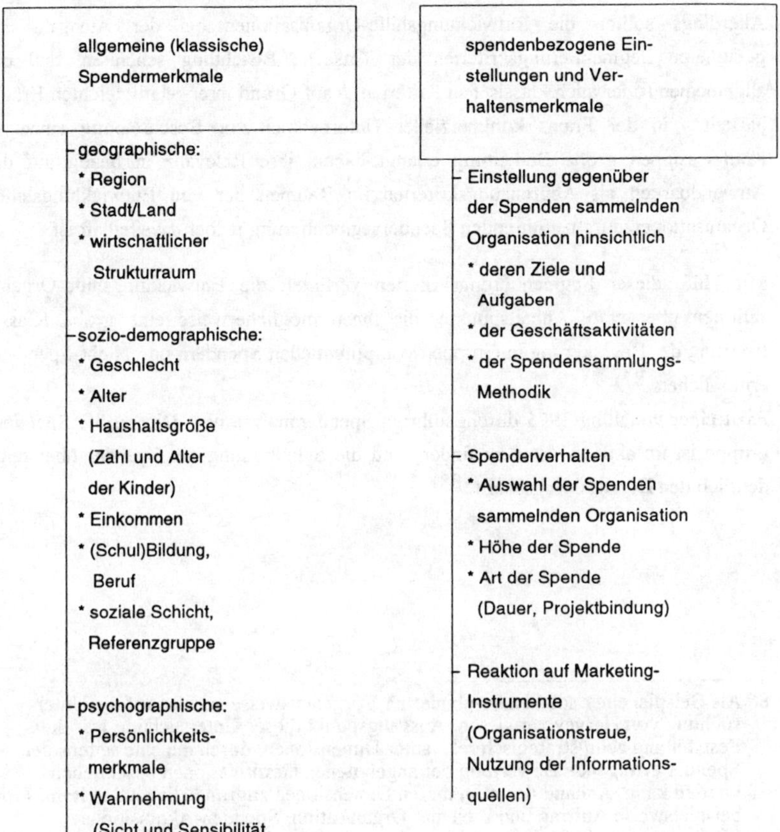

allgemeine (klassische) Spendermerkmale	spendenbezogene Einstellungen und Verhaltensmerkmale
geographische: * Region * Stadt/Land * wirtschaftlicher Strukturraum	Einstellung gegenüber der Spenden sammelnden Organisation hinsichtlich * deren Ziele und Aufgaben
sozio-demographische: * Geschlecht * Alter * Haushaltsgröße (Zahl und Alter der Kinder) * Einkommen * (Schul)Bildung, Beruf * soziale Schicht, Referenzgruppe	* der Geschäftsaktivitäten * der Spendensammlungs-Methodik Spenderverhalten * Auswahl der Spenden sammelnden Organisation * Höhe der Spende * Art der Spende (Dauer, Projektbindung)
psychographische: * Persönlichkeitsmerkmale * Wahrnehmung (Sicht und Sensibilität für bestimmt Probleme) * Nutzenerwartung	Reaktion auf Marketing-Instrumente (Organisationstreue, Nutzung der Informationsquellen)

Abb. 26: Segmentierungskriterien des Spendenverhaltens privater Haushalte
Quelle: in Anlehnung an Kreilkamp (1987), S. 103.

Den Segmentierungsansätzen der Entwicklungshilfe-Organisationen sollte der simultane Einsatz beider Kategorien von Segmentierungskriterien zugrunde liegen. Die Berücksichtigung sowohl der spendenbezogenen Einstellungen und Verhaltens-

---

85 Vgl. allgemein hierzu Kreilkamp (1987), S. 103.

merkmale als auch der allgemeinen Spendermerkmale erhöht die Wahrscheinlichkeit, daß alle prinzipiell zur Segmentbildung zur Verfügung stehenden Möglichkeiten einbezogen werden, um jene Kriterien auszuwählen, die im Hinblick auf die Spendersegmentierung am besten geeignet scheinen. [86]

Allerdings sollten die Entwicklungshilfe-Organisationen bei der Auswahl der geeigneten Segmentierungskriterien der Tatsache Beachtung schenken, daß die allgemeinen (oder auch klassischen Kriterien) - auf Grund ihrer relativ leichten Erfaßbarkeit - in der Praxis kommerzieller Unternehmen zur Beschreibung einzelner Käufergruppen große Bedeutung erlangt haben, ihre Relevanz in bezug auf die Anwendbarkeit als Abgrenzungskriterien im Rahmen der von Entwicklungshilfe-Organisationen durchzuführenden Spendersegmentierung jedoch zweifelhaft ist.

Mit Hilfe dieser Segmentierungskriterien verfügen die Entwicklungshilfe-Organisationen über erste Anhaltspunkte, die ihnen möglicherweise eine grobe Klassifizierung der Bevölkerung in Gruppen von potentiellen Spendern und Nicht-Spendern ermöglichen. [87]

Fazit einer von Jung 1975 durchgeführten Spenderanalyse war: Die größte Spendergruppe ist im aktiven Alter zu finden, und die Schulbildung der Spender übersteigt deutlich den Bundesdurchschnitt. [88]

---

[86] Als Beispiel einer solchen kombinierten Vorgehensweise sei hier auf die Untersuchung von Harvey verwiesen. Ausgangspunkt dieser Untersuchung war die Feststellung zehn strategisch relevanter Dimensionen, durch die eine seitens der Spender erfolgende Bewertung der angebotenen Gratifikationen beschrieben werden kann. Anhand der zehn diesen Dimensionen zugrunde liegenden Items (wie beispielsweise Auftrag und Ziele der Organisation, Spenden-Akquisitions-Methoden, Geschäftsaktivitäten) sowie auch einiger sozio-demographischer und geographischer Kriterien gelang die Identifikation von fünf bezüglich ihres Spendenverhaltens unterschiedlichen Segmenten. Vgl. Harvey (1990), S. 77 ff. Möglicherweise können die Entwicklungshilfe-Organisationen auch auf das Konzept der Life-Style-Merkmale zum Zwecke der Marktsegmentierung zurückgreifen. Dem Konzept liegt die Annahme zugrunde, daß Menschen nach bestimmten Einstellungs- und Verhaltensmustern leben, und daß diese Muster, übertragen auf den Bereich der Spendenbeschaffung, das Spenderverhalten und die Medienkontakte beeinflussen. Allerdings wird es den Entwicklungshilfe-Organisationen nicht möglich sein, alle auf das menschliche Verhalten wirkenden Rahmenbedingungen zu erfassen, die darüber Aufschluß geben können, wie eine adäquate Ansprache der Spender zu konzipieren ist. Nähere Ausführungen zu dem Konzept der Life-Style-Merkmale vgl. bei Breuer (1980), S. 121 ff.
[87] Vgl. etwa Dichtl (1974), S. 55.
[88] Vgl. Jung (1975), S. 39.

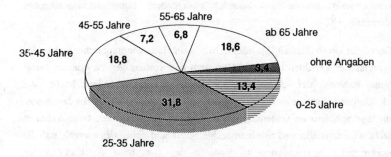

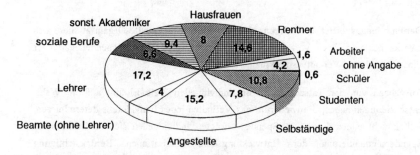

Abb. 27: Altersstruktur und Berufsgruppen der Spender
Quelle: in Anlehnung an Jung (1975), S. 39.

Doch scheint die These, derzufolge der typische Spender
"- eher weiblich als männlich,
- eher alt als jung,
- eher arm als reich, (ist und, d.V.)
- eher am Rande der Stadt und in kleineren Gemeinden lebt als im Zentrum großer Städte," [89] wohnt,
den Spenden sammelnden Organisationen lediglich ein grobes Raster zur Identifikation möglicher Spender an die Hand zu geben. Hingegen läßt sich für die Entwicklungshilfe-Organisationen aus diesem Raster noch keinesfalls ableiten, ob die als typisch angesehenen Spender auch bereit sind, sich im Feld der entwicklungspolitischen Aktivitäten zu engagieren. Dazu bedarf es der Entwicklung eines, auf einer

---

[89] Prochazka (1982), S. 36. Eine ähnliche Typologisierung der Spender findet sich auch bei Müller-Werthmann (1985), S. 21.

näheren Charakterisierung der Spender basierenden, organisationsspezifischen Spenderprofils. [90)]

Auf Grund der Unmöglichkeit, Spenderverhalten auf Basis geographischer und soziodemographischer Variablen hinreichend erklären und vorhersagen zu können, bietet sich im Rahmen der Spendersegmentierung in zunehmenden Maße die Berücksichtigung allgemeiner Persönlichkeitsmerkmale an. [91)] Geht man davon aus, daß die den Spendern im Gegenzug für ihr Handeln zukommenden Gratifikationen größtenteils immaterieller und psychologischer Natur sind, scheint es sinnvoll, daß die Entwicklungshilfe-Organisationen im Rahmen der von ihnen durchzuführenden Segmentierung "focus on the values held by the individual and the various attitudes of the individual toward the organization and its mission as correlates of donor behavior." [92)]

Darüber hinaus bietet es sich an, daß die Entwicklungshilfe-Organisationen sich zwecks der von ihnen vorzunehmenden Spendersegmentierung spendenbezogener Einstellungen und Verhaltensmerkmale bedienen. [93)]

Ausgehend von der Tatsache, daß die individuellen Ziele Einfluß auf die Wahlentscheidungen haben, die wiederum das Verhalten jedes Individuums determinieren, sollten nicht zuletzt die mit der Spende verfolgten, individuellen Ziele im Rahmen der Spendersegmentierung der Entwicklungshilfe-Organisationen Berücksichtigung finden. [94)]

Entwicklungshilfe-Organisationen, deren Segmentierungsansätze schwerpunktmäßig spendenbezogene Einstellungen und Verhaltensmerkmale berücksichtigen, sehen sich mit einem entscheidenden Problem konfrontiert:
Während die klassischen Segmentierungskriterien in aller Regel leicht erfaßbar sind, ist ihre Aussagefähigkeit in bezug auf die Abgrenzung unterschiedlicher Spendersegmente unzureichend.
Hingegen scheinen die spendenbezogenen Einstellungen und Verhaltensmerkmale hinsichtlich ihrer Aussagefähigkeit eher dazu geeignet, den Entwicklungshilfe-Organisationen als Segmentierungskriterien dienen zu können. Doch ist die Erhebung solcher Kriterien nicht nur unter dem Gesichtspunkt der Validität und Reliabilität der

---

90 Vgl. Löbel (1982), S. 42.
91 Vgl. Bergler (1980), S. 249.
92 Yavas/Riecken/Parameswaran (1980), S. 41.
93 Die Bedeutung der Einstellung als Segmentierungskriterium spricht auch Breuer an. Vgl. Breuer (1980), S. 108.
94 Vgl. hierzu auch Fine (1980), S. 2.

Merkmalsmessung problematisch. [95] In den meisten Fällen werden die Entwicklungshilfe-Organisationen zudem nicht über ausreichende finanzielle Mittel verfügen, die ihnen eine umfangreiche Marktforschung ermöglichen würden.

2.4.2 Segmentierungsansätze bei Unternehmen

Zwar finanzieren die Entwicklungshilfe-Organisationen ihre Projekte zum überwiegenden Teil aus Spenden privater Haushalte, jedoch gewinnt nach Aussage einiger Hilfsorganisationen das Unternehmen als Spender zunehmend an Bedeutung. [96]

Einer der wesentlichsten Gründe für die seitens der Entwicklungshilfe-Organisationen intensivierten Kommunikationsbemühungen zu gewinnorientierten Unternehmen ist in der Tatsache zu sehen, daß durch eine erfolgreiche Kontaktaufnahme mit einem sowohl spendenfähigen als auch spendenbereiten Unternehmen in der Regel ein höheres Spendenaufkommen zu erwarten ist, als dies im Falle eines einzelnen Kontaktes mit einem privaten Spender möglich wäre. Darüber hinaus erscheint an den Kontakten zu Unternehmen vorteilhaft, daß diese auf Grund ihrer zahlreichen Außenkontakte als Multiplikatoren fungieren können. Sie können dazu beitragen, die Auseinandersetzung mit der Thematik der Entwicklungshilfe zu intensivieren und so eventuell bei der Gewinnung neuer Spender hilfreich sein. In jedem Fall können spendende Unternehmen zu einer Verbesserung des unternehmenseigenen wie auch des Images der Spenden sammelnden Organisation beitragen.

Auf Grund der Tatsache, daß neben den privaten Haushalten auch Unternehmen den Entwicklungshilfe-Organisationen finanzielle Ressourcen zur Verfügung stellen, läßt sich die Notwendigkeit der Auseinandersetzung mit dem "Organisational Donation Behaviour" [97] als - in bezug auf mögliche Spendenvergaben - unternehmensimmanent existenten Entscheidungsprozessen ableiten.

Das unternehmerische Kaufverhalten unterscheidet sich grundlegend von dem individuellen, im privaten Bereich üblichen Entscheidungsverhalten. [98] Es ist davon

---

95 Vgl. Böhler (1977), S. 89.
96 So war in einem Gespräch mit einer Mitarbeiterin des Deutschen Komitee für UNICEF zu erfahren, daß im Jahr 1988 3,4% der eingegangenen Spenden auf die Unterstützung durch Firmen zurückzuführen waren, im Bereich des Großkartenverkaufs entfielen nahezu 50% des Umsatzes auf Firmenkunden.
97 Der Begriff des Organisational Donation Behaviour wurde in Anlehnung an den von Webster/Wind verwandten Begriff des Organisational Buying Behaviour gewählt. Vgl. Webster/Wind (1972): Organizational Buying Behavior.
98 Vgl. Gröne (1977), S. 15.

auszugehen, daß analog auch das unternehmerische Entscheidungsverhalten hinsichtlich einer Spendenvergabe von dem privater Haushalte dahingehend differiert, daß es sich beim organisationalen Spendenverhalten um einen Entscheidungsprozeß handelt, der sich in den, sich im Rahmen einer formalen Organisationsstruktur zwischen Individuen vollziehenden, Interaktionen manifestiert. In der Regel wird es sich bei unternehmerischen Entscheidungen um Kollektiventscheidungen handeln. Entscheidungen über Zuwendungen an karitative Organisationen werden aller Voraussicht nach von einem "Donation Center" [99], einer Gruppe der an der Spendenentscheidung beteiligten Personen, getroffen werden. Letztlich wird die unternehmerische Spendenentscheidung, wie andere Kollektiventscheidungen auch, auf eine Mehrzahl individueller Entscheidungsprozesse zurückzuführen sein. [100] Doch zeichnen sich unternehmerische Entscheidungen dadurch aus, daß die an ihnen beteiligten Personen häufig einem starken organisationalen Druck unterliegen, der teilweise zu formalisierten Verhaltensweisen führt. Diese könnten ein anderes Verhalten bedingen als dies im Privatleben der Fall wäre. [101]

Im Sinne einer praktikablen Segmentierung der Unternehmen im Hinblick auf ihre Bereitschaft, die Entwicklungshilfe-Organisationen zu unterstützen, scheint neben der Definition geeigneter Segmentierungskriterien auch die Identifikation der an der Spendenentscheidung beteiligten Personen und ihrer spezifischen Aufgaben innerhalb des "Donation Centers" ein wesentlicher Schritt zu sein. Wind und Cardozo schlagen ein zweistufiges Vorgehen zur Identifizierung geeigneter Segmentierungskriterien im industriellen Bereich vor: In einem ersten Schritt werden Makrosegmente gebildet. Diese Grobsegmentierung orientiert sich an den spezifischen Charakteristika der Unternehmen und der Situation, aus der heraus die Entscheidungen gefällt werden. In dem darauf folgenden zweiten Schritt der Feinsegmentierung werden diese Makrosegmente in Mikrosegmente unterteilt, die durch die Charakteristika der am Entscheidungsprozeß beteiligten Entscheidungsträger determiniert sind. [102]

---

99 Webster/Wind definieren: "Members of the organization who interact during the buying decision process can be defined as the buying center." Webster/Wind (1972), S. 77. Analog sollen die Mitglieder einer Organisation, die während des Spendenentscheidungsprozesses miteinander interagieren, als Donation Center definiert sein.
100 Mitunter wird es sich bei den Entscheidungen über die Vergabe von Spenden, da sie im wesentlichen auf der Ebene der Geschäftsführung anzusiedeln sind, um die individuelle Entscheidung einer Einzelperson handeln.
101 "Since most of the purchasing (and donation) situations encountered by organizations involve more than a single individual, it is necessary to understand the functions of the multiperson process from a group perspective." Johnston (1981), S. 78. Bei der Anmerkung in Klammern handelt es sich um eine Ergänzung der Autorin.
102 Zur ausführlichen Beschreibung des Modells vgl. Wind/Cardozo (1974), S. 155 ff. wie auch Johnston (1981), S. 83.

Dem Gedanken eines zweistufigen Segmentierungsansatzes folgend, lassen sich die in bezug auf die Segmentierung unternehmerischen Spendenverhaltens als relevante Kategorien identifizierten Variablen in zwei Ebenen einteilen. Während die in einem ersten Schritt herangezogenen Kriterien als Indikatoren allgemeiner Spendenvoraussetzungen dienen, beziehen sich die im zweiten Schritt verwendeten Kriterien auf das Auswahl- und Bewertungsverhalten im Spendenentscheidungsprozeß. "Die Untersuchung der ... relevanten Einflußgrößen wird erheblich erleichtert, wenn man zunächst einmal eine analytische Unterscheidung mehrerer hierarchisch abgestufter Verhaltenssysteme oder -ebenen vornimmt. Somit kann man ... generell die individuelle (I-Ebene), die kollektive (K-Ebene), die organisationale Ebene (O-Ebene) und die Ebene der Umwelt (U-Ebene) unterscheiden." [103]

Kriterien der allgemeinen Spendenvoraussetzung		Kriterien des Auswahl- und Bewertungsverhaltens im Hinblick auf die Spendenvergabe	
U-Ebene	O-Ebene	K-Ebene	I-Ebene
- ökonomisch - soziokulturell - politisch-rechtlich	- Branche - Größe - Rechtsform - geog. Lage	- Größe und Zusammensetzung des DC - Macht- und Rollenstruktur - Beziehungen zwischen den Entscheidungsbeteiligten	- soziodemog. Merkmale - verhaltensbezogene Merkmale

Abb. 28: Segmentierungskriterien des unternehmerischen Spendenverhaltens
Quelle: in Anlehnung an Gröne (1977), S. 34.

Zu den Kriterien, mittels derer die Entwicklungshilfe-Organisationen eine erste grundsätzliche Unterteilung zwischen spendenfähigen und nicht-spendenfähigen Unternehmen vornehmen können, lassen sich die Variablen der Umwelt-Ebene und der organisationalen Ebene zählen.

Die Umwelt-Ebene bezeichnet die jeweilige Umwelt eines als potentieller Spender in Frage kommenden Unternehmens. Ökonomische, sozio-kulturelle und politisch-rechtliche Umweltfaktoren können die Spendenfähigkeit und -bereitschaft eines

---

103 Gröne (1977), S. 24.

Unternehmens entweder restriktiv beeinflussen oder sich positiv auf sein Spendenverhalten auswirken.

Auf der Ebene der organisationalen Variablen lassen sich im Hinblick auf das unternehmerische Spendenverhalten vor allem die organisationsdemographischen Merkmale als geeignete Segmentierungskriterien heranziehen. [104] Da davon auszugehen ist, daß die Branchenkonjunktur die wirtschaftliche Entwicklung der dieser Branche zugehörigen Unternehmen beeinflussen wird, kann auf Grund der Zugehörigkeit und des Zeitraumes der Zugehörigkeit eines Unternehmens zu einer bestimmten Branche in der Regel eine Aussage über seine wirtschaftliche Situation und damit seine generelle Spendenfähigkeit getroffen werden. Ferner läßt sich aus der Branchenzugehörigkeit mitunter auch die Notwendigkeit einer branchenbedingten Imageverbesserung, die sich positiv auf die Spendenbereitschaft eines Unternehmens auswirken kann, ableiten. Der mögliche Gewinn eines Unternehmens - und damit seine Spendenfähigkeit - wird neben anderen Faktoren auch durch seine Größe determiniert. An Hand empirischer Untersuchungen konnte belegt werden, daß die Aufgeschlossenheit der Unternehmen karitativen Organisationen gegenüber je nach Größe - ausgedrückt durch die Zahl der Mitarbeiter - variiert.[105]

Unter Heranziehung dieser Kriterien haben die Entwicklungshilfe-Organisationen die Möglichkeit einer ersten Differenzierung zwischen potentiellen Spendern und Nicht-Spendern im organisationalen Bereich. Diese Differenzierung bildet die Grundlage einer weiterreichenden Segmentierung, die die Auswahl- und Bewertungskriterien der Unternehmen in die Betrachtung einbezieht. Zu dieser Kategorie der Segmentierungskriterien lassen sich die Variablen der kollektiven und der individuellen Ebene zählen.

Der Verlauf und der Ausgang einer organisationalen Entscheidung sind in der Regel durch die Beteiligung und Interaktion einer Mehrzahl von Individuen gekennzeichnet. Diejenigen Personen, die durch ihr Verhalten im Interaktionsprozeß bewußt oder unbewußt Einfluß auf den Entscheidungsverlauf im Hinblick auf eine Spendenvergabe nehmen, sind im Donation Center zusammengefaßt.
Die Variablen der kollektiven Ebene umfassen jene Kriterien, die die Interaktion der Entscheidungsbeteiligten beeinflussen. Zu diesen Kriterien sind zu zählen:

---

104 Vgl. hierzu allgemein Horst (1988), S. 136 f.
105 So hat eine im Auftrag des Deutschen Komitees für UNICEF von MTP (Marketing zwischen Theorie und Praxis) durchgeführte Studie gezeigt, daß vorwiegend Firmen mit kleinem Mitarbeiterstamm diese Organisation durch den Kauf von Grußkarten unterstützen. Vgl. MTP (o.J.), S. 76.

* die demographische Kennzeichnung des Donation Centers durch Größe und Zusammensetzung,
* die Macht- und Rollenstruktur innerhalb des Donation Centers,
* die bestehenden Beziehungen zwischen den Entscheidungsbeteiligten. [106]

Darüber hinaus wird der Entscheidungsprozeß unternehmerischen Spendenverhaltens entscheidend durch die Persönlichkeit der Entscheidungsträger determiniert. Da es Individuen sind, die über die Bereitschaft zur Unterstützung karitativer Vorhaben sowie über die Auswahl und Bewertung alternativer Verwendungen der finanziellen Ressourcen befinden, sind auch Merkmale der individuellen Ebene als wesentliche Determinanten organisationalen Spendenentscheidungsverhaltens anzusehen. Die entscheidungsbeteiligten Individuen lassen sich, ähnlich den privaten Spendern, durch eine Vielzahl unterschiedlichster Kriterien charakterisieren, die sowohl hinsichtlich ihrer Stabilität als auch ihres Bezuges zum Spendenentscheidungsverhalten variieren können. Beispielhaft seien genannt: soziodemographische Variablen und psychologische Verhaltensmerkmale.

Dennoch bleibt anzumerken, daß eine Segmentierung unter Einbeziehung der auf das Bewertungsverhalten Bezug nehmenden Individualvariablen nur dann sinnvoll erscheint, wenn ergänzend noch andere, der Analyse und Kennzeichnung des Entscheidungsgewichtes der an der Spendenentscheidung beteiligten Individuen dienende Variablen herangezogen werden. Die Berücksichtigung der Individualvariablen ist nur angebracht, wenn im Donation Center eines Unternehmens die Schlüsselperson identifiziert und in ihrem Verhalten untersucht werden kann. [107]

Die Analyse der verschiedenen Verhaltensebenen und der ihnen zugeordneten Variablen verdeutlicht die Komplexität organisationalen Entscheidungsverhaltens. Durch die Verwendung der verschiedenen Variablen läßt sich im Hinblick auf eine Marktsegmentierung das organisationale Spendenverhalten relativ vollständig und differenziert abbilden. Darüber hinaus haben die Spenden sammelnden Organisationen die Möglichkeit, spezifische Verhaltensweisen und -aspekte des unternehmerischen Spendenverhaltens hervorzuheben und zu typologisieren. [108] Allerdings stößt das Segmentierungsvorhaben dort auf Grenzen, wo die Kosten der Segmentierung den Nutzen überschreiten. "Ein Segmentierungskonzept, welches unter ökonomischen Wirtschaftlichkeitsüberlegungen beurteilt wird, kann in der Regel nur auf einigen

---

106 Eine nähere Erläuterung der Bedeutung der hier aufgeführten Kriterien für die Segmentierung von Unternehmen kann an dieser Stelle nicht erfolgen. Vielmehr wird auf die Ausführungen von Gröne (1977), S. 77 ff. und Webster/Wind (1972), S. 75 ff und die dort angegebene Literatur verwiesen.
107 Vgl. analog hierzu Webster/Wind (1972), S. 6.
108 Vgl. Gröne (1977), S. 171.

wenigen Segmentierungskriterien basieren." 109) Daher gilt es für die Entwicklungshilfe-Organisationen, aus der Vielzahl der in Frage kommenden Segmentierungskriterien im organisationalen Bereich jene auszuwählen, die in bezug auf die angestrebte Segmentierung sowohl aussagefähig als auch einfach zu erheben sind.

2.5 Die Auswahl grundsätzlicher Marktbearbeitungsstrategien

Zu den elementaren Komponenten einer strategischen Marketing-Konzeption ist neben der Definition des zukünftig zu bearbeitenden Marktes auch die Planung langfristig wirksamer Konzepte der Marktbearbeitung zu zählen.

In Anlehnung an Meffert 110) lassen sich kunden-, handels- und konkurrenzorientierte und Strategieansätze abgrenzen. Unter Berücksichtigung der den Entwicklungshilfe-Organisationen für Marketing-Aktivitäten zur Verfügung stehenden knappen Ressourcen erscheint ergänzend hierzu ein kooperationsorientierter Strategieansatz nicht ohne Relevanz.

2.5.1 Das Erfordernis einer kundenorientierten Marktbearbeitungsstrategie

Grundsätzlich besteht die Möglichkeit einer undifferenzierten Marktbearbeitung (Massenmarktstrategie) oder einer im Hinblick auf die Bedürfnisse bestimmter Marktsegmente konzipierten differenzierten Strategie der Marktbearbeitung (Marktsegmentierungs-Strategie). 111)

Die seitens der Entwicklungshilfe-Organisationen bestehende Notwendigkeit einer differenzierten Marktbearbeitungsstrategie läßt sich zum einen aus der Tatsache, daß es keinen eindeutig identifizierbaren Spendertypus gibt, ableiten. Wie bereits angesprochen, handelt es sich bei der Gesamtheit der Spender vielmehr um eine äußerst heterogene Gruppe, deren Mitglieder bezüglich ihrer Einstellung gegenüber der Entwicklungshilfe, den verschiedenen Entwicklungshilfe-Organisationen und den ihrer eigenen Spendertätigkeit zugrundeliegenden Motiven in starkem Maße differieren können. Im Hinblick auf eine Maximierung des Unterstützungspotentials in ideeller und monetärer Hinsicht bedarf es daher einer segmentspezifischen

---

109 Gröne (1977), S. 171.
110 Vgl. Meffert (1986), S. 103.
111 Vgl. Köhler (1991a), S. 11.

Bearbeitung des Spendenmarktes, die die unterschiedlichen, der Bereitschaft zum Engagement zugrundeliegenden Strukturen berücksichtigt. [112]

Zum anderen läßt sich das Erfordernis einer differenzierten Marktbearbeitungsstrategie durch die finanziellen Restriktionen, denen die Entwicklungshilfe-Organisationen größtenteils unterworfen sind - und die besonders deutlich im Bereich der Kommunikationspolitik zum Tragen kommen - begründen. Den meisten Entwicklungshilfe-Organisationen steht nach eigenen Angaben für ihre kommunikativen Maßnahmen lediglich ein aus Spendengeldern zu finanzierendes Budget zur Verfügung. [113] Dadurch wird zum einen der Umfang ihrer kommunikativen Möglichkeiten erheblich eingeschränkt [114], zum anderen ergibt sich aus dieser Tatsache für die Entwicklungshilfe-Organisationen die Notwendigkeit, den Einsatz des kommunikationspolitischen Instrumentariums stärker noch als kommerzielle Unternehmen unter Effektivitäts-Aspekten zu beurteilen - zumal die Öffentlichkeit den kommunikationspolitischen Maßnahmen Spenden sammelnder Organisationen nach wie vor recht kritisch gegenübersteht. Unter Kosten-Ertrags-Gesichtspunkten bietet es sich daher an, nur in Ausnahmefällen den Versuch einer Ansprache des Gesamtmarktes zu unternehmen, ansonsten auf Marktsegmentierungsstrategien zurückzugreifen und beispielsweise Anzeigen nur in bestimmten Werbeträgern zu plazieren oder den Direct-Mail-Aktionen nur nach bestimmten Kriterien ausgewählte Adressen zugrundezulegen. [115]

---

112 Siehe hierzu die Ausführungen zum Thema der Segmentierung des Spendenmarktes in Kapitel III, Punkt 2.4 wie auch jene hinsichtlich der Motive der Spender in Kapitel II, Punkt 1 dieser Arbeit.
113 Der überwiegende Teil der befragten Organisationen gab an, daß ihnen für kommunikative Maßnahmen kein gesondertes Budget zur Verfügung steht. Vielmehr werden diese Aktivitäten aus Spendengeldern finanziert. Lediglich eine der befragten Organisationen deckt ihren Werbeetat nicht aus Spendengeldern, sondern aus Kirchensteuermitteln und dem Verkauf von Informations- und Bildungsmaterialien.
114 Die Einschränkung der Möglichkeiten ergibt sich auch dann noch, wenn sie, wie in Kapitel V dargestellt, auf die kostenlose Nutzung von Werbeträgern zurückgreifen können.
115 Nach eigenen Aussagen einiger Entwicklungshilfe-Organisationen greifen sie bei ihren Direct-Mail-Aktionen zum Teil auf ausschließlich nach bestimmten Kriterien selektierte Datensätze zurück, d.h. sie verwenden nicht den gesamten, ihnen zur Verfügung stehenden Datenbestand.

2.5.2 Die Möglichkeit einer wettbewerbsorientierten Marktbearbeitungsstrategie

Die konsequente Ausrichtung des Gratifikationsangebotes an den Idealvorstellungen der anvisierten Spendergruppe stellt lediglich eine notwendige, nicht jedoch auch eine hinreichende Bedingung einer erfolgreichen Marketing-Strategie dar.

Der dem strategischen Handeln einer - zwar nicht-gewinnorientiert arbeitenden, jedoch zur Erfüllung ihrer Aufgaben sehr wohl auf die ausreichende Bereitstellung finanzieller Mittel angewiesenen - Organisation zugrundeliegende, leitende Gedanke ist darin zu sehen, mittels dauerhafter, vom Spender wahrnehmbarer und für ihn relevanter Wettbewerbsvorteile in jedem Marktsegment, in dem die Organisation tätig ist oder sein will, zu den führenden Wettbewerbern zu zählen. [116] Der Erfolg des strategischen Handelns einer Entwicklungshilfe-Organisation wird daher auch wesentlich von der Realisation von Wettbewerbsvorteilen determiniert. Aus diesem Grund sollte der Formulierung einer Marketing-Strategie eine weitreichende Betrachtung des Spendenmarktes zugrunde liegen, die neben der Berücksichtigung des Spenders und der Möglichkeiten seiner Ansprache auch die strukturellen Merkmale des Wettbewerbsgeschehens impliziert. [117] "Eine stärkere Hinwendung zu wettbewerbsorientierten Konzepten soll nun nicht einer Ablösung der bisher verfolgten verwenderorientierten Sichtweise das Wort reden. Vielmehr geht es darum, beide Denkansätze im Rahmen der Strategieformulierung komplementär zu verbinden." [118]

Ziel der wettbewerbsorientierten Marktbearbeitungsstrategie einer Entwicklungshilfe-Organisation sollte es sein, sich durch die Erarbeitung von Wettbewerbsvorteilen der Loyalität "ihrer" Spender zu versichern. Damit schafft sie eine Position, die es ihr erlaubt, sich effizient gegen Wettbewerbskräfte schützen oder diese zu ihren Gunsten beeinflussen zu können. Wettbewerbsvorteile entstehen aus dem besonderen Nutzen, den eine Entwicklungshilfe-Organisation ihren Spendern zu verschaffen vermag, durch den es ihr gelingt, sich von gleichermaßen nutzenstiftenden Institutionen abzuheben.
In Anlehnung an Porter [119] stehen den Entwicklungshilfe-Organisationen im Hinblick auf die Sicherung von Wettbewerbsvorteilen grundsätzlich die beiden

---

116 Vgl. Hinterhuber (1990), S. 50.
117 Die Notwendigkeit eines integrierten Ansatzes, der sowohl die wettbewerbs- als auch die kundenorientierten Marktgegebenheiten berücksichtigt, zeigen Day und Wensley in ihrem Aufsatz "Assessing Advantage: A Framework for Diagnosing Competitive Superiority" auf. Vgl. Day/Wensley (1988), S. 1 ff.
118 Fronhoff (1986), S. 161.
119 Vgl. Porter (1989), S. 21.

alternativen Wettbewerbsstrategien Differenzierung oder Kostenführerschaft zur Verfügung.

Verfolgt eine Entwicklungshilfe-Organisation eine Differenzierungsstrategie, so bemüht sie sich, in einigen, von den Spendern als relevant erachteten Dimensionen einzigartig zu sein. Sie ist bestrebt, den speziellen Bedürfnissen der Spender stärker als andere Hilfsorganisationen entgegenzukommen, um so eine Substituierbarkeit des durch sie bereitgestellten Nutzens zu erschweren und ein Abwandern der Spender zu vermeiden. Der leitende Gedanke besteht im wesentlichen in einer Erfüllung der Spendenfaktoren und der Erhöhung des Nutzens, der über das Niveau, auf dem sich die Konkurrenz befindet, hinausgeht. [120]

Im Hinblick auf das den Entwicklungshilfe-Organisationen zur Verfügung stehende marketingpolitische Instrumentarium scheint die Realisation einer Differenzierungsstrategie zwar problematisch, jedoch nicht unmöglich zu sein. Die relative Homogenität der immateriellen und quasi-materiellen Gratifikationen bedingt einen hohen Grad an Substituierbarkeit der verschiedenen Hilfsorganisationen in diesem Bereich, so daß der Versuch einer Differenzierung mittels dieses Instrumentes recht schwierig sein dürfte.

Auch der Bereich der Entgeltpolitik scheint für die Realisierung der Differenzierungsstrategie nicht geeignet. Die Spenden sammelnden Organisationen können den Spendern lediglich Vorschläge bezüglich der Spendenhöhe unterbreiten, sie haben jedoch wenig Einfluß auf die Einhaltung dieser Vorschläge. Um einerseits nicht Gefahr zu laufen, das Spendenaufkommen auf Grund zu bescheidener Spendenwünsche zu reduzieren und andererseits die Spender nicht auf Grund überhöhter Spendenforderungen zu verärgern, sollten sich ihre Spendenappelle konsequenterweise auf einem moderaten Niveau bewegen.

Weit eher scheinen die Bereiche der Kommunikations- und Beschaffungspolitik den Entwicklungshilfe-Organisationen die Möglichkeit einer Differenzierung (und dadurch der Schaffung eines Wettbewerbsvorteils) zu bieten. Im Rahmen der Kommunikationspolitik haben sie beispielsweise die Möglichkeit, ihren speziellen Charakter durch Besonderheiten der inhaltlichen Gestaltung ihrer Botschaften oder durch die Wahl des Werbeträgers hervorzuheben. Auch durch die Art, wie die einzelne Organisation Mittel beschafft und welche Wege sie hierzu bereitstellt, kann sie sich entscheidend von anderen Organisationen abheben.

---

120 Vgl. analog Hinterhuber (1990), S. 54.

Vor allem aber hat jede Entwicklungshilfe-Organisation durch die Wahl der von ihr finanzierten Projekte die Möglichkeit, ihren spezifischen Charakter zu unterstreichen. In Katastrophenfällen determiniert die Notwendigkeit der Hilfe Art und Umfang der unterstützenden Maßnahmen und macht die Möglichkeit einer differenzierten Gestaltung der Hilfsmaßnahmen in den meisten Fällen zunichte. Auch die Betreuung langfristiger Projekte muß primär an den Notwendigkeiten orientiert sein, doch bietet diese Art der entwicklungspolitischen Zusammenarbeit den Entwicklungshilfe-Organisationen die Möglichkeit, sich durch die Wahl des Schwerpunktes ihrer Arbeit von anderen Organisationen abzuheben.

Das globale Ziel der Unterstützung der Bevölkerung in den Entwicklungsländern bietet den verschiedenen sich in diesem Bereich engagierenden Organisationen - in bezug auf ihre konkrete Projektarbeit und damit zusammenhängend die Ansprache ihrer potentiellen oder aktuellen Spender - vielfältige Gestaltungsmöglichkeiten. So legen Entwicklungshilfe-Organisationen wie etwa Adveniat und Missio einen Schwerpunkt ihrer Arbeit auf die Förderung der Verbreitung des christlichen Glaubens in den Entwicklungsländern. Andere Hilfsorganisationen (beispielhaft sei genannt die Deutsche Welthungerhilfe) sehen Projekte im Bereich der Agrarwirtschaft und des Umweltschutzes als einen wesentlichen Bestandteil ihrer Arbeit, während bei wieder anderen Organisationen (z.B. UNICEF) die Belange der Kinder den Mittelpunkt der Arbeit bilden.

Auch können sich bei diesen Organisationen wesentliche Unterschiede hinsichtlich der Vorgehensweise der Spendenakquisition zeigen. Während einige Organisationen, wie vor allem terre des hommes oder die Kindernothilfe, das Konzept einer Patenschaft - für ein bestimmtes Kind oder symbolhaft für Kinder im allgemeinen - verfolgen, versuchen andere Organisationen primär das Konzept der Partnerschaft zu realisieren.

Strebt ein kommerzielles Unternehmen das Ziel einer umfassenden Kostenführerschaft an, bedeutet dies, daß es innerhalb einer Branche einen Kostenvorsprung zu realisieren beabsichtigt. Dieser Kostenvorsprung, der beispielsweise auf der Ausnutzung erfahrungsbedingter Kostensenkungen, größenbedingter Kostendegression oder der Kostenminimierung in Bereichen wie Forschung und Entwicklung, Service oder Werbung [121] basiert, ermöglicht eine kostengünstigere Produktion. Sie trägt wesentlich dazu bei, daß das betreffende Unternehmen überdurchschnittliche Ergebnisse erzielt.

---

121 Vgl. Porter (1989), S. 102 ff. sowie auch Hax/Majluf (1988), S. 50.

Auch für Entwicklungshilfe-Organisationen besteht die Möglichkeit, eine Teil-Kostenführerschaft anzustreben. Wenn auch die Begriffswahl für kommerzielle und nichtkommerzielle Institutionen identisch ist, ergeben sich in bezug auf die inhaltliche Umsetzung dieser Strategie Unterschiede.

Verfolgt eine Entwicklungshilfe-Organisation die Strategie der Kostenführerschaft, so muß in diesem Zusammenhang der Versuch verstanden werden, im Rahmen der Mittelverwendung den für Verwaltung notwendigen Etat vergleichsweise niedrig zu gestalten, um so dem Projektbereich einen möglichst hohen Anteil der zur Verfügung stehenden Mittel zukommen lassen zu können.

Bei dem hier angesprochenen Bereich der Mittelverwendung handelt es sich um ein Gebiet, auf den Spender und Spenden sammelnde Organisationen gleichermaßen sensibel reagieren. Im Bestreben, den Erwartungen der Spender bezüglich der Mittelverwendung Genüge zu leisten, werden die seriösen Entwicklungshilfe-Organisationen stets bemüht sein, ihre Verwaltungskosten zu minimieren. Daher wird es zwangsläufig mehr als einen Aspiranten auf die Position der Kostenführerschaft geben. Die in einer solchen Situation zwischen kommerziellen Unternehmen entstehende erbitterte Rivalität wäre den Spenden sammelnden Organisationen jedoch keineswegs zuträglich. Diskussionen um die Verwendung von Spendengeldern - von den Medien aufgegriffen - können zu einer Verunsicherung der Spender beitragen, die sich auf den gesamten Spendenmarkt negativ auswirken würde. [122]

Das Verhältnis zwischen Wettbewerbern muß jedoch nicht zwangsläufig durch erbitterte Rivalität gekennzeichnet sein. "It is proposed that relationships between competitors can be characterised in terms of five modes of behaviour: conflict, competition, coexistance, co-operation and collusion." [123]

Während es sich bei der Form des Konfliktes, dessen Ziel es ist, den Wettbewerber zu zerstören oder aus dem Markt zu drängen, um keine geeignete Form einer Wettbewerbsstrategie für Entwicklungshilfe-Organisationen handelt, kann sich ein Wettbewerb, der sich primär an den verfolgten Zielen und weniger an den Wettbewerbern ausrichtet, durchaus belebend auf die Geschäftsaktivitäten auswirken. [124]

Darüber hinaus kann die Verfolgung einer Wettbewerbsstrategie auch die friedliche Koexistenz mehrerer Entwicklungshilfe-Organisationen implizieren, die nicht auf Ignoranz oder Unwissenheit beruhen, sondern auf der Tatsache, daß die "territorialen"

---

122 Siehe hierzu auch Kapitel I, Punkt 3.2.5 dieser Arbeit.
123 Easton (1988), S. 40.
124 Vgl. hierzu z.B. Kotler/Andreasen (1987), S. 175.

Rechte [125] des anderen respektiert und ein Eindringen in diese Segmente vermieden wird. Doch in der Regel werden Spendensammler nicht umhinkönnen, in Segmente anderer Spenden sammelnder Organisationen einzubrechen. Anstelle von Konflikten bietet sich ihnen jedoch die Möglichkeit eines kooperativen Vorgehens.

2.5.3 Die Möglichkeit einer Kooperationsstrategie

Der Begriff der Kooperation bezeichnet die freiwillige Zusammenarbeit selbständiger Unternehmen, deren Bestreben es ist, ohne Aufgabe der grundsätzlichen unternehmerischen Entscheidungsfreiheit gemeinsame Ziele anzusteuern und den Zielerreichungsgrad jedes einzelnen zu verbessern. Die Verfolgung einer Kooperationsstrategie bildet eine wesentliche Möglichkeit erfolgreicher Marktausschöpfung und langfristiger Sicherung von Erfolgspotentialen. Darüber hinaus trägt sie zur Reduzierung von Risiken bei. "Letztlich zielen solche Maßnahmen auf eine Verminderung der Wettbewerbsintensität und der Ausnutzung von Synergiepotentialen ab." [126]

Die Beurteilungen der Effizienz von im kommerziellen Bereich verfolgten Kooperationsstrategien differieren erheblich. [127] Unbestritten scheint jedoch die Eignung dieser Marktbearbeitungsstrategie im Bereich der von den nicht-kommerziellen Institutionen zu realisierenden Problemlösungen. Die Begründung dieser These resultiert nicht ausschließlich aus der Tatsache der zumeist begrenzten finanziellen Möglichkeiten nicht-kommerzieller Institutionen, sondern läßt sich vorwiegend aus den äußerst komplexen Aufgabenstellungen, mit denen sich diese Organisationen konfrontiert sehen, ableiten. Die Marketing-Aktivitäten der meisten nicht-kommerziellen Institutionen zielen auf eine Veränderung der Verhaltensweisen der Bevölkerung oder bestimmter Bevölkerungsgruppen ab. Die Dominanz dieser strukturverändernden Elemente der Marketing-Maßnahmen bedingt eine permanente Auseinandersetzung mit den Widerständen, denen die nicht-kommerziellen Institutionen in der Öffentlichkeit begegnen. Die Kooperation mit anderen Organisationen und/oder Unternehmen kann die Lösung dieser Probleme wesentlich vereinfachen.

---

125 "A third form of co-existence corresponds most closely to the concept of peaceful co-existence used in geopolitics. In this situation, firms recognise the "territorial rights" of other competitors in particular spaces and do not attempt to compete in those spaces." Easton (1988), S. 42.
126 Meffert (1985), S. 487.
127 Vgl. beispielsweise. Meffert/Katz (1983), S. 25 ff. und Raffée/Wiedmann/Abel (1983), S. 716.

2.5.3.1 Kooperation mit anderen nicht-kommerziellen Institutionen

Angesichts der sich verschärfenden Probleme in den Entwicklungsländern und den Ländern Osteuropas bedürfen die Entwicklungshilfe-Organisationen auch in Zeiten zunehmender wirtschaftlicher Probleme in den Industriestaaten der ideellen und monetären Unterstützung seitens der Öffentlichkeit. Um die notwendige Unterstützung erhalten zu können, müssen die Entwicklungshilfe-Organisationen die Öffentlichkeit von der Notwendigkeit ihres Handelns überzeugen. Eine der Grundvoraussetzungen hierfür bildet die Information der Öffentlichkeit hinsichtlich der aktuellen und latenten Probleme in den Entwicklungsländern. Doch laufen die Entwicklungshilfe-Organisationen im Zuge der Informationsüberlastung Gefahr, daß durch sie kommunizierte Informationen keine oder lediglich geringe Beachtung finden.

Das kooperative Agieren mehrerer Entwicklungshilfe-Organisationen bietet die Möglichkeit, die notwendige Aufmerksamkeit in der Öffentlichkeit zu erringen. Lazarsfeld und Merton bezeichnen die "Monopolisation" als eine der wesentlichen Erfolgsbedingungen der "Propaganda für soziale Ziele".[128] Danach soll einer Kampagne die ungeteilte Aufmerksamkeit der Öffentlichkeit zuteil werden. Sie soll keinerlei Beeinträchtigung durch Gegendarstellungen anderer Organisationen erfahren. Abgesehen von dem Aspekt, daß widersprüchliche Informationen potentielle Spender verunsichern, bietet die Kooperation mehrerer Entwicklungshilfe-Organisationen den Vorteil einer stärkeren Unterstützung durch die Medien. Diese wiederum schafft den Rahmen, in dem auch verstärkt Persönlichkeiten des öffentlichen Lebens bereit sind, sich für die Anliegen der Entwicklungshilfe zu engagieren.

Als Beispiel eines solch kooperativen Vorgehens mehrerer Entwicklungshilfe-Organisationen sei der "Tag für Afrika" genannt. Aus Anlaß der sich zuspitzenden Ernährungs- und Versorgungslage in vierundzwanzig afrikanischen Staaten südlich der Sahara rief am 23. Januar 1985 die "Gemeinschaftsaktion Afrika", bestehend aus vierzehn großen und kleinen Entwicklungshilfe-Organisationen, gemeinsam zu Unterstützungsaktionen auf. Ihr gemeinsames Ziel war es, an diesem Tag 100 Mio. DM Spenden zu mobilisieren. Doch damit endete auch schon fast die Gemeinsamkeit dieser Aktion. Es war den beteiligten Organisationen - aus Angst, nicht genug Spenden für sich vereinnahmen zu können oder ihre Klientel zu verlieren - nicht

---

128 Vgl. Lazarsfeld/Merton (1972), S. 508.

möglich, sich auf eine gemeinsame Kontonummer zu einigen. [129] Ebensowenig war es den Hilfswerken möglich, eine gemeinsame Dokumentation für diesen Tag zu erstellen. Vielmehr verteilte jede Organisation ihre eigenen Flugblätter und Broschüren. Dennoch war die Resonanz der Bevölkerung sehr hoch: "Fast alle Bundesbürger wurden mit dem Hunger in Afrika konfrontiert" [130] und wenige Wochen nach diesem Tag waren etwa 125 Mio. DM auf den Konten der Hilfswerke eingegangen. [131]

Dieses Beispiel zeigt, wie wirksam ein gemeinsames Handeln der Entwicklungshilfe-Organisationen sein kann. Es verdeutlicht jedoch auch, wie schwierig es ist, ein kooperatives Vorgehen zu realisieren.

Auf Grund der engen Verknüpfung der Probleme der Entwicklungshilfe mit denen der Umweltzerstörung bietet sich neben der Zusammenarbeit mit anderen Entwicklungshilfe-Organisationen beispielsweise auch eine Kooperation mit Umweltschutzorganisationen an. [132]

Im Zusammenhang mit der Schaffung eines Bewußtseins für die Dringlichkeit der Entwicklungshilfe - nicht nur unter humanitären Gesichtspunkten - stellen die Sozialisationsagenten wie Schulen und sonstige Institutionen der Kinder- und Jugenderziehung wichtige Kooperationspartner der Entwicklungshilfe-Organisationen dar. So stellen einige Organisationen diesen Institutionen kostenlos Filme und Informationsmaterial zur Verfügung oder bieten Vortragsdienste an.

---

129 So präsentierten die Medien schließlich fünf verschiedene Kontonummern: Brot für die Welt, Deutsches Rotes Kreuz, Caritas/Misereor, Deutsche Welthungerhilfe und das Konto der Gemeinschaftsaktion Afrika, unter dem sich die verbleibenden Organisationen zusammengeschlossen hatten.
130 Michler (1991), S. 14.
131 Vgl. hierzu Michler (1991), S. 14.
132 Dies geschah beispielsweise in der im Mai 1990 unter dem Motto "Eine Welt für alle" durchgeführten konzertierten Aktion der ARD und mehrerer Umwelt- und Hilfsorganisationen. Ziel dieser Aktion war es, über die zentralen Probleme im Verhältnis zwischen Industriestaaten und Entwicklungsländern zu informieren und Nachdenklichkeit und Betroffenheit auszulösen, "denn nur so könne schließlich auch eine Änderung unseres eigenen Verhaltens und unserer Politik erreicht werden." Michler (1991), S. 32. Zwar hatte man aus der Kritik des Afrikatages gelernt und stellte fundiertere Informationen zur Verfügung, doch konnte auf Grund der mangelnden Kooperationsbereitschaft der beteiligten Organisationen bezüglich der inhaltlichen Positionen das Anliegen, Aufmerksamkeit zu erringen, nicht erfüllt werden. Vgl. Michler (1991), S. 32.

2.5.3.2 Kooperation mit kommerziellen Institutionen

Neben der Möglichkeit der Kooperation mit anderen nicht-kommerziellen Institutionen können die Entwicklungshilfe-Organisationen auch eine Zusammenarbeit mit kommerziellen Institutionen anstreben. [133] Voraussetzung einer solchen Kooperation ist, daß das Geschäftsgebaren der kommerziellen Institutionen mit den Werten und Zielen der Entwicklungshilfe-Organisationen vereinbar ist. Ist diese Voraussetzung erfüllt, muß sich die Fruchtbarkeit einer Kooperation zwischen Entwicklungshilfe-Organisationen und kommerziellen Institutionen keinesfalls auf die Rolle der kommerziellen Institution als Kapitalgeber oder Sponsoren beschränken. [134] Vielmehr kann sich diese Art der Zusammenarbeit bis hin zu Beratungsleistungen z.B. im Bereich der Organisation und Organisationsführung, bei der Erstellung einer Werbekampagne [135] oder einem Transfer von Know-how erstrecken. Darüber hinaus bietet die Kooperation den Entwicklungshilfe-Organisationen die Möglichkeit, von den vorhandenen Kommunikations- und Distributionskanälen der kommerziellen Institutionen zu profitieren. Ferner scheint eine Kooperation auch aus dem Blickwinkel der gesellschaftlichen Position des Unternehmens - z.B. der eines Meinungsführers für einige Bevölkerungsschichten oder andere Unternehmen - vom Standpunkt der Entwicklungshilfe-Organisation her attraktiv.

Ein Zustandekommen einer derart gestalteten Zusammenarbeit wäre sicherlich nicht möglich, wenn nicht auch die kommerzielle Institution einen Vorteil daraus ziehen könnte. Für sie ist eine Kooperation mit einer renommierten Entwicklungshilfe-Organisation meist unter dem Gesichtspunkt der Übernahme gesellschaftlicher Verantwortung und - damit verbunden - der Pflege des unternehmenseigenen Images von Interesse. Weit stärker als in früheren Jahren müssen sich heute die Unternehmen ihrer gesellschaftlichen Verantwortung stellen. In diesem Zusammenhang gewinnen imagebildende Kommunikationsmaßnahmen zunehmend an Bedeutung. Sie finden ihren Ausdruck oftmals in der gezielten Unterstützung nicht-kommerzieller, gemeinnütziger Organisationen. Das kooperative Vorgehen kommerzieller Unternehmen und nicht-kommerzieller Organisationen bedeutet für das jeweilige

---

133 Als Beispiel einer solchen Kooperation sei die 1988 durchgeführte gemeinsame Aktion von SOS-Kinderdorf mit dem Privatsender RTL plus genannt.
134 "In rein finanziellen Zuweisungen erschöpft sich das Engagement gegenüber der Öffentlichkeit keinesfalls. In verstärktem Maße stellt die Industrie auch Mitarbeiter und Einrichtungen für politische und soziale Zwecke frei." Dierkes/van der Bergh (1976), S. 122.
135 Hier sei beispielhaft auf das im Auftrag der Umweltschutzorganisation Greenpeace (Schweiz) 1988 von der Stuttgarter Direktmarketing Agentur M-S-B+K durchgeführte "kommunikative Gesamtkonzept zur Gewinnung von Interessenten, Spendern und neuen Mitgliedern" hingewiesen. Zur näheren Beschreibung der Vorgehensweise vgl. Widmann (1990), S. 250 ff.

Unternehmen einen Zugewinn an sozialem Image. Es findet ein Imagetransfer statt, der beiden Kooperationspartnern Nutzen stiften kann. [136]

2.5.4 Die Möglichkeit einer handelsorientierten Marktbearbeitungsstrategie

Die zunehmende Bedeutung, die der (Einzel-)Handel im Hinblick auf marktgestalterische Funktionen erlangt, [137] bedingt die Notwendigkeit der Frage nach der Relevanz einer handelsorientierten Marktteilnehmerstrategie für die Entwicklungshilfe-Organisationen.

Im Vordergrund der Überlegungen hinsichtlich einer handelsorientierten Marktbearbeitungsstrategie steht die Frage, ob die Einschaltung des Handels die Hilfsorganisationen in ihrem Bestreben, das Spendenaufkommen zu erhöhen, unterstützen kann.
Die Beantwortung dieser Frage wird in entscheidendem Maße von der Tangibilität bzw. Intangibilität der durch die Entwicklungshilfe-Organisationen angebotenen Gratifikationen abhängig sein.

Es steht außer Frage, daß der Handel nur bedingt Unterstützung leisten kann, wenn es um den Absatz immaterieller Gratifikationen geht. Einzig das Aufstellen von Sammelbehältnissen wird in den meisten Fällen nicht genügen, den Besucher der Verkaufsstätte zum Spenden zu motivieren. Gerade in den Fällen der immateriellen Gratifikationen handelt es sich um ein in hohem Maße erklärungsbedürftiges "Produkt". Dem Spender müssen oftmals nicht nur Hintergründe, Zusammenhänge und Notwendigkeit der Entwicklungshilfe erklärt werden, sondern mitunter muß zunächst auch der durch die Spende möglicherweise für ihn entstehende Nutzen kommuniziert werden. Mit dieser umfassenden Aufgabe wird der Einzelhandel in der Regel überfordert sein.

Sofern Entwicklungshilfe-Organisationen ihre Projekte in den Entwicklungsländern auch über den Verkauf von Produkten finanzieren, wäre hier weit eher das Forum gegeben, innerhalb dessen der Handel unterstützend tätig sein könnte. Doch wird diese Form der Zusammenarbeit durch steuerrechtliche Gesetze erschwert, wenn nicht gar unterbunden.

---

136 Vgl. hierzu die Erörterungen hinsichtlich der Imagepflege und - verbesserung in Kapitel II, Punkt 3.2 dieser Arbeit.
137 Siehe hierzu beispielsweise Becker (1992), S. 521.

§ 52 Abs. 2 AO erkennt die Entwicklungshilfe als eine die Belange der Allgemeinheit fördernde Betätigung an und billigt den Entwicklungshilfe-Organisationen das Privileg der Gemeinnützigkeit zu. Hierdurch sind sie von der Pflicht, Körperschaft- und Umsatzsteuer entrichten zu müssen, entbunden, sofern kein steuerschädlicher wirtschaftlicher Geschäftsbetrieb im Sinne des § 14 AO vorliegt. Der Verkauf von Produkten stellt zwar in der Regel eine steuerpflichtige Betätigung eines gemeinnützigen Vereins dar, doch kann auch in diesem Fall die Steuervergünstigung aufrecht erhalten werden, sofern der wirtschaftliche Geschäftsbetrieb kein Zweckbetrieb ist. [138] Um diesen Tatbestand gewährleisten zu können, bedarf es nicht nur der satzungsgemäßen Verwendung der erwirtschafteten Mittel, sondern darüber hinaus der weitestgehenden Vermeidung von Wettbewerb, [139] was bedeutet, daß die Entwicklungshilfe-Organisationen mit ihrem Produktangebot nicht in Konkurrenz zu gewerblichen Unternehmen treten dürfen. Würden die Hilfsorganisationen ihre Produkte über den Handel oder Fachhandel anbieten, wäre der Tatbestand der Wettbewerbsvermeidung nur schwer zu erfüllen; sie würden gegen § 65 Nr. 3 AO verstoßen und dadurch Gefahr laufen, ihre Gemeinnützigkeit zu verlieren.

Finanzieren die Entwicklungshilfe-Organisationen ihre Projekte vorwiegend durch Spenden und nicht über den Verkauf von Produkten, wird eine Zusammenarbeit zwischen ihnen und dem Handel nur schwer realisierbar sein. Verlagern sie Aktivitäten der Beschaffung finanzieller Ressourcen zunehmend auch auf den Verkauf von Produkten, wird dies eine Änderung der Rechtsform bedingen oder die Gründung eines neben der Hilfsorganisation selbständig agierenden, wirtschaftlich orientierten Unternehmens erfordern. Dieses wird sich - sofern es den Handel als Absatzmittler einzuschalten gedenkt - wie jedes andere kommerzielle Unternehmen auf eine Basisstrategie im vertikalen Marketing festlegen müssen. [140]

Zusammenfassend läßt sich feststellen, daß eine zukunftsgerichtete Produkt- bzw. Gratifikationspositionierung den Ausgangspunkt strategischer Marketing-Mix-Planungen der Entwicklungshilfe-Organisationen bildet. Die Festlegung der Instrumentalstrategien sollte Angaben darüber beinhalten, wie die Spender das Leistungsangebot einer Organisation - verglichen mit den Angeboten der Konkurrenten - wahrnehmen und beurteilen. [141] Damit knüpft die geplante Positionierung des Leistungsangebots unmittelbar an die grundlegenden

---

138 Vgl. § 64 Abs. 1 AO.
139 Vgl. § 65 Nr. 3 AO.
140 Siehe beispielsweise Meffert/Kimmeskamp (1983), S. 216 ff.
141 Vgl. Meffert (1986), S. 163.

Strategieentwürfe zur spender- und konkurrenzorientierten Marktbearbeitung an. Die Gestaltung der Kommunikationspolitik, der Distributions- bzw. Beschaffungspolitik und der Preispolitik muß in konsistente Abstimmung mit den Positionierungsmerkmalen gebracht werden. [142)

---

142 Vgl. Köhler (1991a), S. 11 f.

IV. Der Einsatz der Marketing-Mix Instrumente in Entwicklungshilfe-Organisationen

1. Das Marketing-Mix - eine allgemeine Darstellung

Das Marketing-Mix bezeichnet die Gesamtheit aller Instrumentalvariablen, die in einem gegebenen Betrachtungszeitraum in bestimmter quantitativer und qualitativer Ausprägung gegenüber Zielgruppen im Markt eingesetzt werden.

Es lassen sich vier Instrumente als Aktionsgrundlagen des Marketing identifizieren:

* die **Produktpolitik:** Sie umfaßt sämtliche bezüglich eines Produktes getroffenen Entscheidungen während seines gesamten Lebenszyklus. Sie beinhaltet weiterhin "alle an den unternehmerischen Zielsetzungen orientierten Strategien, die darauf gerichtet sind, neue Produkte auf den Markt zu bringen (Produktinnovation), bereits auf dem Markt befindliche Produkte zu modifizieren (Produktvariation) oder bisherige Produkte aus dem Programm herauszunehmen (Produktelimination)." [1]

* die **Entgeltpolitik:** Im Mittelpunkt der preis- bzw. entgeltpolitischen Überlegungen steht das Konstrukt des Preis-/Leistungsverhältnisses. [2] Die preispolitische Ausgestaltung einer absatzpolitischen Gesamtleistung, also die preis- und marktgerechte Gestaltung des Preis-/Leistungsverhältnisses, ist Gegenstand der Entscheidungen im Rahmen der Entgeltpolitik. Diese Entscheidungen beinhalten Tatbestände der - unter strategischen Gesichtspunkten zu treffenden - Wahl alternativer Preisforderungen und damit implizit der Festlegung des pretialen Niveaus, auf dem die Unternehmung künftig operieren will. [3]

* die **Distributionspolitik:** Sie umschließt jene betrieblichen Aktivitäten, "... die darauf gerichtet sind, eine Leistung vom Ort ihrer Entstehung unter Überbrückung von Raum und Zeit an jene Stelle(n), wo sie nach dem Wunsch von Anbieter und Nachfrager in den Verfügungsbereich des letzteren übergehen soll, heranzubringen." [4] Im einzelnen geht es um jene Entscheidungen, die sicherstellen, daß die jeweilige Leistung im richtigen Zustand, zur rechten Zeit und am gewünschten Ort in ausreichender Menge zur Verfügung steht. Die Entscheidungstatbestände im

---
1 Bidlingmaier (1973), S. 229.
2 Vgl. Nieschlag/Dichtl/Hörschgen (1991), S. 237. Den "Preis an sich" gibt es nicht, denn der Preis muß stets in bezug auf die Entscheidungsprozesse bewertet werden.
3 Vgl. Bidlingmaier (1973), S. 279.
4 Nieschlag/Dichtl/Hörschgen (1991), S. 367.

Rahmen des Distributionsmix erstrecken sich auf die Wahl der Distributionskanäle und -organe sowie auf die physische Distribution der Leistungen (insbesondere die mit der Leistung im Zusammenhang stehenden Probleme der Lagerhaltung, des Transportes, der Verpackung etc.). [5]

* die **Kommunikationspolitik**: Aufgabe der Kommunikationspolitik ist die bewußte Gestaltung jener Informationen, die ein Unternehmen zum Zwecke einer Verhaltenssteuerung aktueller und potentieller Interaktionspartner auf den Absatzmarkt richtet. Im Hinblick auf die Beeinflussung der Interaktionspartner stehen dem Unternehmen u.a. folgende Möglichkeiten zur Verfügung: persönlicher Verkauf, Werbung, Verkaufsförderung und Öffentlichkeitsarbeit. [6]

Die vier Dimensionen des Marketing-Mix in ihren unterschiedlichen Ausprägungen sind nicht getrennt voneinander beliebig kombinierbar. Vielmehr entstehen gegenseitige Wechselwirkungen und Interdependenzen, die im Rahmen der Mitteleinsatz-Planung Berücksichtigung finden sollten. [7] Aus diesem Grund wird der Grad der Zielerreichung wesentlich durch den kombinatorischen Einsatz des Marketing-Mix beeinflußt. [8]

Im folgenden werden die Möglichkeiten der Marketing-Mix-Ausgestaltung für den Spendenbereich von Entwicklungshilfe-Organisationen erörtert. Auf Grund der Tatsache, daß einige im Bereich der Entwicklungshilfe tätige Organisationen zur Finanzierung ihrer Projekte neben Spenden auch auf den Verkauf von Gütern zurückgreifen, folgt ebenso eine Betrachtung der Gestaltungsmöglichkeiten des Marketing-Mix für den Produktbereich dieser Organisationen.

Im Rahmen des Marketing-Mix von Entwicklungshilfe-Organisationen kommt der Kommunikations-Strategie eine besondere Bedeutung zu. [9] Sie bildet das Instrumentarium, durch dessen Einsatz zum einen die Öffentlichkeit über die Probleme in den Ländern der "Dritten Welt", die die Existenz von Entwicklungshilfe-Organisationen notwendig werden lassen, aufmerksam gemacht werden kann. Zum anderen erfüllt die Kommunikations-Strategie die Unterfunktionen der Kommunikationsfunktion: Information, Imagebildung sowie Handlungsauslösung. [10]

---

5 Vgl. z.B. Bidlingmaier (1973), S. 328 wie auch Meffert (1986), S. 118.
6 Vgl. Meffert (1986), S. 116.
7 Vgl. Röber (1987), S. 20.
8 Vgl. Poth (1975), S. 213.
9 Vgl. Eiteneyer (1977), S. 306.
10 Siehe hierzu auch die in Kapitel III, Punkt 2.5.2 dieser Arbeit angesprochene Differenzierungsstrategie.

Auf Grund der Bedeutung, die den kommunikationspolitischen Maßnahmen der Entwicklungshilfe-Organisationen zukommt, wird dieser Teil aus der Betrachtung des Marketing-Mix sowohl im Spenden- als auch im Produktbereich ausgeklammert und gesondert in Kapitel V behandelt.

2. Der Einsatz des Marketing-Mix im Spenden-Bereich von Entwicklungshilfe-Organisationen

Im Bereich der Spendenbeschaffung von Entwicklungshilfe-Organisationen gilt der gleiche Grundsatz, der auch im Marketing kommerzieller Unternehmen Gültigkeit besitzt: Der zentrale Bestimmungsfaktor für den Grad der Zielerreichung ist der *kombinatorische* Einsatz des Marketing-Mix. Erst durch das Zusammenwirken aller Instrumente können die Marketing-Strategien zum gewünschten Erfolg führen.

2.1 Gratifikationspolitik

Im Zusammenhang mit den Spenden-Sammlungs-Aktivitäten von Entwicklungshilfe-Organisationen scheint die Frage nach der Produktpolitik im Sinne einer Leistungserstellung auf den ersten Blick irrelevant zu sein; denn Spenden ohne materiellen Gegenwert scheinen ein Paradebeispiel einer einseitigen Transaktion darzustellen. [11] Doch bei genauerer Betrachtung wird deutlich, daß die Produktpolitik in diesem Umfeld - ähnlich dem kommerziellen Marketing - das Kernstück des Spendenmarketing darstellt bzw. darstellen sollte. [12]

Grundlage dieser These bildet das Interaktionsparadigma bzw. das Law of Exchange [13], wonach Austauschprozesse sich nur im "...*Kontext des Strebens nach Belohnung und der Vermeidung von Bestrafung* ..." [14] und unter der Prämisse der Vorteilhaftigkeit des Austausches für die involvierten Parteien vollziehen.

Im Rahmen der Produktgestaltung, bezogen auf die Spendenbeschaffung ohne materiellen Gegenwert, bildet die Orientierung am Gratifikationskonzept daher eine wesentliche Komponente hinsichtlich des anzustrebenden Erfolges. In diesem Bereich der Spendenbeschaffung ist die Produktpolitik als eine Leistungspolitik aufzufassen, die dem Spender im Gegenzug für seine Zuwendung verschiedenste Gratifikationen

---

11 In Kapitel I, Punkt 3.2.1 dieser Arbeit wurde bereits auf die Schwierigkeit hingewiesen, dem Spender den Nutzen, der ihm aus der Spende erwachsen kann, zu verdeutlichen. In erster Linie wird die Zielgruppe der Spende - die Bevölkerung in den Projektländern, in denen die Entwicklungshilfe-Organisationen tätig sind - Nutzen aus der Zuwendung ziehen.
12 Vgl. z.B. Bruhn/Tilmes (1989), S. 117 sowie auch Shapiro (1973), S. 130. Shapiro argumentiert, daß Nonprofit-Organisationen eigentlich zwei Produktpolitik-Strategien konzipieren müßten, eine für die Spender und eine weitere für die Klienten, die eigentlichen Nutznießer der Spende. Vgl. Shapiro (1973), S. 131.
13 Vgl. Kirsch/Lutschewitz/Kutschker (1980), S. 1.
14 Raffée/Wiedmann/Abel (1983), S. 698.

anbietet. [15] Das die quasi-materiellen und immateriellen Gratifikationen umfassende Leistungsprogramm der Entwicklungshilfe-Organisationen dient durch die Bereitstellung von Zusatznutzen - denn der originäre Nutzen der Spende kommt der Bevölkerung in den Entwicklungsländern zugute - einerseits als Spendenanreiz und andererseits der Bedürfnisbefriedigung der Spender.

2.1.1 Quasi-materielle Gratifikationen

In der heutigen Zeit scheint es immer schwieriger zu werden, die Bevölkerung ausschließlich mittels immaterieller Gegenleistungen zum Spenden zu motivieren. Konsequenterweise müssen die Spenden sammelnden Organisationen eine Palette quasi-materieller Gratifikationen, die nur mittelbar mit dem Spendenziel in Beziehung stehen, bereithalten. Wesentlich für die Akzeptanz der Gratifikationen seitens der Spender ist, daß das durch die Entwicklungshilfe-Organisationen offerierte Angebot den Bedürfnissen der Spender entspricht und von ihnen als Tauschobjekt angenommen wird.

2.1.1.1 Chancen

"Ökonomische Chancen sind Versorgungsobjekte, die einen Anspruch garantieren, der auf die Realisierung einer kollektiven - mindestens also zweiseitigen - Vereinbarung zwischen Einzelwirtschaften gerichtet ist. Liegt eine verbindliche Rechtsordnung vor, werden aus diesen Ansprüchen Rechtsansprüche." [16] Einer - nach Meyer - an dem Inhalt der Chance orientierten Einteilung folgend, lassen sich Chancen als Wagnis-, Absicherungs-, Tausch- und objektgebundene Chancen klassifizieren. [17] Im Rahmen des Spendenmarketing von Entwicklungshilfe-Organisationen sind lediglich die Wagnis-Chancen, definiert als "Ansprüche auf Beteiligung an Risiken mit Gewinn- oder Verlustmöglichkeiten" [18] (z.B. Spendenlotterie), von Interesse.

Bekannteste Beispiele sozial-orientierter Organisationen, die mit diesen Praktiken enorme Spendensummen erzielen konnten, sind die "Aktion Sorgenkind" und die

---

15 Vgl. Raffée/Wiedmann/Abel (1983), S. 733.
16 Meyer (1986), S. 16.
17 Vgl. Meyer (1986), S. 16 f.
18 Schweizer (1990), S. 144.

ARD Fernsehlotterie "Ein Platz an der Sonne". [19] Andere Spenden sammelnde Organisationen, denen nur hin und wieder einige Sendesekunden zur Verfügung gestellt werden, leiden jedoch unter dieser übermächtigen Form der Spendenwerbung [20] – so auch die Entwicklungshilfe-Organisationen.

Die steuerrechtlichen Verordnungen der Abgabenordnung stellen eine Erschwernis bei der Durchführung von Lotterien und Tombolas seitens der Entwicklungshilfe-Organisationen dar. Entwicklungshilfe-Organisationen, die gem. § 52 Abs. 2 AO als gemeinnützig anerkannt sind, ist es untersagt, einer im Sinne des § 14 AO definierten steuerpflichtigen Betätigung nachzugehen. Die Erlöse aus einer Tombola unterliegen der Lotteriesteuer.

Sofern eine gemeinnützige Körperschaft jährlich nicht mehr als zwei Lotterien und Tombolas durchführt, sind die dadurch erzielten Einnahmen steuerunschädlich und unterliegen dem in § 65 AO definierten Zweckbetrieb. [21] Wird diese Anzahl überschritten, sind die Gewinne dem wirtschaftlichen Geschäftsbetrieb zuzurechnen und demnach als steuerschädlich zu bezeichnen. Sie unterliegen somit in vollem Umfang der Umsatz- und Körperschaftsteuer.

Durch diese steuerrechtlichen Bestimmungen sind die Angebotsmöglichkeiten der quasi-materiellen Gratifikation "Chance" seitens der Entwicklungshilfe-Organisationen in starkem Maße eingeschränkt. [22]

2.1.1.2 Steuerliche Vergünstigungen

Der Fall der Minderung des zu versteuernden Einkommens stellt eine Form der stellvertretenden Gratifikation dar. [23] Die Entwicklungshilfe-Organisation erhält eine Zuwendung; sie belohnt den Spender jedoch nicht selbst, sondern überläßt dies

---

19 Allerdings erwirtschaften sie lediglich einen Prozentsatz von 3 v.H. am Bruttoumsatz aller Lotteriespielarten, der 1990 bei 10,3 Mrd. DM lag. Vgl. Schweizer (1990), S. 158.
20 Vgl. Seiler (1982), S. 19 wie auch Hohmann (1972), S. 24.
21 Vgl. Neufang/Geckle (o.J.), Gruppe 4/3, S. 5.
22 Die als steuerunschädlich zu bezeichnende Anzahl von zwei Lotterien/Tombolas jährlich bezieht sich auf die gesamte Organisation mit allen freiwilligen Helfern. Da es nicht möglich zu sein scheint, bei der Vielzahl der dezentral agierenden freiwilligen Mitarbeiter die Anzahl der Tombolas in dem vorgeschriebenen Maße einzuhalten, hat beispielsweise das Deutsche Komitee für UNICEF seinen Mitarbeitern die Durchführung von Tombolas vollkommen untersagt. Vgl. Deutsches Komitee für UNICEF (1989), S. VI/5.
23 Vgl. Raffée/Wiedmann/Abel (1983), S. 702.

einem Dritten - in diesem Fall dem Staat. Dieser definiert in Anlage 7 der Einkommensteuerrichtlinien die Entwicklungshilfe als besonders förderungswürdig.

Nach § 48 Abs. 3, Nr. 2 EStDV und § 5 Abs. 1, Nr. 9 KStG wird gefordert, daß die Spendenempfänger [24] entsprechend der Satzung, dem Stiftungsgeschäft oder der sonstigen Verfassung und nach der tatsächlichen Geschäftsführung ausschließlich und unmittelbar gemeinnützigen Zwecken dienen. Darüber hinaus muß die in Empfang genommene Spende von der Körperschaft für die in der Satzung festgelegten Zwecke verwendet werden. Sind diese Voraussetzungen erfüllt, dürfen die als gemeinnützig anerkannten Organisationen für empfangene Zuwendungen Spendenbescheinigungen ausstellen.

Gemäß § 10b EStG sind Spenden an eine Entwicklungshilfe-Organisation bis zu einer Höhe von 10% des Gesamtbetrages der Einkünfte als Sonderausgaben steuerlich absetzbar. [25]

Nach den gültigen Steuergesetzen wird demnach der Betrag der geleisteten Spende höher sein als die durch sie erzielbare Steuerersparnis. Daher ist das Angebot einer steuerlichen Vergünstigung nur als zusätzlicher Anreiz für eine ohnehin beabsichtigte Spende zu sehen. Die Erlangung einer Spendenbescheinigung wird jedoch niemals der originäre Grund einer Spende sein.

Ferner ist zu berücksichtigen, daß der Anreiz einer Spendenquittung z.B. bei Haus- und Straßensammlungen auf Grund der meist geringen Spendenbeträge entfällt. In der überwiegenden Zahl der Fälle würde der Verwaltungs- und Portoaufwand den Spendenumfang überschreiten. Zudem bleiben die Spender bei dieser Art der Sammlung meist anonym. Die Entwicklungshilfe-Organisationen können jedoch Spendenbescheinigungen nur ausstellen, wenn ihnen Name und Anschrift des Spenders sowie der von ihm gespendete Betrag bekannt sind.

Somit sind die Möglichkeiten, die die quasi-materielle Gratifikation "steuerliche Vergünstigung" den Entwicklungshilfe-Organisationen bietet, im Sinne der Gratifikation als Anreizsystem für Zuwendungen lediglich eingeschränkt nutzbar.

---

24 In Kapitel 1, Punkt 3.2.3 dieser Arbeit wurde definiert, welche Körperschaften vom Gesetzgeber als Spendenempfänger zugelassen werden.
25 Vgl. Neufang/Geckle (o.J.), Gruppe 7/25, S. 1.

2.1.2 Immaterielle Gratifikationen

Im Rahmen der Spendenbeschaffung können Entwicklungshilfe-Organisationen neben dem Angebot quasi-materieller Gratifikationen auch auf immaterielle Gegenleistungen zurückgreifen. "Allerdings wird es in der heutigen Zeit zusehends schwieriger, mit immateriellen Gegenleistungen, wie Dank, die Bevölkerung zum Spenden zu motivieren." [26] Denn die Entwicklungshilfe-Organisationen müssen hinsichtlich ihrer Spenden sammelnden Tätigkeit davon ausgehen, daß die potentiellen Spender sich nicht im gleichen Maße wie die Organisationen und ihre Mitarbeiter für das Thema der Entwicklungshilfe interessieren, nicht mit dem gleichen Enthusiasmus an die Lösung der Probleme herangehen und auch nicht unbedingt durch ihnen angebotene, immaterielle Incentives zum Spenden motiviert werden können. [27]

Bei der Gestaltung und Vermittlung unmittelbar spendenzielbezogener Gratifikationen ist ein direkter Übergang der Produkt- in die Kommunikationspolitik festzustellen. [28] Die dem koordinierten Einsatz dieser beiden Instrumentarien zugrundeliegende primäre Zielsetzung muß die positive Einstellungsbeeinflussung potentieller Spender in bezug auf die Entwicklungshilfe und die sich in diesem Bereich engagierenden Organisationen sein. Denn das Ziel der (in der Regel uneigennützig handelnden) Entwicklungshilfe-Organisationen ist es, mit möglichst geringem Aufwand ein möglichst hohes Spendenaufkommen zu erreichen. Dies wird nur möglich sein, wenn der potentielle Spender für sein Handeln keine entsprechende Gegenleistung erwartet; [29] wenn also bereits das Versprechen immaterieller Gratifikationen handlungsauslösend wirkt.

Die erfolgreiche Konzeption eines solchermaßen ausgestalteten Angebots seitens der Spenden sammelnden Organisationen wird sicherlich schwierig sein. Jedoch ist dies nicht unmöglich, wie die Erfolge kirchlicher Organisationen, die sich weitestgehend auf das Angebot immaterieller Gratifikationen stützen, verdeutlichen. [30]

---

26 Seiler (1982), S. 52.
27 Vgl. Andreasen (1982), S. 107.
28 Vgl. Raffée/Wiedmann/Abel (1983), S. 735.
29 Vgl. Holscher/Meyer (1990), S. 246.
30 Siehe hierzu die Tabelle "Finanzielle Ressourcen der Entwicklungshilfe-Organisationen in 1990" in Kapitel IV, Punkt 3. dieser Arbeit. Auf den ersten vier Plätzen dieser, nach dem Umfang der erzielten Spendenbeträge geordneten, Tabelle finden sich ausschließlich in kirchlicher Trägerschaft befindliche Entwicklungshilfe-Organisationen.

2.1.2.1 Soziale Gratifikationen

Dem Angebot der Nutzenversprechung "soziale Gratifikation" liegt die Annahme zugrunde, daß der Spender nicht aus sich selbst heraus Stolz empfinden kann, sondern erst dann, wenn Dritte von seiner Spende Kenntnis erlangen.

Wird das Handeln des Spenders der für ihn relevanten Öffentlichkeit bekannt, kann sich sein Stolz entweder auf deren Anerkennung ob seines sozialen Engagements oder auf die Identifikation seiner Zugehörigkeit zu einer Gruppe, die finanziell zu Spenden in der Lage ist, gründen. [31] Denn: "In einer bestimmten gesellschaftlichen Stellung gehört es zu den Verpflichtungen, in einem ganz kräftigen finanziellen Sinne wohltätig zu sein. ... Hier kommt ein Prestigefaktor, nämlich die Zugehörigkeit zu einer bestimmten Gruppe, dazu, die sich motivierend auf das Spenden auswirkt." [32]

Einer solchermaßen prestige-motivierten Spende kommt die Funktion eines kommunikativen Vehikels zu [33]. Voraussetzungen zur Erfüllung dieser Aufgabe sind:

(1) **Sichtbarkeit der Spende**: Der Spender agiert nicht im Verborgenen, sondern hat die Möglichkeit, seine Spende öffentlich zu kommunizieren; [34]
(2) **Variationsmöglichkeiten der Spende**: Der Spender muß die Möglichkeit haben, sich z.B. durch Höhe der Spende oder den potentiellen Empfänger von anderen Spendern abzuheben, um so seine Individualität zu unterstreichen;
(3) **Personalisierung durch die Spende**: Es muß eine Identifizierung zwischen dem Spender und dem Empfänger der Spende vorliegen, die der Umwelt ein bestimmtes Image bezüglich des Spenders vermittelt, das ihn als Mitglied einer spezifischen Gruppe von Spendern identifiziert. Daher wird der Spender, um sein Selbstwertgefühl steigern zu können und eine Selbstverleugnung zu vermeiden, bei der Wahl der spendenempfangenden Organisation eine mit einem positiven Image auswählen. Denn: " The more prestigious the institution, the more of this value it can pass on to its supporters." [35] Ferner muß das Image der

---

31 Riggs identifiziert Anerkennung und Zugehörigkeit als wesentliche motivationale Wert-Dimensionen im Rahmen der Spendentätigkeit. Vgl. Riggs (1986), S. 65.
32 Carlberg (1981), S. 6.
33 Vgl. Holman (1981), S. 107.
34 Die Notwendigkeit der öffentlichen Kommunikation der Spende leitet sich aus der Tatsache ab, daß der Spender nicht in der Lage ist, aus sich selbst heraus Stolz bezüglich seines Handelns zu entwickeln, sondern er ihn erst dann empfindet, wenn Dritte von seinem Handeln Kenntnis erlangen. Vgl. Holscher (1977), S. 79.
35 Riggs (1986), S. 65.

Organisation, um dem Anspruch der inneren Konsistenz gerecht werden zu können, mit dem persönlichen Image des Spenders übereinstimmen. 36)

Diese Nutzenversprechung kann die verschiedensten Ausprägungen annehmen: angefangen von den bei Haus- und Straßensammlungen üblichen Spenderlisten, denen jeder entnehmen kann, ob und wieviel z.B. der Nachbar gespendet hat, bis hin zu der oftmals von Unternehmen wahrgenommenen Möglichkeit, die Spende als Public Relations-Maßnahme zu publizieren.

Die Entwicklungshilfe-Organisationen müssen bei der Konzeption ihrer Nutzenversprechungen jedoch davon ausgehen, daß nicht jeder Spender durch das Angebot einer sozialen Gratifikation zum Spenden zu motivieren ist. Mancher Spender agiert lieber anonym. Er würde durch die Perspektive der Öffentlichkeit seines Handelns eher abgeschreckt. Auch diesen Erwartungen muß eine Entwicklungshilfe-Organisation entsprechen können, z.B. durch das Angebot psychischer Gratifikationen. 37)

2.1.2.2 Psychische Gratifikationen

Die Literatur definiert diese Kategorie der Nutzenversprechung auch als "austauschlose Gratifikationsvariante" 38), bei der sich die Belohnung im Innenverhältnis des Individuums vollzieht. Die Spenden sammelnde Institution bietet dem Spender eine Gegenleistung für eine Handlung, deren Motivation auf die eigentlichen etymologischen Wurzeln des Wortes Spende zurückzuführen ist. 39) Im Fall der psychischen Gratifikation empfindet der Spender die Hilfeleistung an sich als sinnvoll und daher belohnend. Das werthafte Handeln ersetzt das zweckhafte Handeln. 40)

Konkret besteht die seitens der Entwicklungshilfe-Organisationen angebotene Gegenleistung z.B. in der Möglichkeit des Abbaus von Schuldgefühlen, die mitunter zuvor von den Organisationen bewußt erzeugt wurden. Die kommunikative Botschaft wird

---

36 Ein Spender wird sicherlich nicht den Tierschutzverein mit einer Spende bedenken, wenn er eine Aversion gegen Tiere hat. Vgl. hierzu Sirgy (1982), S. 289.
37 Hedrich schreibt hierzu: "Wenn für christliche Spender der allgemeine PR-Grundsatz "Tue Gutes und rede darüber" nicht gilt, so ist das für den Sammler in der Tat eine Aufforderung zur Diskretion. Er hat den Willen des Spenders zu achten, wenn dieser seinen Namen nicht genannt sehen oder keinen Dank erhalten will." Hedrich (1981), S. 19.
38 Raffée/Wiedmann/Abel (1983), S. 702.
39 Latein: spendere, expensa = schenken, stiften, reichlich abgeben.
40 Vgl. Raffée/Wiedmann/Abel (1983), S. 702.

zu diesem Zweck so gestaltet, daß der Rezipient bei einem Vergleich seiner Lebensumstände mit denen der Menschen in der "Dritten Welt" zu dem Schluß gelangen muß, daß seine Situation sich in der Regel bedeutend positiver darstellt. Unter der Prämisse, daß die Situation in den Entwicklungsländern nicht von ihren Bewohnern selbst verschuldet ist, entstehen bei dem potentiellen Spender Dissonanzen, die sich durch eine Spende an eine Entwicklungshilfe-Organisation reduzieren oder beseitigen lassen.

Vor allem konfessionell gebundene Entwicklungshilfe-Organisationen machen sich diese Kategorie der Gratifikationen bei ihren Sammlungsaktivitäten zunutze. Aus dem Erkennen der Bedürftigkeit anderer resultiert für einen - durch die Einflüsse westlicher Kultur geprägten - Menschen, dessen Wertsystem religiös fundiert ist, die Verpflichtung zu helfen. [41] Seine Belohnung besteht in einem gottgefälligen Handeln und den daraus erwachsenden Zukunftserwartungen.

Aber auch für den nicht religiös motivierten Spender kann aus dem Angebot psychischer Gratifikationen die Motivation zum Handeln erwachsen. "Die meisten Menschen spenden, um sich von persönlicher Verantwortung zu entlasten." [42] So auch, wenn mit der Spende die Perspektive der Vermeidung möglicher Unannehmlichkeiten verbunden ist, wie sie etwa "Brot für die Welt" mit dem Slogan "Hungergebiete sind Krisenherde" zum Ausdruck brachte. [43]

So wirksam das Angebot psychischer Gratifikationen in bezug auf die Spendensammlungs-Aktivitäten auch sein mag, so müssen sich die Entwicklungshilfe-Organisationen doch auch über die Konsequenzen möglicher Reaktanz- und Bumerang-Effekte im klaren sein. Wesentlich bei dieser Art der angebotenen Gratifikationen scheint die richtige Dosierung zu sein. [44]

---

41 Die Bibel verweist an mehreren Stellen auf die Spendentätigkeit des Gläubigen. Hier seien nur einige Stellen des Neuen Testaments genannt: Matth. 5,23; Luk. 3,11 und 19,8; Joh. 12,6; Römer 12,8; Eph. 4,28; Hebr 10,5.
42 Carlberg (1981), S. 2.
43 Vgl. Holscher (1977), S. 80.
44 Raffée/Wiedmann/Abel geben zu bedenken, "daß der Beeinflussungserfolg eines Gratifikationskonzeptes u.a. durch subjektiv empfundene Zwänge (...) reduziert bzw. ins Gegenteil umschlagen kann." Raffée/Wiedmann/Abel (1983), S. 704. Mindak und Bybee weisen darauf hin, daß die allzu drastische Darstellung menschlicher Not nicht geeignet ist, Spender zu gewinnen, da die Appelle zu negativ sind und die Probleme (auch die der Entwicklungshilfe) zu weit weg erscheinen, um wirkungsvoll sein zu können. Mindak/Bybee (1971), S. 14.

2.2 Entgeltpolitik

Die in Verbindung mit den Spendenbeschaffungsmaßnahmen zu treffenden preispolitischen Entscheidungen umfassen neben der Festlegung der zu fordernden Gegenleistungen auch den Einsatz solcher Maßnahmen, die die Bereitstellung der festgelegten Leistung durch die Spender gewährleisten. "Objekt der Gegenleistung sind demnach zum einen Gestaltungsentscheidungen in personell, zeitlich oder lokal differenzierter Hinsicht, die als Äquivalent für das Angebot abzugeben sind, sowie die Bestimmung des organisatorischen Vollzugs der Gegenleistung (Ort, Zeit)." [45]

Im Rahmen der Beschaffungsentscheidung wird der Preis durch den Nachfrager als Leistungsmerkmal [46], zum einen unter dem Aspekt seines persönlichen Anspruchsniveaus und zum anderen durch die effektive Bedürfnis-Befriedigungsleistung des Angebots, bewertet. Für den Nachfrager stellen Preise Kosten dar, die mit der angebotenen Leistung verglichen werden. Je höher der Nachfrager die Leistung im Vergleich zum Preis bewertet, desto größer ist seine Nutzenspanne. Die Kosten bzw. der Preis - aber auch die Leistung - müssen nicht ausschließlich ökonomische Größen darstellen, sondern können darüber hinaus psychologische Nutzenvorstellungen umfassen. [47] Dieses Verständnis liegt auch den preispolitischen Entscheidungen des Spendenmarketing zugrunde. Daher wird anstelle des Terminus Preispolitik auch eher von Gegenleistungspolitik gesprochen. [48] Die Gegenleistung als Äquivalent für ein Angebot kann neben monetären auch nichtmonetäre Entgelte einschließen. [49]

Während die im Rahmen des Spendenmarketing hinsichtlich der monetären Entgelte zu treffenden Entscheidungen weitgehend analog den preispolitischen Entscheidungstatbeständen des kommerziellen Marketing sind, ergeben sich in bezug auf immaterielle Gegenleistungen der Spender - die sich etwa in deren persönlichem Engagement für eine Entwicklungshilfe-Organisation manifestieren können - gravierende Unterschiede. Diese sind darauf zurückzuführen, daß durch die Berücksichtigung nichtmonetärer Entgelte die preispolitischen Entscheidungstatbestände unmittelbar in den Bereich beschaffungspolitischer Entscheidungen münden. Durch die vorwiegend von den ehrenamtlichen Mitarbeitern der Entwicklungshilfe-Organisationen in Form von Dienstleistungsspenden erbrachten immateriellen Gegenleistungen erlangt der

---

45 Bruhn/Tilmes (1989), S. 210.
46 Vgl. Nieschlag/Dichtl/Hörschgen (1991), S. 236 f.
47 Vgl. Poth (1975), S. 209.
48 Vgl. z.B. Raffée (1980), S. 277.
49 Vgl. z.B. Bruhn/Tilmes (1989), S. 210, Raffée/Wiedmann/Abel (1983), S. 738 sowie auch Shapiro (1973), S. 130.

Einsatz der freiwilligen Helfer nicht nur im Rahmen beschaffungspolitischer Entscheidungen, sondern auch im Hinblick auf preispolitische Tatbestände Relevanz.

2.2.1 Materielle Gegenleistungen

Dem Bereich der materiellen Gegenleistungen lassen sich vorwiegend Geld- und Sachspenden zurechnen.

2.2.1.1 Geldmittel

Die wohl bekannteste und gebräuchlichste Form der Spende ist die Geldspende. Sie fließt den Entwicklungshilfe-Organisationen in Form von Bargeld bei Haus- und Straßensammlungen oder mittels Überweisung auf ein angegebenes Spendenkonto zu. Darüber hinaus haben die sich im Bereich der Entwicklungshilfe engagierenden, konfessionell gebundenen Organisationen die Möglichkeit, beim Kirchgang Spenden zu akquirieren. Zum Teil werden Organisationen auch testamentarisch mit Geldzuwendungen bedacht oder erhalten sie durch den Verkauf von Lotterielosen.

2.2.1.2 Sachmittel

Schon im Mittelalter war die Sachspende in Form der Verteilung von Speiseresten an die Armen bekannt – eine Maßnahme, die unter anderem auch auf die Konservierungsprobleme der damaligen Zeit zurückzuführen war. Auch die heute praktizierte Form der Sachspende, zu der Gebrauchsgüter wie z.B. Spielzeug, Kleider, Hausrat und Altmaterialien zu zählen sind, ist nicht ausschließlich auf uneigennützige Motive der Spender zurückzuführen, sondern beinhaltet für sie zusätzlich einen Entsorgungs-Aspekt.[50] In der Regel wird es für die Spenden sammelnden Organisationen einfacher sein, ohnehin nicht mehr benötigte Gegenstände zu sammeln, als Bargeld. Sie können die empfangenen Spenden entweder direkt an die Hilfsbedürftigen weiterleiten, oder - da die Altmaterialien in den meisten Fällen nicht unmittelbar zur Problemlösung geeignet sind - durch deren Verkauf die für ihre Arbeit erforderlichen Finanzmittel beschaffen. Zu diesem Zweck veranstalten die Organisationen Bazare, deren Erträge sie dem satzungsmäßigen Zweck zukommen

---

50 Vgl. Holscher (1977), S. 75.

lassen. Allerdings gehören Bazare grundsätzlich zum wirtschaftlichen Geschäftsbetrieb und stehen in Konkurrenz zu gewerblichen Unternehmen. Die durch sie erzielten Gewinne sind der Körperschaft- und Gewerbesteuer zu unterwerfen. [51] § 64 Abs. 3 AO sieht eine Steuerbefreiung für den Fall vor, daß die Einnahmen einschließlich der Umsatzsteuer aus wirtschaftlichen Geschäftsbetrieben, die keine Zweckbetriebe sind, insgesamt eine Höhe von 60.000 DM jährlich nicht überschreiten.

Für die Entwicklungshilfe-Organisationen ergibt sich hieraus die Konsequenz, daß die durch Veräußerung gesammelter Sachspenden erzielten Mittel jährlich nicht mehr als 60.000 DM betragen dürfen, wollen sie nicht der Körperschaft- und Gewerbesteuer unterworfen werden. [52]

2.2.2 Immaterielle Gegenleistungen

Als immaterielle Gegenleistungen sind vor allem die Dienstleistungsspenden zu bezeichnen, die die Entwicklungshilfe-Organisationen überwiegend durch ihre ehrenamtlichen Mitarbeiter erhalten.

2.2.2.1 Arbeitskraft und Persönlichkeit

Die Mehrzahl der Entwicklungshilfe-Organisationen findet bei der Beschaffung finanzieller Ressourcen Unterstützung durch freiwillige Helfer. Dieses "riesige Potential an Arbeitskräften" [53] stellt eine ihrer wesentlichsten Ressourcen dar. Durch den kostenlosen Einsatz ihrer Fähigkeiten, ihres Wissens sowie ihrer zahlreichen Kontakte unterstützen die ehrenamtlichen Helfer in unentbehrlicher Weise die Arbeit der Organisationen.

Die freiwilligen Helfer können auf Grund ihrer regionalen Verteilung den Vorteil eines hohen lokalen Bekanntheitsgrades, der ihnen ein gewisses Maß an Unterstützung sichert, nutzen. Sie verfügen in der Regel über vielfältige Kontakte, die sie gewinnbringend zum Wohle der Organisation einbringen können. Das Potential der ehrenamtlichen Mitarbeiter ermöglicht den Organisationen eine dezentralisierte

---

51 Vgl. Neufang/Geckle (o.J.), Gruppe 7/6, S. 1.
52 Dieser Tatbestand erstreckt sich auch auf die Vielzahl der freiwilligen Mitarbeiter, da jede Organisation in ihrer Gesamtheit die Summe von 60.000 DM im Jahr nicht überschreiten sollte.
53 Seiler (1982), S. 32.

Arbeitsweise und damit die Möglichkeit der nahezu flächendeckenden Bearbeitung des Spendenmarktes.

Viele Entwicklungshilfe-Organisationen machen sich auch die Unterstützung von Persönlichkeiten des öffentlichen Lebens bei ihren Spendensammlungen zunutze. [54] In der Regel werden prominente Persönlichkeiten gebeten, die Schirmherrschaft für Veranstaltungen zu übernehmen oder in Form von Testimonials die Öffentlichkeit um Unterstützung zu bitten. [55] Durch ihre Mithilfe bürgen sie für die Integrität der Organisation und sorgen für eine große Resonanz in der Presse. [56]

2.2.2.2 Zeit

Selbstverständlich ist der Aspekt des Einsatzes von Zeit eng mit dem des Arbeitseinsatzes der ehrenamtlichen und prominenten Helfer verbunden. Die freiwilligen Helfer setzen neben ihren Fähigkeiten oftmals auch ein beträchtliches Maß an Zeit zur Unterstützung der Arbeit der Organisationen ein.

Der Einsatz von Zeit sollte jedoch auch bei den Spendern, die nicht in dem Maße wie die freiwilligen Helfer mit der Organisation verbunden sind, Beachtung finden. Auch sie müssen Zeit investieren, wenn sie spenden wollen (z.B. beim Gang zu einem Kreditinstitut, um eine Überweisung zu tätigen). Einen solchermaßen für die Spender entstehenden Zeitaufwand gilt es im Sinne der Spendenmaximierung zu minimieren. Konkret bedeutet dies: Um den für den Spendenwilligen zur Realisation der Spende notwendigen Zeitaufwand so klein wie möglich zu gestalten, müssen die Spendensammlungsaktivitäten der Entwicklungshilfe-Organisationen durch ein möglichst flächendeckendes Netz von Sammelstellen jeglicher Art (z.B. Banken, aufgestellte Sammeldosen) unterstützt werden. An diesem Punkt zeigt sich besonders die extrem enge Verflechtung zwischen entgelt- und beschaffungspolitischen Entscheidungen.

---

54 Der - im Hinblick auf das Spendenvolumen - zu verzeichnende Erfolg der Hilfsorganisation Menschen für Menschen ist nicht zuletzt auch auf die Persönlichkeit und das Engagement ihres Gründers Karlheinz Böhm zurückzuführen. Auch auf das in Kapitel V, Punkt 1.2.1.2 dieser Arbeit noch näher zu erläuternde Botschafter-Konzept von UNICEF sei an dieser Stelle beispielhaft verwiesen.
55 Beispiele für Testimonials finden sich in Anhang II.
56 Die Thematik soll an dieser Stelle nicht näher konkretisiert werden, da sie eingehend in Kapitel V, Punkt 1.2.1.2 dieser Arbeit erörtert wird.

2.2.2.3 Zusatzkosten

Als Zusatzkosten sind jene Aufwendungen zu bezeichnen, die den freiwilligen Mitarbeitern im Rahmen ihrer ehrenamtlichen Tätigkeit tatsächlich entstehen. Dazu zählen etwa Ausgaben für Telefon und Porto sowie Fahrt- und Reisekosten. Üblicherweise werden diese Aufwendungen den Mitarbeitern erstattet. Sofern ein Vermögensabfluß vorliegt, besteht jedoch die Möglichkeit, auf die Erstattung der Kosten zu verzichten und sie - so die Körperschaft berechtigt ist, Spendenbescheinigungen auszustellen - als Spenden abzusetzen. [57] Ist sie hierzu nicht berechtigt, muß der Aufwandsersatz grundsätzlich ausbezahlt werden und kann vom Empfänger der Organisation wieder gespendet werden. In der Praxis machen viele freiwillige Mitarbeiter von dieser Regelung Gebrauch.

2.3 Die besondere Rolle der Beschaffungspolitik

"Das eigentliche **Hereinholen der Spenden**, die Durchführung der Beschaffung also, entspricht spiegelbildlich dem **Vertrieb**, der physischen Distribution, im kommerziellen Bereich. Je nach Art der Sammlung sind verschiedene Überlegungen anzustellen, die bei groß angelegten Aktionen äußerst komplizierter, auch logistischer Natur sein können... " [58]

Diese Überlegungen beinhalten sowohl die Auswahl der Beschaffungskanäle als auch die Motivation der ehrenamtlichen Mitarbeiter und rechtliche Bedingungen.

2.3.1 Beschaffungslogistik

Der Begriff der Beschaffung kann definiert werden als "die Summe aller Tätigkeiten, die der Erlangung und Bereitstellung aller für die Zielerreichung der Einzelwirtschaft erforderlichen Versorgungsobjekte dienen." [59]

---

57 § 10 Abs. 3 EStG definiert: "Aufwendungen zugunsten einer zum Empfang steuerlich abzugsfähiger Zuwendungen berechtigten Körperschaft sind nur abzugsfähig, wenn ein Anspruch auf die Erstattung der Aufwendungen durch Vertrag oder Satzung eingeräumt und auf die Erstattung verzichtet worden ist. Der Anspruch darf nicht unter der Bedingung des Verzichts eingeräumt worden sein."
58 Holscher/Meyer (1990), S. 249.
59 Seiler (1982), S. 6.

Zu den Logistik-Aufgaben gehören jene Tätigkeiten, "... durch die die raum-zeitliche Gütertransformation und die damit zusammenhängenden Transformationen hinsichtlich der Gütermengen und -sorten, der Güterhandhabungseigenschaften sowie der logistischen Determiniertheit der Güter geplant, gesteuert, realisiert und kontrolliert werden." [60] Ziel der Koordination dieser Tätigkeiten ist es, einen Güterfluß in Gang zu setzen, der eine möglichst effiziente Verbindung eines Lieferpunktes mit einem Empfangspunkt gewährleistet.

Im wesentlichen lassen sich drei Problemkomplexe identifizieren, mit denen sich die Entwicklungshilfe-Organisationen im Rahmen dieser Aufgabe schwerpunktmäßig auseinandersetzen sollten. Zum einen betreffen sie die Frage, ob die Entwicklungshilfe-Organisationen die Möglichkeit der direkten oder der indirekten Spendenbeschaffung nutzen sollten und zum anderen die in bezug auf die Standortplanung sich ergebenden Problemstellungen. Darüber hinaus scheinen auch die Fragen hinsichtlich des zu wählenden Spendenmodus nicht ohne Relevanz.

2.3.1.1 Die Möglichkeit der direkten oder der indirekten Spendenbeschaffung

Im Rahmen der Aufgaben der effizienten Verbindung des Lieferpunktes mit dem Empfangspunkt bietet sich den Entwicklungshilfe-Organisationen - analog zu der Entscheidung kommerzieller Unternehmen, Produkte direkt oder indirekt zu vertreiben - grundsätzlich die Möglichkeit der direkten oder indirekten Spendenbeschaffung.

Der hierzulande wohl bekannteste Weg der Spendenbeschaffung ist der der direkten Sammlung. Diese verläuft zumeist unter Einschaltung von Sammlern, die in der Regel freiwillige Helfer sind [61], oder in Form von Direct-Mail-Aktionen.

Besonders in den USA, wo kulturelle, medizinische und ähnliche Einrichtungen wie z.B. Universitäten zu einem Großteil durch Spenden finanziert werden, erfreut sich seit einigen Jahren der Weg der indirekten Spendenbeschaffung unter Einschaltung professioneller Beratungsfirmen für Spendenbeschaffung bei den Spenden sammelnden Organisationen zunehmender Beliebtheit. [62] Die Spendenbeschaffer arbeiten entweder als Angestellte gemeinnütziger Organisationen oder sie werden je nach Bedarf als Berater engagiert, um zusammen mit einer Organisation und deren

---

60 Pfohl (1990), S. 12.
61 Die hierdurch auftretenden Probleme der Schulung und Motivation der Mitarbeiter werden nachfolgend in Kapitel IV, Punkt 2.3.2 dieser Arbeit erörtert.
62 Vgl. Hills Busch (1991), S. 13.

freiwilligen Mitarbeitern Spenden zu akquirieren, Direct-Mail-Aktionen zu leiten oder der Wohltätigkeitsorganisation beim Aufbau einer "Fund Raising" Abteilung zu helfen.

Darüber hinaus existiert auch der Spezialtyp des hauptamtlichen Spendenbeschaffers, der von Tür zu Tür geht und für die Organisation, für die er gerade arbeitet, um Geld bittet. Für seine Mühen darf er einen gewissen Prozentsatz des gesammelten Geldes behalten. Auf Dauer kann diese Art der Spendenbeschaffung jedoch nicht im Interesse der Organisationen liegen, da davon auszugehen ist, daß die meisten Spender, die ihr Geld bei Türsammlungen den Sammlern anvertrauen, der Auffassung sind, der gesamte Betrag käme dem wohltätigen Zweck zugute. Es ist fraglich, ob sie auch dann noch spenden würden, wenn sie wüßten, daß ein Teil des Geldes für den Sammler bestimmt ist. Ferner wäre es denkbar, daß die auf Provisionsbasis arbeitenden hauptamtlichen Sammler im Hinblick auf die Maximierung ihres Einkommens falsche Angaben machen oder, um Zuwendungen zu erhalten, Druck auf die Spender ausüben. Der Spender kann diese Vorgehensweise als so unangenehm empfinden, daß er zukünftig nicht mehr bereit sein wird, karitative Organisationen zu unterstützen.

Aus diesem Grund sollten die Spenden sammelnden Organisationen auf den Einsatz hauptamtlicher Sammler verzichten, während die Einschaltung von Beratern im Sinne der Effizienzsteigerung durchaus überlegenswert ist.

2.3.1.2 Die Bedeutung des Standortes für die Beschaffungslogistik

Im Mittelpunkt der Betrachtung logistischer Probleme kommerzieller Unternehmen stehen die Bewegungs- und Lagerungsvorgänge. Im Rahmen der Sammlung von - wie bei Entwicklungshilfe-Organisationen üblich - vorwiegend Geldspenden sind jedoch die Fragen der Lagerung und des Transportes von untergeordneter Bedeutung. Daher beziehen sich die, im Bereich der Spendenbeschaffung zu treffenden, logistischen Entscheidungen in erster Linie auf Fragen der Standortplanung, konkret auf die Standortwahl und Standortanzahl. [63]

Die beschaffungslogistischen Entscheidungen im Spendenwesen sollten sich im wesentlichen an dem Ziel orientieren, jene Mühen zu reduzieren, die dem potentiellen Spender bei der Spendenleistung möglicherweise entstehen. Gleichzeitig müssen die

---

63 Vgl. hierzu auch Bruhn/Tilmes (1989), S. 206.

Entwicklungshilfe-Organisationen jedoch auch dem mit der Errichtung von Sammelstellen verbundenen Kostenaspekt Rechnung tragen, da das Hereinholen von Spenden keinesfalls zum Selbstzweck der Organisation werden sollte.

Um - trotz eines hohen Maßes an räumlicher Penetration der Sammelstellen und dadurch bedingt der Schaffung von geographischer Nähe zum potentiellen Spender - die Kosten für ein solch dichtes Netz der Spendenbeschaffungskanäle für die Spenden sammelnden Organisationen zu minimieren, bietet sich eine Kooperation mit kommerziellen Organisationen an. [64] Als günstig erweist sich die Kooperation mit jenen Organisationen, die ohnehin häufig frequentiert werden, wie beispielsweise Kreditinstitute und Postämter etc., wodurch sich der Zeitaufwand einer Spendenleistung für den potentiellen Spender reduzieren läßt. Es ist jedoch darauf zu achten, daß das Image und die Firmenpolitik der Kooperationspartner nicht konträr zu den Zielen und Wertvorstellungen der Entwicklungshilfe-Organisationen sind. [65]

Die Standortplanung ist deshalb für das Gelingen einer dauerhaften Spender-/ Organisationsbeziehung so bedeutsam, da sie für die Unterstützung der Organisation seitens des Spenders sowie für die mit der Spende verbundenen Kosten verantwortlich ist. Damit wird die Standortwahl zu einem kritischen Teilgebiet einer jeden Beschaffungsplanung und ist ein integrativer Bestandteil des strategischen Beschaffungssystems. [66]

2.3.1.3 Der Spendenmodus

Neben den Entscheidungen bezüglich der Anzahl und der Lage der Standorte spielt auch die Frage des Spendenmodus eine entscheidende Rolle bei der Mittelbeschaffung. Der Spendenmechanismus sollte so unkompliziert wie möglich gestaltet sein, d.h. die während eines Spendenaufrufs genannte Kontonummer muß einprägsam sein, weitestgehend ausgefüllte Spendenträger sollten an den Schaltern von Kreditinstituten und Postämtern ausliegen, die Spendendosen sollten leicht zu befüllen und gegen Diebstahl gesichert sein.

---

64 Vgl. Raffée/Wiedmann/Abel (1983), S. 739.
65 Siehe hierzu auch die Ausführungen hinsichtlich der Möglichkeiten einer Kooperation in Kapitel III, Punkt 2.5.3 dieser Arbeit.
66 Vgl. Bruhn/Tilmes (1989), S. 208.

2.3.2 Motivation der ehrenamtlichen Mitarbeiter

In vielen Entwicklungshilfe-Organisationen läßt sich eine Kombination von hauptamtlichen und ehrenamtlichen Mitarbeitern beobachten, für die einheitliche Grundsätze der Mitarbeiterführung nicht anzuwenden sind. Die Heterogenität der freiwilligen Mitarbeiter und ihr Status der Ehrenamtlichkeit erschweren oftmals die Führung und Koordination dieser Mitarbeiter sowie auch die Zusammenarbeit zwischen den Mitarbeitergruppen. Da das ehrenamtliche Engagement im Hinblick auf die Aufgabenerfüllung vieler Entwicklungshilfe-Organisationen einen unabdingbaren Faktor darstellt, [67] bedarf es seitens der Organisationen der intensiven Auseinandersetzung mit dieser Problematik.

Der Terminus "ehrenamtlich" beinhaltet einen wesentlichen, der Unterstützung durch die freiwilligen Mitarbeiter zugrundeliegenden Aspekt, der darin besteht, daß es sich um eine aus eigenem Antrieb übernommene Arbeit handelt, die nicht auf der Grundlage eines Erwerbsarbeits- oder Ehevertrages und außerhalb des marktförmigen und familialen Organisationsrahmens geleistet wird. [68]

Charakteristische Merkmale der Ehrenamtlichkeit sind: ihre Freiwilligkeit, die geringe formale Verbindlichkeit, das Fehlen vertraglich festgelegter Arbeitsverpflichtungen, ein Minimum an gesellschaftlichem Organisationsgrad und institutioneller Anbindung sowie das Fehlen des Interesses an Verdienst bzw. Einkommen. [69] Von professioneller Tätigkeit läßt sich die Ehrenamtlichkeit durch das Fehlen der Bezahlung für erbrachte Leistung und der damit notwendigerweise verbundenen Voraussetzung materieller Existenzsicherung abgrenzen. Darüber hinaus existieren trotz des institutionellen Rahmens bei Entwicklungshilfe-Organisationen keine Arbeits(platz)beschreibung und keine Sozialversicherung, allenfalls eine Unfall- und

---

67 Müßten die Entwicklungshilfe-Organisationen das Engagement und die Arbeitszeit ihrer ehrenamtlichen Mitarbeiter durch den Einsatz hauptamtlicher Kräfte substituieren, wären die entstehenden Personalkosten für sie nicht finanzierbar. Siehe hierzu auch Porsch (1992), S. 13.
68 Vgl. Backes (1987), S. 3. "Ehrenamt ist eine Staats,- Gemeinde- oder sonstige öffentliche Aufgabe, die nebenberuflich und ohne Entgelt ausgeübt wird. Als Arbeitsverhältnis ist ehrenamtliche Arbeit zwischen Hausarbeit auf der einen Seite und Erwerbsarbeit auf der anderen Seite angesiedelt. Es enthält Merkmale beider Arbeitsverhältnisse und erfüllt als eine Art 'Zwischenarbeitsverhältnis' Funktionen, die aus Haus- und Erwerbsarbeit ausgelagert sind." Porsch (1992), S. 12.
69 Siehe Backes (1987), S. 4.

Haftpflichtversicherung. Die ehrenamtlichen Mitarbeiter müssen keine formal fachlichen Qualifikationen aufweisen. [70]

"Ehrenamtliche Arbeit bedeutet Übernahme von Verantwortung für andere durch die einzelnen. In ihr äußert sich menschliche Solidarität, christliche Motivation und soziales Engagement, aber auch Streben nach sinnvoller Selbstverwirklichung." [71] Demnach gründet sich die Leistungsbereitschaft der ehrenamtlichen Mitarbeiter nicht auf monetäre Anreize. Vielmehr stellt die intrinsische Motivation die Triebfeder der Leistungsbereitschaft dar. Die Bereitschaft, sich für Menschen in den Entwicklungsländern zu engagieren, wurzelt in gesellschaftlich und persönlich fundierten ethischen und/oder religiösen Werten. Doch so stark die intrinsische Motivation der freiwilligen Mitarbeiter auch sein mag, so bedarf deren Arbeit doch der Anerkennung durch die Organisation. [72] "Häufige Nichtbeachtung ihrer (der Ehrenamtlichen, d.V.) Arbeit führt zur Resignation oder zunehmender stillschweigender Verabschiedung." [73] Im Interesse einer Intensivierung der Leistungsbereitschaft der Ehrenamtlichen sollten die Entwicklungshilfe-Organisationen die dem Engagement ihrer Mitarbeiter zugrundeliegenden Werte kultivieren und diesem Engagement Anerkennung zollen. [74]

Entsteht bei den freiwilligen Helfern das Gefühl, ihre Arbeit werde nicht anerkannt oder nicht als sinnvoll erachtet, besteht für sie kein Grund, die Organisation weiterhin durch ihre Arbeit zu unterstützen. Diesem Gefühl müssen die Organisationen

---

70 Eine zusammenfassende Definition der Ehrenamtlichkeit stellt fest: "Mit der ... Bezeichnung "ehrenamtlich" sind v.a. Mitarbeiter gemeint, die ohne spezielle Vorbildung, ohne Dienstvertrag und ohne nennenswertes Entgelt in sozialen Diensten und Einrichtungen mitarbeiten oder solche Institutionen in den Organen freier Träger verantworten." Backes (1987), S. 6.
71 Backes (1987), S. 4.
72 Siehe hierzu auch o.V. (1992a), S. 20.
73 Porsch (1992), S. 12.
74 Im Verlauf eines Gesprächs mit einem "Ehrenamtlichen" kam die Bedeutung der Anerkennung der freiwilligen Arbeit durch die Organisation deutlich zum Ausdruck: Die ehrenamtliche Arbeit entbehrt der statuszuschreibenden Eindeutigkeit des Tauschverhältnisses Lohn für Leistung. Daher sind die Ehrenamtlichen auf die Rückversicherung, daß ihre Arbeit sinnvoll und wertvoll ist, angewiesen.
Da sich die Leistungsbereitschaft der ehrenamtlichen Mitarbeiter einer Entwicklungshilfe-Organisation nicht auf monetäre Anreize gründet, kann die theoretische Fundierung der Mitarbeiter-Motivation nicht auf das Lohn-Anreiz-Modell des Taylorismus zurückgreifen. Vgl. hierzu Wunderer/Grunwald (1980), S. 172. Vielmehr bietet sich in diesem Zusammenhang das Motivationskonzept des Human-Relation-Ansatzes an, das vor allem die informellen Aspekte der Arbeitsorganisation, insbesondere die individuellen Bedürfnisse der Mitarbeiter berücksichtigt. Siehe hierzu Wunderer/Grunwald (1980), S. 173.
Eine eingehendere theoretische Erörterung im Hinblick auf die Motivations-Maßnahmen soll an dieser Stelle nicht erfolgen. Vielmehr sei in diesem Zusammenhang auf Wunderer/Grunwald (1980), Kapitel F und G verwiesen.

frühzeitig entgegenwirken, etwa mittels einer exakten Beschreibung der von den Ehrenamtlichen erwarteten Tätigkeiten. Durch die Charakterisierung des Tätigkeitsbereiches wissen die freiwilligen Helfer, was von ihnen erwartet wird. Dies gewährleistet möglicherweise über einen längeren Zeitraum die Zufriedenheit mit den ihnen übertragenen Aufgaben. Eine andere Möglichkeit der Motivation bietet die Aufforderung, einen Vertrag zu unterzeichnen, der die durch den ehrenamtlichen Mitarbeiter zu erfüllenden Aufgaben sowie seine Rechte festlegt, denn die individuell empfundene Bedeutung einer Tätigkeit nimmt mit steigendem Formalisierungsgrad zu. [75]

Neben der Anerkennung, die den Ehrenamtlichen auf Grund ihrer Leistung seitens der Öffentlichkeit und der Organisation zukommt, kann die Zugehörigkeit zu einer Organisation, auf deren Erfolge die Mitarbeiter stolz sein können - sofern den ehrenamtlichen Mitarbeitern das Gefühl vermittelt wird, daß sie einen Teil dieser Organisation bilden und maßgeblich zu deren Erfolg beitragen - als ein weiterer motivationaler Faktor identifiziert werden.

Wesentlich für das Resultat der Spendenbeschaffung sind neben motivierten auch geschulte Mitarbeiter. Treten sie mit einer Spendenaufforderung an einen potentiellen Spender heran, müssen sie in der Lage sein, auf dessen Fragen bezüglich der Projektarbeit, aber auch der Mittelverwendung korrekt antworten zu können. Dazu bedarf es seitens der Organisation eines optimalen Informationsflusses, einer permanenten Schulung sowie der Bereithaltung sinnvollen Arbeitsmaterials.

Wesentlich für die Arbeit mit den ehrenamtlichen Kräften erscheint auch die Notwendigkeit, diese - in Hinblick auf mögliche Konflikte mit Gesetzgeber oder Finanzamt - mit den rechtlichen Rahmenbedingungen ihrer Tätigkeit, die durch die Sammlungsgesetze, Abgabenordnung, Einkommensteuerrichtlinien etc. vorgegeben werden, vertraut zu machen.

2.3.3 Rechtliche Rahmenbedingungen

Die rechtlichen Rahmenbedingungen der Spendensammlung werden durch die Sammlungsgesetze der Bundesländer definiert. [76] In den Sammlungsgesetzen

---

75 Vgl. Geber (1991), S. 23 f.
76 Der Bund besitzt keine Gesetzgebungsbefugnis auf dem Gebiet der Sammlungen; diese liegt bei den Ländern. Vgl. Strathmann/Quast (1970), S. 7.

werden die Sammlungen in "erlaubnisbedürftige" und "nichterlaubnisbedürftige" sowie sogenannte "andere" Sammlungen unterteilt.

Zu den erlaubnisbedürftigen Sammlungen sind Haus- und Straßensammlungen zu zählen. [77] Die Erteilung der Erlaubnis ist davon abhängig, "daß keine Gefahr einer Störung der öffentlichen Sicherheit und Ordnung besteht, daß genügende Gewähr für die ordnungsmäßige Durchführung der Sammlung und die zweckentsprechende einwandfreie Verwendung des Sammlungsertrages gegeben und nicht zu befürchten ist, daß die Unkosten in offensichtlichem Mißverhältnis zu dem Reinertrag der Sammlung stehen werden." [78] Bei Warenvertrieb sieht der Gesetzgeber vor, daß mindestens ein Viertel des Verkaufspreises für gemeinnützige oder mildtätige Zwecke verbleiben muß. [79]

Als nichterlaubnisbedürftig sehen die Sammlungsgesetze z.B. die Sammlung durch Werbeschreiben oder Spendenbriefe, Spendenaufrufe in der Presse, das Aushängen von Plakaten mit Spendenaufrufen und das Aufstellen von Spendendosen ohne Einwirkung einer Person auf Dritte an. [80] Allerdings sind diese Arten der Spendensammlung in manchen Bundesländern anzeigepflichtig. Ferner können die Behörden die ordnungsgemäße Durchführung überwachen und die spätere Verwendung des Ertrages prüfen. Der Gesetzgeber begründet in diesen Fällen seine Entscheidung der Wahl eines Mittelweges - weder von einer gesetzlichen Regelung völlig abzusehen, noch eine Erlaubnis- oder Anzeigepflicht zu statuieren - mit der Tatsache, daß es jedem Spender selber überlassen bleibt, z.B. auf einen Werbebrief oder einen öffentlichen Aufruf zu reagieren und eine Spende zu überweisen. Ferner weisen einige Gesetze (Berlin, Hessen und Schleswig-Holstein) auf die Existenz des Deutschen Zentralinstituts für soziale Fragen in Berlin hin, das als Auskunftsstelle jedermann Gelegenheit gebe, sich über die Seriosität von spendenwerbenden Organisationen zu informieren. [81]

Neben diesen Gesichtspunkten regeln die Sammlungsgesetze ferner Form und Inhalt der Erlaubnis, deren Rücknahme, Widerruf und nachträgliche Einschränkung sowie die Zuständigkeit der Behörden für die Erlaubniserteilung und deren Abwicklung.

---

77 Vgl. etwa Strathmann/Quast (1970), S. 8 sowie das Sammlungsgesetz für das Land Nordrhein-Westfalen, § 1, Abs. 1.
78 Wehlitz (1967), S. 96.
79 Vgl. z.B. Strathmann/Quast (1970), S. 9.
80 Vgl. Strathmann (1970), S. 159.
81 Vgl. Strathmann/Quast (1970), S. 11.

3. Der Einsatz des Marketing-Mix im Sachprodukt-Bereich von Entwicklungshilfe-Organisationen

Die Mehrzahl der in Deutschland angesiedelten Entwicklungshilfe-Organisationen finanziert ihre in den Entwicklungsländern durchgeführten Projekte durch Spendengelder. Diese kommen ihnen in Form von Geld- und/oder Sachspenden privater oder organisationaler Herkunft, durch Kollekten, Nachlässe, Stiftungen oder staatliche Zuschüsse zu. [82]

Finanzielle Ressourcen der Entwicklungshilfe-Organisationen in 1990

Organisation	finanzielle Ressourcen	erzielt durch:
Missio	191.620.605 DM	Kollekten Mitgliedsbeiträge Kirchensteuermittel Nachlässe
Adveniat	134.117.494 DM	Kollekten, vor allem die Weihnachtskollekte Spenden aus Kirchenhaushaltsmitteln Nachlässe, Schenkungen
Misereor	132.923.806 DM	Geld- und/oder Sachspenden staatliche Zuschüsse Kollekten Nachlässe, Schenkungen Verkauf von Informations- und Bildungsmaterial, der lediglich kostendeckend ist - durch den keine Projekte finanziert werden
Brot für die Welt	110.322.580 DM	Geld- und/oder Sachspenden (100.074.981 DM) Kollekten Stiftungen, Nachlässe Zuschüsse des Landes Baden-Württemberg Verkauf von Bildungs- und Unterrichtsmaterial, jedoch ohne Benefizanteil; lediglich kostendeckend im Rahmen der Informations- und Bildungsarbeit (911.868 DM)
Deutsche Welthungerhilfe	99.668.000 DM	Spenden staatliche Zuschüsse Zuschüsse der europäischen Kommission
Kindernothilfe	71.227.600 DM	Geldspenden aus Patenschaften Mitgliedsbeiträge staatliche Zuschüsse Stiftungen kirchliche Zuwendungen Bußgelder Verkauf von Informations- und Bildungsmaterial
Deutscher Caritasverband	69.752.452 DM	Spenden (30.694.041 DM) öffentliche Mittel (28.118.036 DM) kirchliche Haushaltsmittel (10.940.375 DM)
Deutsches Komitee für UNICEF	64.380.731 DM	Spenden (32.539.464 DM) Verkauf von Grußkarten (31.841.267 DM)

---

82 Siehe hierzu die nachstehende Tabelle, deren Angaben den Geschäfts- bzw. Jahresberichten der einzelnen Organisationen entnommen sind.

Korean Relief	28.881.187 DM	Spenden staatliche Zuschüsse der koreanischen Regierung
SOS-Kinderdorf	20.400.000 DM	Spenden Verkauf von Weihnachtskarten Erbschaften, Schenkungen Zuschüsse, Pflegegelder Bußgelder
Deutsches Rotes Kreuz	17.781.100 DM	Geld- und Sachspenden staatliche Zuschüsse Zuschüsse der europäischen Gemeinschaft
Menschen für Menschen	14.828.786 DM	Spenden
Terre des Hommes	12.300.000 DM	Spenden staatliche Zuschüsse Verkauf von Informations- und Werbematerial
Andheri-Hilfe	8.100.466 DM	Geld- und/oder Sachspenden Mitgliedsbeiträge staatliche Zuschüsse Zuschüsse der europäischen Kommission
Care Deutschland	4.436.056 DM	Geld- und/oder Sachspenden staatliche Zuschüsse
Eirene	3.105.920 DM	Spenden öffentliche Mittel Zuschüsse von Kirchen und Hilfsorganisationen Verkauf von Büchern und Informationsmaterial (in 1990 1.799 DM)
Amref	k.A.	Geld- und/oder Sachspenden staatliche Zuschüsse
Deutsches Komitee Notärzte e.V.	k.A.	Spenden

Tab. 6: Finanzielle Ressourcen

Neben den sich ausschließlich aus Spendengeldern finanzierenden Institutionen existieren einige wenige im Bereich der Entwicklungshilfe agierende Organisationen, die ihre Projektarbeit zusätzlich oder überwiegend durch den Verkauf von Produkten zu finanzieren suchen. Ferner existieren im Bereich der Entwicklungshilfe tätige Institutionen, deren entwicklungspolitische Unterstützung darin besteht, in den Entwicklungsländern erzeugte Produkte auf dem deutschen Markt zu gerechten Preisen [83] anzubieten, um so den Gedanken der Hilfe zur Selbsthilfe konsequent verfolgen zu können.

Die bisherigen Ausführungen dieses Kapitels haben sich schwerpunktmäßig auf das Marketing-Mix im Spenden-Bereich von Entwicklungshilfe-Organisationen und damit auf den Bereich des Angebots-Kontinuums von Gütern dominant immateriellen

---

[83] Als gerechte Preise bezeichnen die im Bereich der Entwicklungshilfe tätigen Institutionen jene Preise, die so kalkuliert sind, daß vor allem die Produzenten der Rohstoffe und Waren (insbesondere die Kleinbauern) in den Entwicklungsländern und weniger die Zwischenhändler, Importeure und Spediteure vom Anbau bzw. Verkauf der Produkte profitieren.

Charakters bezogen. Im folgenden stehen nun die in bezug auf Güter mit dominant materiellem Charakter (der Sachprodukt-Bereich dem Entwicklungshilfe-Organisationen) möglichen Marketing-Mix-Aktivitäten im Mittelpunkt der Betrachtung.

Im Bereich der klassischen, auf der Grundlage der Spendentätigkeit im Gegenzug für immaterielle und quasi-materielle Gratifikationen basierenden Spendenakquisition stellt die Beschaffungsseite einen potentiellen Engpaßfaktor dar. Demgegenüber läßt sich im Bereich der Spendenbeschaffung durch den Verkauf von Produkten die Absatzseite als Engpaßfaktor identifizieren. Aus diesem Grund müssen jene Institutionen, die ihre entwicklungspolitischen Projektarbeit ganz oder teilweise durch den Verkauf von Produkten finanzieren, im Rahmen der marketingpolitischen Instrumentalentscheidungen diesen Gesichtspunkten Beachtung schenken.

Den Ausführungen bezüglich des Einsatzes eines marketingpolitischen Instrumentariums im Produkt-Bereich von Entwicklungshilfe-Organisationen liegen im wesentlichen die Ergebnisse der im Hinblick auf diese Problematik durchgeführten Primärerhebung zugrunde.

3.1 Produktpolitik

Die Untersuchung hinsichtlich des Angebots materieller Güter seitens der Entwicklungshilfe-Organisationen ergab, daß zahlreiche Entwicklungshilfe-Organisationen ihren Spendern Produkte anbieten. Die aus diesen Verkäufen erzielten Erlöse werden jedoch in den seltensten Fällen zur Finanzierung der Entwicklungshilfeprojekte eingesetzt. Vielmehr handelt es sich um ein im Rahmen der von den Entwicklungshilfe-Organisationen durchgeführten Informations- und Bildungsarbeit zusammengestelltes Angebotssortiment, das neben Zeitschriften, Bilderbüchern, Literatur zum Themenschwerpunkt "Dritte Welt" sowie Länderinformationen auch Post- und Briefkarten, Kalender und Spiele enthält. Diese Artikel werden in den meisten Fällen zu sehr günstigen, meist lediglich kostendeckenden Preisen oder sogar kostenlos an Interessenten abgegeben. Darüber hinaus stellen die Entwicklungshilfe-Organisationen Unterrichtsreihen für Schulen und Kindergärten zur Verfügung und verleihen Ausstellungen, Diaserien, Videokassetten und Filme. [84]

---

84 Siehe hierzu etwa die Materialverzeichnisse von Brot für die Welt, Misereor oder der Caritas Auslandshilfe sowie die Verzeichnisse für Informationsmedien und Werbematerial der Kindernothilfe und der Deutschen Welthungerhilfe.

Die Produktpolitik dieser Anbieter soll im folgenden von der weiteren Betrachtung ausgeschlossen werden. Interessant im Hinblick auf Aussagen bezüglich des Einsatzes des marketingpolitischen Instrumentariums im Produkt-Bereich scheinen vor allem die Produkte jener Organisationen, die ihre Projekte in den Entwicklungsländern über den Verkauf von Produkten in den Industriestaaten ganz oder teilweise finanzieren.

3.1.1 Die Produktpalette von Entwicklungshilfe-Organisationen

Als die wesentlichen sich im Rahmen der Entwicklungszusammenarbeit engagierenden Institutionen, die die Menschen in den Entwicklungsländern durch den Verkauf von Produkten zu unterstützen suchen, lassen sich die Dritte Welt Shop Gesellschaft und die GEPA identifizieren.

Bei der Dritte Welt Shop Gesellschaft handelt es sich um eine 100%ige Tochter der Deutschen Welthungerhilfe. "Gegenstand der Gesellschaft sind vor allem der Vertrieb handwerklicher Erzeugnisse von Selbsthilfegruppen aus Entwicklungsländern, deren Beratung, die Gewährung von Lieferkrediten sowie die Förderung der entwicklungspolitischen Bewußtseinsbildung im Bereich des Handels und des interkulturellen Austausches." [85]

Die GEPA (Gesellschaft zur Förderung der Partnerschaft mit der Dritten Welt mbH) ist eine Handelsorganisation im Rahmen der "Aktion Dritte Welt Handel". Die GEPA bezieht ihre Produkte von für eine selbstbestimmte Entwicklung arbeitenden Produzentengruppen in Afrika, Asien und Lateinamerika. Hauptsächlich handelt es sich hierbei um Genossenschaften und vergleichbare Selbsthilfegruppen von Kleinbauern und Handwerkern.

Zweck und Aufgabe der GEPA sind:
" a) Die Lebensbedingungen von Menschen in den Ländern, die in der Struktur der Weltwirtschaft benachteiligt sind, in einer Weise zu verbessern, die es ihnen ermöglicht, aus eigener Kraft einen angemessenen Lebensunterhalt sicherzustellen.
b) Die Menschen in der Bundesrepublik Deutschland durch das Angebot von Erzeugnissen aus Entwicklungsländern auf den Stand der Lebens- und Produktionsstrukturen in der Weltwirtschaft und auf die Bedeutung entwick-

---

85 Deutsche Welthungerhilfe (1991), S. 12.

lungspolitischer Arbeit hinzuweisen und sie zu persönlichem Handeln anzuregen." [86]

Träger der GEPA, respektive kapitalmäßig an dieser Organisation beteiligt, sind:

* Arbeitsgemeinschaft Dritte Welt Läden e.V. (ein Zusammenschluß von über 60 Dritte Welt Läden)
* Arbeitsgemeinschaft Evangelischer Jugend in Deutschland
* Bund Deutscher Katholischer Jugend
* Bischöfliches Hilfswerk Misereor e.V.
* Arbeitsgemeinschaft Kirchlicher Entwicklungsdienst der EKD

Die Produktpalette der GEPA umfaßt ca. 1.000 handwerkliche und kunstgewerbliche Artikel wie beispielsweise Kleidung, Schmuck, Lederwaren, Kinderspielzeug und Musikinstrumente sowie "Kolonialwaren" (Gewürze, Kaffee, Tee, Wein und Honig) aus mehreren Ländern Afrikas, Asiens und Lateinamerikas. Die durch die GEPA angebotenen Produkte unterscheiden sich wesentlich von vergleichbaren Produkten kommerzieller Anbieter auf Grund der Tatsache, daß die Produkte nicht nur aus Rohstoffen bestehen, die in den Entwicklungsländern angebaut werden, sondern darüber hinaus direkt in dem rohstoffproduzierenden Land erzeugt werden. Durch diese Angebotsstrategie soll gewährleistet werden, daß in den jeweiligen Ländern Verarbeitungsindustrien entstehen können, die dazu beitragen, die durch den Verfall der Rohstoffpreise bedingte Verschlechterung der terms of trade und die dadurch entstandenen Nachteile im internationalen Wirtschaftsgeschehen auszugleichen. [87]

Neben diesen Produkten bietet die GEPA ein den Themenkomplex der Entwicklungshilfe und -politik im weitesten Sinne aufgreifendes Büchersortiment

---

86 Deutsches Zentralinstiut für soziale Fragen (o.J.): Auskunft über: GEPA - Aktion Dritte Welt-Handel.
87 Die GEPA erläutert hierzu im einzelnen: "Die Strukturen des heutigen Weltmarkts degradieren die ProduzentInnen der sogenannten Dritten Welt zu billigen Rohstoffversorgern für die Industrienationen. High-Tech der Industrieländer gegen Rohstoffe aus Übersee, zu unverhältnismäßigen Preisen nach Diktat der Industriemächte. Die Armut in der Dritten Welt ist keine schicksalhafte Fügung. Die früheren Kolonialmächte - heute in der Mehrzahl Industrienationen - haben die Grundlagen für die heutigen Wirtschaftsstrukturen gelegt: Monokulturen und Plantagenwirtschaft als Grundlage für die Massenversorgung der Industriemärkte mit billigen Kolonialwaren. Bäuerliche Selbstversorgungswirtschaften wurden vernichtet, eine eigenständige ökonomische Entwicklung der kolonisierten Länder wird bis zum heutigen Tag erschwert, wenn nicht gar unmöglich gemacht. Die Basis für einen gerechten Austausch der wertvollen Rohstoffe gegen Produkte der Industriewelt ist nicht gegeben, die ProduzentInnen der Dritten Welt werden zu abhängigen Almosenempfängern." GEPA-Katalog (1992), S. 3.

sowie Materialien zur entwicklungspolitischen Bildungsarbeit im Rahmen von Aktionsveranstaltungen an.

Die Dritte Welt Shop Gesellschaft verfügt über ein ähnlich strukturiertes Sortiment wie die GEPA. Schwerpunkt ihrer Angebotspalette ist vorwiegend in asiatischen und lateinamerikanischen Ländern produzierte Kleidung. Darüber hinaus bietet auch sie in den Entwicklungsländern hergestellte handwerkliche und kunstgewerbliche Produkte an. Während bei der GEPA der Gedanke der Hilfe zur Selbsthilfe durch Stärkung einheimischer Verarbeitungsindustrien im Vordergrund steht, bildet für die Dritte Welt Shop Gesellschaft zusätzlich die Beschaffung finanzieller Ressourcen zur Unterstützung einer erfolgreichen Projektarbeit der Deutschen Welthungerhilfe einen wesentlichen Aspekt ihrer Arbeit. 1990 konnte sie die Arbeit dieser Organisation mit 1,1 Mio. DM unterstützen. [88]

Neben diesen im Bereich der Entwicklungshilfe tätigen, kommerziellen Handelsorganisationen existiert (der durchgeführten Erhebung zufolge) auch eine als gemeinnützig anerkannte Organisation, die ihre Projektarbeit in den Ländern der "Dritten Welt" in erheblichem Umfang durch den Verkauf von Produkten finanziert: UNICEF. [89]

Das vom Deutschen Komitee für UNICEF angebotene Sortiment enthält neben der, mit verschiedensten Motiven und in unterschiedlichen Größen erhältlichen, traditionellen Doppelkarte Postkarten, verschiedene Kalender-Varianten, Briefpapier, Geschenkanhänger und Karten zu besonderen Anlässen (etwa Geburtsanzeigen oder Einladungs-Karten) sowie in dem Projektland Nepal gefertigte Karten.

Die Beschreibung der Produkt-Sortimente der verschiedenen Anbieter macht deutlich, daß offensichtlich - bedingt durch das Vorliegen des Status der Gemeinnützigkeit - unterschiedliche Angebotsstrukturen vorliegen.

---

88 Vgl. Westermann (1991), S. 12.
89 Zwar ist der Anteil der durch den Verkauf der Produkte erzielten finanziellen Ressourcen über die vergangenen Jahre nahezu kontinuierlich gesunken: 1986: 56%; 1987: 57,2%; 1988: 55,5%; 1989: 52,9%; 1990: 49,5% und 1991: 39,6%, doch ist diese Entwicklung nach Angabe der Organisation langfristig beabsichtigt. Denn bei kontinuierlich steigenden Einnahmen aus Verkaufsaktivitäten bedeutet ein sinkender Anteil dieser Einnahmen an den Gesamteinnahmen, daß sich die Einnahmen aus Spenden erhöht haben. Vgl. Deutsches Komitee für UNICEF (1992), S. 21.

3.1.2 Rechtliche Rahmenbedingungen der Produktpolitik

Die rechtlichen Rahmenbedingungen sind sicherlich als eine der Hauptursachen dafür zu sehen, daß der Großteil der Entwicklungshilfe-Organisationen sich bei der Finanzierung ihrer Projekte weitestgehend oder ausschließlich auf die Beschaffung von Spenden beschränkt, dagegen auf die Möglichkeit der Finanzierung durch den Verkauf anderer Produkte als Informationsmaterialien verzichtet.

Gemäß § 52 Abs. 2 AO handelt es sich bei der Entwicklungshilfe um eine die Belange der Allgemeinheit fördernde Betätigung, auf Grund derer den Entwicklungshilfe-Organisationen das Privileg der Gemeinnützigkeit zugestanden werden kann. "Neben der Verfolgung gemeinnütziger Zwecke und der Förderung der Allgemeinheit auf materiellem, geistigem und sittlichem Gebiet, muß als weitere Grundvoraussetzung für die Anerkennung der Gemeinnützigkeit die Selbstlosigkeit, § 55 Abs. 1 AO gegeben sein." [90] Die Förderung oder Unterstützung im Sinne des § 55 Abs. 1 AO ist selbstlos, wenn dadurch nicht in erster Linie eigenwirtschaftliche Zwecke verfolgt werden. Eigenwirtschaftliche Zwecke sind solche, die der Mehrung der eigenen Einkünfte oder der eigenen Substanz dienen. Hierzu sind beispielsweise gewerbliche Zwecke, deren primäre Absicht die Erzielung von Gewinn darstellt, zu zählen.

Ein von einer gemeinnützigen Zwecken dienenden Körperschaft unterhaltener steuerschädlicher wirtschaftlicher Geschäftsbetrieb i.S. von § 14 AO stellt jedoch keinen Verstoß gegen die Selbstlosigkeit dar. Dennoch führt dessen Unterhaltung in bezug auf die o.g. Tätigkeiten zur Einschränkung steuerlicher Vergünstigungen. Durch einen solchen Betrieb unterliegt die Körperschaft partiell der Steuerpflicht. Steuerunschädliche wirtschaftliche Geschäftsbetriebe beeinträchtigen, da vom Gesetzgeber ausdrücklich zugelassen, die Gemeinnützigkeit nicht.

"Eine steuerpflichtige Betätigung eines an sich gemeinnützigen Vereins ist dann gegeben, wenn eine selbständige, nachhaltige Tätigkeit ausgeübt wird, durch die Einnahmen erzielt werden und die über die bloße Vermögensverwaltung hinausgeht. Hierbei kommt es nicht auf die Gewinnerzielungsabsicht an." [91]

Selbst wenn man davon ausgehen kann, daß die Entwicklungshilfe-Organisationen den Verkauf von Produkten nicht mit der Absicht der Gewinnerzielung, sondern unter dem Aspekt der Spendenbeschaffung betreiben, würde diese Tätigkeit eine steuerpflichtige Betätigung darstellen, die zu einer partiellen Steuerpflicht der Körperschaft führen würde und möglicherweise den Verlust der Gemeinnützigkeit

---

90 Reuber (1989), S. 52/12.
91 Neufang/Geckle (o.J.), Gruppe 4/3, S. 5.

bedingen könnte. Wird einer Entwicklungshilfe-Organisation der Status der Gemeinnützigkeit aberkannt, verliert sie dadurch auch die Berechtigung, Spendenbescheinigungen ausstellen zu dürfen und damit eine ihrer Gratifikationsmöglichkeiten.

Will eine als gemeinnützig anerkannte Entwicklungshilfe-Organisation weder auf ihren Status noch auf die Möglichkeit der Finanzierung ihrer Projekte durch Verkauf von Produkten verzichten, bleibt ihr - sofern sie nicht über eine entsprechende Vereinbarung mit einer Finanzbehörde, die ihr den Vertrieb von Produkten erlaubt, verfügt [92] - die Möglichkeit der Gründung eines nach wirtschaftlichen Gesichtspunkten arbeitenden kommerziellen Unternehmens. Durch eine partielle oder totale finanzielle Beteiligung an diesem kommerziellen Unternehmen hat die gemeinnützige Organisation die Möglichkeit, die Geschäftsaktivitäten des kommerziellen Unternehmens zu kontrollieren. [93]

Sowohl die Dritte Welt Shop Gesellschaft als auch die GEPA orientieren sich bei ihrer Arbeit vorwiegend an sozialen Zielen, da ihre Geschäftsphilosophie in starkem Maße entwicklungspolitische Kriterien berücksichtigt, primär also nicht gewinnorientiert ist,. Gleichwohl folgt ihr Handeln wirtschaftlichen Grundsätzen. Beide Handelsgesellschaften sind von den zuständigen Finanzbehörden im Sinne des Steuerrechts nicht als gemeinnützig anerkannt. Dadurch sind sie bei der Gestaltung ihres Produktangebots keinen anderen als den allgemeinen rechtlichen Restriktionen unterworfen.

3.1.3 Gestaltungsmöglichkeiten im Produktbereich

Im Hinblick auf eine effiziente Unterstützung der Projektarbeit der Entwicklungshilfe-Organisationen durch den Verkauf von Produkten sollte die angebotene Produktpalette den Wünschen und Bedürfnissen der Konsumenten in materieller wie

---

92 Beispielhaft sei der Verkauf der UNICEF-Grußkarten erwähnt. Entsprechend einer Vereinbarung mit der Oberfinanzdirektion sind 75% des Verkaufswertes der Karten von der Umsatzsteuer ausgenommen, d.h. dieser Betrag ist gegen Spendenbescheinigung von der Steuer gem. § 10b EStG absetzbar. In den übrigen 25% des Verkaufswertes ist die Umsatzsteuer enthalten. Das Deutsche Komitee für UNICEF muß jedes Jahr nachweisen, daß die Kosten 25% des Grußkartenumsatzes nicht übersteigen. Vgl. Deutsches Komitee für UNICEF (1989), S. II/3. Diese Vereinbarung erstreckt sich lediglich auf Grußkarten. Der Verkauf anderer Artikel wird - soweit er sich im Rahmen eines steuerunschädlichen wirtschaftlichen Geschäftsbetriebes vollziehen soll - untersagt.
93 Beispielhaft sei auf die 100% ige Tochter der Deutschen Welthungerhilfe, die Dritte Welt Shop Gesellschaft, verwiesen.

auch in ideeller Hinsicht entsprechen. Ähnlich wie die Gratifikationspolitik im Bereich der Spendenbeschaffung bildet damit die Produkt- und Sortimentspolitik im Sachprodukt-Bereich dieser Institutionen bzw. Organisationen das "Herz des Marketing". Aus diesem Grund ist eine attraktive - an den sich wandelnden Bedürfnissen der Konsumenten ausgerichtete - Gestaltung des Produktangebots im Hinblick auf die Möglichkeiten der Hilfsorganisationen, ihren primären Aufgaben nachkommen zu können, unverzichtbar.

3.1.3.1 Entscheidungen bezüglich der Dimensionen des Sortiments

Hat sich eine im Bereich der Entwicklungshilfe tätige Institution dazu entschlossen, die Bevölkerung in den Entwicklungsländern nicht ausschließlich durch die Bereitstellung von Spendengeldern, sondern darüber hinaus durch den Verkauf von Produkten zu unterstützen, beschränkt sie ihr Leistungsangebot in der Regel nicht auf ein einzelnes Produkt. Vielmehr wird ihr Leistungsangebot mitunter verschiedenste, zu Produktlinien zusammenfaßbare Produkte umfassen. Die Produktlinien können anhand der Dimensionen Breite, und Tiefe der im Leistungsprogramm aggregierten Produkte charakterisiert werden. [94]

Die Breite des Sortiments gibt an, wie viele verschiedene Produktarten oder Produktlinien im Leistungsprogramm enthalten sind. Hingegen bezieht sich die Programmtiefe auf die durchschnittliche Anzahl der innerhalb einer Produktlinie vorhandenen Produktvarianten. Die Unterscheidung bezüglich der Programmvielfalt trägt dem Ausmaß der Unterschiedlichkeit einzelner Leistungen in bezug auf die Abnehmerverwendung, die distributive Ansprache u.a.m. Rechnung. [95]

Während kommerzielle Unternehmen hinsichtlich der, die Dimension ihres Leistungsangebots betreffenden Entscheidungen einen relativ großen Entscheidungsspielraum ausschöpfen können, sind die im Bereich der Entwicklungshilfe tätigen Produktanbieter im Hinblick auf diesen Entscheidungstatbestand mehr oder weniger strikten Restriktionen unterworfen.

Die bereits beschriebenen rechtlichen Rahmenbedingungen der §§ 14 und 55 AO reglementieren die dimensionspolitischen Entscheidungen der als gemeinnützig anerkannten Organisationen in erheblichem Umfang. Dieser Tatbestand spiegelt sich beispielsweise in der Produktpolitik des bedeutendsten auf dem deutschen Markt

---

94 Vgl. Kotler/Bliemel (1992), S. 630.
95 Vgl. Bruhn/Tilmes (1989), S. 126.

tätigen gemeinnützigen Produktanbieters UNICEF wider. Um den Status der Gemeinnützigkeit nicht zu verlieren, verzichtet diese Organisation darauf, ihr Sortiment wesentlich zu verbreitern. Vielmehr umfassen ihre dimensionspolitischen Entscheidungen die Tiefe des Sortiments. [96]

Im Gegensatz zu den als gemeinnützig anerkannten Organisationen sind die zwar im wesentlichen nach gemeinnützigen Grundsätzen handelnden, vom Gesetzgeber jedoch als kommerzielle Unternehmen klassifizierten Institutionen diesen Restriktionen nicht unterworfen. [97] Bei den im Hinblick auf die Dimensionen ihres Leistungsangebots zu treffenden Entscheidungen steht ihnen ein relativ weit gespannter Entscheidungsspielraum zur Verfügung, der lediglich durch die Zielorientierung, ausschließlich in den Entwicklungsländern produzierte Güter zu vertreiben, geprägt wird. Aus diesem Grund weist ihr Sortiment neben einer beträchtlichen Breite hinsichtlich mancher Produkte auch eine erstaunliche Tiefe auf. Diese Institutionen scheinen zunehmend bemüht, die sich ihnen im Hinblick auf die Vielfalt bietenden Entscheidungsfreiräume auszunutzen. [98]

3.1.3.2 Entscheidungstatbestände der Sachproduktpolitik

Ziel der Abgrenzung produkt- und sortimentspolitischer Entscheidungstatbestände ist die, die Wünsche und Bedürfnisse der Konsumenten und die angebotsseitigen Strukturen berücksichtigende, Gestaltung des Produktprogramms bzw. Sortiments eines Produktanbieters. Gegenstand dieser Entscheidungstatbestände können Überlegungen zu Produktinnovation, Produktvariation sowie Produkteliminierung sein. "Die drei zentralen Aufgaben der Produktplanung stehen nicht isoliert nebeneinander, d.h. weder Neueinführungen (Innovationen) oder laufende Produktbetreuungsmaßnahmen noch Eliminationen können unabhängig voneinander eine langfristige Sicherung des Erfolges einer Unternehmung gewährleisten." [99]

---

96 Dies zeigt sich beispielsweise in dem Grußkartenkatalog dieser Organisation, dessen Weihnachts-Kollektion im Winter 1992 neunzehn verschiedene Weihnachtskarten-Serien und Einzelkarten-Motive anbietet. Neben Karten mit naiver Malerei enthält das Sortiment eine humoristische Serie, religiöse Motive und klassische Weihnachtskarten wie auch Weihnachtsminikarten und Weihnachtspostkarten.
97 Siehe hierzu beispielsweise die Kataloge der GEPA und des Dritte Welt Shops mit der dort angebotenen Vielfalt der Produkte.
98 Vgl. hierzu etwa Merzenich (1989), S. 13.
99 Brauckschulze (1983), S. 1 f.

3.1.3.2.1 Produktinnovationen

Die Produktinnovation bildet einen der zentralen Entscheidungstatbestände der Produktpolitik. Gegenstand der Neuproduktplanung ist die Frage nach Konzeption und Markteinführung neuer Produkte, [100)] wobei der Begriff der Neuheit der Produkte relativ ist. [101)] Daher scheint es sinnvoll, eine Produktinnovation anhand der folgenden - als Abgrenzungskriterien dienenden - Variablen zu charakterisieren: [102)]

* das subjektive Kriterium:
Aus wessen Sicht ist das Produkt als neu zu bezeichnen? Meffert spricht diesbezüglich von der Subjektdimension, die Anhaltspunkte darüber liefert, aus wessen Perspektive - etwa der Konsumenten, Hersteller oder Aufsichtsbehörden - es sich um eine Neuheit handelt. [103)]

* das objektive Kriterium:
Wie stark unterscheidet sich das Produkt von anderen Produkten? Dadurch wird der Intensitätsdimension [104)] der Produktinnovation Beachtung geschenkt. D.h. dieses Kriterium geht der Frage nach, ob die Neuheit durch geringfügige Modifikationen der Marketinginstrumente oder durch radikale Neuheiten - meist in Form von Marktneuheiten - bedingt ist.

Durch Kombination dieser Kriterien läßt sich ein Systematisierungsansatz zur genaueren Spezifizierung des Neuheitsgrades von Produktinnovationen aufzeigen. Dieser differenziert die Neuheitsarten Marktneuheit, Betriebsneuheit mit Diversifikation, Betriebsneuheit ohne Diversifikation und Varianten. [105)]

---

100 Vgl. hierzu beispielsweise Tebbe (1990), S. 7.
101 Siehe etwa Huxold (1989), S. 7.
102 Vgl. Köhler/Tebbe (1985), S. 13.
103 Vgl. Meffert (1986), S. 365.
104 Vgl. Meffert (1986), S. 365.
105 Eine Erläuterung und Abgrenzung der Begriffe findet sich beispielsweise bei Tebbe (1990), S. 13.

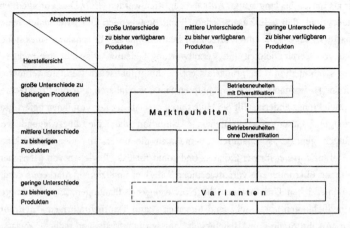

Abb. 29: Unterteilung von Produktinnovationen nach Neuheitsgraden aus Hersteller- und Abnehmersicht [106]
Quelle: Tebbe (1990), S. 14.

Der dargestellte Systematisierungsansatz verdeutlicht die Vielfältigkeit der den Entwicklungshilfe-Organisationen im Rahmen der Neuproduktentwicklung zur Verfügung stehenden Möglichkeiten. [107]

Die Produktentwicklung mit den damit verbundenen Arbeitsabläufen zwischen den entwicklungspolitisch tätigen Institutionen und ihren Projektpartnern in den Entwicklungsländern sowie die permanent notwendige Ausschau nach Innovationen (sei es in Gestalt von Produktvariationen, Entwicklung neuer Produkte oder der Suche nach neuen Produzenten für bestimmte Produkte und/oder Marktsegmente)

---

[106] Die rasterhafte Darstellung der Erscheinungsformen von Produktinnovationen nimmt eine explizite Unterscheidung der Neuheitswahrnehmung aus Hersteller- und Abnehmersicht vor. Die angedeuteten Übergänge zwischen Marktneuheiten, Betriebsneuheiten und Varianten sind eher fließender Natur. Eine detailliertere Erklärung des Schaubilds gibt Tebbe (1990), S. 15 f.

[107] Die Einzelheiten der Vorgehensweise hinsichtlich der Ideengenerierung und Ideenauswahl sollen an dieser Stelle nicht erläutert werden. In diesem Zusammenhang wird auf folgende Literatur verwiesen: Schlicksupp (1977), S. 67 ff. Schlicksupp (1980), S. 35 ff. wie auch Schaude/ Schumacher/ Pausewang (1990).

kann nur als mittel- bis langfristige Aufgabe begriffen werden. [108] Dies vor allem vor dem Hintergrund, daß jede Zusammenarbeit mit bestehenden und potentiellen neuen Projektpartnern seitens der unterstützenden Institutionen die Übernahme eines hohen Ausmaßes von Verbindlichkeit und Verantwortung bedeutet. Dies läßt sich nicht mit einer eher symbolhaften oder primär als entwicklungspolitischen Lernfeld definierten Funktion der Hilfsorganisationen im weiteren Sinne vereinbaren. Für die Produzenten in den Entwicklungsländern stellt die Hilfe durch den Absatz der von ihnen gefertigten und erzeugten Güter eine existenzielle Situation dar, die überwiegend von Sachzwängen geprägt ist. Dadurch übernehmen die unterstützenden Institutionen konkret Verantwortung für die Existenz und somit für das Überleben von Menschen. Die von ihnen übernommene verantwortliche Tätigkeit impliziert in stärkerem Maße als in kommerziellen Unternehmen die Notwendigkeit, Planungen, Entscheidungen und Verbindlichkeiten vorausschauend für einen - zum Teil mehrjährigen - Zeitraum zu treffen. An die Stelle von "Beliebigkeit" müssen langfristig verbindliche Zusagen bezüglich der Zusammenarbeit mit den Projektpartnern treten.

Bedenkt man, daß alle Produkt(ions)verbesserungen und Neuentwicklungen seitens der Produzenten erhebliche Investitionen oder eine Weiterentwicklung der Produktionsmethoden bedeuten, so ist das Vorantreiben dieser Bestrebungen nur unter der Prämisse einer ausreichend großen Warenabnahme vertretbar. Daraus resultiert für die Entwicklungshilfe-Institutionen die Notwendigkeit einer Ausweitung der Vertriebskanäle. [109] Denn ohne klare Vermarktungsperspektiven und die Sicherheit, daß über eine Handelsausweitung bei den meisten Produktlinien eine eindeutige Option für ein Anwachsen des Bestellvolumens besteht, ist eine auf Zukunft und Innovation angelegte Produktentwicklung nicht leistbar.

---

108 Vgl. hierzu Merzenich (1989), S. 12. Bei Innovationen - als dem Ergebnis kreativer unternehmerischer Tätigkeit, an der alle betrieblichen Bereiche unmittelbar beteiligt sind und auf die in wachsendem Umfang auch externe Faktoren (wie z.B. die Kooperation mit anderen Institutionen) wirken - handelt es sich auf Grund ihrer Komplexität und Kompliziertheit fast ausschließlich um langfristige Prozesse. Vgl. Sabisch (1991), S. 15. Dabei zeichnet sich im Hinblick auf die Erhöhung der Wettbewerbsfähigkeit und der Verminderung des Risikos zunehmend eine Tendenz des kooperativen Vorgehens der Unternehmen ab. Siehe hierzu z.B. Sabisch (1991), S. 27.
109 Während kommerzielle Unternehmen generell die Möglichkeit haben, durch den Einsatz geeigneter kommunikativer Maßnahmen neue Produkte über bestehende Vertriebskanäle zu distribuieren, hat die Erfahrung der Entwicklungshilfe-Institutionen gezeigt, daß die bisher von ihnen genutzten Vertriebskanäle oftmals unzureichend sind, um Produktneuheiten realisieren zu können, und somit ein Scheitern der Innovationsbemühungen begünstigen. Vgl. beispielsweise Merzenich (1989), S. 13.

Trotz der Risiken, mit denen Innovationsprozesse im allgemeinen behaftet sind [110] und die im Bereich der Entwicklungszusammenarbeit auf Grund der existentiellen Abhängigkeit der Projektpartner eine zusätzliche Risikodimension erfahren, besteht die Notwendigkeit einer zielgerichteten Innovationspolitik. [111] Neben den wirtschaftlichen Aspekten der Produktinnovation kommt ihr auch im Hinblick auf die von den Entwicklungshilfe-Institutionen zu erfüllende Aufgabe der Informations- und Öffentlichkeitsarbeit Bedeutung zu. Ein überaltertes Warensortiment büßt in den Augen der Konsumenten an Attraktivität ein. Mit ihm läßt sich schwerlich eine erfolgreiche Informationsarbeit verknüpfen. [112]

3.1.3.2.2 Produktvariationen

"Der einfachste und naheliegendste Entscheidungstatbestand innerhalb der Produktpolitik besteht darin, gewisse Eigenschaften bereits produzierter und am Markt befindlicher Produkte zu ändern." [113] In diesem Zusammenhang spricht man von Produktvariation. Die Variationsmöglichkeiten können sich sowohl auf das Produkt selbst (das in bezug auf seine physikalischen, funktionalen, ästhetischen und/oder symbolhaften Eigenschaften verändert wird) als auch auf die Zusatzleistungen des Produktes konzentrieren. [114] Ziel der Produktvariation ist es, unter Wahrung des Kosten-Nutzenkalküls das Produkt in den Augen der Konsumenten attraktiver erscheinen zu lassen (Produktverbesserung) oder das Produkt im Hinblick auf den Bedarf bestimmter Marktsegmente zu konzipieren (Differenzierung einzelner Produktmerkmale) [115]

Betrachtet man die den im Bereich der Entwicklungshilfe tätigen Institutionen zur Verfügung stehenden Produktvariationsmöglichkeiten im Vergleich zu denen kommerzieller Unternehmen, stellt man fest, daß die sozial orientierten Institutionen eine Reihe von Zugeständnissen an Qualität und Umfang der Produktvariation machen müssen. Sind es nicht die gesetzlichen Bestimmungen, die die Produktvariationsmöglichkeiten gemeinnütziger Organisationen einschränken, so ist es im Falle der

---

110 "Nur ein geringer Prozentsatz (ca. 20%) aller Neuproduktideen erreicht tatsächlich in Form konkreter Produkte die Marktreife." Tebbe (1990), S. 4.
111 1985 durchgeführte Untersuchungen der Unternehmensberatung Arthur D. Little haben ergeben, daß wirtschaftliche Erfolge und Wettbewerbsvorteile der führenden Unternehmen in zunehmenden Maße auf eine zielgerichtete Innovationspolitik zurückzuführen sind. Vgl. hierzu Sabisch (1991), S. 13.
112 Siehe hierzu Merzenich (1989), S. 13.
113 Meffert (1986), S. 365.
114 Vgl. Priemer (1970), S. 62 ff.
115 Siehe hierzu etwa Bruhn (1989), S. 796, Bruhn/Tilmes (1989), S. 141 wie auch Meffert (1986), S. 397.

anderen im Bereich der Entwicklungshilfe tätigen Produktanbieter die Tatsache, daß ausschließlich in den Entwicklungsländern produzierte Produkte angeboten werden.

Nicht immer trifft dieses Leistungsangebot den Geschmack der Konsumenten in den Industriestaaten. Doch gerade auf dem Gebiet der entwicklungspolitischen Zusammenarbeit sind den Möglichkeiten der Produktvariation dort Grenzen gesetzt, wo der Eindruck entstehen könnte, die Hersteller in den Entwicklungsländern seien billige Arbeitskräfte, die sich darüber hinaus an den Wünschen der Konsumenten in den Industriestaaten orientieren müßten. [116] Sicherlich müssen auch die Produzenten in den Entwicklungsländern, wollen sie konkurrenzfähige Anbieter auf den Märkten der Industriestaaten sein, im Hinblick auf ihre Produktgestaltung den Wünschen dieser Konsumenten Rechnung tragen. Doch darf dies nicht zu einer neuen Form des Kolonialismus werden, der dazu führt, daß die Produzenten ihre Produkte so stark modifizieren, daß sie den Vorstellungen ausländischer Konsumenten entsprechen, auf dem einheimischen Markt jedoch nicht mehr problemlos absetzbar sind. [117] Anstatt wie beabsichtigt aus Abhängigkeiten herauszuführen, würde eine zu weitgehende Produktvariation neue Abhängigkeiten schaffen.

Gleichwohl kann und sollte eine Hilfsinstitution im Rahmen ihrer produktpolitischen Überlegungen die Möglichkeiten, die eine Produktvariation bietet, nicht unberücksichtigt lassen; zumal davon auszugehen ist, daß die Besonderheiten der in den Entwicklungsländern gefertigten Produkte zunehmend den zu beobachtenden geänderten Konsumgewohnheiten in den Industriestaaten entgegenzukommen scheinen. Beispielhaft für eine anscheinend vorhandene Übereinstimmung zwischen den in den Entwicklungsländern produzierten Waren und den im Hinblick auf die Ausgestaltung der Produkte geäußerten Präferenzen der Konsumenten in den Industriestaaten sei hier auf die Bereiche Bekleidung und Lebensmittel hingewiesen. In den vergangenen Jahren zeichnete sich in der Bekleidungsindustrie eine Abkehr von den synthetischen Stoffen und damit eine Rückkehr zu den Naturfasern (Wolle, Baumwolle, Seide etc.) ab. Die in den Entwicklungsländern gefertigten und durch die alternativen Handelsorganisationen angebotenen Kleidungsstücke sind zum überwiegenden Teil aus diesen Naturfasern gefertigt. Das verstärkte Gesundheitsbewußtsein der Bevölkerung in den Industriestaaten macht sich zunehmend auch im Bereich der Ernährung bemerkbar. Die von den alternativen Handelsorganisationen offerierten

---

116 Siehe hierzu die Anmerkungen bei Westermann (1991), S. 12.
117 Vgl. etwa Merzenich (1989), S. 13.

Lebensmittel tragen diesem Gedanken Rechnung. 118) Werden diese Tatbestände konsequent in die Überlegungen hinsichtlich der Produktvariation einbezogen, zeigen die Beispiele nur einige der Möglichkeiten, die sich den Entwicklungshilfe-Institutionen und ihren Projektpartnern im Rahmen dieses Entscheidungstatbestandes bieten.

3.1.3.2.3 Produkteliminierung

Die Produkteliminierung setzt sich mit Überlegungen bezüglich der Bereinigung des Angebotssortiments auseinander. Sogenannte "aufgabeverdächtige" Produkte werden identifiziert und gegebenenfalls auf der Grundlage einer systematischen, kontinuierlichen Programmüberwachung ausgesondert. 119) Ausgangspunkt dieser Entscheidungen sollte jedoch nicht eine isolierte Betrachtung einzelner Produkte sein. Vielmehr muß es das Ziel sein, das gesamte Sortiment und eventuell zwischen einzelnen Leistungsangeboten bestehende Verbundbeziehungen in die Entscheidung mit einzubeziehen. 120)

Zwar hat der Entscheidungstatbestand der Produktelimination im Social Marketing auf Grund der Sachziel-Dominanz eine vergleichsweise geringe Bedeutung 121), doch gewinnt er für die entwicklungspolitisch tätigen Produktanbieter zunehmend an Gewicht.

Ausgehend von der Tatsache, daß das zur Verfügung stehende Spendenvolumen nicht unbegrenzt ausdehnbar ist - auch dann nicht, wenn den Spendern im Gegenzug für ihre Leistungen materielle Gratifikationen (Sachprodukte) angeboten werden - stellt sich die Frage, ob durch Produktinnovationen und -variationen das Spendenaufkommen tatsächlich gesteigert werden kann, oder ob sich nicht vielmehr eine Kannibalisierung der älteren zugunsten der neueren Produkte einstellt. Sollte dies der Fall sein, würde sich die Elimination jener Produkte, für die sich ein Nachfrage-

---

118 "Ökologie und fairer Handel gehören nach unserer Überzeugung zusammen. Gemeinsam mit unseren ProjektpartnerInnen achten wir darauf, daß bei der Produktion Mensch und Umwelt nicht geschädigt werden, daß die Fertigung in angepaßter Technologie erfolgt, die Arbeitsbedingungen human sind und einheimische Materialien verwendet werden." GEPA (1991), S. 3.
119 Vgl. Brauckschulze (1983), S. 2 wie auch Weis (1990), S. 201. Bezüglich der quantitativen und qualitativen Kriterien, durch die sich eliminierungsverdächtige Produkte im allgemeinen charakterisieren lassen, vgl. beispielsweise Meffert (1986), S. 399 f.
120 Die hinsichtlich der Eliminationsentscheidungen im Bereich der Entwicklungshilfe-Institutionen auftretende Problematik stellt sich analog der in kommerziellen Unternehmen zu beachtenden Tatbestände dar. Aus diesem Grund erfolgt hier diesbezüglich keine eingehende Diskussion. Zur Vertiefung dieser Fragestellung sei etwa auf Brauckschulze (1983), S. 11 ff. verwiesen.
121 Vgl. Bruhn/Tilmes (1989), S. 146.

rückgang feststellen läßt, anbieten – zumal, wenn man dem Gesichtspunkt der noch zu beschreibenden distributionspolitischen Überlegungen dieser Institutionen Berücksichtigung schenkt.

Der Großteil der entwicklungspolitisch tätigen Produktanbieter greift auf die Unterstützung freiwilliger Distributionsorgane zurück. [122] In der Mehrzahl handelt es sich bei diesen um Privatpersonen, die dementsprechend meist über eine begrenzte Lagerkapazität verfügen. Daher sind sie darauf angewiesen, daß das Sortiment in seiner Dimension überschaubar bleibt und von "Ladenhütern" bereinigt ist. Doch auch wenn diese Institutionen auf den Einsatz freiwilliger Helfer verzichten würden, müßten sie die Produkte lagern. In diesem Zusammenhang ist darauf zu achten, daß die durch die Dimensionierung der Lagerkapazität entstehenden Lagerkosten moderat gehalten werden. Auch aus diesem Grund bietet es sich an, den Entscheidungstatbestand der Produkteliminierung in die Planung des Produktprogramms einzubeziehen.

3.2 Preispolitik

Die Preispolitik umfaßt alle marktbezogenen Maßnahmen und Entscheidungen, die durch die Festsetzung von Preisforderungen das Erreichen bestimmter Ziele fördern sollen. [123] Ähnlich der durch gewinnorientierte Ziele determinierten Preispolitik kommerzieller Unternehmen werden auch die preispolitischen Entscheidungen der Entwicklungshilfe-Institutionen von dem Gedanken der Maximierung des durch den Verkauf ihrer Produkte erzielbaren Gewinnes geleitet. "Die Gewinnmaximierung ist im Social Marketingbereich vielfach mit der Zielsetzung der Einnahmenmaximierung gleichzusetzeb." [124] Daher bezieht sich der Gedanke der Gewinnmaximierung weniger auf die Vermarktung der Hauptleistung, sondern dient vielmehr der Einnahmesteigerung zur Förderung der primären Organisationsziele. [125]

---

122 Siehe hierzu die Ausführungen zu Punkt 3.3 dieses Kapitels.
123 Vgl. Weis (1990), S. 217.
124 Bruhn/Tilmes (1989), S. 212.
125 Vgl. Bruhn/Tilmes (1989), S. 212.

3.2.1 Die Produkt-Preisstrukturen der im Bereich der Entwicklungszusammenarbeit agierenden Institutionen im Vergleich zu ähnlichen Produkten kommerzieller Anbieter

Die Sortimente der verschiedenen auf dem Gebiet der entwicklungspolitischen Zusammenarbeit tätigen Anbieter weisen eine solche Breite auf, daß die Analyse der Preisstrukturen sämtlicher im Sortiment geführter Produkte im Rahmen dieser Erörterung als zu umfangreich anzusehen ist. Aus diesem Grund werden im Folgenden exemplarisch einige der durch die diversen im Feld der Entwicklungshilfe tätigen Institutionen angebotenen Produktgruppen herausgegriffen und die Preise dieser Produkte mit denen äquivalenter Produkte kommerzieller Anbieter verglichen. Für einen derartigen Preisvergleich scheinen dank der genau angegebenen Art- und Mengenbezeichnung vor allem die durch die GEPA angebotenen "Kolonialwaren" geeignet.

Die folgenden Tabellen geben Zusammenstellungen der Preise verschiedener Anbieter über jene Produkte aus dem Lebensmittelbereich, die auch durch entwicklungspolitisch agierende Handelsorganisationen angeboten werden, wieder.

Preisvergleich: Gewürze

	Anbieter					
	Gepa		Ubena		Ostmann	
Sorte	Menge	Preis	Menge	Preis	Menge	Preis
Chilli	50g	1,50 DM	60g	4,45 DM	35g	2,20 DM
Curry	50g	1,50 DM	60g	4,45 DM	35g	2,20 DM
Gelbwurzel	50g	1,50 DM				
Gewürznelken	20g	1,75 DM	35g	4,45 DM	35g	2,20 DM
Ingwer	50g	2,00 DM	50g	3,95 DM	35g	2,20 DM
Koriander	50g	1,00 DM				
Muskatnuß	3 St.	1,50 DM	6 St.	2,99 DM	3 St.	2,95 DM
Pfeffer, schw.	50g	2,50 DM	50g	4,45 DM	35g	2,20 DM
Pfeffer, weiß	50g	3,50 DM	60g	4,45 DM	35g	2,20 DM
Senfkörner	50g	1,50 DM	100g	2,19 DM		
Suppengewürz	50g	1,75 DM	60g	2,69 DM	15g	1,50 DM
Zimtstangen	10g	1,00 DM	20g	2,09 DM	3 St.	1,50 DM

Sorte	McCormick		Fuchs	
	Menge	Preis	Menge	Preis
Chilli	25g	3,45 DM		
Curry	25g	2,95 DM	50g	3,95 DM
Gewürznelken	15g	3,65 DM	7,5g	1,85 DM
Ingwer	20g	2,95 DM	45g	3,95 DM
Koriander	12,5g	2,95 DM		
Muskatnuß	30g	4,28 DM	3 St.	1,95 DM
Pfeffer, schw.	35g	4,28 DM	20g	1,85 DM
Pfeffer, weiß	35g	4,28 DM	20g	1,85 DM
Zimtstangen			9g	1,85 DM

Preisvergleich: Honig*

GEPA		Langnese		Biophar	
Bezeichnung	Preis	Bezeichnung	Preis	Bezeichnung	Preis
Valdivia-Honig Wildblüte, Chile	5,90 DM	Bienenhonig	4,49 DM	Lindenblütenhonig	4,49 DM
Valdivia-Spezial Ulmenpollen	5,90 DM	Gebirgshonig	6,79 DM	Rapshonig	5,49 DM
Lacandona Wildblüten, Mex.	5,90 DM	Wildblütenhonig	6,79 DM	Akazienhonig	5,49 DM
Uruguay-Honig Wildblüten, Urug.	5,90 DM	Waldhonig	6,79 DM	Waldhonig	5,49 DM
				Tannenhonig	9,98 DM

Aldi	
Bezeichnung	Preis
Imkerhonig	2,29 DM
Bienenhonig	2,29 DM
Waldhonig	3,98 DM

Preisvergleich: Schokolade *

Sorte	GEPA	Jakobs/Suchard	Nestlé	Lind	Sprengel	Aldi
			Preis			
Vollmilch	2,50 DM	0,99 DM - 1,29 DM	1,49 DM	2,00 DM	0,99 DM	0,59 DM
Vollmilch-Nuß	2,90 DM	0,99 DM - 1,29 DM	1,49 DM	2,00 DM	0,99 DM	0,59 DM
Praliné	2,90 DM	0,99 DM - 1,29 DM	-	2,50 DM	1,09 DM	-

* Preise je 100g; Stand Mai 1992

Preisvergleich: Kaffee *

GEPA		Jakobs/Suchard		Eduscho	
Bezeichnung	Preis	Bezeichnung	Preis	Bezeichnung	Preis
AHA-Kaffee	4,75 DM	Edel Mocca	3,90 DM		
Nicaragua	5,00 DM	Meister Röstung	4,49 DM	Bonjour	3,84 DM
Tanzania	4,75 DM	Krönung	5,49 DM	Gala Nr. 1	4,34 DM
Monte de Oro	5,25 DM			Naturmild	4,18 DM
Organico naturmild	5,50 DM	Wundermild	5,59 DM	Gala reizarm	3,74 DM
Organico entkoffein.	6,00 DM	Night & Day	5,49 DM	Gala entkoff.	3,74 DM
Africafe	5,50 DM				

Tchibo		Tchibo (Privatkaffee)		Melitta	
Bezeichnung	Preis	Bezeichnung	Preis	Bezeichnung	Preis
Gold Mocca	3,74 DM	Guatemala	4,49 DM		
Family	3,49 DM	Narinjo (Columb.)	4,49 DM	Montana Prem.	4,00 DM
Beste Bohne	4,24 DM	Sidamo (Äthiop.)	4,49 DM	Auslese	3,50 DM
		Kenia	4,49 DM	Harmonie (Columb.)	3,50 DM
Feine Milde	4,18 DM			Auslese mild	4,00 DM
Sana	4,38 DM			Sportive entkoff.	4,00 DM

HAG		Aldi	
Bezeichnung	Preis	Bezeichnung	Preis
HAG würzig	5,49 DM	Extra	2,49 DM
HAG klassisch	5,49 DM	Feine Bohne	2,99 DM
Columbia sup.	4,00 DM		
		Milde Bohne	2,80 DM
		Schonkaffee	2,80 DM

* Preise je 250 g; Stand: Mai 1992

Preisvergleich: Tee *

GEPA		Windsor Castle		Teekanne	
Bezeichnung	Preis	Bezeichnung	Preis	Bezeichnung	Preis
Highgrown Bio-BOP Broken Orange Pekoe	5,50 DM		4,49 DM	English Blend	4,64 DM
Highgrown Bio-Pekoe Frühstückstee	5,25 DM	English Breakfast	5,49 DM	Schwarze Auslese	6,99 DM
Highgrown Bio-Bopf 25 Teebeutel	4,00 DM			25 Teebeutel	4,49 DM

Milford Tea		Lipton		Aldi	
Bezeichnung	Preis	Bezeichnung	Preis	Bezeichnung	Preis
		Ceylon	3,99 DM	schwarzer Tee	1,59 DM
25 Teebeutel	2,99 DM	25 Teebeutel	2,49 DM	25 Teebeutel	1,99 DM

Teeladen	
Bezeichnung	Preis
Ceylon BOP	4,40 DM
Ceylon OP highgrown	5,80 DM

* Preise je 100 g; Stand: Mai 1992

Tab. 7a-e: Preisvergleiche

Der dargestellte Vergleich belegt, daß die Endverbraucherpreise der durch alternative Handelsorganisationen angebotenen Produkte die Preise kommerzieller Anbieter je nach Betriebsform und Produkt zumeist nur unwesentlich übersteigen. Zum Teil liegen die Preise der alternativen Handelsorganisationen jedoch auch unter denen kommerzieller Anbieter.

Ausschlaggebend für die Preisgestaltung der entwicklungspolitisch arbeitenden Handelsorganisationen ist der Gedanke, den Produzenten einen für ihre Region gerechten Preis für ihre Produkte zu zahlen, der sich nach Möglichkeit motivierend auf die Entwicklungshilfeanstrengungen auswirkt. Gleichzeitig sollen durch die Preise die Kosten für Qualitätskontrolle, Verwaltung, Lagerhaltung etc. gedeckt werden. Die für die einzelnen Produkte erhältlichen Informationsbroschüren der GEPA geben detailliert an, wie sich deren jeweiligen Preise zusammensetzen. Je nach Produkt fallen die folgenden Aufwandsarten mit unterschiedlichen Anteilen an den Endverbraucherpreisen an:

* Einkaufspreis und Transportkosten innerhalb des Landes,
* Transportkosten bis zur Zentrale der GEPA in Schwelm,
* Versicherungs- und Kapitalkosten,
* Einfuhrzölle,
* Genußmittelsteuer,
* Lagerhaltungs,- Verwaltungs- und Vertriebskosten der GEPA sowie
* Rabatte für Aktionsgruppen und Dritte Welt Läden,
* Mehrwertsteuer.

Nach eigenen Angaben kauft beispielsweise die GEPA nicht die billigsten Produkte. Ziel ihrer Einkaufspolitik ist es, ihren Handelspartnern für die Ware keinen Spitzenpreis, sondern einen garantierten Preis zu zahlen, der in Anbetracht des starken Preisverfalls der Rohstoffe zumindest 10% über dem Weltmarktpreis liegt und auch bei einem starken Einbruch dieses Preises eine bestimmte Mindestgrenze nicht unterschreitet. Dadurch wird ein Einkaufspreis ermittelt, der zum einen einen gerechten

Lohn [126] garantiert und zum anderen einen Überschuß für Gemeinschaftsausgaben gewährt. Da sich die GEPA jedoch in erster Linie als alternatives Handelsunternehmen und nicht als Spenden sammelnde Organisation versteht, setzt sie sich bei der Festlegung der Endverbraucherpreise bewußt den Mechanismen des Marktes aus. Schließlich ist Ziel, daß die Waren sich selbst verkaufen und nicht nur von mildtätigen Käufern abgenommen werden. "Deshalb müssen die Preise mit denen des Normalhandels konkurrieren können." [127]

Im Gegensatz zu den alternativen Handelsunternehmen versteht sich der gemeinnützige Produktanbieter UNICEF primär als Spenden sammelnde Organisation. Diese Zielsetzung findet daher ihren Niederschlag in der Preisgestaltung des Angebotssortiments. Neben den Herstellungs- und Vertriebskosten enthalten die Endverbraucherpreise einen beträchtlichen Spendenanteil. Durch diese Preisgestaltungsstrategie bewegt sich der Anbieter in bezug auf die meisten Produkte zwar im oberen Preissegment, doch zeigt ein Vergleich mit Doppelkarten ähnlicher Qualität, daß die von UNICEF angebotene Standardkarte (11 x 15,5 cm incl. Briefumschlag) zu einem Preis von DM 1,90 nicht überteuert ist. Karten vergleichbaren Designs und Qualität bewegen sich je nach Anbieter zwischen 2,90 DM (Anbieter: Andrew Brownward) und 3,50 DM (Anbieter: Second Nature). Bekanntester Anbieter von Glückwunschkarten auf dem deutschen Markt ist die Firma Hallmark, deren Preise für Glückwunschkarten bei 2,95 DM beginnen und je nach Größe auch wesentlich höher liegen. Dennoch muß berücksichtigt werden, daß es innerhalb des von UNICEF angebotenen Sortiments sehr wohl Karten gibt, die im Vergleich zu anderen Anbietern zu einem höheren Endverbraucherpreis abgegeben werden. [128]

---

126 Der Begriff des "gerechten Lohns" wird definiert, als jener Lohn, der es den nicht-selbständigen Arbeitern auf den Baumwoll,- Kaffee- oder beispielsweise Zuckerrohrplantagen in den Entwicklungsländern ermöglicht, zumindest die Grundbedürfnisse ihrer Familien decken zu können. Oftmals gehen katastrophale Arbeitsbedingungen und lange Arbeitszeiten mit niedrigen Löhnen einher. Untersuchungen haben ergeben, daß z.B. die Lohnkosten auf den Bananen fincas Südamerikas durchschnittlich lediglich 5,5% der Gesamtkosten ausmachen. Vgl. Dritte Welt Haus Bielefeld (1990), S. 11.
127 GEPA (1987), S. 3.
128 Zu diesen Karten sind beispielsweise die Ornamentkarte mit in Messing vergoldetem eingelegtem Ornament zu nennen, die zwar wesentlich aufwendiger gestaltet ist als vergleichbare Produkte anderer Anbieter, die mit einem Preis von 15,00 DM jedoch auch wesentlich teurer ist als Ornament-Karten anderer Anbieter (zwischen 4,95 DM und 8,95 DM).

Darüber hinaus existiert eine Vielzahl kommerzieller und nicht-kommerzieller Anbieter, die Produkte gleicher Funktionalität zu wesentlich geringeren Preisen anbieten. [129)]

Obwohl die Preise der UNICEF-Grußkarten mitunter die Preise anderer Anbieter übersteigen, konnte diese Organisation in den vergangenen Jahren einen kontinuierlich steigenden Grußkarten-Umsatz verzeichnen. Aus diesem Grund liegt die Vermutung nahe, daß die Kaufentscheidungen der Konsumenten nicht ausschließlich von preispolitischen Überlegungen geprägt sind.

Das Wissen um die die Kauf- bzw. Spendenentscheidungen tangierenden Variablen vorausgesetzt, stellt sich die Frage, inwieweit der Einfluß anderer als preispolitischer - etwa ethisch-moralischer - Erwägungen die Kaufentscheidungen der Konsumenten beeinflußt. Auf der Grundlage dieses Wissens sind die alternativen Handelsorganisationen und gemeinnützige Organisationen in der Lage zu ermitteln, innerhalb welcher preispolitischer Spielräume sie sich bewegen können, ohne mit dem Problem des Akzeptanzverlustes seitens ihrer Klientel konfrontiert zu werden.

3.2.2 Formen der Preisbildung

Im Rahmen der preispolitischen Überlegungen müssen die im Bereich der Entwicklungszusammenarbeit agierenden Institutionen einen Endverbraucherpreis ermitteln, der einerseits so kalkuliert ist, daß diese Institutionen mittels der erwirtschafteten Gewinne bzw. Einnahmen in der Lage sind, ihre Ziele und Aufgaben zu realisieren, der sich andererseits jedoch auf einem konkurrenzfähigen Niveau bewegt, so daß nicht auf Grund preispolitischer Akzeptanzprobleme seitens der Nachfrager der Absatz der Produkte von vornherein erschwert wird.

Ähnlich dem Vorgehen bei der Preisbestimmung kommerzieller Unternehmen können den Preisbildungsstrategien nicht-kommerzieller Institutionen kosten-, nachfrage- oder konkurrenzorientierte Preisbestimmungsprinzipien zugrunde gelegt werden. "Man spricht auch vom magischen Dreieck der Preispolitik." [130)]

---

129 Hier sind etwa zu nennen die Karten, die SOS-Kinderdorf unaufgefordert verschickt und um eine Spende, die im Ermessen des Spenders liegt, bittet; die Karten aus Behindertenwerkstätten, das Kartensortiment der GEPA, von Brot für die Welt, Misereor oder des WWF, die ausnahmslos die Preise vergleichbarer, durch UNICEF angebotener Produkte unterschreiten.
130 Meffert (1986), S. 325.

3.2.2.1 Kostenorientierte Preisbildung

Ein erster Anhaltspunkt für die Preisermittlung der durch die Entwicklungshilfe-Institutionen angebotenen Produkte kann sich anhand der Kostenorientierung ergeben. In diesem Fall bilden die bei Produktion und Vertrieb des Leistungsangebots entstehenden Kosten die Grundlage der Preiskalkulation. Im Rahmen der kostenorientierten Preispolitik gestaltet sich die Kostenzurechnung auf die einzelnen Produkte mitunter problematisch. Denn nicht immer lassen sich Kosten streng nach dem Verursachungsprinzip den Produkten zurechnen. [131] Darüber hinaus enthalten die Preise der, durch die Entwicklungshilfe-Institutionen angebotenen, Produkte einen zur Finanzierung der Projektaufgaben vorgesehenen Spendenanteil, so daß die Höhe des im Preis enthaltenen Kostenanteils nicht eindeutig feststellbar ist und von Institution zu Institution differiert.

Eng verbunden mit der Frage der im Preis enthaltenen Kosten sind jene Überlegungen hinsichtlich der bestehenden Möglichkeiten, infolge von Änderungen der Kostenstruktur notwendig erscheinende preisliche Veränderungen zu realisieren. Wie jedes nach wirtschaftlichen Gesichtspunkten geführte Unternehmen müssen auch die im Bereich der Entwicklungszusammenarbeit tätigen Institutionen definieren, welche preispolitischen Spielräume, innerhalb derer sie die Endverbraucherpreise variieren können, ihnen möglicherweise zur Verfügung stehen. Die Notwendigkeit der Preisvariation einerseits und deren Grenzen andererseits werden durch das Erfordernis, Veränderungen der Kostenstruktur an die Nachfrager transferieren zu müssen, determiniert. Mitunter führen Kostensteigerungen zu einer drastischen

---

131 Vgl. Diller (1991), S. 37. Im Hinblick auf die kostengebundene Preisfindung können anhand des Kriteriums der Zurechenbarkeit Einzel- und Gemeinkosten unterschieden werden. Nach dem Kostenverursachungsprinzip lassen sich die Einzelkosten einer einzelnen Leistungseinheit unmittelbar zurechnen, während dies bei Gemeinkosten - da sie für verschiedene und/oder eine Mehrzahl von Leistungseinheiten anfallen - nicht möglich ist. Siehe Diller (1991), S. 38. Im Hinblick auf eine Lösungsmöglichkeit des Zurechnungsproblems findet der Begriff der relativen Einzel- und Gemeinkosten Anwendung. Vgl. z.B. Diller (1991), S. 38. Eine ausführliche Erläuterung der Begriffe wie auch der sich durch ihre Anwendung ergebenden Möglichkeiten, Gemeinkosten ohne Schlüsselung einzelnen Verrechnungseinheiten logisch zuordnen zu können, soll an dieser Stelle nicht erfolgen. Vielmehr sei beispielsweise auf Köhler (1991a), S. 329 ff. und S. 227 f. und die jeweils dort angegebene Literatur verwiesen. Auf Grund der Zurechnungsproblematik ist es im Rahmen einer kostenorientierten Preisfindung nicht möglich, den Preis von der Höhe der Stückkosten abhängig zu machen. "Eine kostenorientierte Preispolitik ist vielmehr nur insoweit sinnvoll, wie sie die Gewinnwirkung bestimmter Kostenstrukturen, d.h. Niveaus, Verteilungen und Veränderbarkeiten bzw. Abhängigkeiten der Kosten berücksichtigt." Diller (1991), S. 44.

Senkung des in den Preisen enthaltenen Spendenanteils und gefährden mithin die Verwirklichung der primären Aufgaben und Ziele der Institutionen. Sie stellen dadurch den Sinngehalt des Produktverkaufs generell in Frage. Die obere Grenze des preispolitischen Spielraums bildet jene Preisschwelle, bei deren Überschreitung die Institutionen sich mit dem Problem des Akzeptanzverlustes seitens der Konsumenten auseinandersetzen müssen.

Die Preiskalkulation auf Basis der Kosten-plus-Gewinnzuschlag [132] bildet eine häufig auch im Bereich des Social Marketing angewandte Methode. "Da die Beschaffungsseite häufig Engpaßfaktor ist und Produkte auf der Absatzseite nicht mit Gewinnaufschlag abzusetzen sind, erfordern die nur begrenzt zur Verfügung stehenden Mittel zumindest eine kostenorientierte Preisbildung, um den Fortbestand der Organisation langfristig zu sichern." [133] Jedoch scheint eine Preiskalkulation, deren Blick sich lediglich auf den Kostenaspekt richtet, zu einseitig. Denn jene ausschließlich auf Kostendaten basierende Preisbildung wird voraussichtlich die Reaktionen der Nachfrager unberücksichtigt lassen. [134]

3.2.2.2 Nachfrageorientierte Preisbildung

Die nachfrageorientierte Preisbildung zeichnet sich dadurch aus, daß stärker als Kostendaten oder Konkurrenzbeziehungen die Intensität der Nachfrage Berücksichtigung findet. [135]

Als wesentliche auf das Nachfrageverhalten Einfluß ausübende und daher bei jeder preispolitischen Maßnahme zu berücksichtigende Faktoren lassen sich im einzelnen identifizieren: [136]

(1) die Nachfrager- bzw. Nachfragestruktur,
(2) die dem Kaufakt zugrundeliegende Motivation,
(3) die Preisvorstellungen der Nachfrager,
(4) die Preisbereitschaft der Nachfrager,
(5) der Einfluß von Qualität und Image.

---

132 Vgl. Köhler (1991a), S. 291.
133 Bruhn/Tilmes (1989), S. 215.
134 Vgl. Köhler (1991a), S. 291.
135 Im Rahmen preispolitischer Entscheidungstatbestände kommt der Struktur und dem Verhalten der Nachfrager eine zentrale Stellung zu. Vgl. Diller (1991), S. 51.
136 In Anlehnung an Weis (1990), S. 229.

ad (1) In Abhängigkeit von der Nachfrager- bzw. Nachfragestruktur erfolgtr die Preisbildung unter folgenden Gesichtspunkten: [137)
* Gesamtnachfrage (d.h. Anzahl, Typologie und Gruppierungen der Nachfrager)
* Preiselastizität, Einkommenselastizität und Kreuzpreiselastizität der Nachfrage [138)
* Substituierbarkeit des Produktes (entweder durch andere im eigenen Sortiment verfügbare Produkte oder durch äquivalente Produkte anderer, vorwiegend kommerzieller Anbieter),
* Preisschwankungen komplementärer Güter,

ad (2) Gerade im Hinblick auf die Ausnutzung preispolitischer Spielräume der im Bereich der Entwicklungshilfe agierenden Produktanbieter scheint die, der Kaufentscheidung zugrundeliegende, Motivation einen wesentlichen Faktor darzustellen. Steht die Unterstützung der Arbeit einer der Hilfsorganisationen im Rahmen der Kaufentscheidung im Vordergrund, ist davon auszugehen, daß die preislichen Grenzen, innerhalb derer sich die Produktanbieter bewegen können, flexibler sind, als sie es in dem Fall wären, in dem die Versorgung mit Gütern den primären Grund für den Kauf darstellen würde. [139)

ad (3) Auf der Grundlage von Produktvergleichen entwickeln die Nachfrager oftmals konkrete Preisvorstellungen hinsichtlich einzelner Produkte. Diese werden wesentlich durch den Nutzen, den die Produkte stiften, determiniert. [140) Durch die Einbeziehung individueller Nutzenvorstellungen enthält das Preisempfinden eine stark subjektive Komponente. Im Hinblick auf eine mögliche Beeinflussung der nachfrageseitigen Preisvorstellungen scheint der Aspekt des Zustandekommens der Endverbraucherpreise - und in diesem Zusammenhang insbesondere Informationen bezüglich der Höhe des in den Preisen enthaltenen Spendenanteils und des möglicherweise durch den Kauf dieser Produkte entstehenden (im immateriellen Bereich liegenden) Zusatznutzen - von besonderer Bedeutung.

---

137 Vgl. Weis (1990), S. 229.
138 Zum Begriff der Elastizität vgl. z.B. Hoyer/Rettig (1984), S. 66 ff. sowie Woll (1987), S. 106 ff.
139 Einer von MTP (Marketing zwischen Theorie und Praxis e.V.) für das Deutsche Komitee für UNICEF durchgeführten Studie ist zu entnehmen, daß sowohl für Firmen- als auch für Privatkunden die Unterstützung dieser Hilfsorganisation das wesentliche, der Kaufentscheidung zugrunde liegende Motiv ist. Preis- oder Qualitätsvorteile sowie Imagewirkung haben in bezug auf diese Entscheidung einen untergeordneten Stellenwert. Vgl. MTP (o.J.), S. 30.
140 Vgl. etwa Meffert (1986), S. 329.

ad (4) Die Bereitschaft eines Nachfragers, einen bestimmten Preis zahlen zu wollen, hängt von seinen Preisvorstellungen, seiner Kaufkraft, der Dringlichkeit seines Bedarfs sowie der Intensität seines Wunsches, die Entwicklungshilfe unterstützen zu wollen, ab. Der Erfolg einer nachfrageorientierten Preisbildung wird auch davon bestimmt, inwieweit es gelingt, Informationen über die Preisbereitschaft aktueller und potentieller Nachfrager zu ermitteln, um bei Preisvariationen preisseitig auftretende Unsicherheiten zu vermeiden. [141]

ad (5) Oftmals fehlt dem Nachfrager die notwendige Sachkenntnis bzw. Information, um die Qualität eines Produktes beurteilen zu können. In diesem Fall wird die Höhe des Preises als Indikator der Qualitätsbeurteilung herangezogen. [142] Das Image, das eine Hilfsorganisation oder Institution sich aufgebaut hat, wird bei der Beurteilung der Qualität der Produkte eine wesentliche Rolle spielen. [143] Es kann davon ausgegangen werden, daß eine seriöse Organisation keine Produkte minderwertiger Qualität anbietet. Ein potentieller oder aktueller Nachfrager wird daher - vorausgesetzt er interessiert sich für die Belange der Entwicklungshilfe und ist zusätzlich davon überzeugt, daß er durch seinen Kauf die Arbeit einer seriösen Organisation unterstützt - bereit sein, mitunter einen etwas höheren Preis zu zahlen.

3.2.2.3 Konkurrenzorientierte Preisbildung

Erfordert die Marktstruktur eine konkurrenz- oder wettbewerbsorientierte Preisbestimmung, tritt die unternehmensindividuelle Kosten- und Nachfragesituation in den Hintergrund. Die Preisausrichtung der entscheidungstragenden Institution orientiert sich an den Preisstellungen der erwerbswirtschaftlich und nichterwerbswirtschaftlich tätigen Konkurrenten. [144] Dieser sogenannte Leitpreis [145] entspricht in der Regel dem Preis des Marktführers oder dem Durchschnitt der Branche. [146]

---

141 Möglichkeiten, die Preisbereitschaft der Konsumenten zu ermitteln, zeigt beispielsweise Diller auf. Vgl. Diller (1991), S. 135 f.
142 Bei der Wahl eines Produktes wird im allgemeinen der Preis als Schlüsselinformation zur Produktbeurteilung herangezogen, da Konsumenten vielfach von dem Preis auf die Qualität des Produktes schließen. Vgl. Rafféé/Fritz (1980), S. 85.
143 Dieser Tatbestand läßt sich auch mit dem Begriff des akquisitorischen Potentials umschreiben. Nähere Ausführungen zu dieser Thematik finden sich bei Gutenberg (1984), S. 243.
144 Siehe hierzu etwa Weis (1990), S. 231, Meffert (1986), S. 333 und Bruhn/Tilmes (1989), S. 215.
145 Siehe Meffert (1986), S. 333.
146 Vgl. Weis (1990), S. 231.

Das charakteristische Merkmal dieses Prinzips stellt die Tatsache dar, daß - sofern der Leitpreis konstant bleibt - ein einmal festgelegter Preis auch bei veränderter Kostensituation beibehalten wird, während bei einer Variation des Leitpreises eine Änderung des Preises erfolgt, auch wenn die Kosten- und/oder Nachfragesituation sich nicht verändert hat. [147)]

Natürlich ist es auch für die im Bereich der Entwicklungshilfe tätigen Produktanbieter wichtig, die Preise ihrer Konkurrenten zu beobachten, um eventuell auf deren Preisveränderung reagieren zu können. Doch fällt diese Form der Preisbildung schwer, wenn sich das Leistungsangebot auf Grund des in den Endverbraucherpreisen enthaltenen Spendenanteils bereits im oberen Preissegment befindet und eine Erhöhung der Preise den Verlust von Nachfragern bzw. Spendern nach sich ziehen würde. Doch im Rahmen der konkurrenzorientierten Preisbildung scheint nicht nur der Fall der Preiserhöhung problematisch. Ebenso unmöglich scheint es den sich im Rahmen der Entwicklungshilfe engagierenden Institutionen zu sein, dem Verhalten der Konkurrenz folgend ihre Preise zu senken, da auch dieses Vorgehen möglicherweise einen Verlust von Spendengeldern nach sich ziehen würde. [148)]

Zusammenfassend läßt sich hinsichtlich der Möglichkeiten der Preisbestimmung feststellen, daß die nicht-kommerziellen Institutionen (wie jedes kommerzielle Unternehmen auch) die verschiedensten Faktoren in ihre preispolitischen Überlegungen einbeziehen müssen. Zu diesen ist neben der allgemeinen wirtschaftlichen Lage, der jeweiligen Marktform und der Stellung der eigenen Organisation im Markt auch die interne Kostenstruktur zu zählen. Darüber hinaus sind die Verhaltensweisen der im erwerbswirtschaftlichen wie auch im nichterwerbswirtschaftlichen Umfeld tätigen Konkurrenten und die Wünsche und Belange der aktuellen und potentiellen Nachfrager von beträchtlicher Relevanz.

---

147 Vgl. Meffert (1986), S. 333.
148 Die bereits beschriebene Form der Preiskalkulation der GEPA macht es dieser Institution unmöglich, dem Verhalten der Konkurrenten folgend beispielsweise die Preise für Kaffee infolge des Verfalls des Weltmarktpreises zu senken. Ziel ihrer Handlungen ist es ja gerade, den Produzenten der Rohstoffe faire Preise zu zahlen, die ihnen auch im Falle des durch Überkapazitäten bedingten Weltmarktpreis-Verfalls garantiert werden.

3.3 Distributionspolitik

Ziel der distributionspolitischen Entscheidungen sollte es sein, darauf hinzuwirken, daß die angebotenen Produkte nach Art, Menge, Ort und Termin bedarfsentsprechend dem Abnehmer zugänglich sind. Somit umfaßt die Distributionspolitik jene Entscheidungstatbestände, die im Zusammenhang mit dem Weg des Leistungsprogramms zum Klienten stehen. [149] Im Rahmen dieses Überbrückungsproblems sind sowohl Entscheidungen im Bereich der Wahl der Absatzkanäle, d.h. im Hinblick auf die "technisch-organisatorische Verteilung und Zuteilung der Produkte, den Aufbau der Absatzwege, die Kontaktherstellung zu aktuellen und potentiellen Nachfragern, den Informationsaustausch sowie die Herbeiführung der Annahme- bzw. Kaufentscheidung" [150]), als auch im Rahmen der Marketinglogistik Entscheidungen bezüglich der physischen Distribution zu treffen. [151]

3.3.1 Die akquisitorische Komponente der Distributionspolitik

Die den akquisitorischen Bereich der Distributionspolitik betreffenden Überlegungen beinhalten neben der Wahl der Absatzwege auch Entscheidungen bezüglich der einzusetzenden Absatzorgane. [152]

Den Entwicklungshilfe-Institutionen - wie auch kommerziellen Unternehmen - steht grundsätzlich eine Vielzahl möglicher Absatzwege zur Verfügung.

---

149 Siehe hierzu auch die Definition bei Specht (1992), S. 25.
150 Bruhn/Tilmes (1989), S. 195.
151 Vgl. Bruhn (1989), S. 800 f. sowie Weis (1990), S. 261 und Nieschlag/Dichtl/ Hörschgen (1991), S. 370.
152 Vgl. Specht (1992), S. 33 f.

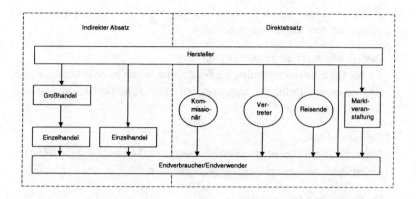

Abb. 30: System der Absatzwege
Quelle: Weis (1990), S. 261.

Doch ähnlich wie andere Unternehmen müssen die im Bereich der Entwicklungshilfe tätigen Institutionen bei der Wahl ihrer Absatzwege spezifischen Gegebenheiten Rechnung tragen. Zusätzlich werden die Social-Marketing-Organisationen vor Rahmenbedingungen gestellt, die ihren Entscheidungsspielraum erheblich einschränken. Als die die Gestaltung der Distributionskanäle entscheidend prägenden Tatbestände lassen sich - in Analogie zu kommerziellen Unternehmen - folgende Einflußfaktoren identifizieren: [153]

* Die Merkmale der angebotenen Leistungen:
Die individuellen Besonderheiten der Produkte üben mitunter einen entscheidenden Einfluß auf den zu wählenden Absatzweg aus. Im Einzelfall können die folgenden Faktoren hier eine nicht unwesentliche Rolle spielen: Größe, Gewicht, Lebensdauer, Verderblichkeit, Erklärungsbedürftigkeit, Preis, Imagewirkung, Bekanntheitsgrad etc.

* Die Merkmale der Abnehmer:
Die Bestimmung des Absatzweges wird auch von der Anzahl und Struktur der Abnehmer sowie deren Sensitivität gegenüber den Distributionsaktivitäten der Organisation bzw. Institution determiniert.

* Die Absatzkanäle der Konkurrenz:
Die Anzahl der Konkurrenten und die im Markt herrschende Wettbewerbssituation

---

153 Siehe hierzu und im folgenden etwa Bruhn (1989), S. 801, Bruhn/Tilmes (1989), S. 198 und Weis (1990), S. 262 wie auch Nieschlag/Dichtl/Hörschgen (1991), S. 378.

prägen jene Überlegungen, die darauf abzielen, eingeführte Absatzwege weiter zu nutzen oder neue Möglichkeiten zu suchen.

* Die Besonderheiten der sozialen Organisation:
 Zu den Organisationsmerkmalen, die bei Entscheidungen zu berücksichtigen sind, sind neben den Zielen der Organisationen auch deren Größe und finanzielle Ressourcen zu nennen.

* Umweltmerkmale:
 Eventuelle Restriktionen durch den Gesetzgeber können die Entscheidungen bezüglich der Absatzwege entscheidend beeinflussen.

* Die Kosten- bzw. Erlössituation:
 Der Faktor der Kosten- bzw. Erlössituation ist bei jeder Entscheidung stets zu berücksichtigen. Schaltet ein kommerzielles Unternehmen den Groß- und Einzelhandel in den Absatzweg ein, sinken die Erlöse des Herstellers um die jeweiligen Handelsspannen und die Kosten um den Vertriebs- und Logistikanteil. Darüber hinaus ist die Einflußnahme des Herstellers auf die Abgabepreise an die Konsumenten in der Regel erheblich eingeschränkt. Bevor eine Social-Marketing-Organisation sich der kommerziell genutzten Distributionskanäle bedient, ist zu prüfen, ob für sie ähnliche oder gar gleiche Bedingungen wie für kommerzielle Unternehmen gelten oder ob die Bereitschaft des Handels besteht, den Hilfsorganisationen Vergünstigungen einzuräumen.

Auf Grund der individuellen Struktur muß letztlich jede Institution, unter Berücksichtigung der situativen Gegebenheiten, den zur Unterstützung ihrer Ziele und Aufgaben am ehesten geeigneten Absatzweg definieren.

Für die Gestaltung der Absatzwege gilt es, zunächst die Möglichkeiten der direkten und der indirekten Distribution zu überprüfen.

Der direkte Absatz zielt auf einen unmittelbaren Kontakt und Austausch der Leistungen zwischen der Institution und ihren Klienten ohne Einschaltung des Handels ab. Bei dieser Form des Absatzes treten entweder unternehmenseigene Distributionsorgane (wie beispielsweise Mitglieder der Geschäftsleitung oder einer Niederlassung) oder unternehmensexterne Absatzorgane, sogenannte Absatzhelfer (Handelsvertreter und -agenten oder Kommissionäre) mit dem Klienten in Kontakt. [154]

---

154 Siehe hierzu Weis (1990), S. 267 ff.

Demgegenüber vollzieht sich der im Rahmen der indirekten Distribution erfolgende Absatz nicht durch den unmittelbaren Kontakt zwischen Institution und Klient, sondern unter Einschaltung einer oder mehrerer der vielfältigen Ausprägungsformen des Handels. [155] Dabei macht der Hersteller es sich zunutze, daß der Handel einige im Distributionsprozeß anfallende Aufgaben (Handelsfunktionen) übernimmt. [156]

Bei den durch die im Bereich der Entwicklungshilfe agierenden Institutionen offerierten Leistungsangeboten handelt es sich überwiegend um in hohem Maße "erklärungsbedürftige Produkte". Die Erklärungsbedürftigkeit bezieht sich nicht auf den Aspekt der technischen Komplexität der Güter, wie es etwa bei Investitionsgütern der Fall ist. Vielmehr läßt sich die Erklärungsbedürftigkeit dieser Produkte aus dem Aspekt der mit dem Kauf verbundenen Hilfeleistung für die Bevölkerung in den Entwicklungsländern - der Intention, die hinter dem Verkauf und Kauf des Produktes steht - ableiten. Die Entwicklungshilfe-Institutionen sehen einen wesentlichen Bestandteil ihrer Arbeit gerade darin, die Bevölkerung in den Industriestaaten nicht nur zu materieller, sondern auch zu ideeller Unterstützung zu animieren. [157] Daher bildet die Information der Öffentlichkeit, nicht nur über die Projektarbeit, sondern darüber hinaus hinsichtlich der Möglichkeiten der Hilfe durch den Kauf der von diesen Institutionen angebotenen Produkte und letztlich bezüglich der Kalkulation der Verkaufspreise, einen Schwerpunkt entwicklungspolitischer Arbeit. "Die Verbindung des Handels mit Informations- und Bildungsarbeit erfordert dafür eigene Vertriebswege." [158]

Aus diesem Grund bietet sich für jene Institutionen der Weg des direkten Vertriebs an, den die Institutionen und Organisationen sich auch weitestgehend zunutze machen.

So kann das Deutsche Komitee für UNICEF bei der Distribution seiner Produkte beispielsweise auf ein das gesamte Bundesgebiet abdeckendes Netz von ehrenamtlich fungierenden Verteilerstellen zurückgreifen, die den Vertrieb der Produkte entweder durch persönlichen Verkauf auf Bazaren oder Märkten oder auf postalischem Weg abwickeln. Bei diesen Verteilerstellen handelt es sich größtenteils um Arbeits- oder Initiativgruppen, die, obwohl keine vertragliche Anbindung an die Organisation besteht, doch - auf Grund ihres Status als satzungsgemäßes Element des Deutschen Komitees für UNICEF - als unternehmenseigene Distributionsorgane zu bezeichnen

---

155 Zu den potentiell zur Verfügung stehenden Möglichkeiten des indirekten Absatzes siehe beispielsweise. Weis (1990), S. 285, Nieschlag/Dichtl/Hörschgen (1991), S. 388 ff. Müller-Hagedorn (1984), S. 26 f. und Specht (1992), S. 50 ff.
156 Vgl. z.B. Specht (1992), S. 26 f.
157 Vgl. hierzu die Ausführungen in Kapitel I, Punkt 3.2.4 dieser Arbeit.
158 Kantor (1991), S. 6.

sind; zumal sich die Tätigkeit der Arbeitsgruppen rechtlich im Auftrag des Vereins vollzieht. [159)]

Neben den unternehmenseigenen Distributionsorganen greift UNICEF auch auf die Unterstützung durch Absatzhelfer zurück. In der Regel handelt es sich hierbei um ausgewählte kommerzielle Handelsunternehmen wie z.B. Apotheken, Buchhandlungen oder Geschenkboutiquen. Diese im Sinne von UNICEF als Verkaufsstellen zu bezeichnenden Unternehmen erhalten die Produkte in Kommission. [160)] Abweichend von den im kommerziellen Bereich üblicherweise zu findenden Kommissionsverträgen weisen die mit Entwicklungshilfe-Institutionen getroffenen Vereinbarungen eine wesentliche Besonderheit auf, die darin besteht, daß der Kommissionär den Absatz der Produkte unentgeltlich übernimmt und so dazu beiträgt, daß der Verkaufserlös ohne Schmälerung an die entsprechende Institution oder Organisation weitergeleitet werden kann.

Auch die übrigen im Bereich der Entwicklungshilfe tätigen Produktanbieter nutzen die Möglichkeit des direkten Absatzes unter Einschaltung freiwilliger Helfer. Darüber hinaus verfolgen die alternativen Handelsorganisationen auch den Weg der indirekten Distribution. Die GEPA und die Dritte Welt Shop Gesellschaft vertreiben ihre Produkte durch die Einschaltung von Einzelhandelsbetrieben, die ausschließlich in den Entwicklungsländern produzierte Waren in ihrem Sortiment führen. In den vier Dritte Welt Shops übernehmen insgesamt 50 Mitarbeiter die kommerzielle Vermarktung eines Teils der in den Selbsthilfeprojekten der Deutschen Welthungerhilfe erzeugten Produkte. [161)] Die GEPA arbeitet inzwischen mit 450 Dritte Welt Läden zusammen. Zusätzlich konnte sie in der Vergangenheit einige Einzelhandelsketten dafür gewinnen, ihr Sortiment um den von der GEPA vertriebenen Kaffee zu erweitern. In bezug auf die Belieferung von Supermärkten und großen Handelsketten bestehen recht konträre Meinungen, denn häufig "dominiert die Angst vor der Verwässerung der entwicklungspolitischen Anliegen. Die Informationsarbeit der alternativen Handelsorganisationen kommt nicht zum tragen, wenn gerecht gehandelte neben

---

159 Vgl. Deutsches Komitee für UNICEF (1989), S. V/3.
160 Die grundlegenden Rechte und Pflichten beider Vertragsparteien des Kommissionsbetriebes sind in den §§ 383 - 406 HGB geregelt. Wesentliche Gesichtspunkte dieser rechtlichen Grundlagen sind: einerseits die Pflicht des Kommissionärs, die aus dem Verkauf der Produkte erzielten Erlöse an den Kommittenten weiterzuleiten, und andererseits das Weisungsrecht des Kommittenten gegenüber dem Kommissionär. Auf Grund dieses Rechts kann der Kommittent wesentlichen Einfluß auf das Geschehen im Absatzkanal, vor allem im Hinblick auf eine Preisvorgabe, nehmen. Siehe hierzu z.B. Meffert/ Kimmeskamp (1983), S. 223 f. Mit Blick auf die besonders sensible Preiskalkulation dieser Institutionen kommt diesem Recht eine fundamentale Bedeutung zu.
161 Vgl. Westermann (1991), S. 12.

ungerecht gehandelten Produkten stehen." 162) Oftmals kann das Verkaufspersonal keine Auskunft zu den alternativ gehandelten Produkten geben. Informationsmaterial fehlt gar völlig. Der Konsument sieht ein ihm aus der Werbung bekanntes Produkt neben einem ihm unbekannten, möglicherweise teureren, alternativ gehandelten Produkt aus einem Land der "Dritten Welt" stehen. Dennoch bleibt unbestritten, daß der Dritte Welt Handel nur expandieren kann, wenn er über eine ausreichende Anzahl von Verkaufsstellen mit ansprechender Gestaltung verfügt. Wollen die Dritte Welt Läden das zunehmend große Potential an kritischen Konsumenten für ihre alternativen Produkte gewinnen, müssen sie künftig professioneller arbeiten. 163)

Erste Ansätze einer an marketingpolitischen Gesichtspunkten orientierten Distributionspolitik zeigen sich in Form der Schaffung eines weiteren distributionspolitischen Standbeins. Mit Blick auf die Umsatzentwicklung der kommerziellen Handelsbetriebe, die sich durch sinkende Umsätze des stationären Einzelhandels und einen Anstieg der Umsätze im Versandhandel charakterisieren läßt, 164) haben sich die alternativen Handelsorganisationen dazu entschlossen, ihre Vertriebswege zu erweitern und die Vorteile des Versandhandels zu nutzen. 165)

Die Auswahl und Bestimmung der Marketingkanäle sind zu den grundlegenden und konstitutiven Entscheidungen im Marketing zu zählen, die kurzfristig nur sehr schwer revidierbar sind. 166)

---

162 Kantor (1991), S. 8.
163 Vgl. Kantor (1991), S. 8.
164 Siehe hierzu beispielsweise Prochazka (1982), S. 33 und Weis (1990), S. 302 f.
165 1991 erschien erstmals der Versand-Katalog der GEPA. Im Vorwort dieses Kataloges wird ausdrücklich darauf hingewiesen, daß der Katalog eine Erweiterung der Vertriebswege darstellt, die auch solchen Interessenten die Möglichkeit des Kaufs alternativ gehandelter Produkte eröffnen soll, die keinen Dritte Welt Laden an ihrem Wohnort haben. Gleichwohl wird die unverzichtbare Arbeit der Dritte Welt Läden und der entwicklungspolitischen Aktionsgruppen betont ("Dieser Vertriebsweg mit seinen vielen engagierten (und meist ehrenamtlich arbeitenden) HelferInnen ist unverzichtbar!" GEPA (1992), S. 34.) und der Leser zu einem Besuch eines Dritte Welt Ladens - ein ausführliches Adressverzeichnis findet sich auf den letzten Seiten des Kataloges - aufgefordert. Vgl. GEPA (1992), S. 2 und 34.
Eine Diskussion über die Vorgehensweise des Versandhandels sowie hinsichtlich der Vor- und Nachteile dieser Handelsform kann an dieser Stelle nicht erfolgen. Vielmehr sei beispielsweise auf Weis (1990), S. 303 f wie auch auf Specht (1992), S. 62 f. verwiesen.
166 Vgl. Poth (1975), S. 210 und Nieschlag/Dichtl/Hörschgen (1991), S. 378.

3.3.2 Die physische Komponente der Distributionspolitik

Die physische Komponente der Distributionspolitik setzt sich mit den im Rahmen der Marketing-Logistik zu treffenden Entscheidungen auseinander. Unter dem Begriff der physischen Distribution oder Marketing-Logistik werden jene Tätigkeiten zusammengefaßt, durch die alle in bezug auf die Auslieferung von Produkten anfallenden Transport- und Lagervorgänge gestaltet, gesteuert oder überwacht werden. Die bei diesen Vorgängen erforderlichen Tätigkeiten sind derart zu koordinieren, daß die Kunden unter Berücksichtigung der bei der Überbrückung von Zeit und Raum entstehenden Kosten bestmöglich bedient werden können. [167]

Oftmals hängt das Zustandekommen eines Kaufvertrages neben der Qualität oder der Preiswürdigkeit eines Produktes auch wesentlich vom Lieferservice, d.h. von der Fähigkeit der sofortigen oder baldmöglichsten Lieferung wie auch der Zuverlässigkeit und Beschaffenheit der Lieferung ab. [168] Aus dieser Tatsache läßt sich die zentrale Aufgabe der Marketing-Logistik ableiten.

Es wurde bereits darauf hingewiesen, daß die den klassischen Spenden-Bereich der Entwicklungshilfe-Organisationen betreffenden Fragestellungen hinsichtlich der physischen Distribution sich auf Grund des immateriellen oder quasi-materiellen Charakters der angebotenen Gratifikationen weitestgehend auf Entscheidungen bezüglich der Standortplanung reduzieren lassen. Wohingegen die Beschlüsse bezüglich der Transporterfordernisse oder der Lagerung der Güter meist nicht relevant sind, da die von den Organisationen angebotenen Gratifikationen in den seltensten Fällen materiellen Charakter haben. [169] Steht jedoch der (materielle Güter tangierende) Sachprodukt-Bereich einer im Feld der Entwicklungshilfe tätigen Institution im Mittelpunkt der Betrachtung, müssen die im Rahmen der Marketing-Logistik zu treffenden Entscheidungen neben der Frage des Standortes auch jene die Lagerung und den Transport der Güter betreffenden Fragestellungen berücksichtigen. So muß festgelegt werden, ob eine Entwicklungshilfe-Institution ein oder mehrere Eigenlager betreiben oder Fremdlager mieten sollte. Bei den die Transportmittel betreffenden Entscheidungen ist im Vorfeld zu klären, welche Transportmittel grundsätzlich in Betracht zu ziehen sind. Neben Kostengesichtspunkten (Transportkosten, Lagerhaltungskosten, Verpackungskosten) sind bei dieser Entscheidung auch Produkteigenschaften wie beispielsweise Verderblichkeit, Größe und Gewicht zu beachten. Im Rahmen dieses Problemkreises sind auch die Vor- und Nachteile des

---

167 Vgl. Pfohl (1990), S. 12 wie auch die Definition der Marketing-Logistik und die näheren Ausführungen bei Krulis-Randa (1978), S. 909.
168 Vgl. Specht (1992), S. 91 ff.
169 Siehe hierzu auch Kapitel IV, Punkt 2.3.1 dieser Arbeit.

Einsatzes der Transportmittel im Eigenbetrieb gegenüber jenen im Fremdbetrieb zu diskutieren. 170) Auf Grund der Tatsache, daß die im Rahmen der physischen Distribution zu treffenden Entscheidungen kurzfristig nicht revidierbar sind, kann eine allgemeine Empfehlung nicht gegeben werden. 171) Vielmehr sollten die Entscheidungen bezüglich dieser Problembereiche auf der Grundlage einer fallweisen Analyse, deren Ausgangspunkt ein Vergleich der entstehenden Kosten und Leistungen bildet, getroffen werden. Sofern die Distributionspolitik dazu beiträgt, die Erreichbarkeit des Leistungsangebots physisch und psychisch zu erleichtern, unterstützt sie die Verminderung oder den Abbau von Widerständen und der zusätzlich zum Kaufpreis subjektiv empfundenen Kosten der Spender. Unter dieser Voraussetzung bildet die Distributionspolitik einen wesentlichen Aspekt der Entgeltpolitik. 172)

---

170 Auf Grund der Tatsache, daß diese die Marketing-Logistik betreffenden Entscheidungstatbestände im Sachprodukt-Bereich der Entwicklungshilfe-Institutionen analog dieser Problemstellung in kommerziellen Unternehmen zu sehen sind, seien die einzelnen Tatbestände hier nicht näher erläutert. Eine übersichtliche Darstellung hinsichtlich dieser Problematik findet sich etwa bei Specht (1992), S. 96 ff. Zur Vertiefung dieser Fragestellung seien hier aus der Fülle der Veröffentlichungen exemplarisch herausgegriffen: Pfohl (1990), S. 73 ff., Schulte (1991), S. 55 ff. wie auch Ihde (1991), S. 46 ff.
171 Vgl. Weis (1990), S. 312.
172 Siehe hierzu z.B. Raffée/Wiedmann/Abel (1983), S. 728. Auf die Bedeutung der Entgeltpolitik im Hinblick auf ihre Aufgabe, eventuell bei einem potentiellen Spender auftretende Barrieren zu minimieren oder abzubauen, wurde bereits in Punkt 2.2 dieses Kapitels hingewiesen.

V. Die besondere Berücksichtigung einer Corporate Identity-Konzeption im Rahmen der Kommunikationspolitik von Entwicklungshilfe-Organisationen

1. Kommunikationspolitik

Die Kommunikationspolitik beschäftigt sich mit der Übermittlung von Informationen und Bedeutungsinhalten, die gemäß organisationsspezifischer Zielsetzungen der Schaffung und Verbreitung von Meinungen, Erwartungen und Einstellungen dienen sollen. [1] Ziel der Kommunikationspolitik ist es, mittels einer dauerhaften emotionalen Bindung zwischen Sender und Empfänger eine zieladäquate Reaktion auf der Empfängerseite zu erreichen. [2]

1.1 Die Aufgaben, Möglichkeiten und Grenzen der Kommunikationspolitik von Entwicklungshilfe-Organisationen

"Im Rahmen des Marketingmix von Social Marketing-Organisationen kommt der Kommunikationspolitik eine besondere **Bedeutung** zu." [3] Dies gilt in besonderem Maße auch für die Entwicklungshilfe-Organisationen. Sie stehen vor dem Problem, durch geeignete kommunikative Maßnahmen dem potentiellen Spender ein komplexes, die folgenden Aufgaben bewältigendes Informationsbündel übermitteln zu müssen: [4]

* **Aufzeigen der Problemsituation durch Vermittlung von Information**
  Zu den wichtigsten Aufgaben der Entwicklungshilfe-Organisationen gehört die Vermittlung des Wissens um die Existenz der Probleme in den Entwicklungsländern [5]
  Durch die räumliche Distanz zwischen dem potentiellen Spender und dem Empfänger der Hilfe im Entwicklungsland wird die Vermittlung der Fakten mitunter Probleme mit sich bringen. Der Spender wird lediglich über die sogenannte Surrogatpräsentation [6] mit der Situation in den Entwicklungsländern konfrontiert. Seine Betroffenheit erstreckt sich ausschließlich auf den emotionalen Bereich. Hieraus läßt sich eine weitere Schwierigkeit im Rahmen der

---

1 Vgl. Meffert (1986), S. 443.
2 Vgl. Röber (1987), S. 26, Hasitschka/Hruschka (1982), S. 112.
3 Bruhn/Tilmes (1989), S. 147.
4 Vgl. Raffée/Wiedmann/Abel (1983), S. 728 sowie Bruhn/Tilmes (1989), S. 149.
5 Bei der Vermittlung des Wissens um die Probleme in den Entwicklungsländern handelt es sich in den meisten Fällen um die Konkretisierung bereits latent bekannter Tatsachen.
6 Vgl. Raffée (1969), S. 99.

Kommunikationspolitik der im Bereich der Entwicklungszusammenarbeit tätigen Organisationen ableiten: Sie müssen mittels geeigneter kommunikativer Techniken dem Spender den aus seiner Aktivität potentiell erwachsenden Nutzen verdeutlichen.

* **Imagebildung, eventuell verbunden mit einer Änderung von Einstellungen und Werthaltungen**
Die subjektive Vorstellung und Ansicht, die sich ein Individuum von einem Objekt, einer Person oder einer Organisation macht, wird als Image bezeichnet. [7] Will eine Spenden sammelnde Organisation auf Dauer erfolgreich sein, muß sie mit Hilfe ihres kommunikationspolitischen Instrumentariums ein positives Image in der Öffentlichkeit aufbauen. Eventuell bestehende Zweifel hinsichtlich der korrekten Verwendung der Spendengelder sowie generell bestehende Vorurteile gegenüber Spenden sammelnden Organisationen müssen ausgeräumt werden.

Ferner ist es nötig, durch die Botschaft grundsätzliche Bedenken hinsichtlich der Frage nach dem generellen Sinn der Entwicklungshilfe abzubauen. In diesem Zusammenhang werden zum Teil tradierte Einstellungen und fundamentale Werthaltungen der Individuen angesprochen. Ein Ziel der Kommunikationspolitik von Entwicklungshilfe-Organisationen muß daher das Werben um Verständnis für ihre Arbeit sein, die auch den Versuch der Änderung einer der Spende entgegenstehenden individuellen Einstellung impliziert.

* **Handlungsauslösung**
"Der Empfänger einer kommunikativen Botschaft soll beeinflußt werden, eine bestimmte Handlung zugunsten der Organisation durchzuführen (wie z.B. Leistung einer Spende...)." [8] Aus diesem Grund muß die Botschaft in einer Weise gestaltet sein, die es dem Spender ermöglicht, die für seine Handlung notwendigen Informationen zu erlangen. [9]

Da davon ausgegangen werden kann, daß "Spender ... nur dann zu einer Spende bereit sind, wenn sie von der Notwendigkeit der Hilfeleistung überzeugt sind", [10] müssen die Entwicklungshilfe-Organisationen, wollen sie langfristig erfolgreich arbeiten, mit Hilfe geeigneter kommunikationspolitischer Maßnahmen dafür Sorge

---

7 Vgl. Kroeber-Riel (1992), S. 190.
8 Bruhn/Tilmes (1989), S. 154.
9 Siehe hierzu Kapitel V, Punkt 1.3.4 dieser Arbeit.
10 Bruhn/Tilmes (1989), S. 155.

tragen, daß potentielle Spender die Notwendigkeit der Entwicklungshilfe erkennen und dementsprechend handeln.

Die Suche nach den Möglichkeiten, die sich den Entwicklungshilfe-Organisationen im Rahmen ihrer kommunikativen Aktivitäten bieten, setzt die Beantwortung der Frage nach den ihnen zur Verfügung stehenden kommunikationspolitischen Instrumenten voraus. Einer Einteilung Köhlers folgend, läßt sich das Instrumentarium des Kommunikations-Mix danach einteilen, "ob gegenüber potentiellen Nachfragern eine **direkte** oder **indirekte Kontaktaufnahme** bzw. ein Einsatz **persönlicher** oder **nichtpersönlicher Informationsträger** stattfindet." [11] Die sich hieraus ergebenden Kommunikationsformen lassen sich in der folgenden Matrix darstellen:

	Direkter Kontakt zwischen Entwicklungshilfe-Organisationen und potentiellen Spendern	Indirekter Kontakt zwischen Entwicklungshilfe-Organisationen und potentiellen Spendern
Einsatz persönlicher Informationsträger gegenüber dem potentiellen Spender	z.B. * Personal Selling durch Außendienstmitarbeiter, die in der Regel freiwillige Mitarbeiter sind, sowie Akquisitionsgespräche bezügl. Spenden und Mitarbeit auf ehrenamtlicher Basis * Imagefördernde Öffentlichkeitsarbeit durch Vorträge und Informationsveranstaltungen (z.B. Kinderfeste, "Dritte-Welt-Feste"etc.)	z.B. * Informationsübermittlung durch den Einsatz zwischengeschalteter Personen, wie etwa der des Meinungsführers, der aus dem privaten Bezugsbereich des Kommunikanten kommt oder eine Person des öffentlichen Lebens ist
Einsatz nichtpersönlicher Informationsträger gegenüber dem potentiellen Spender	z.B. * Direct-Mail-Aktionen in Form eines gezielten Spendenaufrufs oder als PR-Maßnahme * Zusendung von Warenproben, mit der Bitte um eine Spende (z.B. Korean Relief)	z.B. * Bereitstellung von Informationsmaterial (z.B. hauseigene Zeitschriften) * Einschaltung selbständiger Medieninstitutionen (Funk- und Fernsehanstalten, Zeitungs- und Zeitschriftenverlage) * Berichterstattung durch Dritte in redaktionellen Berichten über Projekte und Aktivitäten

Tab. 8: Kommunikationsformen
Quelle: in Anlehnung an Köhler (1976), S. 166.

Aus der Palette des kommunikationspolitischen Instrumentariums werden die Entwicklungshilfe-Organisationen jenes Instrument - oder die Kombination von Instrumenten - auswählen, das sowohl im Hinblick auf qualitative als auch auf quantitative Aspekte der kommunikativen Ansprache der Rezipienten den größten

---

11 Köhler (1976), S. 166.

Berührungserfolg erzielt. Dieser ist abhängig von der Reichweite (wieviele Personen werden erreicht), der Kontaktmenge (wieviele Kontakte werden zustandegebracht), sowie der Kontaktqualität (inwiefern findet eine zielgruppenadäquate Ansprache Berücksichtigung). 12)

Die Entwicklungshilfe-Organisationen müssen in einem weitaus größeren Maße als gewinnorientierte Unternehmen sich ihnen stellende Restriktionen, sowohl in bezug auf die Gestaltung der Botschaft als auch bezüglich der Mediennutzung, 13) bei der Planung des Kommunikations-Mix berücksichtigen. Als ein wesentliches, wenn nicht das wesentlichste Problem kommunikativer Maßnahmen im Rahmen der Information und Spendenwerbung läßt sich das oft zu geringe oder gar fehlende Werbebudget dieser Organisationen identifizieren. Für professionell gestaltete, wirksame Werbemaßnahmen steht nur in Ausnahmefällen ein Budget zur Verfügung. 14) Durch diesen Umstand läßt sich die Tatsache erklären, daß die Entwicklungshilfe-Organisationen ihre kommunikationspolitischen Anstrengungen in stärkerem Umfang auf die meist kostengünstigeren Instrumentarien der persönlichen Kommunikation konzentrieren, wobei sie auf eine professionelle Gestaltung der Botschaft oftmals verzichten. So erfrischend der "Charme des Unprofessionellen" auch sein mag, so wird durch diese Art der Werbung doch auch manche Chance zur Spendenbeschaffung vertan. "Bei aller Unterschiedlichkeit der Aufgabenstellungen bleiben doch im wesentlichen die Erkenntnisse aus der Wirtschaftswerbung anwendbar: zur richtigen Zeit das Richtige tun im richtigen Ausmaß." 15)

Im wesentlichen scheinen es drei Gründe zu sein, die dafür verantwortlich sind, daß die Entwicklungshilfe-Organisationen nur in geringem Umfang das im Konsumgüterbereich bevorzugte Instrument der Mediawerbung nutzen: 16) Es fehlt den Organisationen an den nötigen finanziellen Ressourcen. In Deutschland gibt es nur wenige ausschließlich im Bereich des Spendenmarketing tätige, professionell

---

12 Vgl. Schmalen (1992), S. 16.
13 Siehe hierzu Punkt 1.2 bzw. 1.3 dieses Kapitels.
14 Die hinsichtlich des Einsatzes des marketingpolitischen Instrumentariums durchgeführte Befragung hat gezeigt, daß nur einigen wenigen Entwicklungshilfe-Organisationen für Werbezwecke ein Etat zur Verfügung steht, der nicht durch Spendengelder finanziert werden muß. Vgl. hierzu auch Reichard (1980), S. 47.
15 Reichard (1980), S. 47.
16 Einer Erhebung des ZAW zufolge waren 1982 die Medien mit den höchsten Werbeumsätzen Tageszeitungen (5,3 Mrd. DM), Publikumszeitschriften (2,1 Mrd. DM), Fernsehen (1,2 Mrd. DM), Fachzeitschriften (1,1 Mrd. DM) sowie Adreß- und Telefonbücher,- Hörfunk- und Außenwerbung mit jeweils 0,5 Mrd. DM. Zitiert nach Schmalen (1992), S. 19.

werbende Institutionen, [17)] und schließlich mangelt es dem Spender an Einsicht bezüglich der Notwendigkeit der Spendenwerbung. Ein Spender wird nur dann tätig werden, wenn er davon ausgehen kann, daß seine Spende - oder zumindest ein beträchtlicher Teil davon - für den vorgesehenen Zweck verwendet wird. Dies müssen die Spenden sammelnden Organisationen, wollen sie weiter "im Geschäft" bleiben, berücksichtigen. Doch sollte nicht übersehen werden, daß vor dem Hintergrund einer von Jahr zu Jahr zunehmenden Informationsüberlastung [18)] viele Informationen um die Aufmerksamkeit und Beachtung der Empfänger konkurrieren.

Jedoch verlangt nicht nur die wachsende Informationsflut werbliche Auffälligkeit, sondern auch das geringe Involvement, mit dem auch die kommerzielle Werbung im allgemeinen rezipiert wird. Berücksichtigt man diese zusätzlichen Erschwernisse, mit denen die Werbung behaftet ist, so ist die Wahrscheinlichkeit, daß einer professionell gestalteten Botschaft Aufmerksamkeit geschenkt wird und sie im Gedächtnis der Empfänger haften bleibt, bedeutend höher.

Im Sinne der strategischen Erreichung ihrer Ziele werden die Entwicklungshilfe-Organisationen auf Dauer nicht an einer professionell gestalteten Werbung vorbeikommen. [19)] Von den etwa 20.000 in Deutschland vom Finanzamt als förderungswürdig anerkannten Gesellschaften gibt lediglich ein Bruchteil Geld für professionelle Werbung aus. "Niemand sollte ihnen diesen Umstand ankreiden - es sei denn, sie verschwenden Spendengelder durch stümperhafte Werbung." [20)]

1.2 Möglichkeiten der Botschaftsübermittlung

Das Problem der Informationsüberlastung bedingt für die Entwicklungshilfe-Organisationen die zunehmende Schwierigkeit, ihre Spendenwerbung gegenüber der Vielzahl der übrigen Werbenden aus kommerziellen und nicht-kommerziellen

---

17 Schober bemerkt in seinem Text über die Spendenethik, daß Spendenwerbung nicht von beliebigen PR-Firmen übernommen werden darf, "... die mit ihren Werbe-Gags heute für ein Waschmittel, morgen für einen Likör und schließlich am dritten Tag für eine soziale Not tätig werden." Schober (1982), S. 24.
18 "Mit Informationsüberlastung bezeichnet man unterschiedliche Sachverhalte, unter anderem: (1.) ein Zuviel an verfügbaren Informationen, das zur Beeinträchtigung der Informationsverarbeitung führt, (2.) ein subjektiv empfundenes Gefühl, durch ein übermäßiges Informationsangebot unter Druck zu stehen (Informationsstreß) und (3.) einen Informationsüberschuß, der dadurch entsteht, daß nur ein Teil der verfügbaren Informationen beachtet und aufgenommen wird." Kroeber-Riel (1991), S. 11, Fußnote 1.
19 Vgl. Dichtl (1981), S. 252.
20 Prochazka (1982), S. 33.

Bereichen abzuheben und die Aufmerksamkeit der potentiellen Spender auf ihre Botschaft zu lenken.

Als eine wesentliche Konsequenz der Informationsüberlastung ist das Vordringen der Bildkommunikation anzusehen. [21] Sie bestimmt in zunehmenden Maße die Erwartungen, die an alle Formen der Informationsübermittlung - auch an die sprachliche - gestellt werden. [22] Nur selten wird der Spender aktiv nach Informationen suchen; vielmehr werden bevorzugt solche Informationen aufgenommen, die auf Grund ihrer griffigen Darbietung auffallen. Dieser Richtlinie müssen auch die um Spenden werbenden Entwicklungshilfe-Organisationen sowohl in bezug auf die Gestaltung ihrer Botschaft als auch hinsichtlich der Wahl der Kommunikationsform folgen.

In Anlehnung an die bereits oben angeführte Einteilung Köhlers lassen sich aus der Sicht der Entwicklungshilfe-Organisationen vier generelle Kommunikationsformen identifizieren. Eine nähere Charakterisierung der Möglichkeiten der Botschaftsübermittlung folgt in erster Linie dem Kriterium des Einsatzes persönlicher bzw. nichtpersönlicher Informationsträger. In einem zweiten Schritt erfolgt eine Klassifikation durch die Kriterien eines direkten bzw. indirekten Kontaktes zwischen potentiellen Spendern und Spenden sammelnden Organisationen.

1.2.1 Kommunikatorwahl

Zu den am häufigsten verwendeten Formen der Kontaktaufnahme der Entwicklungshilfe-Organisationen mit ihren potentiellen Spendern gehört - da sie in der Regel eher über personelle denn über finanzielle Ressourcen verfügen - der Einsatz persönlicher Informationsträger. Das große Potential der ehrenamtlichen Helfer gibt den Organisationen weit eher als kommerziell arbeitenden Firmen die Möglichkeit, eine Vielzahl persönlicher Kontakte zu den Spendern aufzubauen und zu pflegen. Neben den freiwilligen Mitarbeitern lassen sich oftmals auch Persönlichkeiten des

---

21 Vgl. hierzu die Ausführungen bei Kroeber-Riel (1991), S. 16 ff. Dort wird dargelegt, daß das Phänomen der Informationsüberlastung nicht nur durch das Vordringen der Bildkommunikation zu begründen ist, sondern auch, daß im Zuge der Informationsüberlastung das Bild von den Konsumenten bevorzugt herangezogen wird.
22 Vgl. Kroeber-Riel (1991), S. 18.

öffentlichen Lebens für "die gute Sache einspannen". [23] In ihrer Funktion als Meinungsführer bauen auch sie wertvolle Kontakte auf.

1.2.1.1 Einstufige Kommunikation durch Organisationsmitglieder oder freiwillige Helfer

Im Falle der einstufigen Kommunikation entsteht zwischen der Organisation bzw. deren haupt- und ehrenamtlichen Mitarbeitern eine direkte Kontaktaufnahme mit den Adressaten. Es findet eine unmittelbare Signalübertragung zwischen dem Initiator der Informationsaussendung und seinem Adressaten "...*ohne Einschaltung gesondert kommunizierender Zwischenglieder*" [24] statt. Durch diese Direktkommunikation ist die Möglichkeit einer (mittels individueller Ansprache) gezielten Ausrichtung der Botschaft auf die Zielperson oder -gruppe wie auch die Chance eines wechselseitigen Informationsaustausches - der eine unmittelbare Kontrolle des Erfolges erleichtert - gegeben. [25]

Der unmittelbare Kontakt zwischen den Mitgliedern einer Entwicklungshilfe-Organisation und den potentiellen Spendern fordert den Kommunikanten zu einer stärkeren Identifizierung und Bewertung der Informationsquelle heraus, als dies bei einer als unpersönlich empfundenen Nachricht in den Massenmedien der Fall wäre. Einerseits ergibt sich hierdurch die Möglichkeit eines größeren kommunikativen Erfolges, andererseits birgt diese Art der Kommunikation auch größere Risiken. [26]

Die im Rahmen der Gestaltung von Direktkontakten zu treffenden Entscheidungen implizieren auch ein Auswahlproblem hinsichtlich des Kommunikators. Denn von den den Kommunikationserfolg direkter Kontakte wesentlich beeinflussenden Faktoren wird besonders den von den Zielpersonen wahrgenommenen Eigenschaften des Kommunikators Bedeutung beigemessen. [27] Die Wirkung einer Informationsquelle wird von mehreren Variablen bestimmt, deren Einfluß von sachbezogenen oder emotionalen Gesichtspunkten abhängig ist. [28]

---

23 Beispielhaft seien hier genannt der Bundespräsident, der die Bevölkerung zur Unterstützung der Deutschen Welthungerhilfe aufruft, oder die prominenten Persönlichkeiten (wie z.B. Heinz Rühmann, Dagmar Berghoff, Audrey Hepburn u.v.a.), die sich für das Kinderhilfswerk der Vereinten Nationen - UNICEF - einsetzen.
24 Köhler (1991b), S. 152, vgl. auch Köhler (1976), S. 166.
25 Vgl. Dallmer (1972), S. 486 f.
26 Vgl. Köhler (1991b), S. 156.
27 Siehe hierzu Köhler (1991b), S. 156.
28 Vgl. Köhler (1991b), S. 157.

Das nachfolgende Schaubild zeigt die wesentlichen Faktoren des Kommunikatoreinflusses auf.

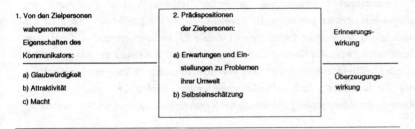

3. Kennzeichen der Informations- und Entscheidungssituation,

insbesondere

a) Entscheidungsobjekt und wahrgenommenes Risiko

b) Stufe der Informationsverarbeitung

Abb. 31: Faktoren des Kommunikatoreinflusses
Quelle: Köhler (1991b), S. 157.

Bei der Wahl des Kommunikators im Bereich der Konsum- und der Investitionsgüterwerbung tritt der Aspekt sachlich zutreffender Informationen in den Vordergrund. Die Wirkung der Botschaft wird in erster Linie von der Glaubwürdigkeit des Kommunikators, also der ihm zugeschriebenen Sachkenntnis und der Bereitschaft, vorhandenes Wissen unverfälscht weiterzugeben - der Zuverlässigkeit -, abhängen. Die Wirkung eines Spendenaufrufes wird zu einem großen Teil von der Glaubwürdigkeit des Kommunikators abhängig sein.[29] Darüber hinaus stellt die Attraktivität des Botschafters, ergo der Grad der Übereinstimmung zwischen Informationsquelle und Empfänger in unthematischer Hinsicht, einen wesentlichen Faktor für den Kommunikationserfolg von Entwicklungshilfe-Organisationen dar.[30]

---

29 An dieser Stelle sei nochmals auf die Notwendigkeit der im Hinblick auf die Vermittlung von Sachkenntnis erforderlichen Schulungsmaßnahmen der Mitarbeiter hingewiesen.
30 Wie sonst ließe sich der phänomenale Erfolg von Karlheinz Böhm 1981 erklären, der, noch bevor er die Organisation Menschen für Menschen gegründet hatte, über eine Spendensumme von 1,7 Millionen Mark verfügen konnte. Vgl. Mann/Bokatt (1985), S. 169 ff.

Des weiteren hängt die Beurteilung des Kommunikators, mithin der Erfolg der Penetrierung der Botschaft, von der Prädisposition des Rezipienten, seiner Einstellung in bezug auf die Thematik sowie von dem subjektiv empfundenen finanziellen und sozialen Risiko ab. [31]

Nicht alle den Kommunikatorerfolg beeinflussenden Faktoren sind durch die Entwicklungshilfe-Organisationen unmittelbar suggestibel. Die Einstellung der potentiellen Spender gegenüber der Thematik "Entwicklungshilfe" sowie das mit der Spende u.U. verbundene finanzielle und soziale Risiko beispielsweise sind erst dann beeinflußbar, wenn der Kommunikator akzeptiert wird. Auf Grund der Tatsache, "daß sachlich völlig identische Botschaften von den Adressaten je nach ihrer Beurteilung des Kommunikators unterschiedlich interpretiert werden" [32], ergibt sich die Konsequenz einer sorgfältigen Planung der Kommunikatorauswahl und -präsentation.

Die Auswahl des Kommunikators sollte sich an der anzusprechenden Zielgruppe orientieren, um im Sinne der Attraktivität des Botschafters eine möglichst hohe Akzeptanz seitens der Rezipienten gewährleisten zu können. [33] Gerade der Einsatz der ehrenamtlichen Mitarbeiter ermöglicht es den Entwicklungshilfe-Organisationen, auf eine breite Palette unterschiedlichster Kommunikator-Typen zurückgreifen zu können, um so - im Hinblick auf eine effektive Ausschöpfung des Spendenpotentials - die verschiedenen Spendergruppen aktivieren zu können. [34]

1.2.1.2 Mehrstufige Kommunikation durch den Einsatz von Persönlichkeiten des öffentlichen Lebens als Meinungsführer

Das 1948 von Lazarsfeld, Berlson und Gaudet vorgestellte asymmetrische, zweistufige Kommunikations-Modell betonte erstmals die Bedeutung eines Meinungsführers als Informationsmittler zwischen den Massenmedien und dem Publikum. [35]

---

31 Nähere Erläuterungen hinsichtlich der Einflußfaktoren finden sich beispielsweise bei Köhler (1991b), S. 165 ff. sowie bei Triandis (1975), S. 255 ff.
32 Köhler (1991b), S. 156.
33 Diese Attraktivität läßt sich durch Anwendung einiger psychologischer Kenntnisse steigern. Besteht über Sachverhalte, die den Zielpersonen wichtig sind, eine Kongruenz der Einstellungen, die der Kommunikator durchblicken läßt, erhöht sich sowohl seine Attraktivität als auch seine Glaubwürdigkeit. Vgl. Köhler (1991b), S. 166. Darüber hinaus kann die Einstellung des Rezipienten durch die Körperhaltung des Kommunikators beeinflußt werden. Siehe hierzu die Untersuchung von McGinley/LeFevre/McGinley (1975), S. 686 ff.
34 Vgl. hierzu auch Kapitel III, Punkt 2.2.2.1 dieser Arbeit.
35 Vgl. Lazarsfeld/Berlson/Gaudet (1948), besonders S. 151.

In seiner ursprünglichen Form beschreibt das Modell der zweistufigen Kommunikation "... das Zusammenwirken zwischen interpersonellen und massenmedialen Kommunikationsbeziehungen" [36] nur recht unvollkommen und undifferenziert. Die Gründe hierfür liegen zum einen in der angenommenen Passivität sowohl der Meinungsfolger gegenüber den Meinungsführern als auch der Meinungsführer gegenüber den Medien und der solchermaßen entstehenden einseitigen Kommunikationsbeziehungen; zum anderen sind sie in der Negierung der Tatsache, daß das Publikum auch direkt dem Einfluß der Massenmedien ausgesetzt sein kann, begründet. Die Weiterentwicklungen des mehrstufigen Kommunikationsprozesses berücksichtigen diese Schwachstellen und präsentieren ein komplexeres Modell, das jedoch nach wie vor an der Beeinflussungswirkung des Meinungsführers festhält. [37]

Während jedoch das Konzept des Meinungsführers hinsichtlich der kommunikativen Bemühungen kommerzieller Unternehmen hauptsächlich von zwischengeschalteten Kommunikatoren aus dem unmittelbaren Umfeld des Konsumenten und nur vereinzelt von Persönlichkeiten des öffentlichen Lebens ausgeht, [38] steht für Nonprofit-Organisationen in diesem Zusammenhang eher der Einsatz eines oder mehrerer Prestige-Leader im Vordergrund. [39]

Auch die Entwicklungshilfe-Organisationen greifen im Rahmen ihrer zweistufigen Kommunikation auf Persönlichkeiten des öffentlichen Lebens zurück. Dabei steht für sie weniger der Aspekt der Informationsübermittlung als vielmehr die Beeinflussungswirkung der Meinungsführer im Mittelpunkt: [40] Die kommunikative Wirkung der Testimonials wird - da die mit der Person assoziierten Eigenschaften auf die Organisation übertragen werden - in entscheidendem Maß von dem Ruf, den die Meinungsführer in der Öffentlichkeit genießen (ihrer Glaubwürdigkeit), abhängen.

---

36 Hummrich (1976), S. 47.
37 Vgl. z.B. Engel/Blackwell/Miniard (1986), S. 317, Freter (1974), S. 68 sowie auch Hummrich (1976), S. 49 ff.
38 Vgl. hierzu die Prämisse bei Hummrich (1976), S. 53. Prochazka bemerkt sogar: "Kaufen" sie sich keinen Fürsprecher! Lieber ein unbekannter, aber solid erscheinender Arbeitskreis edles Porzellan (...) als ein Filmstar oder Fußballspieler, dem Sie bestelltes Lob in den Mund legen. Abgesehen davon, daß diese Leute nur für sehr viel Geld (und morgen auch für die Konkurrenz) zu haben sind, weiß jeder, daß sie nicht wirklich meinen, was sie in Ihrem Auftrag sagen." Prochazka (1990), S. 94.
39 Beispielhaft erwähnt seien hier der Einsatz von Mildred Scheel als Kommunikator für die Deutsche Krebshilfe, Max Schautzer für die ARD-Fernsehlotterie sowie auch Wim Thoelke für die Aktion Sorgenkind.
40 Denn: "Einem nicht unmittelbar zur Anbieterorganisation gehörenden Kommunikator wird ... - da er als "neutral" gilt - eher Glaubwürdigkeit zugeschrieben." Köhler (1976), S. 171.

So wie jeder Meinungsführer aus dem persönlichen Umfeld des Kommunikanten nur in einem bestimmten Umfeld akzeptiert und anerkannt wird, [41] wird auch eine Persönlichkeit des öffentlichen Lebens nicht alle Spendersegmente gleichermaßen überzeugen können. Aus diesem Grund gilt es, eine ausgewogene Palette verschiedener Persönlichkeiten, die bereit sind, sich für die Organisation zu engagieren und dies auch überzeugend vermitteln können, zu gewinnen. [42]

Natürlich kann und sollte eine Entwicklungshilfe-Organisation neben den Persönlichkeiten des öffentlichen Lebens auch Personen aus dem sozialen Umfeld der Spender - ehrenamtliche Helfer - als Meinungsführer einsetzen. Doch sollte sie der Tatsache, daß das Engagement von Prominenz meist eine größere, überregionale Resonanz in der Presse findet, Beachtung schenken. Hierdurch lassen sich der Bekanntheitsgrad der Organisation und deren Aufgabengebiete steigern.

1.2.2 Die Wahl des Übermittlungsweges

Neben der Informationsübermittlung durch den Einsatz persönlicher Informationsträger haben die Entwicklungshilfe-Organisationen die Möglichkeit der Nutzung nichtpersönlicher Informationsträger.

Entschließt sich eine Organisation, Werbemaßnahmen durchzuführen, so muß sie entscheiden, "für welches Objekt geworben, welche Personen umworben, wie die Werbemittel gestaltet und welche Werbeträger zu welchen Zeitpunkten belegt werden

---

41 Empirische Untersuchungen haben ergeben, daß ein genereller Meinungsführer nicht existiert, daß es jedoch sehr wohl zu Überschneidungen von Meinungsführerschaften kommen kann, wenn eine Interessenüberschneidung gegeben ist. Vgl. Hummrich (1976), S. 77 ff.
42 Beispielhaft sei hier das Botschafter-Konzept von UNICEF genannt. Jedes nationale Komitee wählt eine oder mehrere engagierte Persönlichkeiten aus, die sich für die Kinder der Welt einsetzen. Die Liste der Botschafter umfaßt beispielsweise: Liv Ulmann, Peter Ustinov, Hermann van Veen, Joachim Fuchsberger, Audrey Hepburn etc. Daneben übernimmt in der Bundesrepublik jeweils die Frau des Bundespräsidenten die Schirmherrschaft für UNICEF.
"It is critical that the spokespersons have as strong a positive connection with the target consumer as possible. Spokespersons tend to be viewed positively for one or two reasons. First they may be respected as *credible experts* on a particular topic. ... The other case is where the person is not an expert but is considered by the target audience to be highly *trustworthy*." Kotler/Andreasen (1987), S. 530.

sollen. Außerdem sind die Höhe des Werbebudgets und das mit den Werbemaßnahmen zu verfolgende Ziel festzulegen." 43)

Die zur Durchführung dieser Werbeaufgaben auf der Basis ökonomischer und außerökonomischer Daten getroffenen Entscheidungen werden in einem Werbeplan zusammengefaßt, der die zwischen den Entscheidungen bestehenden Interdependenzen berücksichtigt. 44)

Die Formulierung der Werbeziele bildet den Ausgangspunkt der Werbeplanung und der darauf aufbauenden Mediaselektion. Da es sich bei der Formulierung der Werbeziele lediglich um eine werbliche Entscheidung in einem der Submix-Bereiche des Marketing handelt, müssen die Werbeziele in den Kontext einer gesamtbetrieblichen Zielhierarchie integriert sein. Demnach haben Werbeziele keinen originären Charakter: "Eine autonome werbepolitische Aufgabe kann es demnach gar nicht geben. Nur aus der gesamtbetrieblichen Zielsetzung erhält die Werbung ihre eigentliche Funktion." 45) Die werblichen Ziele der Entwicklungshilfe-Organisationen entsprechen in der Regel ihrem dualen gesamtbetrieblichen Zielsystem.

Während sich der erste Schritt zur Erstellung einer Werbekonzeption noch mit dem Vorgehen gewinnorientierter Unternehmen deckt, ergeben sich demgegenüber bei der weiteren Vorgehensweise für die im Bereich der Entwicklungshilfe tätigen Organisationen gravierende Unterschiede.

1.2.2.1 Die Mediaplanung

Hat eine Entwicklungshilfe-Organisation ihre Werbeziele im Sinne der werblichen Argumentation operationalisiert, "stellt sich z.B. unter gestalterischen Gesichtspunkten die Frage, welches Werbemittel (Anzeige, Hörfunkdurchsage, Prospekt, Katalog, Werbebrief etc.) geeignet erscheint, die Werbeaussage optimal umzusetzen." 46) Die daran anschließende Wahl des Werbeträgers wird bestimmt von dem Erfolg, der den jeweiligen Medien - im Hinblick auf die Möglichkeiten, die

---

43 Berndt (1978), S. 1. "Überlegungen über die Ziele oder Zwecke, über das ‚Wozu' der Werbung, stehen am Anfang jeder Werbeplanung; am Werbeziel richten sich grundsätzlich alle dem Werbevollzug dienenden Maßnahmen der Unternehmung aus." Behrens (1963), S. 50.
44 Vgl. Knüppel (1975), S. 25 f.
45 Korndörfer (1966), S. 21.
46 Nieschlag/Dichtl/Hörschgen (1991), S. 508.

Werbebotschaft in der entsprechenden Ausdrucksform an die Zielgruppe heranzubringen - zuzuschreiben ist. [47]

Die "klassischen Medien" lassen sich in die Gruppen:
* Insertionsmedien,
* elektronische Medien und
* Medien der Außenwerbung einteilen. [48]

Das nachfolgende Schaubild stellt eine mögliche weitere Untergliederung der "klassischen Medien" dar:

Insertions-medien	elektronische Medien	Medien der Außenwerbung	Medien der Direktwerbung
- Zeitungen * Tages- zeitungen * Wochen- zeitungen	- Fernsehen - Rundfunk - Filmtheater	- Plakatfläche - Verkehrsmit- telwerbung - Banden- werbung	- Postwurf- sendungen - Werbebriefe
- Zeitschriften * Publikums- zeitschriften * Fach- zeitschriften			

Abb. 32: Einteilung der Massenmedien
Quelle: in Anlehnung an Freter (1974), S. 28

Im Gegensatz zu kommerziellen Unternehmen, die die sich ihnen bietenden Möglichkeiten des Werbeträger-Spektrums umfänglich ausschöpfen können, sehen sich die Entwicklungshilfe-Organisationen im Hinblick auf die Wahl der Werbeträger mit Restriktionen konfrontiert.

Nach den geltenden Geschäftsbedingungen der öffentlich-rechtlichen Rundfunkanstalten von ARD und ZDF darf zu den Werbezeiten nur Wirtschaftswerbung ausgestrahlt werden, wodurch auch die Schaltung bezahlter, für Entwicklungshilfe werbender Spots untersagt wird. [49]

---

47 Vgl. Wagner (1968), S. 21.
48 Vgl. Berndt (1978), S. 7. Eine nähere Charakterisierung der einzelnen Medien findet sich beispielsweise bei Freter (1974), S. 26 ff.
49 Vgl. Reichard (1980), S. 48.

Sozialen Organisationen wird zum Teil die Möglichkeit einer alternativen Sendezeit, etwa nach den Hauptnachrichten der ARD um 20.15 Uhr oder vor dem heute-journal im ZDF (21.45 Uhr) bzw. den Tagesthemen (22.30 Uhr), eingeräumt.

Auf Grund der zu diesen Zeitpunkten hohen Einschaltquoten und der Abwesenheit anderer die Aufmerksamkeit beanspruchender Werbespots bietet diese Plazierung sicherlich im Sinne der Reichweite und des Grades der Aufmerksamkeit Vorteile. Allerdings ist zu vermuten, daß sich die zwischen Rezeption des Spendenaufrufs und Realisierung der Spende entstehende Zeitverzögerung auf Grund des Vergessenseffektes nachteilig auf eine möglicherweise bestehende Handlungsbereitschaft auswirken wird. [50]

Weitaus gravierender als die Restriktion hinsichtlich bestimmter, begrenzter Werbezeiten in den elektronischen Medien - zumal diese Restriktionen auch Vorteile bieten - stellt sich das Problem des oftmals fehlenden oder stark limitierten Werbebudgets dar, das sowohl die Schaltung von Werbespots in den elektronischen Medien als auch die Belegung von Printmedien und Außenwerbeflächen erheblich erschwert oder einschränkt.

Die Entwicklungshilfe-Organisationen verfügen jedoch über Möglichkeiten, das Fehlen eines Werbebudgets zu kompensieren. Hierzu ist beispielsweise die Zusendung von Druckvorlagen verschiedenster Formate an Verlage, die diese zur Auffüllung entstehender Umbruchlücken verwenden können, zu zählen. Allerdings wird es sich hierbei in der Regel um kleinflächige Anzeigen handeln, die wenig Aufmerksamkeit erregen werden. [51]

Eine andere, weitaus effektivere Möglichkeit, dieses Problem zu lösen, bietet die Anzeigenkampagne gegen Spendenbescheinigung: die "Free-Ad-Anzeigen". [52] Die Bereitschaft der Verlage, ganzseitige, gut plazierte und kostenlose Anzeigenveröffentlichungen gegen Erhalt einer Spendenbescheinigung zu schalten, könnte als das "alternative Werbebudget" der Entwicklungshilfe-Organisationen bezeichnet werden. Voraussetzung einer solchen Bereitschaft ist die Qualität der Anzeige - sowohl unter

---

50 Vgl. Holscher (1977), S. 88. Siehe hierzu auch Kapitel II, Punkt 5. dieser Arbeit.
51 Muster solcher Druckvorlagen finden sich in Anhang III.
52 Vgl. Wiedmann, (1990), S. 252.

stilistischen Gesichtspunkten als auch im Hinblick auf die behandelten Sujets - sowie der Ruf, den die werbende Organisation in der Öffentlichkeit genießt. [53])

Könnten die Entwicklungshilfe-Organisationen sich darauf verlassen, daß die Bereitschaft der Verlage, kostenlos Anzeigen zu schalten, ein nahezu unbegrenztes Werbepotential eröffnen würde, wäre eine detailliertere Planung der Allokation des begrenzten Werbebudgets überflüssig. Da jedoch davon auszugehen ist, daß diese Bereitschaft limitiert ist und demzufolge die Entwicklungshilfe-Organisationen nur in einem begrenzten Umfang mit dem Entgegenkommen der Verlage rechnen können, ergibt sich hieraus für die Organisationen (im Hinblick auf eine effiziente Nutzung dieses "alternativen Werbebudgets") auch weiterhin die Notwendigkeit der gezielten Planung der Werbeaktivitäten – sowohl hinsichtlich der anzusprechenden Zielgruppen als auch in bezug auf die Selektion der Werbeträger, mittels derer die Botschaft an die Werbesubjekte heranzutragen ist. Zwischen diesen beiden Entscheidungstatbeständen - Zielgruppenbestimmung und Mediaselektion - bestehen auf Grund der feststehenden Auditorien der Werbeträger Interdependenzen. Ausgangspunkt der Mediaselektion ist die Beurteilung der Auditorien im Hinblick auf ihre Eignung als Zielgruppe. [54])

Durch die Berücksichtigung der Eignung der Werbeträger hinsichtlich der Zielgruppen reduziert sich die Anzahl der für eine Spendenwerbung in Frage kommenden Medien. Denkbar wäre ferner eine auf Divergenzen zwischen Image des Mediums und Werbebotschaft (Spendenaufruf) zurückzuführende Reduktion der als geeignet erachteten Medien. Die für eine Spendenwerbung grundsätzlich in Frage kommenden Medien unterscheiden sich in ihrer Eignung bezüglich einer effizienten Konfrontation der Zielgruppe mit der Botschaft und auf Grund des kommunikativen Erfolgs der einzelnen Medien, der vor allem durch folgende Charakteristika bestimmt wird:

---

53 Beispielhaft sei hier eine Ende 1990 durch das Deutsche Komitee für UNICEF durchgeführte Anzeigenkampagne genannt, der die oben genannte Vorgehensweise zugrunde lag. Die Druckunterlagen der Organisation wurden an 400 Verlage (Zeitschriften, Zeitungen, Magazine, Kirchenblätter, Stadtillustrierte) versandt. In knapp sechs Wochen wurde eine Gesamtauflage von rund 30 Mio. Veröffentlichungen erreicht. Angaben nach Expertengespräch mit der für diese Aktion verantwortlichen Mitarbeiterin von UNICEF Deutschland.
54 Vgl. Freter (1974), S. 72.
Die Aufgaben der Inter-Mediaselektion (d.h. die Auswahl von Werbeträgergruppen wie beispielsweise Fernsehen, Publikumszeitschriften, Zeitschriften etc.) wie auch der Intra-Mediaselektion (die Auswahl spezieller Werbeträger) werden in der Praxis auf Grund von Erfahrungen oder unter Zuhilfenahme quantitativer Selektionsverfahren bewältigt. Hierbei lassen sich Wirtschaftlichkeitsvergleiche, Optimierungs-, Evaluierungs- und heuristische Verfahren unterscheiden. Die Verfahren sollen an dieser Stelle nicht näher erläutert werden. Eine knappe Zusammenstellung der einzelnen Verfahren findet sich beispielsweise bei Nieschlag/Dichtl/Hörschgen (1991), S. 544 ff. Letztlich werden die Entscheidungen zugunsten einer bestimmten Werbeträgerart jedoch fast immer intuitiv gefällt. Vgl. Nieschlag/Dichtl/Hörschgen (1991), S. 544.

* **Reichweite**: Sie gilt als Maß für den streutechnischen Erfolg eines Werbeträgers, das die Anzahl der Personen angibt, die mit dem Werbeträger in Kontakt kommen und somit die Möglichkeit haben, mit der Schaltung in diesem Werbeträger konfrontiert zu werden. [55)]

* **Profil**: Das Profil gibt Aufschluß über die Qualität eines Werbemittelkontaktes, die von einer Vielzahl von Faktoren abhängt, "... die einerseits technisch bestimmt sind (Übermittlungsmöglichkeiten) und andererseits vom Verhältnis der Rezipienten zu den Medien. Die Werbeträger sind danach zu gewichten, inwieweit es ihnen gelingt, die Werbeträgerkontakte in Werbemittelkontakte umzusetzen, und danach, welchen medienspezifischen Einfluß sie auf die Qualität dieser Werbemittelkontakte ausüben." [56)] Die Faktoren der qualitativen Werbeträgerbeurteilung sind in der nachfolgenden Abbildung dargestellt.

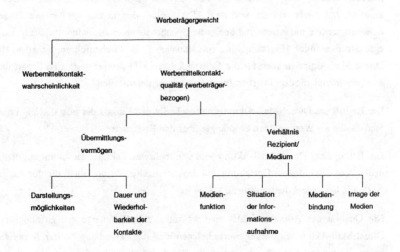

Abb. 33: Faktoren der Werbeträgergewichtung
Quelle: Freter (1974), S. 100.

Eine effiziente Nutzung des Werbebudgets ist dann gegeben, wenn die Medien oder Medienkombinationen, die den effektivsten Berührungserfolg erzielen, ausgewählt

---

55 Vgl. Knüppel (1975), S. 64. Nähere Ausführungen zur Ermittlung der Reichweite in den einzelnen Mediengruppen finden sich beispielsweise bei Freter (1974), S. 48 ff.
56 Freter (1974), S. 100. Angaben zu den qualitativen Charakteristika der Medien finden sich auch bei Knüppel (1975), S. 74 f.

werden. [57] Im Sinne einer optimalen Allokation des Werbebudgets sollte eine Entwicklungshilfe-Organisation ihre Aktivitäten nicht auf einen einzigen Werbeträger beschränken, sondern jene Werbeträgerkombinationen auswählen, die einen möglichst großen Kreis von Interessierten und Spendern erreichen.

1.2.2.2 Direct-Mail-Aktionen

In den vergangenen Jahren hat die Bedeutung des Direct-Mail-Advertising im Rahmen der kommunikativen Aktivitäten kommerzieller Unternehmen zunehmend an Bedeutung gewonnen. [58] Es stellt sich die Frage, ob nicht auch die Entwicklungshilfe-Organisationen auf dieses Mittel der direkten Kommunikation zurückgreifen und sich die gleichen Techniken bei der Spendenwerbung zunutze machen sollten, mit denen auch kommerzielle Unternehmen Erfolge erzielen konnten. [59] Nicht zuletzt vor dem Hintergrund der immer größer werdenden Schwierigkeiten, motivierte und geeignete Spendensammler zu finden, die bereit sind, eine Straßen- oder Haussammlung traditionellen Stils durchzuführen, scheinen die Direct-Mail-Aktionen auch für die Entwicklungshilfe-Organisationen eine Ergänzung ihres kommunikationspolitischen Instrumentariums darzustellen.

Der Begriff des Direct-Mail-Advertising beschreibt den Einsatz der postalischen Printmedien, die als Werbung den Empfänger über den Briefkasten erreichen. [60]

Der Erfolg einer Direct-Mail-Aktion wird von mehreren Faktoren bestimmt, zu denen neben dem Text, dessen Gestaltung und dem Streuzeitpunkt vor allem die der Aktion zugrunde liegende Adressenliste zu zählen ist. [61]

Die Qualität der Adressen bildet eine wesentliche Determinante des Erfolgs einer Direct-Mail-Aktion. Erfahrungswerte belegen, daß die Bewerbung "kalter Adressen" kaum kostendeckend ist, da lediglich 2% der Spendenbriefe beim · Empfänger Beachtung finden und in Form einer Überweisung oder Einzahlung beantwortet werden. [62] Weitaus wirtschaftlicher lassen sich die Adressen jener Personen, die

---

57 Vgl. Schmalen (1992), S. 17.
58 Der Werbebrief wird mitunter als das "Kommunikationsmittel des 20. Jahrhunderts" bezeichnet. Vgl. Prochazka (1990), S. 14.
59 Vgl. Prochazka (1990), S. 20.
60 Vgl. Wilkes (1978), S. 1098.
61 Vgl. Prochazka (1990), S. 27 f. und S. 255.
62 Vgl. Prochazka (1982), S. 34.

bereits eine Bindung zu der Organisation aufgebaut haben, bewerben. [63] Voraussetzung ist jedoch die permanente Pflege und Vervollständigung der organisationseigenen Spendendatei, die neben der Berücksichtigung von Adressänderungen, der Entfernung von Mehrfachnennungen und "Karteileichen" auch die Aufstockung durch neue Adressen beinhaltet.

Darüber hinaus tragen Inhalt und Form des Briefes wesentlich zum Gelingen einer Direct-Mail-Aktion bei. Der Brief sollte zunächst die Aufmerksamkeit des Lesers wecken, ihn zum Lesen animieren.

So könnte etwa der Text eines Spendenbriefes die Situation in den Entwicklungsländern darstellen, beim Leser Mitleid erwecken und Betroffenheit erzeugen, die ihn zu der Überzeugung gelangen läßt, daß es gerade auf seine Hilfe ankommt, um Not und Elend der Betroffenen zu lindern. Aus diesem Grund sollte das Mailing mit einem Appell enden, der dem Leser verdeutlicht, was von ihm erwartet wird und wie er konkret helfen kann. [64]

"Ein solcher Aufruf wird niemals ohne Formulierungen auskommen, die einen schlimmen Sachverhalt dramatisieren, ohne Bilder, die Mitleid wecken und in Spenden ummünzen." [65] Doch darf die Würde dessen, für den um Spenden gebeten wird, keinesfalls verletzt werden. Zudem läßt sich durch schockierende Bilder nicht unbedingt die Spendenfreudigkeit steigern. [66] Vielmehr sollten Thema, Text und Bildmaterial so ausgewählt werden, daß sie möglichst viele Leser ansprechen und zum Handeln motivieren.

Aus finanziellen Gründen kann und sollte sich die äußere Form des Mailings nicht mit denen kommerzieller Unternehmen messen. Zwar sollte eine Entwicklungshilfe-Organisation Wert darauf legen, daß ihr Material den Empfänger anspricht, doch darf der Erstellungsaufwand nicht zu hoch sein, da dem potentiellen Spender ansonsten das Gefühl vermittelt werden könnte, ein Großteil seiner Spende würde zur Deckung der Werbekosten verwandt. [67] Die amerikanische "National Foundation for Asthmatic Children" schließt ihre Spendenbriefe mit dem Hinweis: "Bitte denken Sie daran: Ein Teil Ihrer Spende mußte dafür verwendet werden, diese Nachricht zu Ihnen zu bringen." [68] Ein solcher Hinweis mag etwaiger Kritik der Spender entgegenwirken,

---

63 Etwa 15% bis 20% der Spender sind bereit, auch mehrfach an eine ihnen bekannte Organisation zu spenden. Vgl. Prochazka (1982), S. 34.
64 Vgl. z.B. Wilkes (1978), S. 1099.
65 Prochazka (1982), S. 37.
66 Siehe hierzu die Ausführungen hinsichtlich reaktanztheoretischer Überlegungen im Rahmen der Botschaftsgestaltung in Kapitel V, Punkt 1.3.3 dieser Arbeit.
67 Vgl. Kammerer (1981), S. 938.
68 Zitiert nach Prochazka (1974), S. 52.

er mag dem Spender andererseits jedoch überdeutlich machen, daß nicht der volle Betrag seiner Spende in das vorgegebene Projekt fließt, so daß er aus diesem Grund von einer Spende absieht.

Der Erfolg, den Entwicklungshilfe-Organisationen in der Vergangenheit durch Direct-Mail-Aktionen erzielt haben, sollte nicht darüber hinwegtäuschen, daß es sich bei diesem kommunikativen Mittel keinesfalls um ein Allheilmittel handelt. Die Tatsache, daß die Nutzung von Direct-Mail-Aktionen im Rahmen der Spendenbeschaffung von entwicklungspolitisch tätigen Organisationen auch Probleme birgt, darf nicht unberücksichtigt bleiben: "Wo andere etwas zu verkaufen haben, wo dem Geld solide Ware gegenübersteht, hat die Spendenwerbung nichts als leere Hände." [69] Zu diesem bereits als gravierend zu bezeichnenden Tatbestand gesellt sich noch der problematische Aspekt der Kosten, die eine Direct-Mail-Aktion verursacht [70]; im ungünstigsten Fall können die für Druck und Porto entstandenen Kosten nicht durch die eingegangenen Spenden gedeckt werden. [71]

Dennoch hat, allen Schwierigkeiten zum Trotz, diese Form der Spendenwerbung in den letzten Jahren für die Entwicklungshilfe-Organisationen - nicht zuletzt auch auf Grund des monetären Erfolges, der durch den Einsatz dieses Instrumentariums erzielt werden konnte - zunehmend an Bedeutung gewonnen. [72] Darüber hinaus darf der Erfolg einer Direct-Mail-Aktion nicht ausschließlich unter Rentabilitätsgesichtspunkten bewertet werden. Auch die Gewinnung neuer Adressen oder die Information eines weiten Personenkreises über die Situation in den Entwicklungsländern muß als Erfolg angesehen werden.

"Man sollte Direct-Mail als eine gleichberechtigte Zugabe zu der bisher betriebenen traditionellen Spendensammlung betrachten. Während der gesamten Vorbereitung einer Spendenaktion darf die Grundforderung jeder Spendensammlung nicht vergessen werden: Mit möglichst wenig Einsatz ein Maximum an Erfolg erzielen!" [73]

Eine zusammenfassende Darstellung der von einigen Entwicklungshilfe-Organisationen eingesetzten kommunikativen Maßnahmen gibt die nachstehende Tabelle.

---

69 Prochazka (1982), S. 34.
70 Vgl. z.B. Prochazka (1990), S. 39.
71 Vgl. Kammerer (1981), S. 934.
   Diese Problematik läßt sich möglicherweise durch die Einschaltung eines Sponsors, der die Kosten der Direct-Mail-Aktion (mit)trägt, entschärfen.
72 Einige erfolgreiche Beispiele aus den Anfängen der Direct-Mail-Aktionen führt Prochazka in seinem Artikel "Geld für einen guten Zweck" an. Vgl. Prochazka (1974), S. 53 ff.
73 Kammerer (1981), S. 934.

Name der Organisation	Samm- lungen	Veran- staltungen	Mailings	Anzeigen	Radio & TV
Brot für die Welt	x	x	2 p.a.	x	x
Care Deutschland e.V.	x	x	4 p.a.	x	-
Deutscher Caritasverband	x	x	x	x	-
Deutsche Welthungerhilfe	-	-	x	x	x
Deutsches Komitee für UNICEF	x	x	x	x	x
Kindernothilfe e.V.	-	x	2 p.a.	x	-
Korean Relief e.V.	-	x	4 p.a.	-	-
Menschen für Menschen	x	x	-	x	x
Misereor	x	x	x*	x	-
Missio	x	-	x	x	-
SOS-Kinderdorf	-	-	x	x	x
terre des hommes	x	x	x	x	x

* 3 p.a. Misereor
2 p.a. mit Brot für die Welt

Tab. 9: Aktivitäten zur Spendenakquisition und Öffentlichkeitsarbeit

1.2.3 Der zeitliche Einsatz der Botschaft

"Die Bestimmung des zeitlichen Einsatzes der Werbung versucht, relevante zeitliche Einflüsse auf die Werbeziele zu erfassen." [74] Im Rahmen der Analyse dieses Problems findet sowohl der Aspekt des Zeitpunktes als auch der des Zeitintervalles der Werbekontakte Berücksichtigung.

---

74 Knüppel (1975), S. 132.

Der Spendenmarkt läßt sich als ein in starkem Maße saisonalen Schwankungen unterliegender Markt charakterisieren. [75] In der Advents- und Weihnachtszeit ist eine verstärkte Gebefreudigkeit festzustellen, während in den Sommermonaten die Spendenbereitschaft nahezu zum Erliegen kommt. Eine verstärkte, von der Jahreszeit unabhängige Spendenbereitschaft zeigt sich jedoch, sobald Krisen- und Katastrophenmeldungen, die die Entwicklungsländer betreffen, in Nachrichtensendungen oder Zeitungs- und Zeitschriftenartikeln Verbreitung finden. Die Resonanz auf solche Meldungen ist vor allem groß, wenn in diesen redaktionellen Beiträgen auf die Sammelkonten der verschiedenen Organisationen hingewiesen wird.

Ihren Zielen entsprechend wollen die Entwicklungshilfe-Organisationen ihre Arbeit jedoch nicht auf Katastrophenhilfe beschränken, sondern durch langfristige Zusammenarbeit mit den Partnern in den Entwicklungsländern präventive Maßnahmen ergreifen. Dieses Vorgehen erfordert einen kontinuierlichen Spendenfluß, so daß neben den "emergency funds" zusätzliche Mittel für die langfristige Arbeit bereitgestellt werden können.

Beim Einsatz ihrer Werbemaßnahmen können die Entwicklungshilfe-Organisationen prozyklisch oder antizyklisch vorgehen. Entweder wirbt die einzelne Organisation dann, wenn die Informationsaufnahmefähigkeit potentieller Spender auf Grund verstärkter Konkurrenzaktivitäten gering ist, die Spendenbereitschaft jedoch wesentlich höher ist, oder sie verlegt ihre Spendenaufrufe auf andere Zeiten des Jahres. Die bisherigen Erfahrungen der Spenden sammelnden Organisationen zeigen, daß die Werbung im Zeitraum von Oktober bis Weihnachten im Sinne einer Kosten-Nutzen-Analyse am effizientesten ist. [76] Auf Grund dieser starken Saisongebundenheit empfiehlt sich ein prosaisonales Vorgehen. [77] Doch sollten die Entwicklungshilfe-Organisationen - sofern sie über gute Kontakte zu den Medien

---

75 Beispielhaft sei hier der Grußkartenverkauf von UNICEF erwähnt. Obwohl diese Organisation nicht nur Weihnachtskarten in ihrem Sortiment hat, wird die UNICEF-Karte in den meisten Fällen mit Weihnachten assoziiert. Folglich wird der Hauptanteil der Kartenumsätze in der Vorweihnachtszeit erzielt. Angaben nach Expertengesprächen mit mehreren freiwilligen Helfern (vorwiegend Arbeitsgruppenleiterinnen) von UNICEF Deutschland.
76 Es läßt sich feststellen, daß die Menschen im allgemeinen in der Vorweihnachtszeit (also mit Blick auf das "Fest der Liebe") eher bereit sind, karitative Organisationen zu unterstützen. Aus diesem Grund erzielen die Spendenaufrufe in diesem Zeitraum eine höhere Resonanz als in den übrigen Monaten des Jahres.
Wie so oft bestätigt die Ausnahme die Regel: Misereor kann sich dem Zwang des vorwiegend vorweihnachtlichen Sammelns entziehen, da die katholischen Kirchen jeweils an jedem 5. Sonntag in der Fastenzeit die Misereor-Kollekte in den Gottesdiensten durchführen, auf die die Kirchenbesucher bereits in den Wochen vor der Sammlung durch Plakate und Hinweise von der Kanzel aufmerksam gemacht werden.
77 Vgl. Freter (1974), S. 125.

verfügen - diese zum Zwecke eines kontinuierlichen Spendeneinkommens und einer umfangreichen Information der Öffentlichkeit nutzen und die massierten Werbeappelle in der Vorweihnachtszeit durch über das gesamte Jahr gestreute Werbekampagnen oder Mailings unterstützen. Diese Vorgehensweise scheint gerade unter dem Informationsaspekt der Entwicklungsarbeit indiziert. Eine von Zielske 1959 durchgeführte Untersuchung [78] bestätigte die bereits 1950 veröffentlichten Ergebnisse: "There is a definite tendency for impressions established through spaced repetitions to fade more slowly in each successive stage." [79] Schnell aufgebaute Erinnerungswerte (erzielt durch häufigen Kontakt in einem kurzen Zeitintervall) unterliegen - sofern witere werbliche Ansprachen unterbleiben - einer hohen Vergessensrate, während der zeitabhängige Wirkungsabbau bei zeitlich gestreckter Kontaktfolge zwar auch zu sinkenden Erinnerungswerten zwischen den Kontakten führt, die Abnahmerate der Erinnerungswerte mit steigender Kontaktzahl jedoch kleiner wird. [80]

Ein weiterer Gesichtspunkt, der bei der zeitlichen Planung eines Werbeeinsatzes - vor allem beim Einsatz elektronischer Werbeträger - Beachtung finden sollte, ist der konkrete Zeitpunkt der Rezeption der Botschaft. Auf Grund der Beschränkung der Werbezeiten für soziale Zwecke außerhalb der üblichen Werbeblöcke fallen die Zeitpunkte der Rezeption und Realisation auseinander. Es "ist zu vermuten, daß ein großer Teil von Handlungsbereitschaft auf Grund der Zeitverzögerung zwischen Rezeption und Realisierungsmöglichkeit verloren geht. In einem solchen Fall wäre zu empfehlen, in Anknüpfung an die bereits gestreuten Vorleistungen eine zusätzliche Handlungsaufforderung zu einem Zeitpunkt zu verbreiten, da dem Rezipienten die Möglichkeit gegeben ist, sie auch zu befolgen." [81] Dies bedeutet, einem Fernsehaufruf sollte zu einem Zeitpunkt, zu dem etwa Bank- und Postschalter geöffnet sind, ein erneuter Spendenaufruf in Tageszeitungen oder Rundfunk folgen, um so bereits vorhandenes, aber mangels sofortiger Realisierbarkeit versandetes Spendenpotential zu reaktivieren.

---

78 Vgl. Zielske (1959), S. 240 ff.
79 Lucas/Britt (1950), S. 80.
80 Vgl. Freter (1974), S. 121 f. Eine gute Möglichkeit, den Erinnerungswert solchermaßen zu steigern, bieten etwa Briefserien, die z.B. die Entwicklung eines konkreten Projektes über einen längeren Zeitraum beschreiben, oder die ein Schwerpunktthema in verschiedenen Projektländern erörtern. Nähere Erläuterungen zum Thema Briefserien finden sich z.B. bei Prochazka (1990), S. 156 ff.
81 Holscher (1977), S. 88.

Neben der Wahl des Kommunikationsweges und dem Zeitpunkt des Werbeeinsatzes wird der Erfolg eines Spendenaufrufes - wie auch der einer Direct-Mail-Aktion - wesentlich von der Gestaltung der Botschaft abhängen.

1.3 Die Gestaltung der Botschaft

1.3.1 Dissonanztheoretische Anforderungen [82]

Die Entwicklungshilfe-Organisationen müssen bei der Gestaltung ihrer Botschaft den Erkenntnissen der Dissonanztheorie in zweifacher Hinsicht Rechnung tragen:

Zum einen können nach geleisteter Spende beim Spender Dissonanzen hinsichtlich der Höhe der Spende und der Wahl der spendenempfangenden Organisation auftreten.

Zum anderen wollen die Entwicklungshilfe-Organisationen mit ihrer Botschaft nicht ausschließlich bereits aktive Spender ansprechen, sondern nach Möglichkeit den Kreis ihrer Adressaten vergrößern. Die Gewinnung neuer Spender wird eventuell mit einer Änderung oder zumindest einer Beeinflussung von Einstellungen einhergehen. Auch können hinsichtlich der bestehenden Einstellungen oder der Konstellation zwischen Wissen und Handeln Dissonanzen entstehen, denen der Kommunikator Beachtung schenken sollte. [83]

Die Botschaft der Entwicklungshilfe-Organisationen ist auf Grund ihrer Thematik in den meisten Fällen emotional geladen. Die Information und die dargestellten Attitüden widersprechen - je nach Einstellung - den Kognitionen (Meinungen, Attitüden, Glaubensweisheiten und Wissenseinheiten [84]) der Kommunikanten. "Wird eine Person mit Informationen oder Meinungen anderer Personen konfrontiert, die zu ihrem bestehenden System von Kognitionen in Widerspruch stehen, so entsteht kognitive Dissonanz." [85] Da der Mensch auftretende kognitive Inkonsistenzen als

---

82 Die in diesem Abschnitt beschriebenen Dissonanzen sind von jenen in Kapitel II, Punkt 3.1.1 zu unterscheiden. Während in dem Kapitel über die Spenderaktivierung Dissonanzen im Rahmen des Spendenaktivierungsprozesses als motivationale Faktoren behandelt wurden, sollen an dieser Stelle die aus dem Käuferverhalten bekannten, im Anschluß an Kaufentscheidungsprozesse entstehenden Dissonanzen - bezogen auf den Spendenprozeß - analysiert werden.
83 Vgl. hierzu auch Kapitel II, Punkt 3.1.2 dieser Arbeit.
84 Vgl. Frey (1984), S. 244.
85 Frey (1984), S. 268.

unangenehm empfindet, wird er sie zu reduzieren suchen. [86] Hierzu stehen ihm folgende Möglichkeiten zur Verfügung: [87]

* Hinzufügen neuer konsonanter Informationen,
* Subtraktion dissonanter Kognitionen (Ignorieren, Vergessen, Verdrängen).

Die Versuche der Dissonanzreduktion folgen den Prinzipien der Einfachheit und Effizienz. [88] Der Erfolg einer Dissonanzreduktions-Strategie wird davon abhängen, wie glaubwürdig der Kommunikator ist, wie groß die Einstellungs-Diskrepanz zwischen Sender und Empfänger ist und wie stark die betreffende Attitüde in das kognitive System eingebettet ist. [89] Zeichnet sich der Kommunikator durch hohe Glaubwürdigkeit aus, erschwert diese Tatsache dem Kommunikanten die Widerlegung der Kognition des Kommunikators. Daher wird der Kommunikant hinsichtlich der Reduktion aufgetretener Dissonanzen aller Wahrscheinlichkeit nach seine eigene Meinung der des Kommunikators anpassen. Dies wird vor allem dann der Fall sein, wenn durch soziale Unterstützung anderer Personen zu der eigenen, neu gewonnenen Meinung konsonante Elemente addiert werden können.

Diese Erkenntnisse können im Rahmen der Botschaftsgestaltung insofern Berücksichtigung finden, als die Entwicklungshilfe-Organisationen etwa Kommunikatoren einsetzten, die sich auf Grund ihrer Stellung in der Gesellschaft durch hohe Glaubwürdigkeit und eine weithin akzeptierte Meinung auszeichnen. [90]

Eine weitere Möglichkeit, kognitive Widerstände bei den potentiellen Spendern zu reduzieren, bietet die "foot-in-the-door"-Technik. Sie geht davon aus, "daß eine sukzessive Approximation zur Erreichung einer Hilfeleistung besser ist als eine sofortige hohe Forderung". [91] Untersuchungen auf diesem Gebiet ergaben, daß Personen, die um eine kleine Gefälligkeit gebeten wurden, eine größere Bereitschaft zeigten, diese zu erfüllen, als Personen, die um größere Gefälligkeiten gebeten wurden. Ferner zeigten sich Personen, die zuvor schon positiv auf Hilfeappelle reagiert hatten, bereit, auf erneute Anfragen ebenfalls positiv zu reagieren. War die

---

86 Vgl. Silberer (1980a), S. 345
87 Vgl. Silberer (1980a), S. 345, Frey (1984), S. 245 sowie die Untersuchungsergebnisse von Donnelly und Ivancevich (1970), S. 399 f.
88 "Eine Reduktion soll nicht nur einen geringen kognitiven Aufwand erfordern und geringe Änderungen des kognitiven Systems nach sich ziehen, sondern auch zu vollständiger und größtmöglicher Dissonanzreduktion führen." Frey (1984), S. 254.
89 Vgl. Frey (1984), S. 268.
90 Siehe hierzu auch Kapitel V, Punkt 1.2.1 dieser Arbeit.
91 Frey (1984), S. 265.

Reaktion auf eine erste Anfrage bereits negativ, reagierten diese Personen auch auf weitere Anfragen negativ. [92] Der Technik der foot-in-the-door-Strategie folgend sollten die Entwicklungshilfe-Organisationen, um erste kognitive Widerstände zu beseitigen, ihre potentiellen Spender zunächst um eine relativ geringe Zuwendung bitten. Durch diese Vorgehensweise steigt die Chance, auch in Zukunft auf dieses Spenderpotential zurückgreifen zu können. [93]

Eingangs wurde bereits ein zweiter Aspekt der mit einem Spendenaufruf zusammenhängenden Dissonanz angesprochen. Diese zweite Form der Dissonanz bezieht sich auf die möglicherweise nach der Spendenentscheidung auftretenden Störungen des kognitiven Systems. Im Nachfeld der Handlung können sich beim Spender Zweifel darüber einstellen, ob die Entscheidung zu Spenden richtig war, ob bezüglich der Integrität und der Ziele der Spenden sammelnden Organisation die richtige Wahl getroffen wurde oder ob der mit der Spende verbundene finanzielle oder soziale Einsatz zu hoch war.

Die den Spendern grundsätzlich zur Verfügung stehenden Möglichkeiten, kognitive Dissonanzen zu beseitigen, setzen voraus, daß die hierzu notwendigen Informationen zur Verfügung gestellt werden. Hier bietet sich den Entwicklungshilfe-Organisationen die Möglichkeit, mittels eines kontinuierlichen Informationsflusses das kognitive System der Spender zu prägen. Beispielhaft sei hier die Information über die mit den Spendengeldern unterstützten Projekte und die sich abzeichnenden Erfolge genannt. Auch die Offenlegung der Mittelverwendung (für Verwaltung und Projekte) kann zur Dissonanzreduktion beitragen. [94]

---

92 Vgl. hierzu Cann/Sherman/Elkes (1975), S. 774 ff. Allerdings ist darauf hinzuweisen, daß Personen nur dann eine konsistent negative Reaktion zeigten, wenn zwischen der ersten größeren Bitte und der nochmaligen Nachfrage ein längerer zeitlicher Abstand lag. Wurde die zweite, etwas gemäßigtere Bitte im direkten Anschluß an die erste geäußert, wurde sie in der Regel erfüllt. Zur Begründung wird die Ähnlichkeit dieser Situation mit einer bazarüblichen Handelssituation angegeben, in der sich beide Parteien nach einiger Zeit auf einen Preis einigen. Dieses Verhalten findet seine theoretische Begründung in einer Veränderung der Selbstwahrnehmung. "Once he (the person) has agreed to a request, his attitude may change. He may become, in his own eyes, the kind of person who does this sort of thing, who agrees to requests made by strangers, who takes action on things he believes in, who cooperates with good causes." Cann/Sherman/Elkes (1975), S. 774. Nähere Erläuterungen zur Theorie der Selbstwahrnehmung finden sich z.B. bei Grabitz (1984), S. 138 ff.
93 Beispielsweise lassen sich die so gewonnenen Spenderadressen zukünftig für Direct-Mail-Aktionen verwenden.
94 "Dem Spender muß transparent gemacht werden, daß letztlich nicht nur ein Bruchteil seiner Gabe dem angegebenen Zweck zugute kommt, während der größte Teil für Verwaltungs,- Werbe- und Repräsentationskosten verwendet wird. Er muß auch - nachprüfbar - nach einer gewissen Zeit erfahren, was mit seinem Geld praktisch geschehen ist, das heißt, die Organisation muß darüber berichten, daß sie wirklich geholfen hat und wie." Schober (1982), S. 24.

Ferner scheint auch der Aspekt, die Erwartungen der Spender bezüglich der Möglichkeiten und Effektivität der Hilfe nicht zu enttäuschen, in diesem Zusammenhang relevant zu sein. [95]) Die Botschaft sollte daher keine zu hohen und unrealistischen Erwartungen beim Spender wecken; sie darf ihn andererseits angesichts der Problematik der Situation nicht mutlos machen und zur Resignation veranlassen. Vielmehr sollen die an eine Hilfsaktion geknüpften Erwartungen sich auf das Machbare beschränken.

1.3.2 Attributionstheoretische Anforderungen

"Attributionstheoretische Überlegungen zielen darauf ab, wie es zur Wahrnehmung von Ursachen eigenen und fremden Verhaltens kommt." [96]).

Das Verhalten bzw. die Handlungsausgänge werden im wesentlichen von zwei Faktorengruppen abhängig gemacht: den Personen- und den Umgebungsfaktoren. Zu den Konstituentien der Personenfaktoren zählen der zeitlich relativ stabile Faktor Fähigkeit und der über einen Zeitraum verhältnismäßig variable Faktor Motivation, der sowohl Intentionen als auch Anstrengungen einer Person umfaßt. Auch die Situationsfaktoren beinhalten den zeitlich stabilen Faktor Schwierigkeit und den variablen Faktor Zufall – beide gemeinsam bilden die effektive Kraft der Umgebung. [97])

Ausgehend von der These, "daß der Mensch motiviert ist, 'eine kognitive Beherrschung der Zusammenhänge seiner Umwelt zu erlangen'" [98]), wird das zukünftige Handeln einer Person vorwiegend auf die Zurückführung eines Ereignisses auf internale und weniger auf externale Faktoren bestimmt. Verhalten im interpersonellen Bereich wird vor allem dann voraussagbar oder kontrollierbar, wenn es in

---

95 Auf die Bedeutung der Enttäuschung fester Erwartungen im Hinblick auf die Entstehung von Dissonanzen weist Aronson hin. Eine Kurzdarstellung des Standpunktes von Aronson findet sich bei Frey (1984), S. 247 f.
96 Meyer/Schmalt (1984), S. 98, siehe hierzu auch Weiner (1976), S. 174.
97 Vgl. Meyer/Schmalt (1984), S. 102 sowie Weiner (1976), S. 175 und 210 f.
98 Weiner (1976), S. 173.

ursächlichem Zusammenhang mit stabilen Dispositionen steht, da diese auch unter sich ändernden Situationsgegebenheiten eine Voraussage des Verhaltens erlauben. [99]

Meyer und Schmalt weisen auf die Bedeutung der über die bloße Ursachenzuschreibung hinausgehenden Verantwortlichkeitszuschreibung im sozialen Interaktionsgeschehen und damit implizit auf deren Bedeutung für das Hilfehandeln hin. "Während bei der Ursachenzuschreibung auf Personenfaktoren die Person lediglich als notwendiger und hinreichender Grund für das Zustandekommen eines Effektes gesehen wird, beruht eine Verantwortlichkeitszuschreibung auf der Annahme, daß die Handlungseffekte von der handelnden Person herbeigeführt (*initiiert*) wurden, von ihr *absehbar* und auch *intendiert* waren." [100]

Eine solche Verantwortlichkeitszuschreibung im Sinne einer Zuweisung der Schuld an den Problemen der Entwicklungsländer auf den potentiellen Spender, beispielsweise bedingt durch die koloniale Vergangenheit, kann und sollte nicht erfolgen. Vielmehr sollte die Verantwortung des einzelnen gegenüber den Menschen in den Entwicklungsländern und der Umwelt herausgestellt werden.

Diese theoretischen Erkenntnisse sollten sich die Entwicklungshilfe-Organisationen bei der Gestaltung ihrer Botschaft zunutze machen. So sollte die Botschaft deutlich zum Ausdruck bringen, daß die Effektivität der Hilfe für die Entwicklungsländer nicht dominant von externalen Faktoren abhängig ist, wenngleich auch eventuell auftretende Schwierigkeiten, die die Arbeit der Entwicklungshilfe-Organisationen behindern und erschweren können, nicht auszuschließen sind [101], sondern daß die

---

99 Vgl. Meyer/Schmalt (1984), S. 104. "Die Rückführung von Ereignissen auf bestimmten Invarianten - ... - erlaubt eine Vorhersage auf zukünftige Ereignisse und schafft dadurch die Möglichkeit, beeinflussend und kontrollierend in den Lauf der Ereignisse einzugreifen. (...) Handlungen werden insbesondere dann unternommen und aufrechterhalten, wenn die Ursachenzuschreibung einen erfolgreichen Abschluß wahrscheinlich macht (...) und wenn sie zu Zielzuständen führt, die mit positiven emotionalen Zuständen, insbesondere Selbstbewertungsemotionen verbunden sind." Schmalt (1985), S. 272.
100 Meyer/Schmalt (1984), S. 118.
101 An dieser Stelle sei auf die zahlreichen Schwierigkeiten, die die von April bis Dezember 1989 laufende Hilfsaktion "Überlebensbrücke Sudan" begleiteten, hingewiesen. Durch den nahe bevorstehenden Beginn der Regenzeit, der die Straßen für Konvois unpassierbar machen würde, stand die Aktion von Anfang an unter einem enormen Zeitdruck. Mehrfach wurden die Konvois auf ihrem Weg in die Flüchtlingslager überfallen, und es gab Schwierigkeiten, im benachbarten Kenia Spediteure zu finden, die bereit waren, ihre Fahrzeuge für den Transport der Güter zur Verfügung zu stellen. In einem Bericht einer UNICEF-Mitarbeiterin vor Ort heißt es: "Es trifft wohl zu, daß UNICEF und die beteiligten Organisationen, die den Operationsplan ausgearbeitet haben, die Schwierigkeiten in einem der unzugänglichsten Gebiete der Welt unterschätzt haben, so daß es zu Verzögerungen gekommen ist." Oberascher (1989), ohne Seitenangabe.

Entwicklungshilfe vorwiegend von internalen Faktoren, hauptsächlich von der Bereitschaft der Spender, abhängig ist.

Neben der Motivation bildet die Fähigkeit einen wesentlichen Faktor der internalen Attribution. Daher sollte die Botschaft sich diesbezüglich ergebende Fragen - etwa nach den Möglichkeiten der Hilfe (Spendenmodalitäten) oder hinsichtlich der Höhe der Spende - nicht unbeantwortet lassen. In diesem Zusammenhang erscheint der Hinweis, daß auch kleine Beträge hilfreich sind, von Bedeutung, denn je geringer der durch die Spenden sammelnde Organisation erwartete Spendenumfang, desto größer der Kreis der "spenden-fähigen" Personen. [102]

Aus attributionstheoretischen Erwägungen sollte die Botschaft so gestaltet sein, daß der Empfänger davon in Kenntnis gesetzt wird, daß die Situation in den Entwicklungsländern durchaus - wenn auch nicht binnen kürzester Zeit - veränderbar ist und der Erfolg der Entwicklungshilfe von dem Engagement jedes einzelnen abhängt. Die Verantwortlichkeit kann nicht vom einzelnen auf andere gesellschaftliche Gruppen abgewälzt und eine Lösung der Probleme von "den anderen" erwartet werden.

1.3.3 Die Berücksichtigung reaktanztheoretischer Überlegungen

Die Entwicklungshilfe-Organisationen sollten beim Einsatz emotionaler Appelle auch den Erkenntnissen der Reaktanztheorie Beachtung schenken.

Die Reaktanztheorie beschäftigt sich mit den Auswirkungen der durch Beeinflussung empfundenen subjektiven Zwänge (z.B. Wahrnehmung einer Einschränkung der Entscheidungsfreiheit, Überdosierung angsterregender Appelle) auf das Verhalten. Fühlt ein Individuum seine Freiheit, bestimmte Verhaltensweisen ausführen oder Attitüdendispositionen beibehalten zu können, bedroht, wird es mit Reaktanz reagieren, d.h. "mit dem Streben der Wiederherstellung seiner uneingeschränkten Freiheit." [103]

---

102 Als Beispiel sei hier eine Broschüre von UNICEF mit dem Titel "Kleine Spende große Wirkung" erwähnt. Inhalt dieser Informationsschrift sind die nach den Bereichen Gesundheit, Ernährung, Wasser und elementarer Bildung gegliederten Anschaffungskosten für Hilfsmaßnahmen. Für den Gesundheitsbereich werden z.b. Kosten von 72 Pfennig für "ein Päckchen Rehydrationssalz, um ein Kleinkind bei Durchfall vor lebensbedrohlichem Flüssigkeitsverlust zu bewahren" bis zu "2.325 DM für einen großen Kühlschrank zur Lagerung von Serum für 50.000 Impfungen" angegeben. Die Angaben sind entnommen: UNICEF (o.J.)
103 Silberer (1980b), S. 386.

Das Auftreten von Reaktanz läßt sich auch im Zusammenhang mit Hilfeverhalten feststellen. Ein Individuum wird auf ein Hilfsgesuch mit Reaktanz reagieren, wenn es sich durch die Bitte um Hilfe in seiner freien Entscheidung eingeengt bzw. moralisch verpflichtet fühlt. [104] Das Gefühl eingeengter Entscheidungsfreiheit kann auftreten, wenn der Hilfeappell durch massiven moralischen Druck oder schockierendes Bild- und Textmaterial unterstützt wird. Wird der die Bitte um Hilfe begleitende soziale Druck, sich konform zu verhalten, als sehr stark empfunden, zeigt sich Reaktanz nur im privaten Verhalten, das dem Individuum die Möglichkeit zur Hilfeverweigerung erlaubt. Ist das individuelle Verhalten durch öffentliche Kontrolle starkem normativen Druck ausgesetzt, kommt es zwar zu der Hilfeleistung, indessen wird hier eine Diskrepanz zwischen privater Einstellung und öffentlichem Verhalten entstehen. [105]

Die Entwicklungshilfe-Organisationen müssen der Gefahr, daß ihre Spendenaufrufe den Beeinflussungsversuchen entgegengesetzte Einstellungs- oder Verhaltensänderungen - sogenannte "Bumerang-Effekte" [106] - erzielen, entgegenwirken. Diese "Bumerang-Effekte" treten vorwiegend dann auf, wenn die Kommunikation zu einseitig ist "und die Einstellungen, die verändert werden sollen, stark affektiv gefärbt, in Werthaltungen fest verankert sind und/oder eine hohe Ich-Beteiligung, bei gleichzeitig hoher Diskrepanz der Position des Kommunikators und des Kommunikanten zeigen." [107] Sie zu umgehen, sollte ein wesentliches Ziel der Kommunikationspolitik der Entwicklungshilfe-Organisationen sein.

In diesem Zusammenhang ist sicherlich auch die Auswahl geeigneter Text- und Bildmaterialien von entscheidender Bedeutung. Ziel muß sein, bei dem Kommunikanten eine gewisses Maß an Betroffenheit zu erzeugen, die jedoch nicht das Ausmaß von Furcht oder Abscheu erreichen, sondern lediglich an allgemein akzeptierten sozialen Normen anknüpfen darf. [108]

---

104 Vgl. Gniech/Grabitz (1984), S. 63.
105 Vgl. Gniech/Grabitz (1984), S. 64.
106 Vgl. Silberer (1980b), S. 388 sowie Gniech/Grabitz (1984), S. 57.
107 Raffée/Wiedmann/Abel (1983), S. 705.
108 Vgl. Silberer (1980b), S. 390.
So ist hierzulande - anders als im benachbarten europäischen Ausland - beispielsweise für viele potentielle Spender der Anblick des Todes in Spendenaufrufen bereits ein Grund, sich abzuwenden und eine weitere Auseinandersetzung mit der Entwicklungshilfe-Thematik zu umgehen.

1.3.4 Die inhaltliche Gestaltung der Botschaft

"Die ungeschminkte Not ist zwar immer Anlaß zur Hilfe; der Mensch darf dabei aber nicht auf der Strecke bleiben - gerade der ferne Mensch nicht, der von nicht geringerer Würde ist als wir selber." [109]

Mit skandalösen Bildern und Berichten schreiender Not läßt sich zwar viel Geld einwerben, doch wird dadurch die Intimsphäre der Menschen verletzt und ihre Würde mißachtet. Die Unantastbarkeit der Würde des Menschen ist bei der Werbung durch Entwicklungshilfe-Organisationen stets zu beachten, wenn sie ihre Aufgabe der Hilfe, in deren Mittelpunkt der Mensch steht, ernst nehmen. Die Konsequenz, die Entwicklungshilfe-Organisationen hieraus ziehen müssen, ist der Einsatz alternativer Formen der Aktivierung.

Im klassischen Marketing nimmt die Aktivierungsforschung bei der Gestaltung von Kommunikationsmaßnahmen eine zentrale Stellung ein. Sie liefert eine Darstellung der Bedeutung stimulierender Reize im Rahmen des Einsatzes von Marketing-Instrumentarien. Der Aktivierungsforschung zufolge müssen auch die Werbebotschaften im Sozio-Marketing sowohl mittels sachlich-informativer Gestaltungselemente als auch emotionaler Appelle aktivieren. [110]

Die Wirkung der Aktivierung läßt sich durch die folgende Gesetzmäßigkeit darstellen: "Je größer die Aktivierungskraft eines Werbemittels ist, umso größer wird seine Chance, unter konkurrierenden Werbemitteln beachtet **und** genutzt zu werden." [111] Hingegen birgt eine zu starke Aktivierung die Gefahr einer Reaktanz-Reaktion, die meist auf eine Irritation des Kommunikanten zurückzuführen ist, in sich. [112] Im Bereich der durch die Entwicklungshilfe-Organisationen kommunizierten Botschaften lassen sich als mögliche Ursachen auftretender Irritationen identifizieren:

* die Thematik der Entwicklungshilfe:
  Die Auseinandersetzung mit dem Thema der Entwicklungshilfe führt zu einer Konfrontation mit der Situation der Menschen in den Entwicklungsländern wie auch mit den Problemen der Umweltzerstörung. Der Kommunikant wird aufgefordert, aktiv zu werden, Zeit oder Geld zu investieren, in den meisten Fällen ohne eine Aussicht auf materielle Gegenleistung zu haben.

---

109 Schober (1982), S. 24
110 "Als Aktivierung wird ein Zustand vorübergehender oder anhaltender innerer Erregung oder Wachheit bezeichnet, der dazu führt, daß sich die Empfänger einem Reiz zuwenden." Kroeber-Riel (1991), S. 121.
111 Kroeber-Riel (1991), S. 121.
112 Siehe hierzu auch Kapitel V, Punkt 1.3.3 dieser Arbeit.

* der Werbestil:
"Der Werbestil, der Irritationen auslöst, läßt sich im wesentlichen wie folgt kennzeichnen: (1.) vordergründiges und aufdringliches Argumentieren, (2.) Hinweise auf unliebsame Konsequenzen, ... und (3.) aufdringliche, peinliche und geschmacklose Aktivierungsreize." [113]

Im allgemeinen kann sich die Werbung zur gezielten Aktivierung der Empfänger dreier Techniken bedienen: physisch aktivierender, emotionaler oder überraschender Reize. [114] Im Bereich der kommunikativen Maßnahmen der Entwicklungshilfe-Organisationen sollte sich die Aktivierung - hinsichtlich des zu erörternden Sujets - auf die Anwendung emotionaler Reize beschränken.

Im Hinblick auf den Erfolg der kommunikativen Bemühungen stellt die Aktivierung lediglich eine notwendige, den Kontakt herstellende Bedingung dar. Wesentlicher als die Aktivierung ist jedoch die effiziente Nutzung der Information durch den Kommunikanten. Diese fordert von dem Empfänger ein Maß an Aufmerksamkeit, das zumindest die Aufnahme der Schlüsselinformationen der Botschaft erlaubt.

Mittels stimulierender (aktivierender) Techniken der Informationsdarbietung läßt sich die Beachtung einer Botschaft durch den Empfänger verbessern. Die Nutzung einer Botschaft läßt sich durch Wahrnehmungserleichterungen, mittels derer der Empfänger schnell und ohne großen kognitiven Aufwand die Information aufnehmen und verarbeiten kann, intensivieren. Zu den Wahrnehmungserleichterungen zählen hauptsächlich die optischen Zeichen Bild und Textstruktur. [115]

Auf Grund der zunehmenden Informationsüberlastung kommt der Verwendung von Bildern bei der Gestaltung der Botschaft kommerzieller Unternehmen - vor allem in

---

113 Kroeber-Riel (1991), S. 129.
114 Vgl. Kroeber-Riel (1992), S. 68 ff. wie auch Kroeber-Riel (1991), S. 122.
115 Vgl. Weuthen (1988), S. 129 sowie Kroeber-Riel (1991), S. 144.

den letzten Jahren - eine zentrale Rolle zu. [116]) Demgegenüber scheint diese Art der Informationsübermittlung für die Entwicklungshilfe-Organisationen nur bedingt geeignet zu sein. [117]) Im Zusammenhang mit der bildhaften Darstellung der Problematik werden sich die Entwicklungshilfe-Organisationen fast immer in einer Dilemma-Situation befinden. Einerseits müssen sie die tatsächlichen Gegebenheiten in den Entwicklungsländern (Hunger und Tod) in ihren Bildern darstellen, andererseits würden sie dadurch gegen den Grundsatz der Würde des Menschen verstoßen. Hinzu kommt noch die Wahrscheinlichkeit, daß schockierende Bilder beim Betrachter Reaktanz auslösen könnten, die den Versuch der Aktivierung unterlaufen würde. Für die Entwicklungshilfe-Organisationen tritt - da die im Text enthaltenen Informationen den wesentlichen Bestandteil des Kommuniqués repräsentieren - vielmehr der Text als Medium der Informationsübermittlung in den Vordergrund.

Dem Text kommt die Aufgabe zu, eine Vielzahl bezüglich ihres Inhalts unterschiedlichster Informationen übermitteln zu müssen.
Zu diesen Informationsinhalten zählen:

* Rubrizierungsinformationen [118]): Sie dienen - im Sinne der Grobidentifikation - der Bekanntmachung der Existenz einer Entwicklungshilfe-Organisation und deren Zielsetzungen. Diese als Public Relation-Maßnahme zu bezeichnende Bekanntmachung dient in erster Linie der Spendenwerbung, denn es ist davon auszugehen, daß selbst mit der ansprechendsten Werbung kein Spendenaufkommen zu erzielen ist, wenn die Spenden sammelnde Organisation und deren Ziele unbekannt sind.

---

116 "Insgesamt gesehen ist die Verwendung von Bildern die wirksamste Technik, um der Werbung zum Erfolg zu verhelfen." Kroeber-Riel (1991), S. 106.
Trommsdorff gründet den Vorteil der Bildinformation gegenüber der textlichen Darstellung auf folgende Hypothesen:
- "Informationen werden in der Reihenfolge erst Bild dann Text erworben. Daher spielen Bilder die Rolle von Interpretationshilfen für die nachfolgende Textinformation.
- Der bildliche Informationerwerb ist wesentlich schneller; ... .
- Bildlicher Informationserwerb läuft unter schwach kognitiver Kontrolle ab. Die Glaubwürdigkeit bildlicher Inhalte ist daher größer, als die gleicher textlicher Inhalte, zumal die bildliche Argumentation überwiegend nicht bewußt wird.
- Die Merkmalserfassung geschieht direkt ohne begriffliche Codierung (...).
- Bilder bewirken eine bessere Erinnerung als Texte.
- Emotionale Inhalte sind durch Bilder besser zu vermitteln." Trommsdorff (1989), S. 217. Vgl. auch Kroeber-Riel/Meyer-Hentschel (1982), S. 57 f.
117 An dieser Stelle sei auch auf die in Deutschland bestehende Rechtsnorm für Kommunikation, die Vorschriften des § 1 UWG (Gesetz gegen den unlauteren Wettbewerb), hingewiesen, die sich gegen die Ausnutzung der Gefühle des Umworbenen wendet.
118 Vgl. Weuthen (1988), S. 131 ff.

* Spenderinformationen: Diese lassen sich unterteilen in Informationen bezüglich Problemstellung, Motivationsinformation und Handlungsaufforderung.

- Die Informationen im Hinblick auf die Problemstellung setzen den Kommunikanten darüber in Kenntnis, aus welchem konkreten, meist aktuellen Anlaß der Spendenaufruf erfolgt. Sie beinhalten in den meisten Fällen eine kurze Situationsbeschreibung und zeigen die Ursachen, die zu den herrschenden Bedingungen geführt haben, auf (etwa Mißernten, Dürreperioden, Krieg etc.). Ferner informiert die Organisation im Rahmen von Problemlösungsstrategien über konkrete Hilfsmöglichkeiten.

- Im Zusammenhang mit der Bitte um Unterstützung müssen die Entwicklungshilfe-Organisationen - anders als kommerzielle Unternehmen - auf die mit der Spende verknüpften, als motivationale Faktoren dienenden Gegenleistungen hinweisen. Während die auf materiellen Gratifikationen beruhenden Gegenleistungen evident sind, bereitet die Verdeutlichung der auf immateriellen Gratifikationen beruhenden Gegenleistungen Schwierigkeiten. In diesem Zusammenhang scheinen vor allem die quasi-materiellen Gratifikationen (Steuerminderung, Teilnahme an einer Lotterie, Imageverbesserung durch öffentliche Bekanntgabe der Spender etc.) erwähnenswert.

- Schließlich enthält die Handlungsaufforderung für den Kommunikanten wichtige Informationen. Da eine Spenden sammelnde Organisation im Rahmen der Spendenbeschaffungswerbung nicht auf die geistige Aktivität und ein übermäßiges Entgegenkommen des Rezipienten hoffen darf, [119] enthält dieses Informationsfeld alle für die Spendentransaktion wesentlichen Elemente (möglichst gut zu behaltende Kontonummer, Angaben zum Kreditinstitut sowie der Hinweis auf eine unkomplizierte Abwicklung; wenn möglich wird ein Spendenträger beigefügt).

---

119 Vgl. Holscher (1977), S. 84.

Abb. 34: Die Struktur möglicher Botschaftsinhalte
Quelle: in Anlehnung an Weuthen (1988), S. 129.

Es ist davon auszugehen, daß nicht jeder Rezipient, der mit der Botschaft in Berührung kommt, sich ausführlich mit ihr auseinandersetzen wird. Um jedoch auch bei lediglich flüchtigem Kontakt die Informationen zumindest in ihren Grundzügen übermitteln zu können, müssen diese in einem klar strukturierten Text (hierarchisch) in der Reihenfolge ihrer Bedeutung präsentiert werden.
Im diesem Zusammenhang sollten bei der Konzeption einer Botschaft vor allem die folgenden Problemvereinfachungsstrategien Beachtung finden. Sie beinhalten: [120]

* das "chunking": Einzelinformationen werden zu größeren Informationseinheiten zusammengefaßt, wodurch bei gegebener Speicherkapazität mehr Informationen verarbeitet werden können;

* die Verwendung von Schlüsselinformationen: Zur Reduktion der Informationsüberlastung werden einzelne Informationen zu Einheiten zusammengefaßt, die als Beurteilungskriterien herangezogen werden können;

* der Zeit-Faktor: Informationsüberlastungsphänomene treten um so eher auf, je geringer die zur Verarbeitung des Informationsangebots zur Verfügung stehende Zeit ist. Daraus ergibt sich die Notwendigkeit, die Botschaft so zu gestalten, daß

---

119 Vgl. Raffée/Fritz (1980), S. 83 ff.

die von einem potentiellen Spender zu deren Aufnahme notwendige Zeit möglichst gering ist.

Letztlich hat sich in der Praxis einiger Entwicklungshilfe-Organisationen hinsichtlich der Gestaltung von Informations- und Werbemitteln die folgende thematische Gewichtung als optimal erwiesen: "im Bildteil emotional, im Textteil informativ, im Finanzteil klar und offen." [121]

Abschließend läßt sich anmerken, daß neben den Informationen (inhaltlicher Aspekt) auch die Zeichen (formaler Aspekt [122]) als Träger der Informationen zu den Mitteln der Gestaltung der Botschaft zählen. Im Rahmen des kommunikationspolitischen Instrumentariums nehmen sie im Hinblick auf die Profilierung gegenüber der Konkurrenz einen wichtigen Stellenwert ein. [123]

---

121 Jung (1975), S. 39.
122 Auf eine Darstellung der formalen Aspekte der Botschaftsgestaltung soll im Rahmen dieser Arbeit verzichtet werden. Informationen zu typographischen Aspekten (Mikro- und Makrotypographie) sowie zur Sprachzeichengestaltung bezüglich der Verwendung von Wortarten, syntaktischer Struktur und Stilmittel finden sich beispielsweise bei Weuthen (1988), S. 145 ff. sowie Moser (1990), S. 143 ff.
123 Nähere Ausführungen hinsichtlich der Ausgestaltung dieses Aspektes finden sich beispielsweise bei Weuthen (1988), S 6 f. und 128 ff.

2. Die besondere Bedeutung einer Corporate Identity-Konzeption für die Kommunikationspolitik von Entwicklungshilfe-Organisationen

Im Sinne der Maximierung des Spendenpotentials zählt die Gewinnung von Spendern zu den wesentlichen Aufgaben einer Entwicklungshilfe-Organisation. Basis für die Gewinnung von Spendern ist Vertrauen: Vertrauen in die Richtigkeit der Darstellung der Situation in den Entwicklungsländern und der daraus resultierenden Notwendigkeit der Entwicklungshilfe wie auch und vor allem Vertrauen in den korrekten Umgang mit Spendengeldern.

Der Einsatz einer auf die Organisationspersönlichkeit zugeschnittenen Corporate Identity-Strategie bietet den Entwicklungshilfe-Organisationen eine Grundlage, das notwendige Verständnis und Vertrauen in der Öffentlichkeit zu schaffen.

2.1 Corporate Identity als strategisches Orientierungskonzept

Während bei ihrer Einführung Mitte der siebziger Jahre die Diskussion um die Corporate Identity-Konzeption recht kontrovers verlief - ihre Befürworter bezeichneten Corporate Identity als Schlüsselgröße unternehmerischen Erfolgs, ihre Kritiker lehnten sie auf Grund theoretischer Unzulänglichkeiten ab - setzt sich heute mehr und mehr die Erkenntnis durch, "daß Corporate Identity mehr ist als eine Strategie der Positionierung und Integration. Corporate Identity erweist sich als eines der entscheidenden *Wettbewerbs*-Instrumente ..." [124]

Die Diskussion um Nutzen und Anwendung einer Corporate Identity-Konzeption ist durch eine Vielfalt unterschiedlichster Begriffe und Begriffsinhalte geprägt. [125] Im Rahmen dieser Arbeit soll der Definition von Birkigt und Stadler gefolgt werden, die Corporate Identity verstehen als "die strategisch geplante und operativ eingesetzte Selbstdarstellung und Verhaltensweise eines Unternehmens nach innen und außen auf Basis einer festgelegten Unternehmensphilosophie, einer langfristigen Unternehmenszielsetzung und eines definierten (Soll-)Images - mit dem Willen, alle Handlungsinstrumente des Unternehmens in einheitlichem Rahmen nach innen und außen zur Darstellung zu bringen." [126]

---

124 Birkigt/Stadler (1988), S. 12.
125 Eine Aufstellung der Bedeutungsunterschiede findet sich bei Tefersthofer (1982), S. 12-16.
126 Birkigt/Stadler (1988), S. 23.

Diesem Verständnis folgend bildet eine vorab definierte Unternehmenspersönlichkeit, die sich auf (Soll-)Image, Unternehmensphilosophie und Ziele der Unternehmung stützt, die Basis aller strategischen Corporate Identity-Maßnahmen. Die Identität bzw. das Selbstverständnis eines Unternehmens läßt sich durch den schlüssigen Zusammenhang zwischen Unternehmenspersönlichkeit und den wahrnehmbaren Elementen Unternehmensverhalten, -erscheinungsbild und -kommunikation konkretisieren. [127] "Diese Selbstdarstellung erzeugt nach außen ein (Ist)-Image, das Corporate Image." [128]

Ziel des strategischen Orientierungskonzeptes Corporate Identity ist Aufbau, Vermittlung und Pflege einer unternehmensbezogenen Grundorientierung, die im Außenverhältnis das Unternehmensimage verbessert und durch Weckung von Verständnis für die speziellen Anliegen der Organisation Vertrauens- und Zuneigungspotentiale schafft. [129] Im Innenverhältnis erzeugt sie Identifikationspotentiale, deren Ziel die Steigerung des Zusammengehörigkeitsgefühls und der Arbeitsmotivation ist. [130]

2.2 Zur Notwendigkeit einer integrierten Corporate Identity-Konzeption

Während der 70er und 80er Jahre wurde dem Begriff der Corporate Identity in den Führungsetagen kommerzieller Unternehmen große Bedeutung zugemessen. Heute stellt sich auch für die Entwicklungshilfe-Organisationen gerade vor dem Hintergrund der sie prägenden Besonderheiten [131] die Frage nach der Notwendigkeit einer solchen Konzeption.

Für Entwicklungshilfe-Organisationen bildet ein positives Image die Grundvoraussetzung ihrer Handlungsfähigkeit. Sie sind bei der Finanzierung ihrer Projekte vorwiegend auf Spendengelder angewiesen; bleiben diese Gelder aus, können sie ihren Aufgaben nicht weiter nachkommen. Darüber hinaus sind sie hinsichtlich der Akquisition finanziellen und ideellen Unterstützungspotentials auf die Hilfe freiwilliger Mitarbeiter angewiesen. Allerdings können die Entwicklungshilfe-Organisationen nur

---

127 Vgl. Birkigt/Stadler (1988), S. 23.
128 Kreutzer/Jugel/Wiedmann (1986), S. 21. Während Corporate Identity das Selbstbild des Unternehmens bezeichnet, spiegelt Corporate Image sein Fremdbild. "Image ist also die Projektion der Identity im sozialen Feld." Birkigt/Stadler (1988), S. 28.
129 Vgl. Kepper (1990), S. 4.
130 Vgl. Wiedmann (1988), S. 33.
131 Siehe hierzu Kapitel I, Punkt 3. dieser Arbeit.

mit dem Engagement jener Personen rechnen, die von der Integrität der Organisation überzeugt sind.

Ausgangspunkt der Überlegungen hinsichtlich der Möglichkeit, mittels des Einsatzes einer Corporate Identity-Konzeption den Grundvoraussetzungen der Handlungsfähigkeit einer Entwicklungshilfe-Organisation Rechnung tragen zu können, bilden die dieser Konzeption im allgemeinen zuzuschreibenden Funktionen. Hierbei handelt es sich im einzelnen um: [132)

* die Identifikationsfunktion,
* die Integrationsfunktion und
* die Informationsfunktion.

ad (1) die Identifikationsfunktion:
Eine erfolgreiche Entwicklungshilfe-Organisation ist auf ein starkes Profil angewiesen, das es ihr ermöglicht, sich in den informationsüberfluteten Märkten von der Konkurrenz der Spenden sammelnden Organisationen und Vereine abgrenzen zu können, das sie eindeutig identifizierbar macht. [133)

ad (2) die Integrationsfunktion:
Die Notwendigkeit einer integrierten Corporate Identity-Konzeption ließe sich auch aus der den Entwicklungshilfe-Organisationen eigenen Personalstruktur ableiten. Bedingt durch den kombinatorischen Einsatz hauptamtlicher und ehrenamtlicher Mitarbeiter ergeben sich folgende Probleme:

* Die Mitarbeiter agieren nicht von einem oder mehreren Gebäudekomplexen an einem Ort aus, sondern arbeiten in kleinen Gruppen verteilt über das gesamte Bundesgebiet. Dadurch kommt es zu einer Dezentralisation des Entscheidungs- und Handlungsgefüges. [134)

* Die Ehrenamtlichkeit wird nicht entlohnt - wohl aber muß sie zur Aufrechterhaltung des Engagements belohnt werden. [135)

* Mit den ehrenamtlich tätigen Mitarbeitern bestehen in den seltensten Fällen vertraglich festgelegte Bindungen. Daher ist die Weisungsbefugnis der Organisation gegenüber diesen Mitarbeitern eingeschränkt. Dennoch müssen die Organisationen dafür Sorge tragen, daß die Mitarbeiter nicht konträr zur

---
132 Siehe hierzu beispielsweise Keller (1990), S. 63 ff. und Gutjahr/Keller (1988), S. 82 ff.
133 Vgl. Kicherer (1986), S. 27.
134 Vgl. Achterholt (1988), S. 183.
135 Siehe hierzu auch Kapitel IV, Punkt 2.3.2 dieser Arbeit.

Unternehmensphilosophie handeln. Durch ihre integrierende und koordinierende Wirkung im Innenverhältnis bietet eine Corporate Identity-Konzeption die Möglichkeit, den speziellen personalpolitischen Problemen, mit denen sich Entwicklungshilfe-Organisationen auseinandersetzen müssen, zu begegnen.

ad (3) die Informationsfunktion:
Die Thematik der Konfrontation der Entwicklungshilfe-Organisationen mit einer oftmals kritischen Haltung der Öffentlichkeit den Organisationen, ihrer Arbeit sowie der Verwendung von Spendengeldern gegenüber wurde bereits angesprochen. [136] Mitunter sehen die Kritiker der Entwicklungshilfe ihre Haltung durch die Berichterstattung der Medien bestätigt. Einer solchermaßen verursachten Verunsicherung der potentiellen Spender müssen die Entwicklungshilfe-Organisationen mittels geeigneter kommunikativer Techniken entgegenwirken. Die sich im Außenverhältnis einer integrierten Corporate Identity-Konzeption niederschlagende Imagewirkung bietet den Entwicklungshilfe-Organisationen eine Möglichkeit, die notwendigen Unterstützungspotentiale in der Öffentlichkeit aufzubauen. [137]

Letztlich ließe sich der Notwendigkeitsanspruch einer Corporate Identity-Konzeption auch aus der Zielsetzung der entwicklungspolitischen Arbeit ableiten. Die Organisationen üben durch ihre Tätigkeit politischen Einfluß aus. Allein aus diesem Grund sollte jede Entwicklungshilfe-Organisation als geschlossene Einheit auftreten. Die Corporate Identity trägt maßgeblich zu dieser "unité de doctrine" [138] bei.

---

136 Siehe hierzu Kapitel I, Punkt 3.2.5 dieser Arbeit.
137 Nähere Erläuterungen hierzu finden sich in Kapitel V, Punkt 3.2.3 dieser Arbeit.
138 Vgl. Kobi/Wüthrich (1986), S. 24 sowie Kreutzer/Jugel/Wiedmann (1986), S. 34.

3. Die Ausgestaltung einer Corporate Identity-Konzeption

Die generelle Zielsetzung einer Corporate Identity-Strategie - der Aufbau und die Vermittlung einer überzeugenden und widerspruchsfreien Unternehmensidentität, die im Hinblick auf die Schaffung von Identifikations- und Unterstützungspotentialen die die Basis für Glaubwürdigkeit, Vertrauen, Akzeptanz und Zuneigung bildet [139] - ist nur auf der Grundlage der Übereinstimmung des Organisationsprofils mit den tatsächlichen Zielen und Werthaltungen der Organisation zu verwirklichen. Der erste Schritt auf dem Wege der Entwicklung einer Corporate Identity-Konzeption muß daher die Identitätsfindung der Organisation sein.

3.1 Die Corporate Identity-Konzeption als Instrument der Identitätsfindung

Soll die Corporate Identity dem Begriff der Identität gerecht werden, darf das Image der Organisation nicht von außen aufoktroyiert werden. Durch eine solche Vorgehensweise würde das Wesentliche, das Unternehmensspezifische, das, was die Organisation von allen anderen abhebt, verlorengehen. [140] Vielmehr sollte eine effiziente Corporate Identity-Strategie "zunächst immer an der Gestaltung aller Unternehmensleistungen im Spannungsfeld von unternehmerischen Zielsetzungen und den Erwartungen, Forderungen sowie Bedürfnissen der Austauschpartner ausgerichtet sein und bei einer kritischen Überprüfung der gesamten Unternehmensidentität ansetzen." [141] Grundlage der Corporate Identity muß daher zwangsläufig die bewußte, systematische Analyse der Unternehmensphilosophie und deren Konkretisierung innerhalb der Unternehmenskultur sein.

Die Unternehmensphilosophie stellt eine strategische Zielgröße dar, eine "realistische Utopie", die dem einzelnen grundlegende Vorstellungen bezüglich des erwarteten Verhaltens, der Beurteilungsmaßstäbe seines Handelns sowie der herrschenden Denkweise innerhalb des Unternehmens vermittelt. [142] Sie wird so zur Verhaltensgrundlage des Unternehmens, ohne die keine unternehmenspolitischen Entscheidungen getroffen werden können.

---

139 Vgl. Wiedmann (1988), S. 34 wie auch Wiedmann/Jugel (1987), S. 188.
140 Vgl. Kicherer (1986), S. 27.
141 Wiedmann/Jugel (1987), S. 189.
142 Vgl. Probst (1983), S. 323.

Ihre konkrete Ausprägung findet die Unternehmensphilosophie in der Unternehmenskultur. [143] Sie besteht aus der Gesamtheit der Denkmuster, Überzeugungen, Verhaltensnormen, Ablaufroutinen, Strukturen und Ordnungssysteme, Potentiale und Fähigkeiten wie auch aus den internen und externen Beziehungen des Unternehmens. [144] Als System historisch gewachsener Werte und Normen gilt sie den Organisationsmitgliedern als verbindlicher Orientierungsrahmen ihres Denken und Handelns. [145]

Die Effektivität jeglicher Planungsaktivitäten einer Organisation wird wesentlich davon abhängen, in welchem Umfang die bestehende Unternehmenskultur als mögliche Restriktion verstanden und beachtet wird. Die interne Implementierung einer Corporate Identity-Strategie muß scheitern, werden die organisationsspezifischen Werte- und Normsysteme mißachtet. Nur durch die adäquate Berücksichtigung des organisationsbezogenen Wertesystems wird die eindeutige Handlungsorientierung aller Mitarbeiter an der übergreifenden Corporate Identity-Konzeption gewährleistet und langfristig die Basis einer auch öffentlich wirksamen Verhaltensprägung ermöglicht.

"Ein zentrales Ziel der CI-Strategie muß generell die Minimierung der Diskrepanz zwischen dem in Unternehmensgrundsätzen schriftlich niedergelegten gewünschten Selbstverständnis und der in der Unternehmenskultur zum Ausdruck kommenden tatsächlichen Identität sein. Letztlich wird erst durch diese Angleichung von Wunschvorstellung und Realität eine tragfähige, nach außen und innen vermittelbare Unternehmensidentität geschaffen." [146]

---

143 Die Unternehmenskultur läßt sich definieren als "die Gesamtheit von geteilten Normen, Wertvorstellungen und Denkhaltungen, die das Verhalten der Mitarbeiter aller Stufen und somit das Erscheinungsbild eines Unternehmens prägen." Kobi/Wüthrich (1986), S. 13.
144 Vgl. Wiedmann/Kreutzer (1985), S. 76.
145 Vgl. Freimuth (1985), S. 89.
146 Wiedmann/Jugel (1987), S. 192.

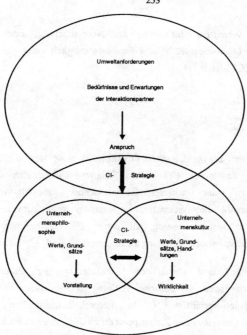

Abb. 35: Das Spannungsfeld der Identitätsgestaltung
Quelle: Wiedmann/Jugel (1987), S. 192.

3.2 Die Identitätsvermittlung im Innen- und Außenverhältnis einer Entwicklungshilfe-Organisation durch den Einsatz des CI-Mix

3.2.1 Die Darstellung des CI-Mix

Die Corporate Identity eines Unternehmens wird durch die Summe seiner charakteristischen Eigenschaften, die seine Leitidee und Geisteshaltung widerspiegeln, repräsentiert. [147] Daraus resultiert die Notwendigkeit, "alle Faktoren, durch die solche Identitätsmerkmale wahrgenommen werden können, in die Planung einzubeziehen." [148] Die spezifischen Identitätsmerkmale des Unternehmens lassen sich durch Unternehmensverhalten (Corporate Behaviour), Unternehmenskommunikation (Corporate Communication) und Unternehmenserscheinungsbild

---
147 Vgl. Trux (1988), S. 69.
148 Kepper (1990), S. 6.

(Corporate Design) vermitteln. Im Sinne der Verdeutlichung einer in sich geschlossenen Unternehmensidentität besteht die Notwendigkeit einer Koordination der Komponenten des CI-Mix. [149]

3.2.1.1 Corporate Design

Die Persönlichkeit einer Entwicklungshilfe-Organisation stellt sich u.a. in ihrem Erscheinungsbild dar, das durch einheitliches Zusammenwirken aller Corporate Design-Maßnahmen zu einer optimalen Geschlossenheit gebracht wird. Das Corporate Design umfaßt die systematisch aufeinander abgestimmten visuellen Elemente der Unternehmenserscheinung, zu denen die unternehmenstypischen Zeichen, Farben, Schrifttypen und Gestaltungsraster zu zählen sind. [150]

Das Corporate Design dient somit der Visualisierung der Unternehmensphilosophie. [151] Durch seine symbolische Wirkung werden die Leitideen der Unternehmensphilosophie vermittelt. [152] In diesem Zusammenhang ist die Kongruenz der sich bei den relevanten Zielgruppen durch das äußere Erscheinungsbild einstellenden Assoziationen mit den von der Organisation beabsichtigten von entscheidender Bedeutung für die Identitätsvermittlung. Ist diese Kongruenz gegeben, sollte das Erscheinungsbild der Organisation weiterhin durch Kontinuität gekennzeichnet sein. Allerdings muß sich synchron mit einer Veränderung der Identität auch das Erscheinungsbild kontinuierlich wandeln. [153]

Durch seinen materiellen, konkreten Charakter unterscheidet sich das Corporate Design wesentlich von den anderen Elementen des CI-Mix. [154] Hierin ist sicherlich ein wesentlicher Grund für die tendenzielle Überbewertung dieses Instrumentes zu sehen, die zum Teil zu einer Reduzierung der Corporate Identity-Konzeption auf das Element Corporate Design geführt hat. Die wesentliche Bedeutung der Design-Maßnahmen ist allerdings in der Vermittlung der optischen Signale, die die Aufmerksamkeit erhöhen und die Wiedererkennung fördern, zu sehen. Insofern unterstützen

---

149 Vgl. Wiedmann/Jugel (1987), S. 188.
150 Die Bedeutung der Hausfarben und des Firmenzeichens als zwei Bestandteile der "Grundausstattung" der CI stellt Antonoff dar. Vgl. Antonoff (1987), S. 13 f.
151 Vgl. Achterholt (1988), S. 46.
152 Beispielhaft seien hier genannt: das Logo von UNICEF, dem Kinderhilfswerk der Vereinten Nationen, das in dem Lorbeerkranz der Vereinten Nationen auf der Weltkugel eine Mutter mit Kind zeigt, oder auch die Getreideähre der Deutschen Welthungerhilfe.
153 Vgl. Birkigt/Stadler (1988), S. 26.
154 Vgl. Kicherer (1986), S. 29.

Design-Maßnahmen eine höhere Wahrnehmungsbereitschaft und schnellere Penetration der Corporate Identity-Strategie. [155] Aus dieser Tatsache läßt sich - gerade in Zeiten, die durch eine kontinuierlich steigende Anzahl Spenden sammelnder Organisationen und das Phänomen der Informationsüberlastung zu charakterisieren sind - auch für die Entwicklungshilfe-Organisationen die Notwendigkeit der gedanklichen Auseinandersetzung mit geeigneten Corporate Design-Maßnahmen ableiten. Im Hinblick auf die Erhöhung respektive die Stabilisierung ihres Bekanntheitsgrades sollte eine Entwicklungshilfe-Organisation im Rahmen ihres öffentlichen Agierens der Umsetzung ihrer Corporate Design-Maßnahmen konsequent Rechnung tragen. [156]

3.2.1.2 Corporate Behaviour

Das Corporate Behaviour beinhaltet die "in sich schlüssige und damit widerspruchsfreie Ausrichtung aller Verhaltensweisen der Unternehmensmitglieder im Innen- und Außenverhältnis." [157]
Im Umgang der Entwicklungshilfe-Organisationen mit ihren Spendern, den ehrenamtlichen Mitarbeitern und nicht zuletzt den Menschen in den Entwicklungsländern manifestiert sich am nachhaltigsten, ob die Ziele der Organisation bloße Worthülsen oder gelebte Werte sind. Birkigt und Stadler bezeichnen das Corporate Behaviour als das wichtigste und wirksamste Instrument der Corporate Identity. [158]
Mehr noch als nach der Ausgestaltung des Corporate Designs werden die Entwicklungshilfe-Organisationen nach ihrem Verhalten beurteilt. Hat man sich in Politik und Wirtschaft an menschliche Unzulänglichkeiten und Skandale bereits gewöhnt und werden diese schnell wieder vergessen, so können sie, wenn es um den Umgang mit Spendengeldern geht, für die Organisation den Ruin bedeuten. Korrektem, seriösem, an ethischen Grundsätzen orientiertem Verhalten aller (der hauptberuflichen wie auch der ehrenamtlichen) Mitarbeiter, sowohl im Privatleben als

---

155 Vgl. Keller (1987), S. 23.
156 In diesem Zusammenhang sei beispielhaft darauf hingewiesen, daß sowohl die Organisation als auch die Vielzahl der freiwilligen Mitarbeiter ein einheitliches - mit den organisationstypischen Zeichen, Farben und Symbolen versehenes - Briefpapier verwenden. Darüber hinaus sollten jene Mitarbeiter, die ermächtigt sind, die Organisation im Außenverhältnis zu vertreten - mitunter sind zu diesen auch die ehrenamtlichen Mitarbeiter zu zählen -, über nach einheitlichen Gesichtspunkten gestaltete Visitenkarten verfügen. Durch diese Maßnahme ließe sich zusätzlich die Glaubwürdigkeit und Seriosität der Mitarbeiter unterstreichen.
157 Wiedmann/Jugel (1987), S. 188.
158 Vgl. Birkigt/Stadler (1988), S. 25.

auch bei der Beschaffung von Spenden, muß im Rahmen des Corporate Behaviour höchste Priorität eingeräumt werden.

Allerdings herrscht noch weitgehend Unklarheit darüber, wie die Steuerung des Verhaltens der Mitarbeiter einer Entwicklungshilfe-Organisation im Rahmen einer Corporate-Identity-Strategie in die Organisationspolitik integriert werden kann. [159] Darüber hinaus mangelt es allgemein an theoretischen Vorschlägen und Ansätzen, die Aufschluß darüber liefern könnten, durch welche Maßnahmen eine Lenkung des Mitarbeiterverhaltens möglich wäre, so daß von einer zielgerichteten Koordination des Corporate Behaviour zur Zeit noch nicht gesprochen werden kann.

3.2.1.3 Corporate Communication

Der systematische, kombinatorische Einsatz aller Kommunikationsmittel, durch den die Identität der Organisation nach innen und außen vermittelbar ist, wird als Corporate Communication bezeichnet. [160] "Sie übersetzt die Identität eines Unternehmens in Kommunikation und bildet das strategische Dach für die unterschiedlichsten Kommunikationsaktivitäten nach innen und außen." [161]

Zielsetzung der konsequenten identitätsorientierten Kommunikation ist die Schaffung und langfristige Sicherung von Erfolgs- und Unterstützungspotentialen bei allen für die Entwicklungshilfe-Organisationen relevanten Partnern. Aus diesem Grund ist es unerläßlich, mittels des strategischen Aktionsinstrumentariums dem Risiko einer negativen Beeinflussung des Images entgegenzuwirken sowie bestehende Vorurteile abzubauen.

Um den Anspruch der Glaubwürdigkeit realisieren zu können, muß die Argumentation der Organisation notwendigerweise in sich konsistent sein. Voraussetzung hierfür ist zum einen eine sich an den Grundsätzen der Unternehmensphilosophie orientierende Kommunikations-Konzeption und zum anderen eine - auf Grund der Besonderheiten der Personalstruktur der Entwicklungshilfe-Organisationen notwendig erscheinende - umfassende Information und Schulung der Mitarbeiter. [162]

---

159 Siehe hierzu auch Kepper (1990), S. 7 und die dort angegebene Literatur.
160 Vgl. Wiedmann/Jugel (1987), S. 188, Kreutzer/Jugel/Wiedmann (1986), S. 26.
161 Raffée/Wiedmann (1983a), S. 53. Zu den unterschiedlichen Kommunikationsinstrumentarien sind sowohl die Imagewerbung und Öffentlichkeitswerbung als auch die Beschaffungs- und Absatzwerbung zu zählen. Vgl. z.B. Wiedmann/Jugel (1987), S. 188, Raffée/Wiedmann (1983a), S. 53.
162 Vgl. hierzu auch die Ausführungen in Kapitel IV, Punkt 2.3.2 dieser Arbeit.

"Das zentrale Anliegen der Corporate Identity-Strategie, die Schaffung eines Wertkonsenses nach innen und außen, findet somit durch das Konzept der Corporate Communications einen Gestaltungsrahmen für die Planung und Umsetzung aller kommunikativen Aktivitäten." [163] Auf Grund der unterschiedlichen Kommunikationsinhalte und Zielgruppen [164] ergibt sich in diesem Zusammenhang die Notwendigkeit, die einzelnen kommunikativen Aktivitäten zu koordinieren, um so sicherstellen zu können, daß trotz ihrer Vielfalt ein harmonisches Gesamtbild der Organisation gewährleistet werden kann. [165]

Die Tatsache, daß die Kommunikation innerhalb des CI-Mix das Instrument mit der höchsten Flexibilität ist – "denn sie erlaubt sowohl planungsgesteuerten, langfristigstrategischen als auch anlaßbedingten, schnellen taktischen Einsatz" [166] – sollte bei der Ausgestaltung der Corporate Communication Beachtung finden. Durch den taktischen Einsatz von Bestandteilen des kommunikationspolitischen Instrumentariums besteht die Gefahr einer stärkeren Orientierung an aktuellen Zielgruppen statt an der konzeptionstreuen Darstellung der Identität. Auch aus diesem Grund muß eine Überprüfung der kommunikativen Maßnahmen hinsichtlich ihrer Kompatibilität durchgeführt werden.

3.2.2 Die Wirkung der Corporate Identity-Konzeption im Innenverhältnis der Organisation

Es wurde bereits darauf hingewiesen, daß für die Mehrzahl der Entwicklungshilfe-Organisationen das Potential der ehrenamtlichen Mitarbeiter eine ihrer wichtigsten Ressourcen darstellt. Durch den kostenlosen Einsatz ihrer Fähigkeiten, ihres Wissens und ihrer Zeit leisten die freiwilligen Helfer einen entscheidenden Beitrag im Hinblick auf die Erfüllung der entwicklungspolitischen Aufgaben. Doch ergeben sich durch den

---

163 Kreutzer/Jugel/Wiedmann (1986), S. 48.
164 Im Hinblick auf die Unterschiedlichkeit der Kommunikationsinhalte ergeben sich beispielsweise die in Kapitel III, Punkt 2.5.2 angesprochenen Möglichkeiten der Verfolgung eines Partnerschafts- oder Patenschaftskonzeptes. In bezug auf unterschiedliche Zielgruppen sei auf die entsprechenden Ausführungen in Kapitel III, Punkt 2.4 dieser Arbeit verwiesen.
165 Siehe hierzu Kepper (1990), S. 6.
Die Notwendigkeit der Koordination der einzelnen kommunikationspolitischen Instrumente ergibt sich auch aus der Tatsache, daß nicht nur die Organisation selbst mit potentiellen Spendern Kontakt aufnimmt, sondern daß sich darüber hinaus auch Personen des öffentlichen Lebens für die Belange der Organisationen engagieren und entsprechend mit potentiellen Spendern kommunizieren. Siehe hierzu auch Kapitel V, Punkt 1.2.1.2 dieser Arbeit.
166 Birkigt/Stadler (1988), S. 26.

Einsatz ehrenamtlicher Mitarbeiter für die Entwicklungshilfe-Organisationen und ihre festangestellten Mitarbeiter oftmals Führungs,- Koordinations- und Motivationsprobleme. [167]

Zu den vordringlichsten Aufgaben einer auf Identitätsvermittlung im Innenverhältnis ausgerichteten Corporate Identity-Strategie, die ein mit den Organisationszielen konformes Handeln der Mitarbeiter gewährleisten will, zählen Integration und Koordination. Sie sind die wesentlichen Erfordernisse, durch die eine "übergeordnete Gesamtorientierung für alle Organisationsmitglieder" erreichbar ist. [168]

Auf Grund der dezentralen Organisationsstruktur der meisten Entwicklungshilfe-Organisationen muß die Corporate Identity-Strategie in verstärktem Maße den Anforderungen im Hinblick auf die Koordination der Arbeitsabläufe zwischen Organisation und Ehrenamtlichen sowie auch aller Mitarbeiter untereinander Rechnung tragen.

Die Koordination der regionalen - im Verantwortungsbereich der freiwilligen Helfer liegenden - Aktivitäten soll dafür Sorge tragen, daß die Gesamtheit aller Aktivitäten bzw. Entscheidungen im Hinblick auf die Erfüllung des Organisationsziels aufeinander abgestimmt wird. [169] Die Koordination bezieht sich vorwiegend auf die Bereiche des Informations- und Leistungsaustausches - mit der Absicht, konfliktäre Zielbildungen zu vermeiden und Synergieeffekte zu fördern. [170]

Voraussetzung für die Integration der Helfer und die Koordination der Aktivitäten ist ein gemeinsamer, aus der Unternehmensphilosophie abgeleiteter Orientierungsrahmen. "Corporate Identity gibt über die Unternehmensphilosophie und Verhaltensmaximen ein solches Bezugssystem als Orientierungsrahmen vor. ... Je konkreter der Orientierungsrahmen ist, den Philosophie und Verhaltensleitlinien vorgeben, desto besser erfüllt er die für strategische Entscheidungsfindung so wichtige Aufgabe der Orientierungshilfe." [171] Diese definiert einen für alle Interaktionen verbindlichen

---

167 Siehe hierzu auch Kapitel V, Punkt 2.2 dieser Arbeit. Auf diese Problematik weist auch Andreasen in seinem Artikel: A Power Potential Approach to Middlemen Strategies in Social Marketing" hin. Vgl. Andreasen (1984), S. 58.
168 Heinen (1981), S. 127.
169 Vgl. Heinen (1981), S. 127.
170 Vgl. hierzu etwa Kreutzer/Jugel/Wiedmann (1986), S. 33, Birkigt/Stadler (1988), S. 47, Achterholt (1988), S. 183 f. und S. 187 ff.
   In diesem Zusammenhang würden sich regelmäßig stattfindende Treffen der freiwilligen Mitarbeiter anbieten, die diesen die Möglichkeit eines Informations- und Erfahrungsaustausches eröffneten. Durch die Teilnahme hauptamtlicher Mitarbeiter an diesen Treffen hat die Organisation die Möglichkeit, das Verhalten ihrer Mitglieder hinsichtlich des anzustrebenden Werte- und Normensystems zu beeinflussen.
171 Achterholt (1988), S. 186.

Verhaltenskodex und wirkt so einer fallweisen Abklärung der Verhaltensregeln entgegen.

Neben der Integrations- und Koordinationsfunktion kommt der Corporate Identity-Strategie auch eine wesentliche Aufgabe bei der Motivation der ehrenamtlichen Mitarbeiter zu.

Die ehrenamtliche Arbeit entbehrt des gemeinhin als motivierend anerkannten Tauschverhältnisses Lohn für Leistung. Um so wesentlicher scheint daher (im Hinblick auf die intrinsische Motivation der freiwilligen Mitarbeiter) die seitens der Organisation gegebene Versicherung des Wertes und der Sinnhaftigkeit ihrer Arbeit. Darüber hinaus läßt sich feststellen, daß die Möglichkeit der Identifikation mit und der Zugehörigkeit zu einer Organisation, auf deren Erfolge die Mitarbeiter stolz sein können, sich motivierend auf deren Leistungsbereitschaft auswirkt. Zu den Aufgaben einer im Hinblick auf Entwicklungshilfe-Organisationen konzipierten Corporate Identity-Strategie ist daher die Vermittlung des Gefühls, daß auch die Ehrenamtlichen ein Teil dieser Organisation, zu deren Erfolg sie maßgeblich beigetragen haben, sind, zu zählen. 172)

Die Kommunikation eines gemeinsamen Grundverständnisses und gemeinsamer Wertvorstellungen dient als Ausgangspunkt zur Förderung eines "Wir-Gefühls", das die Integrations- und Kooperationsbereitschaft der Mitarbeiter erhöht. Die Unterstützung der Freiwilligen wird um so größer sein, je höher der Grad ihrer Zufriedenheit und Identifikation mit der Organisation, deren Zielen und Aufgaben ist. 173)

"Der (unternehmerische) Erfolg hängt maßgeblich davon ab, ob es gelingt, die Mitarbeiter zu begeistern und ihre Identifikation mit dem Unternehmen zu fördern. Wichtige Aufgabe des Management ist es deshalb, ein "Wir-Gefühl" zu entwickeln,

---

172 Diesbezüglich kann die Beteiligung der ehrenamtlichen Mitarbeiter oder vielmehr deren gewählten Vertretern an Entscheidungsfindungsprozessen der Organisation als ein wesentlicher motivationaler Faktor identifiziert werden. Daneben erlangt in diesem Zusammenhang auch der Aspekt der Information der Mitarbeiter Bedeutung. Die Helfer sollten nicht nur darüber informiert werden, daß Spendengelder benötigt werden, sondern auch konkret darüber, was mit den Geldern im einzelnen geschehen soll. Wesentlich scheint auch der Aspekt, die Helfer über Erfolge zu informieren und ihnen für ihre Unterstützung zu danken.
173 Ein positives Beispiel für Zufriedenheit und Identifikation mit der Organisation mag das folgende Zitat von Peter Ustinov, Botschafter des Kinderhilfswerks der Vereinten Nationen - UNICEF - sein: "Believe me, there is no earthly joy quite like that of being a volunteer. The only possible rival is love itself. ... I know that giving yourself rather than renting yourself out in exchange for salary - as all of us must do for survival - is much more gratifying. ... Despite all the rewards in both my private and professional lives, there is nothing which could replace the subtle delights of helping children." UNICEF (o.J.), S. 1.

das u.a. von einer gedanklichen "unité de doctrine" und von einem Geborgenheitsgefühl lebt." [174] Dieses Gefühl kann nicht durch die Vorgabe von Führungsrichtlinien und Organisationsregeln erzielt werden; vielmehr bedarf es hierzu einer entsprechenden Unternehmenskultur, die sich auf tradierbare Normen und Werte mit entsprechender verhaltensprägender Wirkung stützen kann. Letztlich wird die von den Entwicklungshilfe-Organisationen gewünschte überdurchschnittliche Identifikation - derer es gerade im Bereich der ehrenamtlichen Unterstützung bedarf - hauptsächlich von den von allen akzeptierten und gelebten Normen und Idealen abhängig sein. [175]

Zu den wesentlichen Voraussetzungen einer erfolgreichen Identitätsvermittlung ist ein systematisches "Marketing nach innen" zu zählen. [176] Dies darf jedoch nicht bedeuten, daß den Mitarbeitern die Identität der Organisation mittels manipulativer Indoktrinationstechniken vermittelt werden sollte. Vielmehr muß der Dialog im Mittelpunkt der Bemühungen einer Identitätsvermittlung im Innenverhältnis stehen. [177]

3.2.3 Die Wirkung der Corporate Identity-Konzeption im Außenverhältnis der Organisation

Neben der Identitätsvermittlung im Innenverhältnis stellt die Identitätsvermittlung im Außenverhältnis eine weitere wesentliche Herausforderung an eine Corporate Identity-Strategie dar.

Während die Corporate Identity-Strategie im Innenverhältnis die Verwirklichung führungsbezogener Ziele verfolgt, stehen im Außenverhältnis primär Imageziele im Vordergrund der Bemühungen. Der im Außenverhältnis wirkende Bereich der Corporate Identity-Konzeption kann somit als eine spezifische Ausprägung einer Profilierungsstrategie verstanden werden, deren Ziel die Heraushebung der Organisation aus der Anonymität der Vielzahl von Spenden sammelnden Organisationen ist. Die Konkretisierung dieses Bemühens spiegelt sich in der ganzheitlichen, harmonischen Wahrnehmung der organisationsspezifischen Charakteristika [178] des Corporate Image, dem Fremdbild der Organisation, wider. Zu den

---

174 Kobi/Wüthrich (1986), S. 24 f.
175 Siehe hierzu die Ausführungen in Kapitel IV, Punkt 2.3.2 dieser Arbeit.
176 Siehe hierzu Wiedmann (1988), S. 50.
177 Vgl. hierzu auch Wiedmann (1988), S. 50.
178 Vgl. Keller (1987), S. 13.

wesentlichen Inhalten dieser Wahrnehmung sind die Bereiche Bekanntheitsgrad, Transparenz und Glaubwürdigkeit der Organisation zu zählen. [179]

Auf die existentielle Bedeutung, die der Bekanntheitsgrad einer Entwicklungshilfe-Organisation, die Transparenz ihres Handelns hinsichtlich der Projektarbeit und die Glaubwürdigkeit in bezug auf die Verwendung der Finanzmittel im Rahmen der - zur Aufrechterhaltung ihrer Arbeit notwendigen - Akquisition von Spendengeldern haben, wurde bereits hingewiesen. [180] Dennoch scheint es geboten, in bezug auf die spezifischen Funktionen, die einer Corporate Identity-Konzeption gerade hinsichtlich der Identitätsvermittlung im Außenverhältnis der Organisation zukommen, nochmals zusammenfassend auf diese Tatbestände einzugehen.

Eine der grundlegenden Voraussetzungen für die erfolgreiche Profilierung einer Entwicklungshilfe-Organisation ist ihr ausreichender Bekanntheitsgrad. Erst wenn diese Voraussetzung geschaffen ist, werden relevante Interaktionspartner zur Selektion und nachfolgenden Kontaktaufnahme mit der Organisation bewegt werden können. [181] Durch die Vermittlung einfacher Farb- und Zeichensysteme trägt das Corporate Design maßgeblich zu einer dauerhaften Präsenz der Organisation am Markt [182] und damit zur Möglichkeit der Abgrenzung einer Entwicklungshilfe-Organisation gegenüber anderen Spenden sammelnden Organisationen bei. Ein von den Spendern an Hand optischer Zeichen als charakteristisch wahrzunehmendes Erscheinungsbild einer Entwicklungshilfe-Organisation vereinfacht und beschleunigt die Identifizierung der Organisation.

Der Einsatz der Corporate Communication gibt den Entwicklungshilfe-Organisationen die Möglichkeit, der interessierten Öffentlichkeit Einblick in ihre Aufgabenbereiche, ihre Ziele und die Verwendung der Spendengelder zu vermitteln. Dadurch kann die Corporate Communication einen wesentlichen Beitrag in bezug auf die Erhöhung der Transparenz der Organisation leisten und den Spendenentscheidungsprozeß erleichtern.

Durch die Vermittlung der optischen und kommunikativen Impulse erzeugt die Corporate Identity-Strategie eine Erwartungshaltung, die ihre nachhaltigste Bestätigung in dem Verhalten der Organisation und ihrer Mitarbeiter findet.

Grundlage der Stabilisierung und langfristigen Sicherung einmal entstandener Austauschbeziehungen ist das Vertrauen darauf, daß die - wie auch immer gearteten -

---

179 Vgl. hierzu Kepper (1990), S. 8.
180 Siehe hierzu Kapitel II, Punkt 4.2 wie auch Kapitel I, Punkt 3.2.5 dieser Arbeit.
181 Vgl. hierzu Kapitel II, Punkt 4.2 dieser Arbeit.
182 Vgl. Mayr-Keber (1986), S. 278.

Hoffnungen, die der Spender mit seiner Spende verknüpft, nicht enttäuscht werden. Eine eindeutige und in sich konsistente Identität stellt die Basis, auf der Glaubwürdigkeit und Vertrauen entstehen können, dar. [183)

Die Vermittlung der Identität im Außenverhältnis umfaßt jedoch nicht ausschließlich die imagewirksame Verdeutlichung des Selbstverständnisses der Organisation. Gerade im Feld der Entwicklungshilfe muß es oftmals zunächst darum gehen, " ... im Wege von Informations- und Überzeugungsprozessen in der Arena gesellschaftlicher bzw. politischer Diskussion **aktiv für die Akzeptanz und Unterstützung** des zu verwirklichenden Problemlösungsansatzes zu sorgen." [184)] Durch den koordinierten Einsatz der Corporate Identity-Elemente haben Entwicklungshilfe-Organisationen die Möglichkeit, in der Öffentlichkeit die Akzeptanz gegenüber ihrer Arbeit zu schaffen oder zu erhöhen, die Allgemeinheit von der Notwendigkeit des generellen Handelns im Interesse der Menschen (nicht nur) in den Entwicklungsländern sowie der Dringlichkeit des Handelns jedes einzelnen zu überzeugen.

Es ist davon auszugehen, daß die meinungsbildende Presse als "Identitäts-Fremdvermittler" [185)] starken Einfluß auf das Image von Entwicklungshilfe-Organisationen ausüben kann. Konsequenterweise müssen die Organisationen sich dem Erfordernis der Akzeptanzsicherung auch innerhalb der Presse mittels eines koordinierten Corporate Identity-Einsatzes - der sowohl die kommunikativen Mittel als auch das Verhalten der Mitarbeiter umfaßt - stellen, um so die Medien von der Integrität der Organisation zu überzeugen und sie in unterstützender Weise in den Imagebildungsprozeß zu integrieren.

"Corporate Identity ist eine überzeugende, aber keine einfach umzusetzende Kommunikationsstrategie." [186)] Die ihr zugeschriebenen Vorteile scheinen plausibel und überzeugend, doch stellen sie sich nicht automatisch ein, sondern werden erst mit erfolgreicher Institutionalisierung der Strategie wirksam.

Im Rahmen der Corporate Identity-Konzeption finden keine als neu zu bezeichnenden Maßnahmen Anwendung. "Die zentralen Forderungen der Corporate Identity - Konsistenz von Verhalten und Kommunikation, Integration der Mitarbeiter in das betriebliche Geschehen und Berücksichtigung der Ansprüche aller Bezugsgruppen - sind in der Tat keine neuen und bahnbrechenden Inhalte." [187)]

---

183 Vgl. Kreutzer/Jugel/Wiedmann (1986), S. 35.
184 Wiedmann (1988), S. 52.
185 Vgl. Wiedmann (1988), S. 54.
186 Achterholt (1988), S. 193.
187 Achterholt (1988), S. 193.

Daher muß die Installierung einer Corporate Identity-Konzeption nicht unbedingt mit hohen Kosten verbunden sein. Wohl aber wird ihre Ausgestaltung anfänglich eines hohen Zeitaufwandes und großen Engagements der Mitarbeiter bedürfen, das sich auf keine weitere Garantie als die Sicherheit, daß das permanente Bemühen um die Kommunikationsziele eines Tages zum gewünschten Erfolg führen wird, stützen kann.

Doch sollten sich die Entwicklungshilfe-Organisationen von der langen Zeitspanne zwischen Installation und Wirkung einer Corporate Identity-Konzeption nicht schrecken lassen, sondern vielmehr die Möglichkeiten, die sich ihnen durch die konsequente Befolgung einer solchen Strategie bieten, im Auge behalten. Für sie gilt es in erster Linie, Problembewußtsein und Akzeptanz hinsichtlich ihrer Problemlösungsstrategien zu schaffen. Die Unternehmensidentität kann auf vielfältige Weise die Akzeptanz einer Organisation im Marktgeschehen unterstützen.

Um gewährleisten zu können, auch zukünftig bei privaten und öffentlichen Spendern Unterstützung zu finden, müssen die Entwicklungshilfe-Organisationen permanent ihre "Leistungsfähigkeit" in bezug auf die konkrete Hilfeleistung unter Beweis stellen, über Bekanntheit und günstigeres Image ihre Marktposition stabilisieren und sich von der Konkurrenz Spenden sammelnder Institutionen abheben. Eine Möglichkeit hierzu bietet die Identität der Organisation. Durch ihre Einzigartigkeit ist sie nicht nachahmbar und repräsentiert so eine Größe, durch die sich die Organisation von anderen unterscheidet. Diesen speziellen Wettbewerbsvorteil können die Mitbewerber kurzfristig nicht kompensieren. [188)]

---

188 Vgl. Achterholt (1988), S. 192.

VI. Ausblick

Ein Blick in die Medien läßt die Hoffnung darauf, daß Entwicklungshilfe und die auf diesem Gebiet tätigen Organisationen in absehbarer Zeit überflüssig werden könnten, eher unwahrscheinlich erscheinen. Im Gegenteil: Die Situation in vielen Staaten Afrikas, Asiens und Lateinamerikas läßt vermuten, daß die Anstrengungen auf dem Gebiet der Entwicklungszusammenarbeit in Zukunft noch intensiviert werden müssen.

Sicherlich - die Zeiten für Entwicklungshilfe sind, da sich die "Erste Welt" in zunehmenden Maße auf sich selbst konzentriert, nicht gerade als gut zu bezeichnen. Die Neuordnung in Osteuropa und die zukünftige Zusammenarbeit zwischen Ost und West haben dazu geführt, daß die Situation in den Ländern der "Dritten Welt" aus den Medien und damit dem Bewußtsein der Bevölkerung verdrängt wurde und wird.

"Hungerkatastrophen bringen uns Mitteleuropäer kurzfristig und wie in einem Spotlight in Erinnerung, daß Millionen Menschen in der Dritten Welt am Rande des Verhungerns, Verdurstens, der Erschöpfung abseits aller Menschenwürde leben - so wie wir sie für uns reklamieren." [1] Doch eben durch diese oftmals zum Medienspektakel ausgeweitete und auch vor dem Stilmittel der maßlosen Übertreibungen nicht zurückschreckende Katastrophen-Berichterstattung wird die Entwicklungshilfe zur reinen Katastrophenhilfe degradiert.

Stellt die Katastrophenhilfe in Zeiten äußerster Verelendung und Hungersnot eine wichtige Überlebensmaßnahme dar, so sollte es dennoch das Anliegen der Entwicklungshilfe-Organisationen sein, die Medien dazu anzuhalten, auch über die lautlosen Krisen, den normalen Alltag in den Ländern der "Dritten Welt" zu berichten. Erst durch eine unspektakuläre, aber ausführliche Berichterstattung ließe sich jenes Bild der Entwicklungshilfe im Bewußtsein der Bevölkerung etablieren, das nicht durch Katastrophenhilfe dominiert wird, sondern getragen ist von dem Gedanken der Notwendigkeit einer langfristigen, nicht an den Symptomen ansetzenden, sondern vielmehr die Ursachen bekämpfenden Hilfe. Eine solchermaßen angelegte Unterstützung der Bevölkerung der Entwicklungsländer wird sich weniger auf sporadisch eingehende Spenden stützen können, sondern wird von einem kontinuierlichen und damit kalkulierbaren Spendenfluß abhängig sein.

---

1 Neudeck/Gerhardt (1987), S. 7.

Wollen die Entwicklungshilfe-Organisationen in Zukunft sinnvolle Entwicklungsarbeit in den Ländern der "Dritten Welt" leisten, können sie politische Probleme wie beispielsweise die Verschlechterung der terms of trade, den wachsenden Protektionismus der Industriestaaten, die Überschuldung der meisten LLDC-Länder (der ärmsten Entwicklungsländer [2]) sowie den Vorwurf der oftmals von Eigeninteressen gelenkten staatlichen Entwicklungszusammenarbeit nicht länger ignorieren. [3] Sie werden in zunehmendem Maße dazu gezwungen sein, politisch Stellung zu beziehen – in das Spannungsfeld weltpolitischer Funktionen einzugreifen. "Die Hilfswerke müssen zu einer langfristigen Strategie kommen. Sie müssen über das wichtige Tagesgeschäft ihrer Projektarbeit hinaus überlegen, wie sie auf die Politik der westlichen Industrieländer gestaltend Einfluß nehmen können." [4]

In diesem Zusammenhang bedarf es nicht ausschließlich der - wenn auch für die Arbeit der Entwicklungshilfe-Organisationen unverzichtbaren - monetären Unterstützung, sondern in verstärktem Maße auch eines ideellen Unterstützungspotentials seitens der Bevölkerung. Die politischen Aktivitäten der Entwicklungshilfe-Organisationen werden nur dann Aussicht auf Erfolg haben, wenn sie - wie in anderen Branchen auch - von einer Lobby unterstützt werden. Desweiteren sollten die Hilfswerke davon ausgehen können, daß sie durch ihr Eintreten in das Forum der Politik und der sicherlich damit verbundenen Notwendigkeit, sich im Interesse der Bevölkerung in den Entwicklungsländern auch entgegen der Einstellung und Überzeugung mancher Spender äußern zu müssen, deren Unterstützung nicht verlieren werden. [5]

Die Zukunft der Entwicklungshilfe-Organisationen wird entscheidend davon abhängig sein, ob es ihnen gelingt, das komplexe Konzept der Dualität der Märkte konsequent zu verfolgen. Dies drückt sich in dem Vermögen aus, inwieweit sie dazu im Stande

---

2 Vgl. Bundesministerium für wirtschaftliche Zusammenarbeit (1991a), S. 16.
3 Die Auswirkungen der Überschuldung vieler Staaten der "Dritten Welt" zeigt Walter Michler in seinem Kapitel: "Die Schuldenbürde: Ruin für Wirtschaft, Verarmung der Massen - keine Lösung in Sicht" auf. Vgl. Michler (1991), S. 421 ff. Das Kinderhilfwerk der Vereinten Nationen - UNICEF - zeigt in der Publikation "Adjustment with a Human Face" mögliche Auswege aus der Schuldenkrise, die das Wohl der Bevölkerung berücksichtigen, auf. Vgl. Corina/Jolly/Stewart (1987). Zum Vorwurf der durch Eigeninteresse dominierten staatlichen Entwicklungszusammenarbeit vgl. Neudeck/Gerhardt (1987), S. 8 sowie Michler (1991), S. 482 f.
4 Michler (1991), S. 398.
5 Die Notwendigkeit eines veränderten Spenders dokumentiert auch Michler. Er kritisiert, daß viele Spender nur daran interessiert seien, daß 'ihr Geld ankommt' und der Meinung sind, politische Arbeit gehöre nicht zu den Aufgaben einer Hilfsorganisation. "Wer *nur* karitativ helfen will, wer die Strukturen, die Elend produzieren, nicht bekämpfen will oder vor ihnen die Augen verschließt, ist kein *humanitärer* Spender." Michler (1991), S. 504.

sind, ihre beiden "Kundenkreise" - jene nämlich, die sie mit Gütern und/oder Dienstleistungen versorgen und jene, von denen sie die dazu notwendigen Ressourcen erhalten - in den Mittelpunkt ihrer Bemühungen zu stellen.

Während den Entwicklungshilfe-Organisationen in der Regel bekannt sein dürfte, wer die potentiellen Empfänger ihrer Hilfe sein könnten und welche Bedürfnisse primär befriedigt werden müssen (zumal die Regierungen der hilfsbedürftigen Länder zum Teil von sich aus um Unterstützung bitten), ist das Bild des zweiten "Kundenkreises", des Spenders, meist weniger klar definiert.

Die Implementierung einer koordinierten Marketing-Konzeption kann die Tätigkeit in diesem Markt vereinfachen. Einer die strategischen Aspekte berücksichtigenden Marketing-Planung liegt eine systematische Analyse des Marktes zugrunde, die sowohl versucht, die Spender und die ihre Handlungen bedingenden Motive zu identifizieren, als auch sich einen Überblick über die Konkurrenten und deren Aktivitäten zu verschaffen. Auf der Grundlage dieses Wissens können die Entwicklungshilfe-Organisationen geeignete Marktbearbeitungsstrategien planen, an denen sich der Einsatz eines adäquaten marketingpolitischen Instrumentariums orientiert.

Für ein von einer Entwicklungshilfe-Organisation konzipiertes Marketing-Mix gilt, wie auch für jenes kommerzieller Unternehmen, daß die einzelnen Bestandteile aufeinander abgestimmt sein müssen. Doch zeichnet sich das von einer Entwicklungshilfe-Organisation eingesetzte marketingpolitische Instrumentarium durch die exponierte Stellung, die der Kommunikationspolitik zukommt, aus.

Diesem Submix-Bereich kommt die zentrale Aufgabe zu, in der Öffentlichkeit zunächst Aufmerksamkeit und Interesse für die Probleme der Entwicklungsländer zu wecken und der Bevölkerung die komplexen und komplizierten entwicklungspolitischen Zusammenhänge näher zu bringen. Ziel der kommunikativen Bemühungen der Organisationen sollte letztlich die Erzeugung von Betroffenheit sein, die die motivationale Handlungsgrundlage der Spender darstellen sollte. Darüber hinaus kommt der Kommunikationspolitik die, für die Entwicklungshilfe-Organisationen wesentliche, Aufgabe der Schaffung einer Vertrauensbasis der Spender in die Spenden sammelnde Organisation zu. Da es ohnehin schwierig ist, die Menschen davon zu überzeugen, sich von einem Teil ihres Besitzes zu trennen - erst recht, wenn der Nutzen der Transaktion nicht wie beim Kauf von Gütern oder Dienstleistungen evident ist - wird es schlechthin (zumindest auf Dauer) unmöglich sein, Spenden zu akquirieren, wenn der Spender nicht oder nicht mehr von der Integrität der Spenden sammelnden Organisation überzeugt ist.

Sicherlich wird es für die Entwicklungshilfe-Organisationen nicht einfach sein, trotz Spendenmüdigkeit der Bevölkerung, Steuererhöhung und Abschwächung der Konjunktur das Spendenniveau auch zukünftig aufrecht erhalten zu können. Doch bietet der Einsatz koordinierter Marketing-Maßnahmen zumindest die Möglichkeit, es zu versuchen.

Dem Machbaren sind Grenzen gesetzt. Das Leiden in den Ländern Afrikas, Asiens und Lateinamerikas kann nicht durch uns beendet werden, aber wir sind in der Lage - um mit Camus zu sprechen - das Ausmaß des Leidens zu verringern.

Anhang I: Fragebogen

Katrin Cooper

Datum

Fragebogen

Anrede

im Rahmen einer wissenschaftlichen Untersuchung prüfe ich die Möglichkeiten, die der Einsatz einer systematischen Marketing-Konzeption für die Entwicklungshilfe-Organisationen bietet. Gegenstand der Untersuchung sind Fragen, die sich zum einen mit dem Thema der Spendenakqisition und zum anderen mit der Information der Öffentlichkeit auseinandersetzten.

Die Beschaffung von Spenden stellt nur eine Möglichkeit der Finanzierung von Entwicklungsprojekten dar. Ein anderer Weg ist der Verkauf von Produkten.
Ziel des beigefügten Fragebogens ist es, einen Überblick über die Produkt-Angebote verschiedener Organisationen zu gewinnen, auf dem aufbauend, mögliche Marketing-Strategien entwickelt werden können.
Darüber hinaus greift der Fragebogen das wichtige Thema der Werbung auf. Die Abhängigkeit der Hilfsorganisationen von Spendengeldern schränkt ihre Werbemöglichkeiten, im Vergleich zu denen kommerzieller Unternehmen, erheblich ein. Daher kommt der Frage, wie die einzelnen Organisationen dieses Problem lösen, eine besondere Bedeutung zu.

Es existieren nur wenige Veröffentlichungen, die sich mit einer speziellen Marketing-Konzeption für Entwicklungshilfe-Organisationen auseinandersetzen. Daher bin ich bei meiner Untersuchung auf Ihre Bereitschaft angewiesen, den beigefügten Fragebogen zu bearbeiten. Er umfaßt lediglich 10 Fragen, die durch einfaches Ankreuzen in den dafür vorgesehenen Feldern zu beantworten sind.

Natürlich werden Ihre Angaben vertraulich behandelt, und einer Veröffentlichung werden ausschließlich aggregierte Angaben zugrunde gelegt, so daß die Anonymität gewahrt bleibt.
Damit die Beantwortung des Fragebogens für Sie nicht nur mit Mühe verbunden ist, werde ich Ihnen auf Wunsch gerne die Ergebnisse der Untersuchung nach deren Beendigung zusenden.

Ich danke Ihnen für Ihre Kooperationsbereitschaft und verbleibe

mit freundlichen Grüßen

Katrin Cooper

Bitte senden Sie den ausgefüllten Fragebogen bis zum **31.03.1992** zurück an:

Katrin Cooper
Am Mühlenacker 90

5024 Pulheim-Brauweiler

Fragebogen zum marketingpolitischen Instrumentarium von Entwicklungshilfe-Organisationen

1. **Wie finanziert Ihre Organisation ihre Projekte in den Entwicklungsländern?**
   (Mehrfachnennungen sind möglich)

   ☐ durch Sammlung von Geld- und/oder Sachspenden

   ☐ über den Verkauf von Produkten

   ☐ über staatliche Zuschüsse

   ☐ durch Kollekten

   ☐ durch Stiftungen, Nachlässe und/oder Schenkungen

2. **Falls Ihre Projekte zumindest zu einem Teil durch den Verkauf von Produkten finanziert werden,**

   a. um welche Produkte handelt es sich dabei?

   _____

   b. Geben Sie bitte die beim Verkauf an die Endverbraucher verlangten Preise der entsprechenden Produkte an.

   ➠ Um Ihnen die Arbeit zu erleichtern, genügt - falls vorhanden - die Zusendung einer Preisliste!

Fragebogen zum marketingpolitischen Instrumentarium von Entwicklungshilfe-Organisationen

Seite 2

3. **Haben Sie die Preise Ihrer Produkte innerhalb des letzten Jahres erhöht, oder beabsichtigen Sie dies in absehbarer Zukunft zu tun?**

- ☐ Die Preise unserer Produkte sind innerhalb des letzten Jahres um ____% gestiegen.

- ☐ Wir werden die Preise in der näheren Zukunft um ____% erhöhen.

- ☐ Nein, wir haben weder im letzten Jahr unsere Preise erhöht, noch beabsichtigen wir dies in näherer Zukunft zu tun.

4. **Sind Sie der Ansicht, daß Ihr Kundenkreis sehr spürbar auf eine Preiserhöhung Ihrer Produkte reagieren würde?**

- ☐ Ja, Preiserhöhungen werden bzw. würden sich negativ auf den Verkauf auswirken und den Absatz unserer Produkte merklich erschweren.

- ☐ Nein, auch wenn sich die Preise unserer Produkte erhöhen, werden unsere Kunden die Produkte weiter beziehen, denn

    - ☐ sie möchten mit dem Kauf der Produkte primär unsere Arbeit unterstützen.

    - ☐ unsere Kunden sind von der Qualität unserer Produkte überzeugt.

5. **Sind Sie der Meinung, daß Ihre Kunden sensibler auf Preiserhöhungen Ihrer Produkte reagieren würden, als auf Preiserhöhungen vergleichbarer Produkte kommerzieller Anbieter?**

- ☐ Ja

- ☐ Nein

Fragebogen zum marketingpolitischen Instrumentarium von Entwicklungshilfe-Organisationen

Seite 3

6. **Sind Sie bei der Gestaltung Ihrer Produktpalette rechtlichen Restriktionen unterworfen, die Ihnen beispielsweise untersagen, Ihr Sortiment zu erweitern?**

☐ Nein, wir können unser Sortiment frei gestalten.

☐ Ja, wir sind bei der Gestaltung folgenden rechtlichen Restriktionen unterworfen:

✍ _____

_____

_____

7. **Wie ist der Vertrieb Ihrer Produkte organisiert?**

☐ Unsere Produkte werden über Outlets des Handels vertrieben, dabei kooperieren wir mit einem oder mehreren bestimmten Handelspartner(n).
Name dieses Handelspartners:

✍ _____

_____

☐ Unsere Organisation wird durch die Mitarbeit freiwilliger Helfer unterstützt, die den Verkauf der Produkte übernehmen.

☐ Die freiwilligen Helfer leisten für die Ware Vorkasse.

☐ Sie erhalten die Ware in Kommission.

Dabei werden die Produkte in der Regel:

☐ zu vorher festgelegten Zeiten, an einem angegebenen Ort (z.B. auf Märkten oder vor und nach Gottesdiensten) verkauft.

☐ in Form von Tür-zu-Tür-Verkauf vertrieben.

Fragebogen zum marketingpolitischen Instrumentarium von Entwicklungshilfe-Organisationen

Seite 4

- ☐ Der Vertrieb unserer Produkte vollzieht sich vorwiegend auf postalischem Weg.

  - ☐ Der Kunde hat die Produkte zuvor bei uns bestellt.

  - ☐ Wir versenden unsere Produkte unaufgefordert und bitten den Empfänger um die überweisung einer Spende.

    - ☐ Dabei schreiben wir unserer Organisation bereits aus anderen Aktionen bekannte Spender an.

    - ☐ Wir verwenden für diese Versand-Aktionen uns unbekannte neu angekaufte Adressen (sogenannte kalte Adressen).

8. **Unterliegt der Absatz Ihrer Produkte saisonalen Schwankungen?**

   - ☐ Nein, der Absatz unserer Produkte erfolgt kontinuierlich über den gesamten Zeitraum des Jahres.

   - ☐ Ja, beim Absatz unserer Produkte gibt es Zeiten erhöhter und Zeiten schwächerer Geschäftstätigkeit. Einen erhöhten Absatz verzeichnen wir:
     - ☐ in der Advents- und Weihnachtszeit.
     - ☐ zu Ostern
     - ☐ zu anderen Zeiten, nämlich: ✍_____

9. **Wird der <u>Verkauf Ihrer Produkte</u> durch werbliche Maßnahmen unterstützt?**

   - ☐ Nein, für Produkt-Werbung geben wir kein Geld aus, da uns kein Werbeetat zur Verfügung steht.

   - ☐ Wir versuchen durch die Nutzung kostenloser Werberäume die Öffentlichkeit auf unsere Angebote aufmerksam zu machen.

   - ☐ Unsere freiwilligen Mitarbeiter übernehmen selber die Bewerbung der Produkte und suchen sich hierfür Sponsoren.

10. Versucht Ihre Organisation generell durch kommunikative Maßnahmen die Aufmerksamkeit der Öffentlichkeit auf Ihre Arbeit zu lenken und dadurch Unterstützung (z.B. in Form von Spenden) zu erhalten?

☐ Nein, wir betreiben keinerlei Öffentlichkeitsarbeit.

☐ Ja, wir kommunizieren unsere Anliegen in der Öffentlichkeit.
(Falls ja: zutreffende Fälle bitte ankreuzen):

    ☐ Für Werbezwecke steht uns ein Etat von _____ DM oder _____% vom Umsatz zur Verfügung.

    ☐ Diesen Etat müssen wir aus Spendengeldern finanzieren.

    ☐ Unser Werbeetat wird aus anderen Mitteln als den Spendengeldern gedeckt, nämlich durch:

    ✍ _____

    _____

    ☐ Wir bemühen uns darüber hinaus um kostenlose Werbezusagen der Medien. Dabei wenden wir uns an:
(Mehrfachnennungen sind möglich)

    ☐ Rundfunk
    ☐ Fernsehen
    ☐ Printmedien

(Sofern Anzeigen Ihrer Organisation in den Printmedien erscheinen, wäre es Ihnen möglich dem beantworteten Fragebogen eine Druckvorlage als Beispiel beizufügen?)

    ☐ Wir versuchen durch <u>Berichterstattungen</u> in den Medien auf unsere Arbeit aufmerksam zu machen.

    ☐ Im Umfeld der von uns organisierten Benefizveranstaltungen informieren wir über unsere Arbeit.

☐ Unsere Organisation führt regelmäßig Direct Mail-Aktionen durch.

☐ Im Rahmen dieser Aktionen können wir auf eine eigene Adress-Datei zurückgreifen.

☐ Bei unseren Mailings benutzen wir grundsätzlich alle vorhandenen Datensätze.

☐ Unsere Mailing-Aktionen sollen gezielt bestimmte Personengruppen ansprechen. Aus diesem Grund verwenden wir bei den einzelnen Aktionen lediglich nach bestimmten Kriterien selektierte Adress-Datensätze.

☐ Unsere Adress-Datei verfügt noch nicht über genügend Datensätze, so daß wir zur Zeit noch neue Adressen hinzukaufen müssen.

☐ Zur Kommunikation unserer Anliegen stehen uns folgende andere Möglichkeiten zur Verfügung:

✍ _____

_____

Vielen Dank für Ihre Bemühungen!

Anhang II: Testimonials

CARE DEUTSCHLAND

Hilfe zum Leben für Rußland und Osteuropa

**Helfen Sie uns helfen.
Unterstützen Sie
CARE DEUTSCHLAND**

CARE-Hilfe erreicht Menschen unmittelbar und unbürokratisch, weltweit seit 46 Jahren. Mit den berühmten CARE-Paketen nach dem Kriege im zerstörten Deutschland und Europa; heute besonders in der sich ausweitenden Not in Rußland und Osteuropa.

„Zur Außenpolitik gehört auch humanitäre Hilfe. Wenn Menschen bereit sind, in der Not zusammenzustehen, dann widerstehen sie kriegerischen Konflikten. So ist humanitäre Hilfe ein Beitrag zur internationalen Verständigung.

Darum helfen wir jetzt unseren Mitmenschen ihrer großen persönlichen Not."

Hans-Dietrich Genscher MdB, Bundesminister des Auswärtigen und Vorsitzender des Bundeskuratoriums v(CARE DEUTSCHLAN'

Die Kontonummer für schnelle Hilfe in aller Welt
33 33 33 bei allen Banken, Sparkassen, Postgiroamt Köln
CARE DEUTSCHLAND e.V., Wesselstraße 12, 5300 Bonn 1

„... die Menschheit kann nicht länger zulassen, daß jedes Jahr Millionen Kinder sterben."

(Michail Gorbatschow)

Am 29. und 30. September 1990 findet in New York der „Weltgipfel für Kinder" statt. Zum erstenmal werden Regierungschefs aus aller Welt über eine schockierende Tatsache sprechen, die nie in den Schlagzeilen erscheint: Jeden Tag sterben vierzigtausend Kinder an Unterernährung und Krankheit. Dabei haben wir Impfstoffe, Vitaminpräparate und Medikamente, die nur wenig kosten, mit denen sofort geholfen werden könnte.

Was können wir also tun? Wir haben zur Zeit die noch nie dagewesene Chance, diejenigen zu beeinflussen, die an der Macht sind: Regierungschefs aus über 70 Ländern beteiligen sich an diesem ersten Nord-Süd-Ost-West-Gipfel.

Dieser Gipfel soll die politischen Führer aus aller Welt auffordern, etwas Kühnes zu tun: Zu einer Politik überzugehen, die die Kinder an die erste Stelle setzt und sich stärker von ihren derzeitigen Prioritäten, z. B. der militärischen Sicherheit, abzuwenden.

Ein erfolgreicher Weltgipfel für Kinder kann die 90er Jahre zu einem Jahrzehnt machen, in dem die beschämend hohe Todesrate und weitverbreitete Unterernährung der Kinder in den Entwicklungsländern und die zunehmend schlechtere Lebensqualität der Kinder in den Industrieländern bald der Vergangenheit angehören. Dies könnte ein einzigartiges Geschenk der letzten Dekade dieses Jahrhunderts an die Menschen des kommenden Jahrhunderts sein.

Es mag viele überraschen – aber es ist erwiesen, daß die Rettung von Kinderleben zu einem Rückgang des Bevölkerungswachstums führt. Die Erfahrung hat gezeigt, daß die Geburtenrate sinkt, sobald die Eltern darauf vertrauen, daß ihre ersten Kinder überleben werden. Es ist bisher keinem Land der Welt gelungen, das Bevölkerungswachstum zu bremsen, ohne gleichzeitig die Säuglingssterblichkeit zu senken.

Die Zeit ist reif für einen solchen Gipfel! Im neuen Klima der Öffnung und der Abrüstung müssen unsere Regierungen an diesem Gipfel teilnehmen und aktiv werden. Sie sind verpflichtet, den Kindern und ihren Belangen in den 90er Jahren Priorität einzuräumen. Es ist Zeit, den Worten Taten folgen zu lassen!

Heinrich Albertz
Woody Allen
Dr. Franz Alt
Vivi Bach
Prof. Wolf Graf von Baudissin
Franz Beckenbauer
Dr. Klaus Bednarz
Harry Belafonte
Senta Berger
Dagmar Berghoff
Klaus Bölling

Christine Brückner
Dr. Gerd Bucerius
Aenne Burda
Cher
Robert de Niro
Tankred Dorst
Heide Ecker-Rosendahl
Joachim Fuchsberger
Daniel Goeudevert
Whoopi Goldberg
Günter Grass

Peter Härtling
Edith Hancke
Sigi Harreis
Klaus Havenstein
Hartmut von Hentig
Audrey Hepburn
Dieter Hildebrandt
Prof. Dr. Gertrud Höhler
Ernst Jünger
Diane Keaton
Carlos Kleiber

Prof. Klaus von Klitzing
Dr. Manfred Köhlechner
Lew Kopelew
Günther Lamprecht
Siegfried Lenz
Peter Maffay
Sepp Maier
Marie-Luise Marjan
Ulf Merbold
Reinhard Mey

Inge Meysel
Willi Millowitsch
Margarete Mitscherlich
Alfred Neven DuMont
Dr. Michael Otto
Gudrun Pausewang
Gregory Peck
Günther Pfitzmann
Fritz Pleitgen
Dr. Louis Ferdinand Prinz von Preußen
Fritz Rau

Botho Prinz zu Sayn-Wittgenstein
Maria Schell
Rolf Schmidt-Holtz
Dietmar Schönherr
Carola Stern
Süng
Elizabeth Taylor
Liv Ullmann
Martin Walser
Maria von Welser
Wim Wenders

Wenn Sie weitere Informationen wünschen, schreiben Sie uns:
UNICEF, Steinfeldergasse 9, 5000 Köln 1, Tel.: 02 21 - 16 00 8 - 0

UNICEF-Botschafter Joachim Fuchsberger:
„UNICEF ist auf die Unterstützung engagierter Menschen angewiesen."

UNICEF — weil wir Kindern etwas schuldig sind

5000 ehrenamtliche Mitarbeiter in mehr als 80 Arbeitsgruppen setzen sich in der Bunrepublik dafür ein, daß die Arbeit von UNICEF in der Dritten Welt finanziert werden kann. Im Mittelpunkt der UNICEF-Projekte steht das Wohlergehen der Kinder. Grußkarten-Verkauf und Spenden sind dabei die Quellen für sauberes Trinkwasser, Nahrung, Gesundheitsversorgung, Bildung.

EINE CHANCE FÜR KINDER IN ALLER WELT

Spendenkonto:
bei Banken, Sparkassen und beim Postgiroamt Köln. 300 000

Weitere Auskünfte: Deutsches Komitee für UNICEF (Kinderhilfswerk der Vereinten Nationen), Steinfelder Gasse 9, 5000 Köln 1 und Ihre örtliche UNICEF-Arbeitsgruppe.

UNICEF-Botschafter Joachim Fuchsberger:
„UNICEF ist auf die Unterstützung engagierter Menschen angewiesen."

UNICEF — weil wir Kindern etwas schuldig sind

5000 ehrenamtliche Mitarbeiter in mehr als 80 Arbeitsgruppen setzen sich in der Bundesrepublik dafür ein, daß die Arbeit von UNICEF in der Dritten Welt finanziert werden kann. Im Mittelpunkt der UNICEF-Projekte steht das Wohlergehen der Kinder. Grußkarten-Verkauf und Spenden sind dabei die Quellen für sauberes Trinkwasser, Nahrung, Gesundheitsversorgung, Bildung.

EINE CHANCE FÜR KINDER IN ALLER WELT.

Spendenkonto:
300 000
bei Banken, Sparkassen und beim Postgiroamt Köln.

Weitere Auskünfte:
Deutsches Komitee für UNICEF (Kinderhilfswerk der Vereinten Nationen), Steinfelder Gasse 9, 5000 Köln 1 und Ihre örtliche UNICEF-Arbeitsgruppe.

Anzeigenschaltung bis 1. Sept. 1989

„Die Menschen im Südsudan sind ohne unsere Hilfe verloren. Ich bitte Sie: Unterstützen Sie die ÜberlebensBrücke Sudan!"

Lothar Späth

Der jahrelange Bürgerkrieg im Sudan hat im Süden des Landes unvorstellbare Zerstörungen verursacht. Tausende von Menschen sind auf der Flucht, Tausende mußten sterben. Und bis Ende dieses Jahres werden wieder viele Menschen – auch Kinder – den Tod finden, wenn nichts geschieht.

Aber es geschieht etwas! UNICEF ist es gelungen, die Bürgerkriegsparteien zu einer Waffenruhe während des Monats April zu bewegen: damit Hilfsgüter in den Südsudan transportiert werden können.

Die Frist läuft: Seit dem 1. April rollen die Laster. Das ist der Beginn einer beispiellosen Hilfsaktion der Vereinten Nationen, bei der UNICEF federführend ist. Bevor im Mai die Regenzeit beginnt, müssen über 100.000 Tonnen Nahrungsmittel und Versorgungsgüter für 2,2 Millionen Menschen vor Ort sein – ein Unternehmen vergleichbar mit der Berliner Luftbrücke. Es ist ein Rennen gegen die Zeit, und um es zu gewinnen, braucht UNICEF Ihre Hilfe!

Spendenkonto 300 000
bei allen Banken, Sparkassen und Postämtern. Stichwort „Sudan".

Kinderhilfswerk der Vereinten Nationen

„Die Menschen im Südsudan sind ohne unsere Hilfe verloren. Ich bitte Sie: Unterstützen Sie die Überlebens-Brücke Sudan!"

Lothar Späth

Der Bürgerkrieg im Südsudan hat unvorstellbare Zerstörungen verursacht. Bis Ende des Jahres werden 100.000 Menschen den Hungertod sterben – wenn nichts geschieht.

Aber es geschieht etwas! Seit 1. April rollen Lastwagen in einer beispiellosen Hilfsaktion, bei der UNICEF federführend ist. Bevor im Mai der Regen beginnt, müssen Nahrungsmittel und Versorgungsgüter für 2,2 Millionen Menschen vor Ort sein – ein Unternehmen vergleichbar mit der Berliner Luftbrücke.

Die Aktion „ÜberlebensBrücke Sudan" ist ein Rennen gegen die Zeit – um es zu gewinnen, brauchen wir Ihre Hilfe!

Spendenkonto 300 000
bei allen Banken, Sparkassen und Postämtern. Stichwort „Sudan".

Kinderhilfswerk der Vereinten Nationen

„Die Menschen im Südsudan sind ohne unsere Hilfe verloren. Ich bitte Sie: Unterstützen Sie die ÜberlebensBrücke Sudan!"

Lothar Späth

Der Bürgerkrieg im Südsudan hat unvorstellbare Zerstörungen verursacht. Bis Ende des Jahres werden 100.000 Menschen den Hungertod sterben – wenn nichts geschieht. Aber es geschieht etwas! Seit 1. April rollen Lastwagen in einer beispiellosen Hilfsaktion, bei der UNICEF federführend ist. Bevor im Mai der Regen beginnt, müssen Nahrungsmittel und Versorgungsgüter für 2,2 Mio. Menschen vor Ort sein – ein Unternehmen vergleichbar mit der Berliner Luftbrücke. Die Aktion „ÜberlebensBrücke Sudan" ist ein Rennen gegen die Zeit – um es zu gewinnen, brauchen wir Ihre Hilfe!

Spendenkonto 300 000 bei allen Banken, Sparkassen und Postämtern. Stichwort „Sudan".

Kinderhilfswerk der Vereinten Nationen

Anhang III: Druckvorlagen

Aus der Grundsatzerklärung DEN ARMEN GERECHTIGKEIT:

„Wenn ein Glied leidet, so leiden alle Glieder mit" sagt der Apostel

Für die Aktion BROT FÜR DIE WELT bedeutet das, **auch mitzuleiden, Fürbitte zu üben ... die Nöte seiner Partner darzustellen .... und für die Partner einzutreten.**

Informieren Sie mich über Auftrag, Anspruch und Motivation Ihrer Arbeit.

Name

Straße

PLZ/Ort

Bitte senden Sie mir das Heft „Den Armen Gerechtigkeit". (Gegen 2,– DM in Briefmarken)

Brot für die Welt

Postgiro Köln 500 500 500
Postf. 10 11 42 · 7000 Stuttgart 10

33/17

Buenos Aires / Argentinien

Freiwild
Straßenkinder

■ Eine Gesellschaft, die immer ärmer und gewalttätiger wird, macht Straßenkinder häufig zu Opfern und Sündenböcken. Auch die Polizei schützt sie kaum vor Mördern, Verbrechern und Ausbeutern.

■ Viele erheben den Anspruch, die Verhältnisse grundlegend zu bessern, doch viel zu wenige kümmern sich um die Verhältnisse, in denen die Schwächsten und Ärmsten leben müssen: Hunderttausende von Kindern ernähren sich durch Gelegenheitsarbeiten, Sammeln von Abfällen, Botengänge, Kleinverkauf, Schuheputzen ... Sie stehen Restaurantbesitzern und Geschäftsleuten rund um die Uhr für Pfennig-Entlohnung zur Verfügung. Mit zunehmendem Alter kommt die Gefährdung durch die ständige Nähe zu Kriminalität, Drogenkonsum und Prostitution hinzu.

■ Die evangelische Gemeinde von Buenos Aires engagiert sich nach besten Kräften. Mit Spenden auch von BROT FÜR DIE WELT wurde mitten im Slum eine Anlaufstelle für Straßenkinder geschaffen. Ärzte, Psychiater, Sozialarbeiter leisten hier wichtige Hilfen.

------ ✂ ------

Brot für die Welt

Postgiro Köln 500 500 500
Postf. 10 11 42 · 7000 Stuttgart 10

Name
Straße
PLZ / Ort

Bitte senden Sie mir das Heft „Den Armen Gerechtigkeit". (Gegen DM 2,- in Briefmarken)

33/30

Atlantikküste / Nicaragua

Ärzte für Indianer

■ Naturkatastrophen, jahrzehntelanger Bürgerkrieg, Flucht und Rücksiedlung ... der Überlebenskampf der Indianer hier ist beeindruckend. Sie leben in einer der ärmsten Regionen des Landes, in dem (nicht nur) die Gesundheitsversorgung katastrophal ist. Jetzt leisten engagierte Ärzte der „Christlich Medizinischen Aktion" einen wichtigen Beitrag zur Verbesserung der Gesundheit in 38 indianischen Dorfgemeinschaften.

■ Neben der ärztlichen Versorgung geht es dabei vor allem um die Ausbildung von Gesundheitshelfern und Hebammen. In Kursen nutzen sie die Eigeninitiative der Indianer und vermitteln Grundkenntnisse in der Zubereitung hygienischen Trinkwassers, zur Malaria-Vorbeugung und Behandlung von Durchfall, Tuberculose und anderen Geißeln der Armen.

------ ✂ ------

Brot für die Welt

Postgiro Köln 500 500 500
Postf. 10 11 42 · 7000 Stuttgart 10

Name
Straße
PLZ / Ort

Bitte senden Sie mir das Heft „Den Armen Gerechtigkeit". (Gegen DM 2,- in Briefmarken)

33/31

Bangkok / Thailand

Das schmutzige Geschäft mit der Unschuld

■ Viele Metropolen der Dritten Welt erleben in den letzten Jahren einen besonderen Boom: Organisierter Sextourismus nutzt die bedrückende Armut, das Zerbrechen traditioneller Bindungen und Werte. Hunderttausende von Jungen und Mädchen sind die Opfer dieses schmutzigen Geschäfts mit der Unschuld. Die seelischen und körperlichen Schäden der Kinder können gar nicht hoch genug eingeschätzt werden. So ist die Selbstmordrate von Jugendlichen z.B. in Thailand eine der höchsten der Welt.

■ Die Regierungen der Entwicklungsländer sind weitgehend hilflos. Deshalb hat sich jetzt eine Aktionsgemeinschaft gegründet, die Maßnahmen und Kampagnen zum Schutz der Kinder vor Prostitution entwickeln will. BROT FÜR DIE WELT unterstützt mit seinen Partnern diese wichtige Arbeit nach Kräften.

Brot für die Welt

Postf. 10 11 42
7000 Stuttgart 10
Postgiro Köln 500 500-500

Name
Straße
PLZ/Ort

Bitte senden Sie mir das Heft „Den Armen Gerechtigkeit". (Gegen DM 2,- in Briefmarken)

33/32

Buenos Aires/Argentinien

Freiwild Straßenkinder

■ Das mit Naturschätzen und -schönheiten so gesegnete Land Argentinien wird immer ärmer und damit die Gesellschaft gewalttätiger. Die schwächsten Glieder, die Kinder, haben hierunter besonders zu leiden. Viele Familien zerbrechen. Die Kinder schlagen sich mit Gelegenheitsarbeiten durch ... sind ideale Opfer für Ausbeutung und Verbrechen. Die evangelische Gemeinde hat mit Hilfe von BROT FÜR DIE WELT-Spenden eine Anlaufstelle für Straßenkinder geschaffen. Ärzte, Psychiater, Sozialarbeiter leisten hier wichtige Hilfen.

Brot für die Welt
Postgiro Köln 500 500 500
Postf. 101142 · 7000 Stuttgart 10

Name
Straße
PLZ/Ort
Bitte senden Sie mir das Heft „Den Armen Gerechtigkeit". (Gegen DM 2,- in Briefmarken)

33/36

West-Ankole/Uganda

Süd-Süd statt Nord-Süd-Austausch

Viele Menschen in der Dritten Welt glauben, Rezepte für eine Besserung ihrer oft katastrophalen Lebenssituation könnten nur von den reichen Industrieländern kommen. Stattdessen wird die Abhängigkeit vom Weltmarkt, von teuren Pflanzenschutzmitteln, importierten Konsum-Ansprüchen, vom Schuldendienst verstärkt.
■ Partner von BROT FÜR DIE WELT fördern deshalb den Erfahrungsaustausch von Kleinbauern, die unter gleichen Bedingungen leiden.

Brot für die Welt
Konto 500 500 500 Postgiro Köln oder Banken und Sparkassen
Postf. 101142 · 7000 Stuttgart 10

33/34

Bangkok/Thailand

Geschäft mit der Unschuld

Kinder-Prostitution: Die neueste Geißel der Armen in der Dritten Welt. Der beängstigend schnell anwachsende Sex-Tourismus nach Südostasien nutzt die bedrückende Armut, das Ungleichgewicht der wirtschaftlichen und sozialen Situation. Die Regierungen sind weitgehend hilflos. Deshalb hat sich jetzt eine Aktionsgemeinschaft gegründet. Auch BROT FÜR DIE WELT kämpft hierin mit für einen besseren Schutz der Jungen und Mädchen vor Prostitution.

Brot für die Welt
Postgiro Köln 500 500 500
Postf. 101142 · 7000 Stuttgart 10

33/33

West-Ankole/Uganda

Süd-Süd statt Nord-Süd-Austausch

Viele Menschen in der Dritten Welt glauben, Rezepte für eine Besserung ihrer oft katastrophalen Lebenssituation könnten nur von den reichen Industrieländern kommen. Stattdessen wird die Abhängigkeit vom Weltmarkt, von teuren Pflanzenschutzmitteln, importierten Konsum-Ansprüchen, vom Schuldendienst verstärkt.
■ Partner von BROT FÜR DIE WELT fördern deshalb den Erfahrungsaustausch von Kleinbauern, die unter gleichen Bedingungen leiden.

Brot für die Welt
Postgiro Köln 500 500 500
Postf. 101142 · 7000 Stuttgart 10

33/35

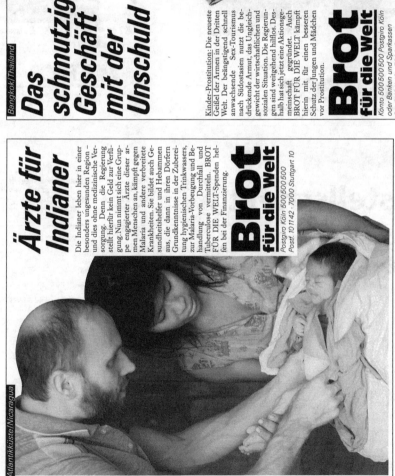

Bangkok/Thailand

Das schmutzige Geschäft mit der Unschuld

Kinder-Prostitution: Die neueste Geißel der Armen in der Dritten Welt. Der beängstigend schnell anwachsende Sex-Tourismus nach Südostasien nutzt die bedrückende Armut, das Ungleichgewicht der wirtschaftlichen und sozialen Situation. Die Regierungen sind weitgehend hilflos. Deshalb hat sich jetzt eine Aktionsgemeinschaft gegründet. Auch BROT FÜR DIE WELT kämpft hierin mit für einen besseren Schutz der Jungen und Mädchen vor Prostitution.

Brot für die Welt

Konto 500 500 500 Postgiro Köln
oder Banken und Sparkassen
Postf. 101142 · 7000 Stuttgart 10

33/49

Atlantikküste/Nicaragua

Ärzte für Indianer

Die Indianer leben hier in einer besonders ungesunden Region – und dies ohne medizinische Versorgung. Denn die Regierung stellt hierfür kein Geld zur Verfügung. Nun nimmt sich eine Gruppe engagierter Ärzte dieser armen Menschen an, kämpft gegen Malaria und andere verbreitete Krankheiten. Sie bildet auch Gesundheitshelfer und Hebammen aus, die dann in ihren Dörfern Grundkenntnisse in der Zubereitung hygienischen Trinkwassers, zur Malaria-Vorbeugung und Behandlung von Durchfall und Tuberculose vermitteln. BROT FÜR DIE WELT-Spenden helfen bei der Finanzierung.

Brot für die Welt

Postgiro Köln 500 500 500
Postf. 101142 · 7000 Stuttgart 10

33/48

Nr. 2/92

Nr. 3/92

Bestellschein

Die abgebildeten Motive dienen als Aufsichtsvorlage. Diese erhalten Sie kostenlos auch als Offsetfilm oder Tiefdruckfilm.

Bitte bedienen Sie sich des Bestellscheins, auf dem Sie die Kennzahl der von Ihnen gewünschten Anzeige angeben können.

Anzeigen '92

Bestellung von Druckvorlagen für den kostenlosen Abdruck von Misereor-Anzeigen '92

Zeitung/Verlag

z. Hdn.

Straße

PLZ/Ort

(Bitte in Druckbuchstaben oder Stempel)

Anzeigen-Nr.	Offset-Film	Sonstige Vorlage	Formatwunsch (B x H) (falls erforderlich abweichend von der Vorlage in diesem Heft)

Misereor
Abteilung
Öffentlichkeitsarbeit
Mozartstraße 9

5100 Aachen

Datum   Unterschrift

Kolumbus im Regenwald.

Der „moderne" Kolumbus kommt mit riesigen Rodungsmaschinen in den amazonischen Regenwald. Ohne Rücksicht auf Verluste. Es geht um viel Geld. Die Folgen für Mensch und Natur interessieren nicht. Die Indianer sind ein „Entwicklungshindernis", das aus dem Weg geräumt wird. Doch die Indianer organisieren sich. Sie nehmen die Bedrohung ihrer Existenz nicht tatenlos hin. Unterstützt werden sie dabei von der brasilianischen Kirche. Die Öffentlichkeit muß mobilisiert werden. Rechtsberatung und Rechtsbeistand sind beim Kampf um ihr Land notwendig. Und es geht um die Verbesserung der Lebensbedingungen der Indianer. MISEREOR hilft mit Ihrer Spende dabei.

Postgiro Köln 556-505

MISEREOR
Aktion gegen Hunger und Krankheit in der Welt
Mozartstr. 9
5100 Aachen

Nr. 28/92

„Ich bin nicht allein!"

Carlos ist nicht allein. Wie er leben Millionen Jungen und Mädchen als Straßenkinder in Brasilien – schutzlos, rechtlos, hoffnungslos. Jeden Tag aufs Neue um das Überleben kämpfen, irgendwo einen Platz zum Schlafen suchen, vielfach bedroht durch gefährliche Todesschwadrone. Die brasilianische Gesellschaft verschließt die Augen vor dem Problem, das sie selbst erzeugt. Carlos ist nicht mehr allein. Er hat sich der Nationalen Bewegung der Straßenkinder angeschlossen, in der über 80.000 Mädchen und Jungen in 75 Städten organisiert sind. Sie wollen etwas bewegen. „Wir müssen uns selber helfen!" – nach diesem Motto gehen sie an die Öffentlichkeit, veranstalten Treffs und Demonstrationen, um auf ihr Schicksal aufmerksam zu machen. Inmitten der Tragödie von Millionen Kindern ist die Nationale Bewegung der Straßenkinder ein kleines Hoffnungszeichen. Spenden für MISEREOR leisten dazu einen Beitrag.

Postgiro Köln 556-505

MISEREOR
Aktion gegen Hunger und Krankheit in der Welt
Mozartstr. 9
5100 Aachen

Nr. 30/92

1492   1992
500 Jahre Lateinamerika

„ Ich bin betroffen von Ungerechtigkeit und Tod damals, aber ich bin noch mehr betroffen von Ungerechtigkeit und Tod heute – weil ich heute etwas dagegen tun kann. "   G. Gutiérrez

Postgiro Köln 556-505

MISEREOR
Aktion gegen Hunger und Krankheit in der Welt
Mozartstr. 9
5100 Aachen

Nr. 29/92

500 Jahre Lateinamerika
1492   1992

„ Ich bin betroffen von Ungerechtigkeit und Tod damals, aber ich bin noch mehr betroffen von Ungerechtigkeit und Tod heute – weil ich heute etwas dagegen tun kann. "   G. Gutiérrez

Postgiro Köln 556-505

MISEREOR
Aktion gegen Hunger und Krankheit in der Welt
Mozartstr. 9, 5100 Aachen

Nr. 31/92

Treibhauseffekt.

"Sechs Stunden Arbeit, um das Brennholz für die Familie zu suchen und zu sammeln. Früher ging das in zwei Stunden, doch inzwischen wächst hier kein Baum mehr. Ihr redet von Treibhauseffekt und Klimakatastrophe. Denkt ihr dabei auch an uns – die Menschen auf dem Land, die auf Brennholz als einzig erschwingliche Energiequelle angewiesen sind?"

Zusammenhänge sehen und begreifen: Armut ist eine der Ursachen von Umweltzerstörung. Bekämpfung der Armut ist eine der notwendigen Maßnahmen. Ländliche Entwicklung, Wiederaufforstung, energiesparende Öfen, ... MISEREOR hilft mit Ihren Spenden. Hilfe zur Selbsthilfe. Für die Ärmsten der Armen.

Postgiro Köln 556-505

MISEREOR
Aktion gegen Hunger und Krankheit in der Welt

Mozartstr. 9
5100 Aachen

Nr. 52/92

Der „moderne" Kolumbus kommt mit riesigen Rodungsmaschinen in den amazonischen Regenwald. Ohne Rücksicht auf Verluste. Es geht um viel Geld. Die Folgen für Mensch und Natur interessieren nicht. Die Indianer sind ein „Entwicklungshindernis", das aus dem Weg geräumt wird. Doch die Indianer organisieren sich. Sie nehmen die Bedrohung ihrer Existenz nicht tatenlos hin. Unterstützt werden sie dabei von der brasilianischen Kirche. Die Öffentlichkeit muß mobilisiert werden. Rechtsberatung und Rechtsbeistand sind beim Kampf um ihr Land notwendig. Und es geht um die Verbesserung der Lebensbedingungen der Indianer. MISEREOR hilft mit Ihrer Spende dabei.

Nr. 64/92

Der „moderne" Kolumbus kommt mit riesigen Rodungsmaschinen in den amazonischen Regenwald. Ohne Rücksicht auf Verluste. Es geht um viel Geld. Die Folgen für Mensch und Natur interessieren nicht. Die Indianer sind ein „Entwicklungshindernis", das aus dem Weg geräumt wird. Doch die Indianer organisieren sich. Sie nehmen die Bedrohung ihrer Existenz nicht tatenlos hin. Unterstützt werden sie dabei von der brasilianischen Kirche. Die Öffentlichkeit muß mobilisiert werden. Rechtsberatung und Rechtsbeistand sind beim Kampf um ihr Land notwendig. Und es geht um die Verbesserung der Lebensbedingungen der Indianer. MISEREOR hilft mit Ihrer Spende dabei.

Nr. 65/92

VORLAGE 1

Weihnachtsgrüße mit großer Wirkung

Kleine Kunstwerke, die Kindern eine Zukunft geben.

UNICEF-Grußkarten. Denn jede Karte hilft einem Kind in der Dritten Welt! UNICEF-Grußkarten sind kleine Kunstwerke von zeitgenössischen Künstlern und aus den Museen der Welt.

Bitte fordern Sie unseren Farbkatalog an:

Raum für den Eindruck der AG-Anschrift oder Hinweis auf Verkaufsstelle. 4 Zeilen in 10′ Times fett je Zeile 23 Anschläge.

76 mm / 131 mm

Weihnachtsgrüße mit großer Wirkung

Kleine Kunstwerke, die Kindern eine Zukunft geben.

UNICEF-Grußkarten. Denn jede Karte hilft einem Kind in der Dritten Welt! UNICEF-Grußkarten sind kleine Kunstwerke von zeitgenössischen Künstlern und aus den Museen der Welt.

Bitte fordern Sie unseren Farbkatalog an:

Raum für den Eindruck der AG-Anschrift. 4-5 Zeilen in 10′ Times fett je Zeile 23 Anschläge.

105 mm / 89 mm

Weihnachts- grüße mit großer Wirkung

Kleine Kunstwerke, die Kindern eine Zukunft geben.

UNICEF-Grußkarten. Denn jede Karte hilft einem Kind in der Dritten Welt! UNICEF-Grußkarten sind kleine Kunstwerke von zeitgenössischen Künstlern und aus den Museen der Welt.

Bitte fordern Sie unseren Farbkatalog an:

Raum für den Eindruck der AG-Anschrift. 4-5 Zeilen in 10′ Times fett je Zeile 23 Anschläge.

Spendenkonto 300000 bei allen Banken, Sparkassen und Postgiro Köln

Spendenkonto 300000 bei allen Banken, Sparkassen und Postgiro Köln

45 mm

VORLAGE 1

Nicht nur zur Weihnachtszeit

UNICEF-Grußkarten!
Denn es gibt viele Anlässe:
Geburtstage, Jubiläen, zur
Geburt...
Und einen guten Grund:
Jede Karte hilft einem
Kind in der Dritten Welt.

**Bitte fordern Sie unseren
Frühjahrskatalog an:**

Für Kinder bewegen wir Welten

unicef
Kinderhilfswerk der Vereinten Nationen

76 mm
119 mm

Im Anschluß an (...Frühjahrskatalog an:)
Raum für den Eindruck der AG-Anschrift
oder Hinweis auf Verkaufsstelle.
12˚Garamond

Nicht nur zur Weihnachtszeit

UNICEF-Grußkarten!
Denn es gibt viele Anlässe:
Geburtstage, Jubiläen, zur
Geburt...
Und einen guten Grund:
Jede Karte hilft einem
Kind in der Dritten Welt.

**Bitte fordern Sie unseren
Frühjahrskatalog an:**

154 mm
45 mm

Nicht nur
zur Weihnachtszeit

UNICEF-Grußkarten!
Denn es gibt viele Anlässe:
Geburtstage, Jubiläen,
zur Geburt...
Und einen guten Grund:
Jede Karte hilft einem
Kind in der Dritten Welt.

**Bitte fordern
Sie unseren
Frühjahrskatalog an:**

98 mm
89 mm

Im Anschluß an (...Frühjahrskatalog an:)
Raum für den Eindruck der AG-Anschrift
oder Hinweis auf Verkaufsstelle.
10˚Garamond

Oberhalb UNICEF-Signet Raum
für den Eindruck der AG-Anschrift
oder Hinweis auf Verkaufsstelle.
11,5˚Garamond

112 mm

Nicht nur zur Weihnachtszeit

UNICEF-Grußkarten!
Denn es gibt viele Anlässe: Geburtstage,
Jubiläen, zur Geburt...
Und einen guten Grund: Jede Karte hilft
einem Kind in der Dritten Welt.
**Bitte fordern Sie
unseren Frühjahrskatalog an:**

48 mm

Jeden Tag sterben 7000 Kinder an Durchfall. Die Rettung steht auf Ihrem Küchentisch.

Durchfall ist die Hauptursache für das Kindersterben in der Dritten Welt. Die meisten sterben nicht am Durchfall selbst, sondern an den Folgen dieser Krankheit. Denn bei Durchfall geht alles Wasser im Körper verloren – diese Kinder haben nicht einmal mehr Tränen.

Dabei ist es so einfach zu helfen. Alles, was sie brauchen, sind Zucker, Salz und Wasser – in den richtigen Mengen gemischt. Damit rettet UNICEF jedes Jahr zweieinhalb Millionen Kindern das Leben. Eine Dosis kostet 20 Pfennig.

Auch die Impfung gegen die oft tödlichen Masern kostet nur 30 Pfennig. Vitamin-A-Kapseln, die einem Kind das Augenlicht retten, 12 Pfennig. Die Impfung gegen Diphtherie, Keuchhusten und Tetanus 18 Pfennig. Und die Impfung gegen Tuberkulose 9 Pfennig.

Das Leben eines Kindes zu retten, kostet nicht viel. Aber die Hilfe darf nicht nur kurzfristig sein: Ausbildung, Ernährung und frisches Trinkwasser sind fürs Überleben genauso wichtig. Helfen Sie mit. Retten Sie einem Kind das Leben: **Spendenkonto 300 000 bei allen Banken, Sparkassen und beim Postgiroamt Köln.**

unicef
Kinderhilfswerk der Vereinten Nationen

An UNICEF, Steinfelder Gasse 9, 5000 Köln 1, Tel. (02 21) 16 00 80
Bitte schicken Sie mir weitere Informationen über UNICEF

Name _____ PLZ, Ort _____ Str. _____

Freunde — für die Welt von morgen

Es gibt nur eine Welt und Kinder sind überall gleich. Nur die Lebensumstände sind verschieden. Wir alle sind verantwortlich für das Leben aller Kinder, wo immer sie aufwachsen. UNICEF bemüht sich weltweit, das Fundament für eine gerechtere Welt zu bereiten. Die Bausteine dazu: Trinkwasser, Nahrung, Gesundheitsversorgung, Bildung.

Bauen Sie mit — an der Welt von morgen.

EINE CHANCE FÜR KINDER IN ALLER WELT

Spendenkonto: bei Banken, Sparkassen und beim Postgiroamt Köln. **300 000**

Weitere Auskünfte: Deutsches Komitee für UNICEF (Kinderhilfswerk der Vereinten Nationen), Steinfelder Gasse 9, 5000 Köln 1 und Ihre örtliche UNICEF-Arbeitsgruppe.

Wasser — für viele eine Kostbarkeit

Die meisten Menschen haben keinen Zugang zu sauberem Trinkwasser. Das verursacht bei Kindern in der Dritten Welt schwere Durchfälle, so daß 13 000 pro Tag an Flüssigkeitsverlust sterben. Trinkwasser-Versorgung hat für die Arbeit von UNICEF daher Vorrang, denn Wasser ist die Basis allen Lebens.

Helfen Sie Kindern zu leben.

unicef
EINE CHANCE FÜR KINDER IN ALLER WELT.

Spendenkonto: **300 000** bei Banken, Sparkassen und beim Postgiroamt Köln.

Weitere Auskünfte: Deutsches Komitee für UNICEF (Kinderhilfswerk der Vereinten Nationen), Steinfelder Gasse 9, 5000 Köln 1 und Ihre örtliche UNICEF-Arbeitsgruppe.

Literaturverzeichnis

Abell, D.F. (1980): Defining the Business. The Starting Point of Strategic Planning, Englewood Cliffs, N.J. 1980.

Abell, D.F./Hammond, J.S. (1979): Strategic Marketing Planning, Englewood Cliffs, N.J. 1979.

Achterholt, G. (1988): Corporate Identity - In zehn Arbeitsschritten die eigene Identität finden und umsetzen, Wiesbaden 1988.

Adveniat (1991): Rechenschaftsbericht 1990/91, Essen 1991.

Andreasen, A.R. (1982): Nonprofits: Check Your Attention to Customers, in: Harvard Business Review, Vol. 5, May-June 1982, S. 105-110.

Andreasen, A.R. (1984): A Power Potential Approach to Middleman Strategies in Social Marketing, in: European Journal of Marketing, Vol. 18, 1984, H. 4, S. 56-71.

Angehern, O. (1975): Mißverständnisse um Marketing, in: Markenartikel, 37. Jg., 1975, Nr. 3, S. 75-88.

Ansoff, H.I. (1965): Strategic Management, London 1965.

Ansoff, H.I. (1976): Managing Surprise and Discontinuity. Strategic response to Weak Signals, in: ZfbF, 28. Jg, 1976, S. 129-152.

Antonoff, R. (1987): Die Identität des Unternehmens, Aschaffenburg 1987.

Arbeitskreis für entwicklungspolitische Bildungs- und Öffentlichkeitsarbeit (AEBÖ) (1987): Entwicklungspolitik im Wahlkampf; Solidarität, Eigeninteresse, Zukunftsvorsorge ... drei Gründe für Entwicklungspolitik, o.O. 1987.

Arnold, U. (1974): Einige Gedanken zum Begriff "Marketing", in: ZfB, 44. Jg., 1974, S. 367-374.

Aronson, R.E. (1968): Dissonance theory: progress and problems, in: Theories of cognitive consistency, a sourcebook, (Hrsg.: Abelson, R.P. et al.), Chicago 1968, S. 5-27.

Backes, G. (1987): Frauen und soziales Ehrenamt, Augsburg 1987.

Bagozzi, R.P. (1975): Marketing as Exchange, in: Journal of Marketing, Vol. 39, October 1975, S. 32-39.

Bänsch, A. (1989): Käuferverhalten, 4. Auflage, München 1989.

Bauer, E. (1976): Marktsegmentierung als Marketing-Strategie, Berlin 1976.

Becker, J. (1992): Marketing-Konzeption: Grundlagen des strategischen Marketing-Managements, 4. Auflage, München 1992.

Behrens, K.Ch. (1963): Absatzwerbung, Wiesbaden 1963.

Bergler, R. (1980): Konsumententypologien, in: Grundbegriffe der Wirtschaftspsychologie, (Hrsg.: Hoyos, K., Graf/Kroeber-Riel, W./Rosenstiel, L., von/Strümpel, B.), München 1980, S. 247-258.

Berekoven, L./Eckert, W./Ellenrieder, P. (1993): Marktforschung, 6. Auflage, Wiesbaden 1993.

Berndt, R. (1978): Optimale Werbeträger- und Werbemittelselektion, Wiesbaden 1978.

Bildlingmaier, J. (1973): Marketing 1, Rheinbeck 1973.

Birkigt, K./Stadler, M. (1988): Corporate Identity, in: Corporate Identity (Hrsg.: Birkigt, K./Stadler, M./Funck, H.J.), 4. Auflage, Landsberg am Lech 1988, S. 17-63.

Bloom, P.N./Novelli, W.D. (1981): Problems and Challenges in Social Marketing, in: Journal of Marketing, Vol. 45, Spring 1981, S. 79-88.

Böckle, F./Hemmer, H.-R./Kötter, H. (o.J.): Armut und Bevölkerungsentwicklung in der Dritten Welt. Herausgegeben von der Wissenschaftlichen Arbeitsgruppe für weltkirchliche Aufgaben der Deutschen Bischofskonferenz, Bonn o.J.

Böhler, H. (1992): Marktforschung, 2. Auflage, Stuttgart, Berlin, Köln, 1992.

Böhler, H. (1977): Methoden und Modelle der Marktsegmentierung, Stuttgart 1977.

Borgmann-Quade, R. (1982): Das Spendensammlungsrecht in der Bundesrepublik Deutschland, in: Stichwort Spendenwesen, (Hrsg.: Borgmann-Quade, R.), Berlin 1982, S. 236-320.

Brauckschulze, U. (1983): Die Produktelimination, Münster 1983.

Breuer, N. (1980): Einstellungstypen für die Marktsegmentierung, Köln 1980.

Brot für die Welt (1991): Jahresbericht 1990, Stuttgart 1991.

Bruhn, M. (1975): Marketing für nichtkommerzielle Aufgaben und Institutionen in Europa, in: Kölner Schriften zum Marketing (Hrsg.: Kölnische Rundschau), Köln 1975, S. 33-62.

Bruhn, M. (1978a): Das soziale Bewußtsein von Konsumenten, Wiesbaden 1978.

Bruhn, M. (1978b): Social Marketing: Herausforderung an das konventionelle Marketing, in: Handbuch Marketing, (Hrsg.: Koinecke, J.), Band II, Gernsbach 1978, S. 221-228.

Bruhn, M. (1987): Sponsoring, Frankfurt/Main 1987.

Bruhn, M. (1989): Social-Marketing, in: Handbuch des Marketing (Hrsg.: Bruhn, M.), München 1989, S. 778-810.

Bruhn, M. (1990): Sozio- und Umweltsponsoring, München 1990.

Bruhn, M./Tilmes, J. (1989): Social Marketing, Stuttgart, Berlin, Köln 1989.

Bundesministerium für wirtschaftliche Zusammenarbeit (1991a): Journalisten-Handbuch Entwicklungspolitik '91/92, Bonn 1991.

Bundesministerium für wirtschaftliche Zusammenarbeit (1991b): Grundlinien der Entwicklungspolitik der Bundesregierung, Bonn 1991.

Cann, A./Sherman, S.J./Elkes, R. (1975): Effects of Initial Request Size and Timing of a Second Request on Compliance: The Foot in the Door and the Door in the Face, in: Journal of Personality and Social Psychology, Vol. 32, 1975, No. 5, S. 774-782.

Care Deutschland e.V. (1991): Jahresbericht 1990, Bonn 1991.

Carlberg, P. (1981): Motivation und Methodik im Spendenmarketing, in: gep-texte, Fachbereich Werbung und Public Relations, Frankfurt 1981, S. 1-11.

Clarkson, K.W. (1973): Sme Implications on Property Rights in Hospital Managment, in: Journal of Law and Economics, Vol. 15, 1973, S. 363.

Conrady, R. (1990): Die Motivation zur Selbstdarstellung und ihre Relevanz für das Konsumentenverhalten, Frankfurt, Bern, New York u.a. 1990.

Cornia, G.A./Jolly, R./Steward, F. (Hrsg.) (1987): Adjustment with a Human Face, Vol. I: Protecting the Vulnerable and Promoting Growth, Oxford 1987, Vol. II: Country Case Studies, Oxford 1988.

Dallmer, H. (1972): Von der Direkt-Werbung zum Direct-Marketing, in: Marketing Journal 5. Jg., 1972, H. 6, S. 486-494.

Day, G.S./Wensley, R. (1988): Assessing Advantage: A Framework for Diagnosing Competitive Superiority, in: Journal of Marketing, Vol 52, April 1988, No 2, S. 1-20.

Deutsches Komitee für UNICEF: (1992): Geschäftsbericht des Deutschen Komitees für UNICEF 1991, Köln 1992.

Deutsches Komitee für UNICEF (1989): Arbeitsgruppen-Handbuch, Köln 1989 sowie Ergänzungslieferungen.

Deutsches Komitee für UNICEF (Hrsg.) (1989): Dokumentation Nr. 1: Kinder und Umwelt, Angepaßte Entwicklung für Mensch und Natur, Köln 1989.
Deutsches Komitee für UNICEF (o.J.): Kleine Spende große Wirkung, Köln o.J.

Deutsches Rotes Kreuz (1991): Jahrbuch 1990/91, Bonn 1991.

Deutsche Welthungerhilfe (1991): Jahresbericht 1990, Bonn 1991.

Deutscher Caritasverband (1991): Die Auslandshilfe des Deutschen Caritasverbandes - Jahresbericht 1990, Freiburg 1991.

Dewey, J. (1910): How We Think, in: How We Think and Selected Essays 1910-1911 (Hrsg.: Boydston, J.A.), Volume 6: The Middle Works, 1899-1924, S. 177 - 356, Corbondale, Ill. 1985.

Dichtl, E. (1983): Marketing auf Abwegen?, in: ZfbF, 35. Jg., 1983, H. 11/12, S. 1066-1074.

Dichtl. E. (1981): Marketing als Sozialtechnik, in: WiSt, 10.Jg., 1981, H. 6, S. 249-255.

Dichtl, E. (1974): Die Bildung von Konsumententypologien als Grundlage der Marktsegmentierung, in: WiST, 3. Jg., 1974, H. 2, S. 54-59.

Dichter, E. (1964): Handbuch: das Kaufmotiv, New York 1964.

Dierkes, M./van der Bergh, R. (1976): Sozialer Friede hilft den Frieden zu bewahren, mm-Enquête - Teil I, in: manager-magazin, Nr. 4, April 1976, S. 94-100.

Dierkes, M./van der Bergh, R. (1976): Soziale Verantwortung: Konzerne setzten Maßstäbe, mm-Enquête - Teil II, in: manager-magazin, Nr. 5, Mai 1976, S. 112-122.

Dierkes, M./Ullmann, A. (1979): Sozial-Enquête, Wird die Offensive blockiert? Ergebnisse der zweiten Enquête über das soziale Engagement der deutschen Wirtschaft, in: manager-magazin, Nr. 7, Juli 1979, S. 88-96.

Dietrich, K.M. (1990): Deutsche Bibelgesellschaft: Kampagne »Zeichen der Hoffnung«, in: Die besten Direktmarketing Kampagnen (Hrsg.: Fischer, H./Boessnech, B.), Landsberg am Lech 1990, S. 242-247.»

Diller, H. (1991): Preispolitik, 2. Auflage, Stuttgart, Berlin, Köln 1991.

Ditfurth, H. v. (1984): Die mörderische Konzequenz des Mitleids, in: Der Spiegel, Nr. 33, 1984, S.85-86.

Donnelly, J.H./Ivancevich, J.M. (1970): Post-Purchase Reinforcement and Back-Out Behavior, in: Journal of Marketing Research, Vol. VII, August 1970, S. 399-400.

Dulany, D.E. (1968): Awareness Rules and Propositional Control: A Confrontation with S-R Behavior Theory, in: Verbal Behavior and S-R Behavior Theory, (Hrsg.: Horton, D./Dixon, B.) Englewood Cliffs N.J., 1968, S. 340-387.

Dritte Welt Haus Bielefeld e.V. (1990): Eine Welt für Alle, Unterrichtseinheiten für Sek. I und Sek. II, Bielefeld 1990.

Drucker, P. (1973): Managing the Public Service Institution, in: The Public Interest. Vol. 33 (Fall) 1973, S. 42-60.

Easton, G. (1988), Competition and Marketing Strategy, in: European Journal of Marketing Vol. 22, 1988, H. 2, S. 31-49.

Eiteneyer, H. (1977): Social Marketing - Untenehmensphilosophie öffentlicher Untenehmen, in: ZfbF, 29. Jg., 1977, S. 303-311.

Engel, J.F./Blackwell, R.D./Miniard, P.W. (1986): Consumer Behavior, 5. Auflage, Chicago, New York, Philadelphia u.a. 1986.

Engel, J.F./Blackwell, R.D. (1982): Consumer Behavior, 4. Auflage, New York 1982.

Epstein, S. (1980): The Self-Concept: A Review and the Proposal of an Integrated Theory of Personality, in: Personality: Basic Issues and Current Research. (Hrsg.: Staub, E.), Englewood Cliffs, N.J. 1980, S. 81-132.

Enis, B.M. (1973): Deepening the Concept of Marketing, in: Journal of Marketing, Vol. 37, October 1973, S.57-62.

Festinger, L. (1957): A theory of cognitive dissonance, Evanston (Ill.) 1957. Deutsche Übersetzung: (Hrsg.: Irle, M./Möntmann, V.) Theorie der kognitiven Dissonanz, Bern, Stuttgart, Wien 1978.

Fine, S.H. (1980): Toward a Theory of Segmentation by Objectives in Social Marketing, in: Journal of Consumer Research, Vol. 7, June 1980, S. 1-13.

Fishbein, M. (1967): Attitude and Prediction of Behavior, in: Readings in Attitude Theory and Measurement, (Hrsg.: Fishbein, M.), New York, London, Sydney 1967, S. 477-492.

Fishbein, M./Jaccard, J. (1973): Theoretical and methological issues in the prediction of family planning intentions and behaviors. Representative Research in Social Psychology, o.O., 1973, S. 37-52.

Fox, K./Kotler, P. (1980): The Marketing of Social Causes: The first 10 years, in: Journal of Marketing, Vol. 44, Winter 1980, S. 24-33.

Freimuth, J. (1985): Organisationskultur. Ihre Bedeutung für den Erfolg, in: WiSt, 14. Jg., 1985, H. 2, S. 89-92.

Freter, H. (1983): Marktsegmentierung, Stuttgart 1983.

Freter, H. (1974): Mediaselektion, Wiesbaden 1974.

Frey, D. (1984): Die Theorie der kognitiven Dissonanz, in: Theorie der Sozialpsychologie, (Hrsg.: Frey, D./Irle, M.) Band I: Kognitive Theorien, 2. Auflage, Bern, Stuttgart, Toronto 1984, S. 243-292.

Frommlet, W. (1990): Es ist fünf vor zwölf: Warum stirbt die Natur?, in: Prisma (Hrsg.: Deutsches Komitee für UNICEF), Ausgabe 1, Köln 1990.

Fromm-Reichman, F. (1955): An Outline of Psychoanalysis, New York 1955.

Fronhoff, B. (1986): Die Gestaltung von Marketingstrategien, Bergisch Gladbach, Köln 1986.

Galbraith, J.K. (1969): The Affluent Society, London 1969.

Gaedeke, R.M. (1980): Marketing in gemeinnützigen Organisationen, in: Dienstleistungsmarketing, (Hrsg.: Falk, B.), Landsberg am Lech 1980, S. 167-188.

Grabitz, H.-J. (1984): Die Theorie der Selbst-Wahrnehmung von Bem, in: Theorie der Sozialpsychologie, (Hrsg.: Frey, D./Irle, M.) Band I: Kognitive Theorien, 2. Auflage, Bern, Stuttgart, Toronto 1984, S. 138-159.

Geber, B. (1991): Managing Volunteers, in: Training, o.Jg., June 1991, S. 21-26.

GEPA (Gesellschaft zur Förderung der Partnerschaft mit der Dritten Welt mbH) (1992): Katalog 91/92: Produkte aus fairem Handel, Berlin 1992.

Gniech, G./Grabitz, H.-J. (1984): Freiheitseinengung und psychologische Reaktanz, in: Theorie der Sozialpsychologie, (Hrsg.: Frey, D./Irle, M.) Band I: Kognitive Theorien, 2. Auflage, Bern, Stuttgart, Toronto 1984, S. 48-73.

Grant, J.P. (1986): Zur Situation der Kinder in der Welt 1986/1987, Wuppertal 1986.

Grimm, U. (1983): Analyse strategischer Faktoren, Wiesbaden 1983.

Gröne, A. (1977): Marktsegmentierung bei Investitionsgütern, Wiesbaden 1977.

Gutenberg, E. (1976): Grundlagen der Betriebswirtschaftslehre, 2. Band: Der Absatz, 17. Auflage, Berlin u.a. 1984.

Gutjahr, G./Keller, I. (1988): Corporate Identity - Meinung und Wirkung, in: Corporate Identity (Hrsg.: Birkigt, K./Stadler, M./Funck, H.J.), 4. Auflage, Landsberg am Lech 1988, S. 67-78.

Haedrich, G. (1983): Entwicklung von Marketing-Strategien, in: Marketing ZFP, 5. Jg., 1983, S. 175-180.

Harvey, J.W. (1990): Benefit Segmentation for Fund Raisers, in: Journal of Academy of Marketing Science, Vol. 18, 1990, No. 1, S. 77-86.

Hasitschka, W. (1980): Organisationsspezifische Marketinginstrumentarien, Frankfurt/Main 1980.

Hasitschka, W. (1977): Marketing für Nonprofit Organisationen. Eine empirische Studie über Barrieren des Kulturverhaltens, Arbeitspapier der absatzwirtschaftlichen Institute der Wirtschaftsuniversität Wien, Nr. 10/1977, Wien 1977.

Hasitschka, W./Hruschka, H. (1982): Nonprofit Marketing, München 1982.

Hax, A.C./Majluf, N.S. (1988): Strategisches Management, Frankfurt/Main, New York 1988.

Hayek von, F.A. (1968): Der Wettberwerb als Entscheidungsverfahren, Kiel 1968.

Heckhausen, H. (1980): Motivation und Handeln, Berlin, Heidelberg, New York 1980.

Heckhausen, H. (1977): Motiv und Motivation, in: Handbuch psychologischer Grundbegriffe, (Hrsg.: Herrmann, T.), München u.a., 1977, S. 296-313.

Heckhausen, H. (1974a): Motive und ihre Entstehung, in: Pädagogische Psychologie, Band. 1, (Hrsg.: Weinert, F.E./Graumann, C.F./Heckhausen, H./Hofer, M. u.a.), Frankfurt/Main 1974, S. 133-171.

Heckhausen, H. (1974b): Einflußfaktoren der Motiventwicklung, in: Pädagogische Psychologie, Band. 1, (Hrsg.: Weinert, F.E./Graumann, C.F./Heckhausen, H./Hofer, M. u.a.), Frankfurt/Main 1974, S. 174-209.

Hedrich, M. (1981): Spenden und Sammeln. Der Versuch eines Überblicks über den Spendenmarkt in der Bundesrepublik Deutschland, in: gep-texte, Fachbereich Werbung und Public Relations, Frankfurt 1980, S. 16-31.

Heinen, E. (1981): Identität: Ein bisher vernachlässigtes Element des Zielsystems der Unternehmung?, in: Wirtschaftstheorie und Wirtschaftspolitik (Hrsg.: Mückel, W.J./Ott, A.E.), Passau 1981, S. 125-143

Heinen, E. (1980): Einführung in die Betriebswirtschaftslehre, 7. Auflage, Wiesbaden 1980.

Heinen, E./Dill P. (1986): Unternehmenskultur, in: ZfB, 56. Jg., 1986, Nr. 3, S. 202-218.

Hill, W. (1982): Marketing im öffentlichen Sektor. Sonderdruck aus Staatsorganisation und Staatsfunktion im Wandel. Festschrift für Kurt Eichenberger, Basel 1982, S. 249-262.

Hills Bush, B. (1991): Amerika, das Land der großzügigen Spender - Auch Spendenbeschaffung will gelernt sein, - in: Frankfurter Allgemeine Zeitung, Nr. 34 vom 9. Februar 1991, S. 13.

Hinterhuber, H.H. (1990): Wettbewerbsstrategie. 2. Auflage, Berlin, New York 1990.

Hinterhuber, H.H (1980): Strategische Unternehmensführung, 2. Auflage, Berlin, New York 1980.

Hoepfner, F.G. (1976): Verbraucherverhalten, Stuttgart u.a. 1976.

Hohmann, P. (1972): Wie man gute Menschen macht, in: absatzwirtschaft, 16. Jg., 1972, H. 2, S. 22-25.

Holman, R.H. (1981): Product as Communication: A Fresh Appraisal of a Venerable Topic, in: Review of Marketing (Hrsg.: Enis, B.M./Roering, K.J.), American Marketing Association, Chicago 1981.

Holscher, C. (1977): Sozio-Marketing. Grundprobleme und Lösungsansätze zum Marketing sozialer Organisationen, Essen 1977.

Holscher, C. (1978): Marketing für soziale Organisationen. in: Handbuch Marketing, (Hrsg.: Koinecke, J.), Band II, Gernsbach 1978, S. 1551-1558.

Holscher, C./Meyer, A.(1990): Sozio-Marketing, in: Marketing-Systeme - Grundlagen des institutionalen Marketing (Hrsg.: Meyer, P.W./Meyer, A.), Stuttgart, Berlin, Köln 1990, S. 221-269.

Hormuth, St.E. (1979): Sozialpsychologie der Einstellungsänderung., o.O. 1979.

Horst, B. (1988): Ein mehrdimensionaler Ansatz zur Segmentierung von Investitionsgütermärkten, Pfaffenweiler 1988.

Howard, J.A./Sheth, J.N. (1969): The Theory of Buyer Behavior, New York, London, Sidney u.a. 1969.

Hoyer, W./Rettig, R. (1984): Grundlagen der mikroökonomischen Theorie, 2. Auflage, Düsseldorf 1984.

Hruschka, H. (1985): Ökonometrische Mehrgleichungsmodelle als Ausgangspunkt für die strategische Marketing-Planung von Nonprofit-Organisationen, in: Jahrbuch der Absatz- und Verbraucherforschung, 31. Jg., 1985, H. 1, S. 4-22.

Hummrich, U. (1976): Interpersonelle Kommunikation im Konsumgütermarketing, Wiesbaden 1976.

Huxold, St. (1989): Marketingforschung und strategische Planung von Produktinnovationen, Berlin 1989.

Ihde, G.B. (1991): Transport, Verkehr, Logistik, 2. Auflage, München 1991.

Izard, C.E. (1981): Die Emotionen des Menschen, Weinheim, Basel 1981.

Johnston, W.J. (1981): Industrial Buying Behavior: A State of The Art Review, in: Review of Marketing (Hrsg.: Enis, B./Roering, K.J.), 1981, S. 75-88.

Jolly, R. (1990): Kinder und Umwelt, in: Prisma (Hrsg.: Deutsches Komitee für UNICEF), Ausgabe 1, 1990.

Jolly, R./Hoeven, R. v.d. (1988): Kindeswohl und Schuldenlast. Dokumentation Nr. 3: Kindeswohl und Schuldenlast. Anpassung mit menschlichem Gesicht. (Hrsg.: Deutsches Komitee für UNICEF), Köln 1988.

Jung, R. (1975): Die professionelle gute Tat, in: absatzwirtschaft, 19. Jg., 1975, H. 9, S. 38-41.

Kaas, K.P. (1988): Die Zukunft der Marketingforschung: Von der Konsumenten- zur Konkurrentenforschung, in: Marktforschung im magischen Viereck, 23. Kongress der deutschen Marktforschung vom 1.-3. Mai 1988 (Hrsg.: BVM - Bundesverband deutscher Markt- und Sozialforscher e.V.), Offenbach 1988, S. 37-55.

Kammerer, (1981): Fund Raising, in: Handbuch des Direct Marketing (Hrsg.: Dallmer, H./Thedens, S.), 5. Auflage, Wiesbaden 1981, S. 929-940.

Kandler, C. (1980): Marketing-Management von Warentestinstitutionen, Berlin 1980.

Katona, H.C. (1960): Das Verhalten der Verbraucher und Unternehmer, Tübingen 1960.

Kantor, P. (1991): Alternativ-Handel, in: Südwind, Nr. 11, 1991, S. 6-8.

Keller, I.G. (1987): Corporate Identity - Elemente und Wirkung, Diss., Stuttgart 1987.

Keller, I. (1990): Das CI-Dilemma, Wiesbaden 1990.

Kepper, G. (1990): Unternehmenskultur als wesentliche Einflußgröße einer erweiterten Corporate Identity-Strategie. Arbeitspapier des Instituts für Markt- und Distributionsforschung der Universität zu Köln, Köln 1990.

Kicherer, S. (1986): Zusammenhänge zwischen Unternehmenskultur, Corporate Identity und Corporate Design, in: Expertengespräch: Corporate Identity - Die neue Profil-Neurose? Protokoll und Kommentierung der Veranstaltung des Instituts für Absatzwirtschaft, Universität München und der Deutschen Olivetti GmbH, Frankfurt/Main und München 1986, S. 27-30.

Kindernothilfe (1991): Jahresbericht 1990, Duisburg 1991.

Kirsch, W./Lutschewitz, H./Kutschker, M. (1980): Ansätze und Entwicklungstendenzen im Investitionsgüter-Marketing, 2. Auflage, München 1980.

Knüppel, L. (1975): Entscheidungsorientierte Werbeträgerplanung, Essen 1975.

Kobi, J.-M./Wüthrich H.A. (1986): Unternehmenskultur verstehen, erfassen und gestalten, Landsberg am Lech 1986.

Köhler, R. (1976): Marktkommunikation, in: WiSt, 5. Jg., 1976, H 4, S. 164-173.

Köhler, R. (1991a): Beiträge zum Marketing-Management, 2. Auflage, Stuttgart 1991.

Köhler, R. (1991b): Der Einfluß des Kommunikators auf die Wirkung direkter Marktkommunikationen, in: Handbuch des Direct Marketing (Hrsg.: Dallmer, H.), 6. Auflage, Wiesbaden 1991, S. 152-173.

Köhler, R./Krautter, J. (1988): Marketingplanung, in: Handwörterbuch der Planung (Hrsg.: Szyperski, N. mit Unterstützung von Wienand, U.), Stuttgart 1989, Sp. 1006-1020.

Köhler, R./Tebbe, K. (1985): Die Organisation von Produktinnovationsprozessen. Arbeitspapier des Instituts für Markt- und Distributionsforschung der Universität zu Köln, Köln 1985.

"Korean Relief" Hilfsorganisation für koreanische Waisenkinder e.V. (1991): Prüfung der Einnahmen-Ausgabenrechnung sowie der Vermögensrechnung zum 31. März 1991, Ettlingen 1991.

Korndörfer, W. (1966): Die Aufstellung und Aufteilung von Werbebudgets, Stuttgart 1966.

Koschik, A. (1989): Gütesiegel soll Spendern den rechten Weg weisen, in: Kölner Stadt Anzeiger, Nr. 300/9, Weihnachten 1989.

Kosiol, E. (1972): Die Unternehmung als wirtschaftliches Aktionszentrum, Hamburg 1972.

Kotler, P. (1972): A Generic Concept of Marketing, in: Journal of Marketing, Vol. 36, April 1972, S. 46-54.

Kotler, P. (1975): Marketing for Nonprofit Organizations, Englewood Cliffs, N.J. 1975.

Kotler, P. (1979a): Marketing für den öffentlichen Bereich, Ansatzpunkte, Instrumente und Anwendungsbeispiele, in: Die Betriebswirtschaft, 39. Jg., 1979, H. 3, S. 421-430.

Kotler, P. (1979b): Strategies for Introducing Marketing into Nonprofit Organizations, in: Journal of Marketing, Vol. 42, January 1979, S. 37-44.

Kotler, P./Andreasen, A.R. (1987): Strategic Marketing for Nonprofit Organizations, 3. Auflage, Englewood Cliffs, N.J. 1987.

Kotler, P./Bliemel, F. (1992): Marketing-Management,. 7. Auflage, Stuttgart 1992.

Kotler, P. /Zaltmann, G. (1971): Social Marketing: An Approach to Planned Social Change, in: Journal of Marketing, Vol. 35, July 1971, S. 3-12.

Kotler, P./ Levy, S. (1969): Broadening the Concept of Marketing, in: Social Marketing - Perspectives and Viewpoints (Hrsg.: Lazer, W./Kelly, E.), Homewood Ill. 1973, S. 31-42. Ursprünglich erschienen in: Journal of Marketing, Vol. 33, January 1969, S. 10-15.

Kieser, A./Fleischer, M./Röber, M. (1977): Die Struktur von Marketingentscheidungsprozessen, in: Die Betriebswirtschaft, 37. Jg., 1977, H. 3, S. 417-432.

Kreilkamp, E. (1987): Strategisches Management und Marketing, Berlin, New York 1987.

Kreutzer, R./Jugel, S./Wiedmann, K.P. (1986): Unternehmensphilosophie und Corporate Identity. Empirische Bestandsaufnahme und Leitfaden zur Implementierung einer Corporate Identity-Strategie. Arbeitspapier Nr. 40 des Institut für Marketing, Universität Mannheim, Mannheim 1986.

Kroeber-Riel, W. (1991): Strategie und Technik der Werbung, 3. Auflage, Stuttgart, Berlin, Köln 1991.

Kroeber-Riel, W. (1992): Konsumentenverhalten, 5. Auflage, München 1992.

Kroeber-Riel, W./Meyer-Hentschel, G. (1982): Werbung, Steuerung des Konsumentenverhaltens, Würzburg, Wien 1982.

Krulis-Randa, J. (1978): Marketing-Logistik, in: Handbuch Marketing, (Hrsg.: Koinecke, J.), Band I, Gernsbach 1978, S. 905-913.

Lazarsfeld, P.F./Merton, R.K. (1972): Mass Communication, Popular Taste and Organized Social Action, in: Mass Communications (Hrsg.: Schramm, W.), Urbana Ill., 1972, S. 492-512.

Lazarsfeld, P.F./Berlson, B./Gaudet, H. (1948): The People's Choice. How the Voter Makes up His Mind in a Presidential Campaign, 2. Auflage, New York 1948.

Lazer, W. (1973): Marketing's changing social role: Conceptual foundations, in: Social Marketing - Perspectives Viewpoints. (Hrsg.: Lazer, W./Kelly, E.), Homewood Ill. 1973, S. 3-12.

Lemmer, R. (1989): Marketing für Mitleid, in: Wirtschaftswoche, 43. Jg., Nr. 50, 1989 (8. Dezember), S. 80-83.

Lucas, D.B./Britt, St.H. (1950): Advertising Psychology and Research. An Introductory Book, New York u.a. 1950.

Löbel, V.J. (1982): Wie finde ich meinen Spender - Über den Handel mit Adressen, in: Stichwort Spendenwesen, (Hrsg.: Borgmann-Quade, R.), Berlin 1982, S. 42-46.

Lovelock, Ch./Weinberg, Ch. (1984): Marketing for Public and Nonprofit Managers, o.O. 1984.

Luck, D.J. (1969): Broadening the Concept of Marketing - Too Far, in: Journal of Marketing, Vol. 33, January 1969, S. 53-63.

Maleri, R. (1991): Grundlagen der Dienstleistungsproduktion, 2. Auflage, Berlin et al. 1991.

Marsh, I. (1983): Social Marketing: How Advocacy Groups Use Research, Advertising, PR to Alter Behavior, in: Marketing News, Vol. 17, May 1983), No. 10, S. 26-27.

Mann, R./Bokatt, W. (1985): Spendenmarkt Deutschland, Hamburg 1985.

Mayr-Keber, G.M. (1986): Corporate Identity für die Alpenuniversität Innsbruck, in: Corporate Identity (Hrsg.: Birkigt, K./Stadler, M./Funck, H.J.), 4. Auflage, Landsberg am Lech 1988, S. 295-332.

McGinley, H./LeFevre, R./McGinley, P. (1975): The Influence of a Communicator's Body Position on Opinion Change in Others, in: Journal of Personality and Social Psychology, Vol. 31, 1974, No. 4, S. 686-690.

Medley, G.J. (1988): Strategic Planning for the World Wildlife Fund, in: Long Range Planning, Vol. 21, 1988, No. 1, S. 46-54.

Meffert, H. (1976): Interpersonelle Kommunikation als Problem der Marketingtheorie. Einführung in der Problemkreis der Untersuchung . Vorwort zu Interpersonelle Kommunikation im Konsumgütermarketing von U. Hummrich, Wiesbaden 1976, S. 13-19.

Meffert, H. (1980): Marketing im Wandel. Anforderungen an das Marketing-Management der 80er Jahre, München 1980.

Meffert, H. (1985): Wettbewerbsorientierte Marketingstrategien im Zeichen schrumpfender und stagnierender Märkte, in: Strategisches Marketing (Hrsg.: Raffée, H./ Wiedmann, K.-P.), Stuttgart 1985, S. 475-490.

Meffert, H. (1986): Marketing. Grundlagen der Absatzpolitik. 7. Auflage, Wiesbaden 1986.

Meffert, H. (1988): Strategische Unternehmensführung und Marketing, Wiesbaden 1988.

Meffert, H. (1989): Marktanalyse, in: Handwörterbuch der Planung (Hrsg.: Szyperski, N. mit Unterstützung von Wienand, U.), Stuttgart 1989, Sp. 1020-1030.

Meffert, H./Bruhn, M. (1978): Marketingtheorie - Quo vadis?, in: Absatzwirtschaft Marketing, Band 2 (Hrsg.: Bratschitsch, R./Heinen, E.), Wien 1978, S. 1-24.

Meffert, H./Katz, R. (1983): Unternehmensverhalten in stagnierenden und schrumpfenden Märkten. Arbeitspapier Wissenschaftliche Gesellschaft für Marketing und Unternehmensführung e.V. (Hrsg.: Meffert, H./Wagner, H.), Nr. 12, Münster 1983.

Meffert, H./Kimmeskamp, G. (1983): Industrielle Vertriebssysteme im Zeichen der Handelskonzentration, in: absatzwirtschaft, 7. Jg., 1983, H. 3, S. 214-231.

Merkle, E. (1976): Social Marketing, in: WiSt, 5. Jg, 1976, H. 1, S. 31-33.

Merkle, E. (1975): Marketing im öffentlichen Unternehmen und nicht-kommerziellen Institutionen, in: Der Markt, Nr. 54, 1975, S. 47-56.

Merzenich, B. (1989): Ein Plädoyer für langfristige Verbindlichkeit und Verantwortung, in: GEPA Informationsdienst, 5/89 September 1989, S. 12-13.

Meyer, P.W. (1986): Der integrierte Marketingeinsatz und seine Konsequenzen für das Marketing, in: Integrierte Marketingfunktionen (Hrsg.: Meyer, P.W.), Stuttgart, Berlin, Köln, Mainz 1986, S. 13-30.

Meyer, W.-U./Schmalt, H.-D. (1984): Die Attributionstheorie, in: Theorie der Sozialpsychologie (Hrsg.: Frey, D./Irle, M.) Band I: Kognitive Theorien, 2. Auflage, Bern, Stuttgart, Toronto 1984, S. 98-136.

Michler, W. (1991): Weißbuch Afrika, 2. Auflage, Bonn 1991.

Mindak, W./Bybee, H. (1971): Marketing's Applcation to Fund Raising, in: Journal of Marketing, Vol. 35, July 1971, S. 13-18.

Misereor - Bischöfliches Hilfswerk Misereor e.V. (1985): Misereor informiert, Aachen 1985.

Misereor - Bischöfliches Hilfswerk Misereor e.V. (1991): Jahresbericht 1990, Aachen 1991.

Moser, K. (1990): Werbepsychologie, München 1990.

MTP (Marketing zwischen Theorie und Praxis e.V.) (o.J.): Studie zum Kaufverhalten und zur Kaufmotivation bei UNICEF-Großkarten. Durchgeführt von der MTP e.V. Geschäftsstelle Münster - Ressort Projekte - Münster, o.J.

Müller-Blattau, B. (o.J.): Lose Blätter über Vorurteile. (Hrsg.: Bundesminesterium für wirtschaftliche Zusammenarbeit, Carl-Duisberg Gesellschaft, Deutsche Kommission Justitia et Pax u.a.) o.O, o.J.

Müller-Hagedorn, L. (1993): Handelsmarketing, 2. Auflage, Stuttgart, Berlin, Köln, Mainz 1993 (in Druck).

Müller-Werthmann, G. (1985): Markt der offenen Herzen, Hamburg 1985.

Neudeck, R./Gerhardt, K. (1987): Sorgenkind Entwicklungshilfe, Bergisch Gladbach 1987.

Neufang, B./Geckle, G. (o.J.): Der Verein. Organisations- und Musterhandbuch für die Vereinsführung, München o.J.

Nieschlag, R./Dichtl, E./Hörschgen, H. (1991): Marketing, 16. Auflage, Berlin 1991

Oberascher, C. (1992): Kinder und Krieg - Krieg ohne Ende, in: UNICEF Nachrichten (Hrsg.: UNICEF Deutschland), H. 3, 1992, S. 12-15.

Osterwinter, N. (1990): Eine oder keine Welt. Kommentar des Medienbeauftragten des Projektes der ARD, in: Eine Welt für Alle, Zum ARD-Programmschwerpunkt im Mai 1990. o.O., 1990,

o.V. (1992a): Entlohnung für karitative Arbeit kritisiert, in Kölner Stadt Anzeiger, Nr. 240, 14. Oktober 1992, S. 20.

o.V. (1992b): Spenden-Siegel gefragt, in Frankfurter Allgemeine Zeitung, Nr.21 vom 25. Januar 1992, S. 9.

o.V. (1992c): Immer mehr Menschen sterben an Drogen, in: Kölner Stadt Anzeiger, Nr. 288, 10. Dezember 1992, S. 47.

o.V. (1990): Wieviel Mensch erträgt die Erde?, in: Geo, o.Jg, 1992, Nr. 1, S. 10-27.

Pfohl, H.-Ch. (1990): Logistiksysteme, 4. Auflage, Berlin, Heidelberg, New York u.a. 1990.

Pomazal, R.J./Jaccard, J.J. (1976): An Informational Approach to Altruistic Behavior, in: Journal of Personality and Social Psychology, Vol. 33, 1976, No. 3, S. 317-326.

Porsch, S. (1992): Die Frauen und das Ehrenamt, in: Informationen für die Frau, o.Jg., 1992, H. 3, S. 12-13.

Porter, M.E. (1989): Wettbewerbsvorteile (Competitive Advantage), Frankfurt/Main, New York 1989.

Porter, M.E. (1985): Wettbewerbsstrategie (Competitive Strategy), 3. Auflage, Frankfurt/Main 1985.

Postman, N. (1985): Wir amüsieren uns zu Tode, Frankfurt 1985.

Poth, L. (1975): Social Marketing, in: Marketing Enzyklopädie, Band 3, München 1975, S. 197-216.

Priemer, W. (1970): Produktvariation als Instrument des Marketing, Berlin 1970.

Probst, G.J.B. (1983): Variationen zum Thema Management-Philosophie, in: Die Unternehmung, 37. Jg., 1983, H. 4, S. 322-332.

Prochazka, K. (1990): Direkt zum Käufer - wie man Millionen per Post umsetzt, 2. Auflage, Freiburg i. Br. 1990.

Prochazka, K. (1982): Spendenwerbung - Aufbau, Ablauf, Fragen, in: Stichwort Spendenwesen (Hrsg.: Borgmann-Quade, R.), Berlin 1982, S. 32-41.

Prochazka, K. (1974): Geld für einen guten Zweck, in: Direkt-Marketing 10. Jg, 1974, H. 2, S. 51-56.

Pümpin, C. (1980): Strategische Führung in der Unternehmenspraxis. Entwicklung, Einführung und Anpassung der Unternehmensstrategie, Bern 1980.

Pümpin, C./Kobi, J.-M./Wütherich, H. (1985): Unternehmenskultur. Basis strategischer Profilierung erfolgreicher Unternehmen, in: Die Orientierung 1985, Nr. 85, S. 5-8.

Puschert, R. (1989): Das FST-Marketingmodell für Nonprofit-Organisationen, in: Die Unternehmung, 43. Jg., 1989, H. 5, S. 405-416.

Rados, D.L. (1981): Marketing for Non-Profit Organizations, Boston 1981.

Raffée, H. (1976): Perspektiven des nicht-kommerziellen Marketing, in: ZfbF, 28. Jg., 1976, Nr. 28, S. 61-76.

Raffée, H. (1980): Nicht-kommerzielles Marketing, Möglichkeiten, Chancen und Risiken, in: Marketing für die Erwachsenenbildung (Hrsg.: Sarges, W./Haeberlin, F.), Hannover 1980, S. 272-291.

Raffée, H. (1985): Grundfragen und Ansätze des strategischen Marketing, in: Strategisches Marketing (Hrsg.: Raffée, H./ Wiedmann, K.-P.), Stuttgart 1985, S. 3-33.

Raffée, H./Fritz, W. (1980): Informationsüberlastung des Konsumenten, in: Grundbegriffe der Wirtschaftspsychologie, (Hrsg.: Hoyos, K., Graf/Kroeber-Riel, W./Rosenstiel, L., von/Strümpel, B.), München 1980, S. 83-90.

Raffée, H./Wiedmann, K.P. (1983a): Glaubwürdigkeits-Offensive, in: absatzwirtschaft, 7. Jg., 1983, H. 12, S. 52-61.

Raffée, H./Wiedmann, K.P. (1983b): Nicht-kommerzielles Marketing - ein Grenzbereich des Marketing, in: BfuP, 35. Jg., 1983, Heft 3, S. 185-208.

Raffée, H./Wiedmann, K.P./Abel, B. (1983): Sozio-Marketing, in: Handbuch der Psychologie (Hrsg.: Irle, M.), Band 12, 2. Halbband: Marktpsychologie, Göttingen 1983, S. 675-768.

Raj, K.N. (1986): The Causes and Consequences of World Recession, in: The Impact of World Recession on Children, 2. Auflage, (Hrsg.: Jolly, R./Cornia, G.A.), Oxford, New York, Toronto u.a 1986, S. 7-15.

Reichert, B./Dannecker, F./Kühr, Chr. (1977): Handbuch des Vereins- und Verbandsrechts, 2. Auflage, Neuwied 1977.

Reinstädtler, B./Michler, W. (1990): "Dritte-Welt-Berichterstattung" in Tagesschau und Tagesthemen. Beobachtungszeitraum 15.04.1990 bis 15.05.1990 (31 Tage); unveröffentlichte Studie, Schwalbach/Saar 1990.

Repnik, H.-P. (1991): "Gemeinsame Verantwortung für die Zukunft - Zu den Perspektiven deutscher Entwicklungspolitik". Rede des Parlamentarischen Staatssekretärs Hans-Peter Repnik anläßlich der Arbeitstagung 1991 des Deutschen Komitees für UNICEF am 8. Juni 1991 in Seeheim-Jugenheim. o.O, 1991.

Reuber, H.-G. (1989): Stichwort: Gemeinnützigkeit, in: Die Besteuerung der Vereine, 24. Ergänzungslieferung, Stuttgart 1989, S. 51-52/18.

Reuber, H.-G. (1989): Stichwort: Sachspenden, in: Die Besteuerung der Vereine, 24. Ergänzungslieferung, Stuttgart 1989, S. 106/16-106b/2.

Reuber, H.-G. (1989): Stichwort: Spenden, in: Die Besteuerung der Vereine, 24. Ergänzungslieferung, Stuttgart 1989, S. 112/16-122a.

Reichard, P. (1980): Spendenwerbung, in: Jahrbuch der Werbung, Marketing-Kommunikation in Deutschland, Österreich und der Schweiz, (Hrsg.: Neumann, E./Sprang, W./Scheele, W.), 17. Jg., 1980, S. 47-48.

Rieser, I. (1989): Konkurrenzanalyse - Wettbewerbs- und Konkurrentenanalyse im Marketing, in: Die Unternehmung, 43. Jg., 1989, H. 4, S. 293-309.

Riggs, H.E. (1986): Fund-raising lessons from high-tech marketing, in: Harvard Business Review, 1986, H. 6, S. 64-68.

Röber, M. (1987): Marketing - ein Konzept für öffentliche Institutionen. Publikation der Fachhochschule für Verwaltung und Rechtspflege, Berlin 1987.

Rosenberg, M. (1979): Conceiving the Self, New York 1979.

Rothschild, M.L. (1979): Marketing Communication in Nonbusiness Situations or Why It's So Hard to Sell Brotherhood like Soap, in: Journal of Marketing, Vol. 43, Spring 1979, S. 11-20.

Sabisch, H. (1991): Produktinnovationen, Stuttgart 1991.

Sadik, N. (1990): Weltbevölkerungsbericht 1990: Entscheidungen für das nächste Jahrhundert. (Hrsg.: Deutsche Gesellschaft für Vereinte Nationen), Bonn 1990.

Schanz, G. (1977): Grundlagen der verhaltenswissenschaftlichen Betriebswirtschaftslehre, Tübingen 1977.

Schaude, G./Schumacher, D./Pausewang, V. (1990): Quellen für neue Produkte, Ehningen 1990.

Schlicksupp, H. (1977): Kreative Ideenfindung in der Unternehmung, Berlin, New York 1977.

Schlicksupp, H. (1980): Innovation, Kreativität und Ideenfindung, Würzburg 1980.

Schmalen, H. (1992): Kommunikationspolitik, 2. Auflage, Stuttgart, Berlin, Köln, 1992.

Schmalt, H.-D. (1985): Attributions-Typologien, in: Persönlichkeitspsychologie, (Hrsg.: Herrmann, T./Lantermann, E.-D.), München, Wien, Baltimore 1985, S. 272-277.

Schmid, U. (1990): Eine Welt für alle, in: Prisma (Hrsg.: Deutsches Komitee für UNICEF), Ausgabe 1, Köln 1990, S. 22-25.

Schmidt, H. (1989): Angesichts der einen Welt. Report einer unabhängigen Gruppe über Finanzströme in die Entwicklungsländer, Hamburg 1989.

Schneider, D. (1983): Marketing als Wissenschaft oder Geburt einer Marketingwissenschaft aus dem Geiste des Unternehmensversagens?, in: ZfbF, 3. Jg., 1983, H. 3, S. 197-223.

Schober, Th. (1982): Zur Spenden-Ethik, in: Stichwort Spendenwesen, (Hrsg.: Borgmann-Quade, R.), Berlin 1982, S. 23-25.

Schulte, Ch. (1991): Logistik, München 1991.

Schwartz, S.H./Tessler, R.C. (1972): A Test of a Model for Reducing Measured Attitude-Behavior Discrepancies, in: Journal of Personality and Social Psychology, Vol. 24, 1972, No. 2, S. 225-236.

Schwarz, P. (1985): Nonprofit-Organisationen - Problemfelder und Ansätze einer BWL von nicht-erwerbswirtschaftlichen (Nonprofit)Organisationen, in: Die Unternehmung, 39. Jg., 1985, H. 2, S. 90-110.

Schwarz, P. (1992): Management in Nonprofit Organisationen, Bern, Stuttgart, Wien 1992.

Schweizer, M. (1990): Das Marketing der Anbieter ökonomischer Chancen, in: Marketing-Systeme - Grundlagen des institutionalen Marketing, (Hrsg.: Meyer, P.W./Meyer, A.), Stuttgart, Berlin, Köln 1990, S. 139-172.

Seiler, P. (1982): Spendenmarkt und Spendenmarketing in der Bundesrepublik Deutschland. - Eine kritische Analyse - Arbeitspapiere zur Schriftenreihe Schwerpunkt Marketing (Hrsg.: Meyer, P.W.), Diplom-Arbeit, Augsburg 1982.

Shapiro, B. (1973): Marketing for Nonprofit Organizations, in: Harvard Business Review, Vol. 51, Sept.-Oct. 1973, S. 223-232.

Silberer, G. (1980a): Dissonanz beim Konsumenten, in: Grundbegriffe der Wirtschaftspsychologie, (Hrsg.: Hoyos, K., Graf/Kroeber-Riel, W./Rosenstiel, L., von/Strümpel, B.), München 1980, S. 344-351.

Silberer, G. (1980b): Reaktanz beim Konsumenten, in: Grundbegriffe der Wirtschaftspsychologie, (Hrsg.: Hoyos, K., Graf/Kroeber-Riel, W./Rosenstiel, L., von/Strümpel, B.), München 1980, S. 386-391.

Sirgy, M.J. (1982): Self-Concept in Consumer Behavior: A Critical Review, in: Journal of Consumer Research, Vol. 9, December 1982, S. 287-300.

Sirgy, M.J. (1983): Social Cognition and Consumer Behavior, New York 1983.

Specht, G. (1992): Distributionsmanagement, 2. Auflage, Stuttgart, Berlin, Köln 1992.

Strathmann, W. (1970): Weiter Bestimmungen des Sammlungsrechtes, in: Soziale Arbeit, 19. Jg., 1970, H. 4, S. 159-161.

Strathmann, W./Quast, S. (1970): Wichtige Bestimmungen der neuen Sammlungsgesetze und erste Erfahrungen in der Praxis, in: Soziale Arbeit, 19. Jg,, 1970, H. 1, S. 7-12.

Taylor, J.W. (1974): The Role of Risk in Consumer Behavior, in: Journal of Marketing, Vol. 21, April 1974, S. 54-60.

Tebbe, K. (1990): Die Organisation von Produktinnovationsprozessen, Stuttgart 1990.

Tefersthofer, A. (1982): Corporate Identity - Magische Formel als Unternehmensideologie, in: Die Unternehmung 36. Jg., 1982, H. 1, S. 11-25.

terre des hommes e.V. (o.J.): Referatsberichte 1989/90, Osnabrück o.J.

Tolmann, E.C. (1975): Ein kognitives Motivationsmodell, in: Die Motivation menschlichen Handelns, (Hrsg.: Thomae, H.), 8. Auflage, Köln 1975, S. 448-461.

Thomae, H. (1980): Motivation, in: Handwörterbuch der Psychologie (Hrsg.: Asanger, R./Wenninger, G.), Weinheim, Basel, 1980, S. 294-298.

Thomae, H. (1965): Die Bedeutung des Motivationsbegriffs, in: Handbuch der Psychologie in 12 Bänden, Band. 2: Allgemeine Psychologie II, Motivation, Göttingen 1965, S. 3-44.

Thomas, M.-J. (1983): Social marketing, social-cause marketing, and the pitfalls beyond, in: Quarterly Review of Marketing. Vol. 9, 1983, No 1, S. 1-5.

Trautner, H.M./Lohaus, A. (1985): Entwicklung der Persönlichkeit, in: Persönlichkeitspsychologie (Hrsg.: Herrmann, T./Lantermann, E.-D.), München, Wien, Baltimore 1985, S. 387-395.

Triandis, H.C. (1975): Einstellungen und Einstellungsänderungen, Weinheim 1975.

Trommsdorff, V. (1998): Konsumentenverhalten, Stuttgart, Berlin, Köln 1989.

Trucker, W.T. (1974): Future Directions of Marketing Theory, in: Journal of Marketing, Vol. 21, 1974. Deutsche Übersetzung in: absatzwirtschaft, Zeitschrift für Marketing, 19. Jg., 1975, H. 11, S. 61-75.

Trux, W. (1988): Unternehmensidentität, Unternehmenspolitik und öffentliche Meinung, in: Corporate Identity (Hrsg.: Birkigt, K./Stadler, M./Funck, H.J.), 4. Auflage, Landsberg am Lech 1988, S. 67-78.

Trux, W./Kirsch, W. (1979): Strategisches Management oder die Möglichkeit einer "wissenschaftlichen" Unternehmensführung, in: DBW - Die Betriebswirtschaft, 39. Jg., 1979, S. 215-235.

UNICEF (Hrsg.) (1984): The Impact of World recession on children, New York 1984.

UNICEF (Hrsg.) (o.J): Task Force of National Committees for UNICEF on Volunteer Development, unveröffentlichtes Ergebnisprotokoll, New York, o.J.

Voegele, M. (1982): Der barmherzige Samariter hat ausgedient? - Ein subjektives Panorama zum Thema "Spenden für die Dritte Welt", in: Stichwort Spendenwesen, (Hrsg.: Borgmann-Quade, R.), Berlin 1982, S. 73-83.

Wagner, P.A. (1968): Der Markt als Ausgangsdatum der Werbeplanung, Berlin 1968.

Webster, F.E. (1974): Social Aspects of Marketing, Engelwood Cliffs, N.J. 1974.

Webster, F.E./Wind, Y. (1972): Organizational Buying Behavior, Englewood Cliffs, N.J. 1972.

Wehlitz, K. (1967): Die rechtliche Neuordnung des Sammlungswesens, in: Soziale Arbeit, 16. Jg., 1967, H. 3, S. 93-97.

Weiner, B. (1976): Theorien der Motivation, Stuttgart 1976.

Weis, H. Ch. (1990): Marketing, 7. Auflage, Ludwigshafen/Rh. 1990.

Weis, O.-J. (1991): Spenden nur noch unter dem Spendensiegel?, in: Kölner Stadt Anzeiger, Nr. 277 vom 20. November 1991, S. 44.

Weizsäcker, R. v. (1990): Grußwort des Bundespräsidenten aus Anlaß der Aktionswoche "Eine Welt für Alle" im Mai 1990, Bonn 1990.

Westermann, S. (1991): Gemacht in der Dritten Welt, verkauft für die Dritte Welt, in: Welternährung. Die Zeitschrift der Deutschen Welthungerhilfe. 20. Jg., 3. Quartal 1991, S. 12.

Weuthen, I.G. (1988): Werbestile - zur Analyse und zum Produktspezifischen Einsatz ganzheitlicher Gestaltungskonzepte -, Köln 1988.

Whyte, J. (1985): Organisation, Person and Idea Marketing as Exchange, in: The Quarterly Review of Marketing, Vol. 10, 1985, No. 2, S. 25-30.

Widmann, H.G. (1990): Greenpeace Schweiz: Mitgliederwerbung, in: Die besten Direktmarketing Kampagnen (Hrsg.: Fischer, H./Boessnech, B.), Landsberg am Lech 1990, S. 251-254.

Wiedmann, K.P. (1988): Strategisches Ökologiemarketing umwelt-und verbraucherpolitischer Organisationen, Arbeitspapier Nr. 64 des Institutes für Marketing, Universität Mannheim, Mannheim 1988.

Wiedmann, K.P./Jugel, S. (1987): Corporate-Identity-Strategie, in: Die Unternehmung, 41. Jg., 1987, Nr. 3, S. 186-204.

Wiedmann, K.-P./Kreutzer, R. (1985): Strategisches Marketing - ein Überblick, in: Strategisches Marketing (Hrsg.: Raffée, H./ Wiedmann, K.-P.), Stuttgart 1985, S. 61-141.

Wilkes, (1978): Kommunikation durch Direct Mail-Werbung, in: Marketing Handbuch, (Hrsg.: Koinecke, J.), Band II, Gernsbach 1978, S. 1097-1103.

Wind, Y./Cardozo, R. (1974): Industrial Market Segmentation, in: Industrial Marketing Management, Vol. 3, 1974, S. 153-166.

GABLER-Literatur zum Thema „Marketing" (Auswahl)

R. Berndt / A. Hermanns (Hrsg.)
**Handbuch
Marketing-Kommunikation**
Grundlagen, Instrumente, Perspektiven
1993, 1044 S., Geb. DM 368,--
ISBN 3-409-13660-6

M. Bruhn
Marketing
Grundlagen, Fallstudien, Problem-
lösungen
(Betriebswirtschaft interaktiv)
1990, 312 S.
mit 5,25"-Diskette, DM 248,--*
ISBN 3-409-01051-3

3,5"-Diskette, DM 248,--*
ISBN 3-409-01071-8

H. Dallmer (Hrsg.)
Handbuch Direct-Marketing
6., völlig überarbeitete Auflage 1990,
XII, 884 S., Geb. DM 298,--
ISBN 3-409-36700-4

A. Kuß
Ablauf einer Marktforschungsstudie
1990, 63 Min. VHS-Video mit Begleitheft
DM 128,--*
ISBN 3-409-13934-6

H. Meffert
Marketing
7., überarbeitete Auflage 1986,
740 S., Geb. DM 59,--
ISBN 3-409-69014-X

H. Meffert
**Marketingforschung
und Käuferverhalten**
2., vollständig überarbeitete Auflage 1992
XVIII, 474 S., Br. DM 89,--
ISBN 3-409-23606-6

H. Meffert
Marketing
Arbeitsbuch
Aufgaben – Fallstudien – Lösungen
5., überarbeitete und erweiterte Auflage
1992
X, 437 S., Br. DM 49,80
ISBN 3-409-69085-9

H. Meffert / A. Bruhn
Marketing
Fallstudien
Fallbeispiele – Aufgaben – Lösungen
2., vollständig überarbeitete und
erweiterte Auflage 1993
X, 363 S., Br. DM 68,--
ISBN 3-409-23610-4

K.-H. Strothmann / M. Busche (Hrsg.)
Handbuch Messemarketing
1992, XVIII, 675 S., Geb. 298,--
ISBN 3-409-13665-7

*Fester Preis

Zu beziehen über den Buchhandel oder
den Verlag.
Stand: 1.2.1994
Änderungen vorbehalten

GABLER

BETRIEBSWIRTSCHAFTLICHER VERLAG DR. TH. GABLER, TAUNUSSTR. 54,
65183 WIESBADEN

Wiswede, G. (1973): Motivation und Verbraucherverhalten, 2. Auflage, München u.a.
1973

Wiswede, G. (1980): Motivation des Kaufverhaltens, in: Grundbegriffe der
Wirtschaftspsychologie, (Hrsg.: Hoyos, K., Graf/Kroeber-Riel,
W./Rosenstiel, L.,von/Strümpel, B.), München 1980, S. 420-427.

Woll, A. (1987): Allgemeine Volkswirtschaftslehre, 9. Auflage, München 1987.

Worch, L.E. (1982): Über die Entscheidung "Gutes zu tun" - Rationalität und
Irrationalität im Spendenwesen, in: Stichwort Spendenwesen, (Hrsg.:
Borgmann-Quade, R.), Berlin 1982, S. 26-31.

Wunderer, R./Grunwald, W. (1980): Führungslehre, Band 1: Grundlagen der Führung,
Berlin, New York 1980.

Yavas, U./Riecken, G./Parameswaren, R. (1980): Using Psychographics to Profile
Potential Donors, in: Business, 30. Jg., 1980, Nr. 5, S. 41-45.

Zahn, E. (1981): Entwicklungstendenzen und Problemfelder der strategischen Planung,
in: Planung und Rechnungswesen in der Betriebswirtschaftslehre (Hrsg.:
Bergner, H.), Berlin 1981, S. 145-190.

Zielske, H.A. (1959): The Remembering and Forgetting of Advertising, in: Journal of
Marketing, Vol. 83, 1959, H. 11, S. 239 - 243.